U0903879

成功项目管理丛书

项目融资管理

李波　冯革　徐萍　编著

上海交通大学出版社

内 容 提 要

项目融资，是一门融合金融、财务、法律等多种知识的交叉学科，从20世纪五六十年代开始出现，越来越受到社会各界广泛重视。我国改革开放以来的快速发展，也得益于我国抓住国际环境相对和平，同时国际产业分工及产业转移的时机，充分利用各类项目贷款，大大改善了基础设施和提升了出口产品的竞争力。

本书分为10章，在系统介绍项目融资基本理论的基础上，每一章都结合具体的案例分别对项目融资的定义、投资与融资决策分析、投资结构、融资模式、融资渠道、融资担保、融资风险、融资的外部环境、融资的绩效评价等进行了系统分析。考虑到知识的实用性，最后以专门章节介绍了国内外一些典型案例供大家参考。

本书可作为项目管理专业研究生、本科生教材，也适合项目管理从业人员参考阅读。

图书在版编目(CIP)数据

项目融资管理/李波，冯革，徐萍编著．—上海：上海交通大学出版社，2010

(成功项目管理丛书)

ISBN 978-7-313-06523-0

Ⅰ．项… Ⅱ．①李… ②冯… ③徐 Ⅲ．基本建设项目—融资—资金管理—教材 Ⅳ．F830.55

中国版本图书馆CIP数据核字(2010)第097834号

项目融资管理

李波 冯革 徐萍 **编著**

上海交通大学出版社出版发行

(上海市番禺路951号 邮政编码200030)

电话：64071208 出版人：韩建民

常熟市大宏印刷有限公司 印刷 全国新华书店经销

开本：787mm×1092mm 1/16 印张：19.75 字数：422千字

2010年9月第1版 2010年9月第1次印刷

印数：1～4030

ISBN 978-7-313-06523-0/F 定价：38.00元

成功项目管理丛书编委会

总　序

当前世界上项目管理学科和实践发展迅速，国内现有的各类项目管理著作难以完全满足当前产业发展和学科发展的需要。因此，我们认为，在新的编辑思想下编写一套项目管理丛书，以满足高校项目管理专业研究生教材的迫切需要，并用以充实项目管理经理人员的知识结构的需要是完全必要的。

本丛书编写的背景与理由如下：

(1) 产业发展的需要。鉴于全球经济一体化的趋势、产品生命周期和供应链的变迁，在各个产业的组织流与产业结构之间也产生了深刻的变化。例如传统制造业过去只关注产品的设计、制造和交付等过程，现在经过产业链向上游和向下游整合，产生了一种综合策划、设计、制造、采购、建造和全面承包和移交的所谓 EPC (Engineering-Procurement -Construction)模式，实现了产业结构的重组。其管理模式也会相应产生变化。这种情况在建筑业中也同样存在。（note：Manufacturing enterprises can act as both supplier and customer in the supply chain.）

(2) 项目化管理的需要。随着企业项目的多样化和复杂化程度，随着企业项目管理的成熟度的增强，项目管理已经不再是简单的单个项目的问题，整个企业的运营将按照面向组织的项目化管理模式运行，通过项目来实现企业组织的战略目标。因此，为适应企业项目化管理的需要，项目管理的内容也将同时与其相适应。

(3) 项目国际化的需要。全球经济一体化的趋势，随着企业项目的多样化和复杂化，项目的国际化趋向也是越来越明显。项目管理中如何反映国际化的特点是现代项目管理中必须予以加强的。

(4) 项目管理学科发展的需要。自从上世纪末美国项目管理学会推出单个项目的项目管理的知识体系标准 PMBOK (Project Management Body of Knowledge) 以来，随着企业项目的多样化和复杂化程度的增加，之后又提出了项目群管理 (Program Management)和项目组合管理(Portfolio Management)的标准，以适应企业与组织对多个项目管理和在多个项目可能性条件下选择合适项目的实际需要。这些内容在国内的项目管理著作中均较少涉及。

(5) 建立现代项目管理全面知识结构的需要。当今的项目管理领域已经由单个项目操作进入多个项目运作和选择的阶段，对项目经理的知识要求也应覆盖整个操作层(Operation Level)、管理层(Managerial Level) 和决策层 (Decision Level) 的内容。尤其对于项目管理专业的本科生和研究生以及希望在自身职业生涯中进一步发展的项目经理们而言，其知识结构就不仅需要涵盖基本的单个项目的运作，满足于操作层和管理层的知识，更需要有在企业与组织管理项目群甚至选择合适项目的过程中具备决策能力的决策层的知识。

（6）项目管理的价值认同的需要。作为企业发展的三大支柱的战略管理、项目管理和营销管理的理念，还远远未能落实在我国的项目实践中。众所周知，目前项目管理已经成为一支独立的学科体系，项目管理认识和运作的水平往往也反映一个国家的竞争能力、创新能力和软实力。项目管理则维系和体现着企业竞争能力的纽带。国外目前已经大规模开展有关项目管理价值的研究，然而，在我国项目实际运作中，对项目管理价值的认同度普遍较低。

本丛书的编写适应了项目管理学科和行业发展的上述需要，因此也具备相当充分的编写内容和空间。

本丛书从项目管理的理论基础系统工程和项目管理的结构化实施方法出发，以工作分解结构（Work Breakdown Structure）为主线，全面阐述项目由立项、策划、计划、实施、控制与完成的全过程；并考虑项目实施中的成本经济、法律概念、多项目管理与信息化、国际化等问题的应用。

本丛书反映了当前国际上前沿的项目管理思想和模式，将项目管理的理论、理念、体系、流程和方法加以总结和集成，我们希望，本丛书能对当代项目管理的新挑战有所回应。

尽管本丛书各部分内容有所不同，但在项目管理学科框架下，各部分内容相互又有所联系，所以，丛书的各部分可以独立地阅读，以便适应各方面的需要。本丛书可以作为项目管理专业研究生和本科生的教学用书；由于它广阔的应用范围，故本丛书也可以作为广大管理工作者、工程技术人员和项目经理人员实际工作的参考书；另外，对准备报考项目管理师、PMP、IPMP、MBA、EMBA 的人员来说，这套丛书也是一套考试参考的培训教材。

林少培

上海交通大学教授

上海交通大学机动学院项目管理教研中心主任

上海交通大学船建学院工程管理研究所技术总监

美国 PMI 全球学位验证理事会理事

2010 年 5 月

前　言

项目融资，作为一门新兴交叉学科与一个专门实践领域，在国际上日益引起实践领域与理论界的关注。项目融资在20世纪五六十年代开始出现，主要运用于石油、天然气和矿产品项目，这些项目以产品或未来产品的销售收益作为债务担保进行融资，而不是传统的资产抵押或公司担保方式。20世纪60年代中期，英国北海油田开发中使用的以产品支付为核心的有限追索项目贷款模式使项目融资开始受到广泛重视，并逐渐成为一门融合金融、财务、法律等多种知识的交叉学科。

20世纪70年代末以来，我国抓住国际环境相对和平，同时国际产业分工及产业转移的时机，充分利用外国政府的贷款，积极争取国外银行和非银行金融机构的条件优惠的贷款，主要是项目贷款，大大改善了交通、能源等落后的基础设施。同时，在出口市场，我们众多大型成套设备，如电站、道路、通信等方面都以项目融资的方式进行。

本书在系统介绍项目融资基本理论的基础上，结合具体的案例对投资与融资决策分析、投资结构、融资模式、融资渠道、融资担保、融资风险、融资的外部环境、融资的绩效评价等进行了系统分析，考虑到知识的实用性，最后以专门章节介绍了国内外一些典型案例供大家参考。

本书理论联系实际，实用性强，可以作为项目管理领域工程硕士、管理类研究生和本科高年级学生的教材，也可供实务人士参考。

本书在写作过程中，参阅了大量国内外资料，并借鉴了众多国内外同行的研究成果，在这里向有关作者一并表示感谢。同时由于项目融资是一门综合性、实践性并不断发展的交叉学科，也由于作者水平有限，本书有不足之处恳请读者和专家批评指正。

编者

2010年4月17日

目　录

第1章　绪论 …… 1

本章导读 …… 1
引导案例　欧洲迪斯尼乐园项目融资 …… 2
1.1　项目融资的定义 …… 2
1.2　项目融资的基本特点 …… 4
1.2.1　项目导向 …… 4
1.2.2　有限追索 …… 4
1.2.3　风险分担 …… 5
1.2.4　非公司负债型融资 …… 5
1.2.5　信用结构多样化 …… 6
1.2.6　融资成本较高 …… 7
1.2.7　利用税务优势 …… 7
1.3　项目融资的参与者 …… 8
1.3.1　项目发起人 …… 8
1.3.2　项目的直接主办人 …… 9
1.3.3　贷款银行 …… 9
1.3.4　建筑承包商 …… 10
1.3.5　融资顾问 …… 11
1.3.6　保险提供人 …… 11
1.3.7　法律和税务顾问 …… 12
1.4　项目融资的框架结构和合同体系 …… 12
1.4.1　项目融资的框架结构 …… 12
1.4.2　项目融资的运作程序 …… 13
1.4.3　项目融资的合同体系 …… 13
1.5　项目融资的产生与发展 …… 15
1.5.1　项目融资的起源 …… 15
1.5.2　现代项目融资的发展 …… 16
1.5.3　项目融资在中国的发展 …… 18
【复习思考题】 …… 20

第 2 章　项目投资与融资决策分析 …… 21
本章导读 …… 21
引导案例　可行性研究的起源 …… 22
2.1　项目可行性 …… 22
2.1.1　项目可行性研究的概念与依据 …… 22
2.1.2　可行性研究的内容 …… 23
2.1.3　项目可行性分析 …… 25
2.1.4　项目不确定性分析 …… 31
2.2　投资决策分析 …… 34
2.2.1　投资决策的意义和原则 …… 34
2.2.2　投资决策分析的步骤 …… 37
2.2.3　项目投资管理 …… 39
2.3　项目融资决策分析 …… 41
2.3.1　融资方案的影响指标分析 …… 41
2.3.2　项目融资结构的决策因素分析 …… 42
2.3.3　项目信用保证结构决策因素分析 …… 43
2.3.4　项目融资结构的决策分析 …… 44
【复习思考题】 …… 47
第 3 章　项目投资结构 …… 48
本章导读 …… 48
引导案例　上海市苏州河综合治理项目 …… 49
3.1　影响投资结构确定的基本因素 …… 50
3.1.1　实现有限追索的要求 …… 50
3.1.2　融资便利性要求 …… 51
3.1.3　产品分配和利润提取额要求 …… 51
3.1.4　对税务优惠的利用 …… 52
3.1.5　资产转让的灵活性 …… 52
3.1.6　投资者的财务处理 …… 53
3.1.7　风险和项目债务的隔离程度 …… 53
3.1.8　对项目现金流量控制的影响 …… 54
3.2　公司型合资结构 …… 55
3.2.1　项目融资中选择公司型投资结构的优点 …… 55
3.2.2　公司型投资结构的弊端 …… 56
3.2.3　公司型投资结构的灵活运用 …… 56
3.3　契约型投资结构 …… 59
3.3.1　契约型投资结构的运作方式 …… 59
3.3.2　契约型投资结构的优点 …… 60

3.3.3 契约型投资结构的缺点 …… 61
3.4 合伙制结构 …… 62
3.4.1 合伙制结构概述 …… 62
3.4.2 普通合伙制结构 …… 62
3.4.3 有限合伙制结构 …… 64
3.5 信托基金结构 …… 66
3.5.1 信托基金结构的运作 …… 66
3.5.2 信托基金结构的优点 …… 68
3.5.3 信托基金结构的缺点 …… 68
【复习思考题】 …… 68

第4章 项目融资模式 …… 69

本章导读 …… 69
引导案例 "鸟巢"项目的融资模式 …… 70
4.1 项目融资模式设计的原则 …… 70
4.1.1 有限追索原则 …… 70
4.1.2 风险分担原则 …… 71
4.1.3 成本降低原则 …… 71
4.1.4 完全融资原则 …… 72
4.1.5 近期融资与远期融资相结合的原则 …… 72
4.1.6 融资结构最优化原则 …… 72
4.2 项目融资基本模式 …… 74
4.2.1 项目融资模式的基本结构特征 …… 74
4.2.2 直接安排模式 …… 76
4.2.3 项目公司融资模式 …… 80
4.2.4 项目融资基本模式的变体 …… 82
4.3 项目融资经典模式 …… 82
4.3.1 设施使用模式 …… 82
4.3.2 产品支付模式 …… 84
4.3.3 杠杆租赁模式 …… 88
4.3.4 ABS资产支援证券化模式 …… 97
4.4 公共项目融资模式 …… 104
4.4.1 公共项目融资 …… 104
4.4.2 BOT模式 …… 107
4.4.3 PFI模式 …… 112
4.4.4 PPP模式 …… 115
4.4.5 基础代建制的融资模式 …… 120
【复习思考题】 …… 124

第 5 章　项目融资渠道 …… 126

本章导读 …… 126
引导案例　二滩水电工程融资渠道 …… 127
5.1　项目融资资金构成 …… 127
5.1.1　项目融资资金构成的方式 …… 127
5.1.2　项目资金权益资本 …… 127
5.1.3　国内银行贷款 …… 129
5.1.4　国外间接投资 …… 129
5.1.5　发行债券 …… 132
5.1.6　租赁筹资 …… 133
5.2　货币市场融资 …… 133
5.2.1　同业拆借 …… 134
5.2.2　银行信贷 …… 134
5.2.3　抵押贷款 …… 138
5.2.4　特殊贷款 …… 140
5.3　债券融资 …… 141
5.3.1　债券融资概述 …… 141
5.3.2　债券发行的条件 …… 143
5.3.3　发行程序 …… 147
5.3.4　发行价格 …… 150
5.3.5　可转换债券融资 …… 152
5.4　股票市场融资 …… 157
5.4.1　股票的基本理论 …… 157
5.4.2　股票定价 …… 162
5.4.3　融资收益分配 …… 164
5.4.4　国际股权融资 …… 167
5.5　国际辛迪加银团贷款 …… 172
5.5.1　国际辛迪加银团贷款的特点 …… 172
5.5.2　项目融资中使用辛迪加银团贷款的优点 …… 172
5.5.3　国际辛迪加贷款的期限和价格 …… 173
5.5.4　银团代理行 …… 174
5.5.5　按比例分配偿债资金 …… 174
5.5.6　世界银行参与的国际辛迪加贷款 …… 174
5.6　融资租赁概述 …… 175
5.6.1　融资租赁概述 …… 175
5.6.2　融资租赁业务一般操作程序 …… 177
5.6.3　融资租赁租金的确定方法 …… 179
5.6.4　融资租赁的优缺点 …… 180

【复习思考题】 …… 180

第6章 项目融资担保 …… 182

本章导读 …… 182
引导案例 中海壳牌南海项目融资担保 …… 183
6.1 项目担保概述 …… 183
6.1.1 担保的概念和性质 …… 184
6.1.2 担保的主要作用 …… 185
6.1.3 担保的条款 …… 186
6.1.4 担保的步骤 …… 188
6.2 项目担保人 …… 188
6.2.1 项目投资者 …… 188
6.2.2 商业担保人 …… 189
6.2.3 第三担保人 …… 190
6.3 项目担保范围 …… 191
6.3.1 商业风险 …… 191
6.3.2 政治风险 …… 194
6.3.3 金融风险 …… 195
6.3.4 或有风险 …… 195
6.4 项目融资的信用担保 …… 196
6.4.1 项目信用担保的种类 …… 196
6.4.2 三种典型的担保合同 …… 197
6.5 项目融资的物权担保 …… 202
6.5.1 固定担保 …… 202
6.5.2 浮动担保 …… 203
6.5.3 项目融资中物权担保的局限性 …… 204
6.6 其他担保形式 …… 205
6.6.1 准担保交易 …… 205
6.6.2 从属之债 …… 205
【复习思考题】 …… 207

第7章 项目融资风险 …… 208

本章导读 …… 208
引导案例 新西兰林地项目融资风险 …… 209
7.1 项目融资风险概述 …… 209
7.1.1 项目管理及融资活动中的不确定性 …… 209
7.1.2 项目融资风险的概念 …… 211
7.1.3 项目融资风险的种类与内容 …… 211
7.2 项目融资风险分析 …… 220

7.2.1 项目融资风险的识别 …… 220
7.2.2 项目融资风险识别的技术与方法 …… 222
7.2.3 项目融资的风险估计 …… 223
7.2.4 项目融资风险的评价方法 …… 224
7.3 项目融资的风险管理 …… 229
7.3.1 项目风险管理的内容 …… 229
7.3.2 项目环境风险管理的基本工具 …… 231
7.3.3 项目融资风险分担模型 …… 237
7.3.4 项目融资风险管理措施 …… 239
【复习思考题】 …… 244

第8章 项目融资的外部环境 …… 246

本章导读 …… 246
引导案例 山东中华发电项目融资环境分析 …… 247
8.1 法律环境 …… 247
8.1.1 项目融资的法律特征 …… 248
8.1.2 项目融资的法律结构 …… 249
8.2 金融环境 …… 250
8.2.1 金融市场体系 …… 250
8.2.2 金融体制 …… 251
8.3 政治与经济运行环境 …… 252
8.3.1 政治环境 …… 252
8.3.2 经济运行环境 …… 254
8.4 融资环境的整体评价方法 …… 256
8.4.1 闵氏评价法 …… 257
8.4.2 动态分析法 …… 258
8.4.3 冷热比较法 …… 260
8.4.4 抽样评价法 …… 261
【复习思考题】 …… 264

第9章 工程项目融资的绩效评价 …… 265

本章导读 …… 265
引导案例 从欧盟融资建议书看工程项目融资的绩效评价 …… 266
9.1 工程项目融资绩效评价的含义、目的与原则 …… 267
9.1.1 项目融资绩效评价的含义 …… 267
9.1.2 工程项目融资绩效评价的目的 …… 267
9.1.3 工程项目融资绩效评价的基本原则 …… 268
9.2 工程项目融资绩效评价的种类 …… 268
9.2.1 事前评价 …… 268

9.2.2 中期评价 …… 268
9.2.3 终期评价 …… 269
9.2.4 事后评价 …… 269
9.3 工程项目融资绩效评价的程序 …… 269
9.4 工程项目融资绩效评价的具体方法 …… 271
9.4.1 定性评价法 …… 271
9.4.2 定量评价法 …… 272
【复习思考题】 …… 273

第10章 项目融资典型案例 …… 274

本章导读 …… 274
10.1 阳光集团债券融资模式 …… 275
10.2 长运股份租赁“融”入20条船 …… 278
10.3 摩根士丹利入股蒙牛 …… 282
10.4 IFC注资上海银行 …… 284
10.5 英法海底隧道工程项目融资 …… 289
【复习思考题】 …… 296

参考文献 …… 297

第1章

绪　论

本章导读

本章主要介绍了项目融资的定义，项目融资的基本特点，项目融资的参与者，项目融资的框架结构和合同体系以及项目融资的产生与发展。

本章涉及的主要概念包括：项目融资、项目融资的参与者、项目融资的框架结构、运作程序和合同体系。

引导案例

欧洲迪斯尼乐园项目融资

欧洲迪斯尼乐园位于法国首都巴黎的郊区，筹划于20世纪80年代后期，是一个广受注意同时又备受争议的项目。一方面，美国文化与欧洲文化传统的冲突，使得这个项目经常成为新闻媒体跟踪的目标；另一方面，不时传出来的有关项目经营出现困难的消息也在国际金融界广受关注。

从项目融资的角度来看，欧洲迪斯尼乐园项目具有相当的创造性和典型意义。首先，欧洲迪斯尼乐园完全不同于传统的项目融资的领域，即资源型和能源型工业项目、大型基础设施项目等，其项目边界以及项目经济强度的确定要比工业和基础设施项目复杂得多，因而其融资结构走出传统的项目融资模式也成为必然的发展结果；其次，作为项目的发起人美国迪斯尼公司只用了很少的自有资金就完成了这项复杂工程的投资和融资（以项目第一期工程为例，总投资为149亿法郎，按当时汇率折合23.84亿美元，美国迪斯尼公司只出资21.04亿法郎，仅占总投资的14.12%），而其表现在该公司对项目的完全控制权上，这在一般的项目融资结构中是较难做到的，因为贷款银行总是要求对项目具有一定的控制能力。

欧洲迪斯尼项目融资结构通过多种资金的安排和组合，实现了两个重要的目标：第一，提高了项目的经济强度。从贷款银行的角度，项目第一期工程所需要的149亿法郎资金中，有将近60%的比例是股本资金和准股本资金，从而在很大程度上降低了项目的债务负担。第二，由于项目经济强度的增强，实现了一个资金成本节约的正循环，即SNC结构税务股本资金以及法国公众部门储蓄银行贷款的低成本，增强了项目的债务承受能力，从而使得项目有可能获得条件优惠的低成本银团贷款；而总体的低债务资金成本又可以帮助项目在市场上筹集大量的股本资金；股本资金的增加又进一步降低项目的债务资金比例。

（资料来源：Bank Indosuez："Project Finance-Banque Indosuez EuroDisneyland", Funding Techniques, A Supplement to Euromoney January 1990. ）

1.1 项目融资的定义

项目融资（Project Financing），作为一种备受瞩目的融资方式，其早期形成可以追溯到20世纪50年代的美国。当时，一些银行利用产品贷款方式为石油天然气项目安排融资的活动。到20世纪60年代中期，以英国北海油田开发中所使用的有限追索项目贷款作为标志，项目融资成为大型项目筹措资金的一种新形式。在长时期的实践中，各国都在项目融资领域积累了丰富的实践经验和理论成果。20世纪80年代，我国在一些大型投资项目建设中开始引进项目融资模式作为筹集资金的一种新方式，目前我国在项目融资尤其是在BOT (Build, Operate and Transfer) 融资方面积累了很多的经验,并且也取得了符合我国实际的理论成果。

项目融资是以项目建成后的资产作为担保,以项目未来的现金流作为主要偿资来源的一种融资方式。虽然项目融资在世界各国的基础设施建设中有着多年的实践,但作为学术用语,迄今为止还并没有一个统一公认的定义。各种中外出版物、书籍、论文对项目融资定义有多种不同的表述。

P. K. Nevitt 所著的《项目融资》中对于项目融资的定义是:“项目融资就是在向一个经济实体提供贷款时,贷款方考察该经济实体的现金流和收益,将其视为偿还债务的资金来源,并将该经济实体的资产视为这笔贷款的担保物,若对这两点感到满意,则贷款方同意贷予。”

国际著名法律公司 Clifford Chance 编著的《项目融资》一书对于项目融资的定义是:“项目融资用于代表广泛的,但具有一个共同特征的融资方式,该共同特征是:融资主要不是依赖项目发起人的信贷或所涉及的有形资产。在项目融资中,提供优先债务的参与方的收益在相当大的程度上依赖于项目本身的效益。因此,他们将其自身利益与项目的可行性,以及对项目具有不利影响的潜在性敏感因素紧密联系起来。”

美国财会标准手册中对于项目融资的定义是:“项目融资是指对需要大规模资金的项目而采取的金融活动。借款人原则上将项目本身拥有的资金及其收益作为还款资金来源,而且将其项目资产作为抵押条件来处理。该项目事业主体的一般性信用能力通常不被作为重要因素来考虑。这是因为其项目主体要么是不具备其他资产的企业,要么对项目主体的所有者(母体企业)不能直接追究责任,两种必居其一。”

国家发展和改革委员会(原国家计划委员会)与国家外汇管理局共同发布的《境外进行项目融资管理暂行办法》(计外资[1997]612号)中的定义是:“项目融资是指以境内建设项目的名义在境外筹措外汇资金,并仅以项目自身预期收入和资产对外承担债务偿还责任的融资方式。它应具有以下性质:第一,债权人对于建设项目以外的资产和收入没有追索权;第二,境内机构不以建设项目以外的资产、权益和收入进行抵押、质押和偿债;第三,境内机构不提供任何形式的融资担保。”

上述对于项目融资的定义虽有所不同,但其本质上的内容是一致的。对于项目融资定义都包含了两项最基本的内容:第一,项目融资是以项目为主体安排的融资,项目的导向决定了项目融资的最基本方法;第二,项目融资中的贷款偿还来源仅限于融资项目本身。换言之,融资项目能否获得贷款完全取决于项目未来可用于偿还贷款的净现金流量和项目本身的资产价值。

根据项目融资在追索权方面的不同特点,可以将其分为无追索权项目融资和有限追索权项目融资两种。无追索权项目融资是指贷款人对项目发起人(项目投资人)无任何追索权,只能依靠项目所产生的收益作为偿还贷款本金和利息的唯一来源。该种融资由于要对项目进行严格的论证并设计全面的项目担保结构以利于项目贷款人接受项目的风险,因此其融资费用较高,且效率较低,目前在项目融资实务中已较少使用。有限追索权项目融资是指项目发起人(项目投资人)只承担有限的债务责任和义务。这种有限表现在:第一,时间上的有限性,即项目贷款人一般在项目建设阶段对项目发起人有追索权;在项目建设期内项目贷款人享有对项目发起人的完全追索权;而一旦项目进入经营阶段,贷款人则只能对项目产生的现金流量与应偿还的贷款本利和的差额部分进行追索。第二,追索对象上的有限性,在项目融资中,尤其是在公司型投资方式下,贷款人只能对项目资产及项目投资人或其他融资参与方为项目提供的担保而进行追索。

1.2 项目融资的基本特点

与传统的融资方式相比较,工程项目融资的基本特点可以归纳为以下几个方面:

1.2.1 项目导向

以项目为导向安排融资是项目融资的一个显著特点。安排融资的依据是项目未来的现金流量和项目资产,而不是项目投资者的资信。贷款人的注意力主要放在项目贷款期间能够产生多少现金流量用于偿还贷款。因此,贷款的数量、融资成本、融资结构与项目未来的现金流量和项目资产的价值直接相关。

由于项目导向的特点,有些对于投资者来说很难筹借到的资金,可以利用项目融资来安排。特别对一些大型、复杂的工程项目,项目的投资风险超出了投资者所能够和所愿意承担的程度。在这种情况下,若采用传统的公司融资方式,投资者可能没有办法解决资金问题。项目融资利用项目本身的现金流量和资产价值安排有限追索贷款,使这类大型、复杂工程的项目融资成为可能。

与公司融资方式相比,对于一些投资者的财务和资信能力不足以促成一个投资规模巨大的工程项目的融资,若采用项目融资方式,根据项目的经济强度状况可能获得项目总投资60%甚至更多的债务融资。另外,项目融资的贷款期可以根据项目投资者的具体要求和项目的经济寿命期统筹设计,从而可以获得较一般商业贷款期更长的贷款期。比如有的项目贷款期长达20年,甚至更长的期限。

1.2.2 有限追索

有限追索是工程项目融资的第二个特点。追索,是指在借款人未按期偿还债务时贷款人要求借款人用除抵押资产之外的其他资产偿还债务的权利。在某种意义上,贷款人对项目借款人的追索形式和程度是区分融资属于工程项目融资还是属于传统形式融资的重要标志。对于后者,贷款人为项目借款人提供的是完全追索形式的贷款,即贷款人更主要依赖的是借款人自身的资信情况,而不是项目的经济强度;而前者,作为有限追索的工程项目融资,贷款人可以在贷款的某个特定阶段(例如,项目的建设期和试生产期)对项目借款人实行追索。除此之外,无论项目出现任何问题,贷款人均不能追索到项目借款人除该项目资产、现金流量以及所承担的义务之外的任何形式的财产。

有限追索融资的特例是"无追索"融资,即融资百分之百地依赖于项目的经济强度,在融资的任何阶段,贷款人均不能追索到项目借款人除项目之外的资产。然而,在实际工作中是很难获得这样的融资结构的。

有限追索融资的实质是由于项目本身的经济强度还不足以支撑一个"无追索"的机构,因而还需要项目的借款人在项目的特定阶段提供一定形式的信用支持。追索的程度则是根据项目的性质、现金流量的强度和可预测性，项目借款人在这个工业部门中的经验、信誉以及管理能力，借贷双方对未来风险的分担方式等多方面的综合因素通过谈判确定的。就一个具体项目而言，由于在不同阶段项目风险程度及表现形式会发生变化，因而贷款人对“追索”的要求也会随之相应调整。例如，贷款人通常会要求项目借款人承担项目建设期的全部或大部分风险，而在项目进入正常生产阶段之后，可以同意只将追索局限于项目资产及项目的现金流量。

1.2.3 风险分担

为了实现工程项目融资的有限追索，对于与项目有关的各种风险要素，需要以某种形式在项目投资者(借款人)与和项目开发有直接或间接利益关系的其他参与者和贷款人之间进行分担。一个成功的工程项目融资结构应该是在项目中没有任何一方单独承担起全部项目债务的风险责任，这一点构成了工程项目融资的第三个特点。在组织工程项目融资的过程中，项目借款人应该学会如何去识别和分析项目的各种风险因素，确定自己、贷款人以及其他参与者所能承受风险的最大能力及可能性，充分利用与项目有关的一切可以利用的优势，最后设计出对投资者具有最低追索的融资结构。一旦融资结构建立之后，任何一方都要准备承担任何未能预料到的风险。

1.2.4 非公司负债型融资

公司的资产负债表是反映一个公司在特定日期财务状况的会计报表，所提供的主要财务信息包括：公司所掌握的资源、所承担的债务、偿债能力、股东在公司里所持有的权益以及公司未来的财务状况变化趋向。非公司负债型融资(off-balance finance)，亦称为资产负债表之外的融资，是指项目的债务不表现在项目投资者(即实际借款人)的公司资产负债表中的一种融资形式。至多，这种债务只以某种说明的形式反映在公司资产负债表的注释中。

工程项目融资通过对其投资结构和融资结构的设计，可以帮助投资者(借款人)将贷款安排成为一种非公司负债型的融资，这是工程项目融资的第四个特点。根据工程项目融资风险分担的原则，贷款人对于项目的债务追索权主要被限制在项目公司的资产和现金流量中，项目投资者(借款人)所承担的是有限责任，因而有条件使融资被安排成为一种不需要进入项目投资者(借款人)资产负债表的贷款形式。

非公司负债型融资对于项目投资者的价值在于使得这些公司有可能以有限的财力从事更多的投资，同时将投资的风险分散和限制在更多的项目之中。一个公司在从事超过自身资产规模的项目投资，或者同时进行几个较大的项目开发时，这种融资方式的价值就会充分体现出来。大型的工程项目，一般建设周期和投资回收周期都比较长，对于项目的投资者而言，如果这种项目的贷款安排全部反映在公司的资产负债表上，很有可能造成公司的资产负债比失衡超出银行通常所能接受的安全警戒线，并且这种状况在很长的一段时间内可能无法获得改善。公司将因此而无法筹措新的资金，影响未来的发展能力。采用非公司负债型的工程项目融资则可以避免这一问题。工程项目融资这一特点的重要性，过去并没有被我国企业所完全理解和接受。但是,随着国内市场经济的培育和发展,对于我国的公司,特别是在以国际资金市场融资作为自己主要来源的公司,这一特点将会变得越来越重要和有价值。

1.2.5 信用结构多样化

在工程项目融资中,用于支持贷款的信用结构的安排是灵活的和多样化的,一个成功的工程项目融资,可以将贷款的信用支持分配到与项目有关的各个关键方面。典型的做法包括:在市场方面,可以要求对项目产品感兴趣的购买者提供一种长期购买合同作为融资的信用支持(这种信用支持所能起到的作用取决于合同的形式和购买者的资信)。资源性项目的开发受到国际市场的需求、价格变动的影响很大,能否获得一个稳定的、合乎贷款银行要求的项目产品的长期销售合同,往往成为能否成功实现工程项目融资的关键;在工程建设方面,为了减少风险,可以要求工程承包公司提供固定的价格、固定工期的合同,或"交钥匙"工程合同,可以要求项目设计者提供工程技术保证等;在原材料和能源供应方面,可以要求供应方在保证供应的同时,在定价上根据项目产品的价格变化设计一定的浮动价格公示,保证项目的最低收益。所有这些做法,都可以成为工程项目融资强有力的信用支持,提高项目的债务承受能力,减少融资对投资者(借款人)资信和其他资产的依赖程度。例如,占世界钻石产量1/3的澳大利亚阿盖尔钻石矿(Argyle Diamond Mine)在开发初期,其中的一个投资者,澳大利亚的阿施敦矿业公司(Ashton Mining Limited)准备采用工程项目融资的方式筹集所需要的建设资金。由于参与融资的银团对于钻石的市场价格和销路没有把握,筹资工作迟迟难以完成,但是当该矿与总部设在伦敦、历史悠久的中央钻石销售组织签订了长期包销协定之后,该组织的世界第一流的销售能力和信誉提升了阿施敦矿业公司在与银行谈判中的地位,很快就顺利地完成了工程项目融资工作。

1.2.6 融资成本较高

与传统的融资方式比较,工程项目融资存在的一个主要问题,是相对筹资成本较高,组织融资所需要的时间较长。工程项目融资涉及面广,结构复杂,需要做好大量有关风险分担、税收结构、资产抵押等一系列技术性的工作,筹资文件比一般公司融资往往要多出几倍,需要几十个甚至上百个法律文件才能解决问题。这就必然造成两方面的后果:

第一,组织工程项目融资花费的时间要长一些,通常从开始准备到完成整个融资计划需要3~6个月左右的时间(贷款金额大小和融资结构复杂程度是决定安排融资事件长短的重要因素),有些大型工程项目融资甚至可以拖上几年的时间。这就要求所有参加这一工作的各个方面都有足够的耐心和合作精神。

第二,工程项目融资的大量前期工作和有限追索性质,导致融资的成本要比传统融资方式高。融资成本包括融资的前期费用(融资顾问费、贷款的建立费、承诺费,以及法律费用等)和利息成本两个主要组成部分。

融资的前期费用与项目的规模有直接关系,一般占贷款金额的0.5%~2%左右,项目规模越小,前期费用所占融资总额的比例就越大;工程项目融资的利息成本一般要高出同等条件公司贷款的0.3%～1.5%，其增加幅度与贷款银行在融资结构中承担的风险以及对项目的投资者（即借款人）的追索程度是密切相关的。然而，这也不是绝对的，国外的一些案例表明，如果在一个项目中有几个投资者共同组织工程项目融资的情况下，合理的融资结构和较强合作伙伴在管理、技术或市场等方面的强势可以提高项目的经济强度，从而降低较弱合作伙伴的相对融资成本。

工程项目融资的这一特点限制了其使用范围。在实际运作中，除了需要分析工程项目融资的优势之外，也必须考虑到工程项目融资的规模经济效益问题。

1.2.7 利用税务优势

追求充分利用税务优势降低融资成本，提高项目的综合收益率和偿债能力也是国际上工程项目融资的一个重要特点。这一问题在国外有关的论著中经常被强调，并贯穿于工程项目融资的各个阶段、各个组成部分的设计之中。

所谓充分利用税务优势，是指在项目所在国法律允许的范围内，通过精心设计的投资结构、融资模式，将所在国政府对投资的税务鼓励政策在项目参与各方中最大限度地加以分配和利用，以此降低筹资成本，提高项目的偿债能力。这些税务政策随国家不同而变化，通常包括加速折旧、利息成本、投资优惠以及其他费用的抵税法规等。

1.3 项目融资的参与者

由于工程项目融资的复杂结构，因而参与融资结构并在其中发挥不同程度重要作用的利益主体也较传统的融资方式多，概括起来，工程项目融资的参与者主要包括这样几个方面：项目的直接主办人、项目的实际投资者、项目的贷款银行、项目产品的购买者/项目设施的使用者、项目建设的工程公司/承包公司、项目设备/能源/原材料供应者、融资顾问、项目发起人、法律/税务顾问。工程项目融资参与者之间的基本合同关系如图1-1所示。

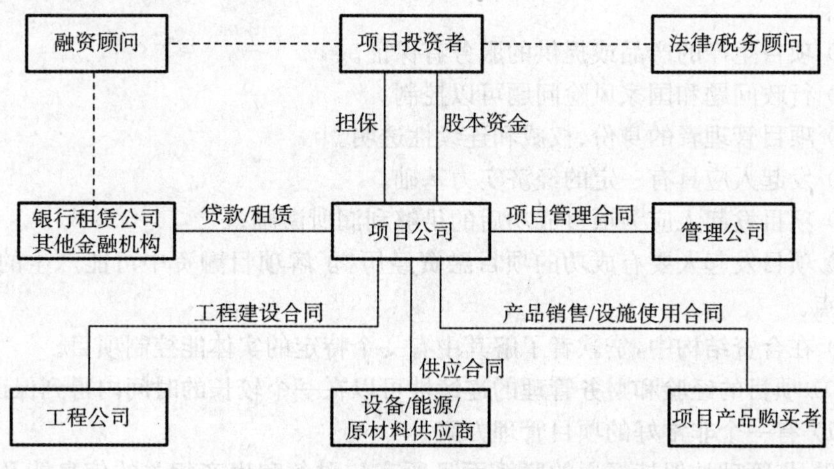

图1-1 工程项目融资参与者的基本合同关系

1.3.1 项目发起人

项目发起人是项目的实际投资者或主办人，他们提出项目并取得经营项目所必要的许可协议，并将各当事人联系在一起，即从组织上负有督导该项目计划落实的责任。项目发起人通过组织项目融资，实现投资项目的综合目标要求。

在有限追索的项目融资中，项目发起人除了拥有项目公司的全部或部分股权外，还需要以直接担保或间接担保的形式为项目公司提供一定的信用支持。项目发起人在项目融资中需要承担的责任和义务以及需要提供的担保性质、金额和时间要求，主要取决于项目的经济强度和贷款银行的要求，是由借贷双方通过谈判决定的。

项目发起人可以是单独一家公司，也可以是由多个投资者组成的联合体，如项目承包商、设备供应商、原材料供应商、产品的买主或最终用户以及间接利益接受者(如即将兴建的新交通设施附近的土地所有者，该项目可以使他们的土地升值)，组成的企业集团。具体来说，电厂项目的发起人经常是发电供应商或电力公司，公路项目的发起人可能是一个收费公路的运营商或在建设和运营收费公路方面具有经验的建筑公司。在这两个例子里，项目发起人必须向人们展示出他拥有与拟建项目相关的建设和运营方面的经验。

一般来说，发起人中至少包括一家境内企业，这会有利于项目的获准与实施，降低项目的政治风险。而对于大型工程项目，除东道国政府或私营企业外，一般都吸收一家外国公司，尤其是实力雄厚、有影响力的大型跨国公司参加。这对项目融资来说至关重要，贷款人和东道国政府都非常重视这一点，这对于项目的许可和贷款的取得非常具有说服力。因为，这样做一方面可以利用大型跨国公司的投资经验和专门技术，便于项目的建设和管理；另一方面又可以利用外国公司良好的信用等级，吸引国际银行的贷款。

从贷款人的角度看，作为一个成功的项目发起人，应该具备以下基本特征：

(1) 拥有全面、专业的可行性研究和融资计划。

(2) 选定富有经验的建设者和经营者，他们有过相关项目的成功记录，并对第三者诚实。

(3) 项目生产的产品或提供的服务有保证。

(4) 行政问题和国家风险问题可以控制。

(5) 项目管理者的身份、权威和连续性透明。

(6) 发起人应具有一定的经济实力基础。

(7) 项目发起人应为项目成功后的足够利润所激励。

(8) 项目发起人要有成功的项目融资经历，了解项目融资中可能产生的各种问题和难点。

(9) 在合资结构中，贷款者了解其中有一个特定的实体能控制项目。

(10) 项目的经验和财务管理的连续性可以在一个较长的时间内得到保证。

(11) 有一个非常好的项目管理方案。

(12) 与管理站保持畅通的联系而且所有与财务和生产相关的信息能及时和正确地取得。

1.3.2 项目的直接主办人

融资项目的直接主办人是指直接参与项目投资和项目管理，直接承担项目债务责任和项目风险的法律实体。工程项目融资中的一个普遍的做法是成立一个单一目的的项目公司，作为项目的直接主办人，而不是由母公司或控股公司，即由项目的实际投资者作为项目的直接主办人。

这种做法的好处是：

第一，将工程项目融资的债务风险和经营风险大部分限制在项目公司中，项目公司对偿还贷款承担直接责任，是实现融资责任对项目投资者有限追索的一种重要手段。

第二，根据一些国家的会计制度，成立项目子公司进行融资可以避免将有限追索的工程项目融资安排作为债务列入项目的实际投资者自身的资产负债表上，实现非公司负债型融资安排。

第三，对于有多国公司参加的项目来说，组织项目公司便于把项目资产的所有权集中在项目公司一家身上，而不是分散在各个投资者在世界各地所拥有的公司，便于进行管理。同时，从贷款人的角度，成立项目公司便于银行在项目资产上设定抵押担保权益。

第四，从实际操作的角度，采用项目公司具有较强的管理灵活性。

项目公司可以是一个实体，即实际拥有项目管理所必须具备的生产技术、管理、人员条件；但是，项目公司也可以只是一个法律上拥有项目资产的公司，实际的项目运作则委托给一家富有生产管理经验的管理公司负责。

1.3.3 贷款银行

商业银行、非银行金融机构（如租赁公司、财务公司、某种类型的投资基金等）和一些国家政府的出口信贷机构，是工程项目融资债务资金来源的主要提供者，为方便起见，在本书中统称为“贷款银行”。承担工程项目融资贷款责任的银行可以是两家商业银行，也可以是由十几家组成的国际银团。银行参与数目主要是根据贷款的规模和项目的风险（特别是项目所在国的国家风险）两个因素决定的。例如，根据一般的经验，贷款额超过 3000 万美元以上的项目，基本上需要至少三家以上的银行组成银团来提供资金。但是，对于一些被认为是高风险的国家，几百万美元的项目贷款也常常需要由多家银行组成的国际银团提供。

银行希望通过组织银团贷款的方式减少和分散每一家银行在项目中的风险。从借款人的角度，通过银团融资可以提供机会与更多的银行及金融机构建立联系，增进相互的了解。然而，凡事有利有弊，如果参加银团的银行过多，则为贷款管理带来很多的困难。例如，如果借款人在贷款期间希望对融资协议的某些重要条款做出修改，按照常规这样的修改要取得超过 2/3 多数的参与银行的同意，而贷款银行可能分散在若干国家，要完成这样的修改就会变成一件费时费事的工作。

选择项目贷款银行是十分重要的工作，选择的标准包括以下几个方面的内容：

(1) 选择对我国了解和友好的银行。经验证明，对于我国来说，作为项目的投资者和借款人，在组织国际银团时，如果选择愿意与我国保持和发展友好经济往来关系，对我国政治经济发展，债务偿还能力及信誉充满信心的外国银行作为融资项目的主要贷款银行，可以获得较多的贷款优惠和较少的限制条件。进一步，在项目进行中的某一个阶段，当项目投资者提出要求修改某些不合理或限制过严的贷款条件和规定时，也易获得用户的理解和支持，不会从中阻挠。

(2) 选择与项目规模适合的银行。工程项目融资贷款规模可以从几百万美元一直到几亿甚至几十亿美元，选择与项目规模相适应的银行参与，可以有足够的能力承担任何一个重要部分的贷款，以避免参与银行过多过杂，减少谈判以至管理方面的问题。

(3) 选择对被融资的项目及所属工业部门比较熟悉的银行。银行对项目比较熟悉，将会对项目的风险有比较清楚的判断，从而可以获得银行对项目更多的支持。银行对项目的支持表现在工程项目融资谈判过程中的灵活方式、合作态度以及项目出现暂时性资金困难时对项目的帮助。工程项目融资结构复杂，必然造成融资文件也是非常复杂的，其中包括各种担保、抵押、契约以及一系列债务比例限制等许多内容。在谈判阶段，虽然贷款银行总是千方百计地保护自身的利益，要求获得尽可能多的信用保证，但是如果采取合作的态度，就可以通过多种变通的方式来处理难题，加快融资的谈判进程，实际解决问题；在经营阶段，如果项目遇到暂时性的资金困难，采取合作态度的银行可以和项目投资者一起试图解决存在的问题，而不至于使项目陷入僵局。

1.3.4 建筑承包商

建筑承包商是按照设计、采购和建设(EPC)合同建设项目的经济主体。EPC合同条款明确了项目的固定价格、既定的规范及建设和委托时间表。除了通过履约保函、延期担保(retention bond)和合同规定的其他工具对承包商施加影响外，EPC承包商还通过违约支付条款支持自身的承诺，一旦项目建设中出现问题，就要启动相关条款给予补偿。融资机构一般愿意接受一个单一的EPC合同，因为尽管有众多的分包商和很多活动，这种安排可以让银行只面对一个责任主体。然而，在建设安排中，有时也可能由两个关联的参与方签订两个独立合同，即与一家承包商签订建筑安装合同，再与另一家公司签订设备供应合同。为了达到面对一个责任主体的要求，融资机构要求两家承包商实施交叉担保。

建筑承包商是工程技术成败的关键因素，它们的技术水平和声誉是能否取得贷款的重要因素。至少在项目的建设期，建筑承包商构成项目融资的重要当事人之一。因为，承包公司的工程技术能力和以往的经营历史记录，可以在很大程度上影响项目贷款银行对项目建设期风险的判断。一般来说，如果由信用卓著的承包商来承建项目，有较为有利的合同安排(如签订固定价格的“一揽子承包合同”)，可以帮助项目投资者减少在项目建设期间所承担的义务和责任，可以在建设期间就将项目融资安排成为有限追索的形式。同时，由于承包商在同贷款银行、项目发起方和各级政府机构打交道方面十分有经验，因此，他们可以在如何进行项目融资方面向其业主提供十分宝贵的建议，从而成为项目融资中的重要参与者之一。

1.3.5 融资顾问

工程项目融资的组织安排工作需要具有专门技能的人来完成，绝大多数的项目投资者缺乏这方面的经验和资源，需要聘请专业融资顾问。

融资顾问在工程项目融资中扮演着一个极为重要的角色，在某种程度上可以说是决定工程项目融资能否成功的关键。融资顾问通常聘请投资银行、财务公司或者商业银行中的工程项目融资部门来担任。担任融资顾问的条件包括能够准确地了解项目投资者的目标和具体要求；熟悉项目所在国的政治经济结构、投资环境、法律和税务；对项目本身以及项目所属工业部门的技术发展趋势、成本结构、投资费用有清楚的认识和分析；掌握当前金融市场的变化动向和各种新的融资手段；与主要银行和金融机构建立良好的关系，具备丰富的谈判经验和技巧等方面。在工程项目融资的谈判过程中，融资顾问周旋于各个有关利益主体之间，通过对融资方案的反复设计、分析、比较和谈判，最后形成一个既能在最大限度上保护项目投资者利益又能为贷款银行接受的融资方案。

由于融资顾问能起到如此重要的作用，因此在选择时要十分慎重。除了要看该公司的资信、在银行界的地位、与项目投资者的熟悉程度以及上述的其他条件外，还要看具体由什么人来承担项目的工作。经验证明，一个有资信的投资银行并不说明其中的工作人员都是胜任的，如果不能选择到优秀的人为其服务，同样也达不到预期的目的。

工程项目融资顾问分为两类，一类是只担任项目投资者的顾问，为其安排融资结构和贷款，而自己不参加最终的贷款银团；另一类是在担任融资顾问的同时，也参与贷款，作为贷款银团的成员和经理人。国际上，对这两类顾问的利弊看法有争议。一种看法认为，单纯作为投资者的融资顾问，立场独立，可以更好地代表投资者的利益，如果同时作为贷款银团的一员，则会更多地站在银行的立场，照顾贷款银团的利益；但是，另一种看法认为，融资顾问参与贷款，可以起到一种带头作用，有利于组织银团，特别是对于难度较大的工程项目融资，如果融资顾问不准备承担一定的风险，很难说服其他银行加入贷款的行列。

融资顾问对项目管理权的控制程度也是一个需要注意的问题。贷款银行对于项目管理的发言权要比传统的融资公司要大。许多情况下，在工程项目融资中，安排完成以后，融资顾问也加入贷款银行并成为其经理人，代表银行参加一定的工程项目融资和决策；有时也会根据银行的要求控制项目的现金流量，安排项目资金的使用，确保从项目的收益中拨出足够的资金用于贷款的偿还。银行虽然在金融业务方面是专家，但并不表明其在项目管理上也具有同样的能力。项目投资者在项目管理上要注意保护自己的相对独立性，防止银行插手项目的日常管理。

1.3.6 保险提供人

项目的巨大资金规模以及未来遭受各种损失的可能性，要求项目各参与方准确地认定自己面临的主要风险，并及时为它们投保。适当的保险是项目融资的有限追溯性所决定的。因此，保险机构也是项目融资的主要参与者，尤其是一国官方的保险机构。如加拿大的出口发展公司(EDC)、美国的进出口银行(EXIM)、英国的出口信贷担保局(ECGD)、德国的赫尔墨斯信贷保险公司等。

1.3.7 法律和税务顾问

项目融资涉及的参与者众多,相互之间的关系复杂,大量的法律文件需要有经验的法律顾问起草和协调。同时,由于项目融资结构要达到有限追索的目的,有时又要充分利用项目投资所带来的税务亏损降低资金的综合成本,所以必须要由具有丰富经验的会计税务顾问来检查这些安排是否符合项目所在国的有关规定,是否存在任何潜在的问题或风险。

1.4 项目融资的框架结构和合同体系

1.4.1 项目融资的框架结构

项目融资一般由以下四个基本模块组成。

1) 项目的投资结构

项目的投资结构,即项目的资产所有权结构,是指项目的投资者对项目资产权益的法律拥有形式和项目投资者之间的法律合作关系。一般是通过投资决策分析,来确定项目的投资结构。确定项目的投资结构需要考虑的因素包括:项目的产权责任、产品分配形式、决策程序、债务责任、现金流量、税务结构和会计处理等内容。目前,国际上通行的投资结构有:单一项目子公司、非限制性子公司、代理公司、公司型投资结构、合伙制或有限合伙制结构、非公司型投资结构等。

2) 项目的融资结构

项目的融资结构是项目融资的核心,在项目融资中要尽量设计和选择合适的融资结构以实现投资者在融资方面的目标和要求。一般地,根据项目债务责任的分担要求、贷款资金数量上的要求、时间上的要求、融资费用等来决定是否采取项目融资方式。如果决定采用项目融资方式之后,便要任命项目融资顾问,明确融资的任务和具体目标要求。在评价项目的风险因素的基础上,设计项目的融资结构、资金结构和担保结构。通常采用的项目融资模式有产品支付融资、设施使用协议融资、杠杆租赁融资、BOT 融资、资产支持证券融资等多种项目融资模式。这里需要考虑的是不同资金来源的比例关系、项目资金的合理使用结构以及税务安排对总的加权平均融资成本的影响。

3) 项目的资金结构

项目的资金结构,主要是决定在项目中股本资金、准股本资金和债务资金的形式、相互之间的比例关系以及相应的来源等。项目融资的资金来源有股本和准股本、商业银行贷款和国际银行贷款、国际债券、租赁融资等。

4) 项目的信用担保结构

就银行和其他债权人而言,项目融资的安全性来自两个方面:一方面来自项目本身的经济强度,另一方面来自于项目之外的各种直接或间接担保。这些担保可以是由项目的投资者提供的，也可以是由与项目有直接或间接利益关系的其他当事人提供的。项目融资中的主要担保形式有项目完工担保、资金缺额担保、以照付不议协议和提货与付款协议为基础的项目担保等。

1.4.2 项目融资的运作程序

项目融资一般要经过五个阶段与步骤，即投资决策分析，融资决策分析，融资结构分析、融资谈判和项目融资的执行等阶段。

1）投资决策分析阶段

投资者在作出决策之前，通过对宏观经济形势的判断、工业部门的发展态势以及该项目在工业部门中的竞争性分析、项目的可行性研究等基本资料的了解，来初步决定项目的投资结构。

2）融资决策分析阶段

在此阶段，项目投资者将决定采用何种融资方式为项目筹集资金。主要通过成本与效益分析，对各种可能的融资方案进行取舍。

3）融资结构分析阶段

这一阶段的主要任务是完成对项目风险的分析和评估，设计出项目的融资结构，并对项目的投资结构进行修正和完善。

4）融资谈判阶段

通过对融资方案的反复设计、分析、比较和谈判，最后选定一个既能在最大限度上保护项目投资者的利益，又能为贷款银行所接受的融资方案。其中包括：选择银行、发出项目融资建议书、组织贷款银团、起草融资法律文件、融资谈判等。

这一阶段会经过多次的反复，在与银行的谈判中，不仅会对有关的法律文件作出修改，在很多情况下也会涉及融资结构的调整问题，有时甚至会对项目的投资结构及相应的法律文件作出修改，以满足贷款银团的要求。此时，融资顾问、法律顾问的作用非常重要，融资顾问和法律顾问可以帮助加强项目发起人的谈判地位，保护投资者的利益，并在谈判陷入僵局时及时、灵活地找出适当的变通办法，绕过难点解决问题。

5）项目融资的执行阶段

在正式签署项目融资的法律文件之后，融资的组织安排工作就结束了，项目融资就进入了执行阶段。在公司融资方式中，一旦进入贷款的执行阶段，借贷双方的关系就变得相对简单明了，借款人只要求按照贷款协议的规定提款和偿还贷款的利息和本金。然而，在项目融资中，贷款银团通过其经理人（一般由项目融资顾问担任）将会经常性地监督项目的进展，根据融资文件的规定，部分参与项目的决策和管理。

1.4.3 项目融资的合同体系

由于项目融资的参与方众多、各种关系复杂，所以为了保证项目融资各参与方的利益，通过项目融资的合同规定各方的职责。

通常而言，根据各参与方以及各方之间的关系，项目融资中主要存在以下10种类型的文件：

1）特许经营协议

需要融资的项目已经获得东道主政府的许可，其建设与经营具有合法性。

2）投资协议

项目发起人和项目公司之间签订的协议，主要规定项目发起人向项目公司提供一定金额的财务支持。

3）担保合同

包括完工担保协议、资金短缺协议和购买协议，这是一系列具有履约担保性质的合同。

4）贷款协议

贷款人与项目公司之间就项目融资中贷款权利与义务关系达成一致而订立的协议。

5）租赁协议

在 BLT(建设—租赁—移交)或以融资租赁为基础的项目融资中承租人和出租人之间签订的租赁协议。

6）收益转让协议(托管协议)

按照收益转让协议，通常会将项目产品长期销售合同中的硬货币收益权(或将项目的所有产品的收益权)转让给一个受托人。这种合同的目的是使贷款人获得收益权的抵押利益，使贷款人对项目现金收益拥有法律上的优先权。

7）先期购买协议

项目公司与贷款人拥有股权的金融公司或者与贷款人直接签订的协议。按照这个协议，后者同意向项目公司预先支付其购买项目产品的款项，项目公司利用该款项进行项目的建设。这种协议包括了通常使用的“生产支付协议”。

8）经营管理合同

有关项目经营管理事务的长期合同。

9）供货协议

通常由项目发起人与项目设备、能源及原材料供应商签订。通过这类合同，在设备购买方面可以实现延期付款或者获取低息优惠的出口信贷。构成项目资金的重要来源，在材料和能源方面可以获取长期低价供应，为项目投资者安排项目融资提供便利条件。

10）提货或付款协议

包括“或取或付”(或“照付不议”)协议（Take-or-Pay Agreement）和“提货与付款”协议（Take-and-Pay Agreement)。前一种合同规定，无论项目公司能否交货，项目产品或服务的购买人都必须承担支付预先约定数额贷款的义务。后一种合同规定只有在特定条件下购买人才有付款的义务。其中当产品是某种设施时“或取或付”协议可以形成“设施使用协议”。

上述合同文件相互制约，又互为补充，共同构成了项目融资的合同文件基础，形成了项目融资的合同文件体系。该体系在项目融资中的组成情况如图 1-2 所示。

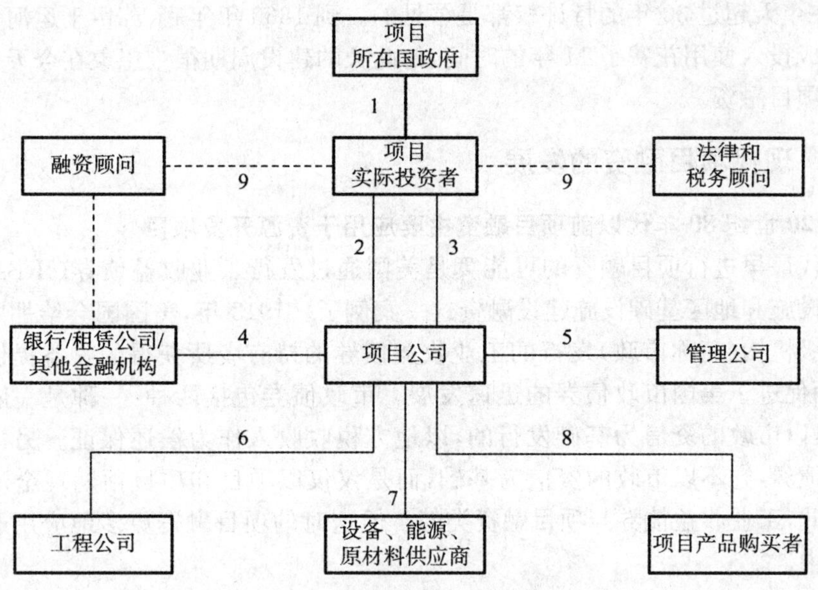

图 1-2 项目融资过程中参与方的主要合同协议

1. 特许经营协议；2. 投资协议；3. 担保合同；4. 贷款协议、租赁协议、收益转让协议、先期购买协议；
5. 经营管理合同；6. 建设合同；7. 供货协议；8. 提货或付款协议；9. 委托代理合同

1.5 项目融资的产生与发展

1.5.1 项目融资的起源

1) 项目融资起源于四千多年前的船舶融资

早在四千多年前，项目融资的思想就已经存在了。根据《汉谟拉比法典》的记载，船主为造船进行筹资所使用的形式是抵押融资，即船舶抵押合同，船主用进行商业贸易产生的收入来偿还造船贷款。如果在贷款还清之前，船只在航行过程中损毁，那么船主欠贷款人的剩余债务就一笔勾销。这就是项目融资的雏形。贷款人或投资者基于对航海贸易可能产生的巨额利润而参与船主发起的造船项目，且仅以此船的航海贸易未来可能产生的现金作为收回贷款或投资的来源，如果航海贸易没有预期的盈利或船只在航海过程中损毁，贷款人和投资者是不能要求船主偿还贷款和返还投资的。显而易见，这种模式对贷款人和投资者来说风险很大，尤其是在几千年前的奴隶社会，风险分配和管理控制还不能做到像现在这么科学。所以，这种模式曾经有一段时间在人们的商业活动中销声匿迹了，直到 19 世纪中叶，苏伊士运河的融资才又把这种融资方式引入人们的视野。

2) 苏伊士运河的融资成为基础设施项目融资的先驱

1858 年苏伊士运河的融资是今天许多基础设施项目融资的先驱，尽管苏伊士运河的融资与当今的项目融资有明显的不同。比如，英国——法国特许经营商是苏伊士运河的发起人，从埃及政府获得了长达 99 年的对运河进行建设、运营和维修的特许权，在今天超过30年的特许权都是罕见的。到1869年年底，苏伊士运河从融资结束到建成投入使用花费了11年的时间，如此长的建设周期很难想象在今天是否能成功取得项目融资。

1.5.2 现代项目融资的发展

1) 20世纪80年代以前项目融资主要应用于资源开发项目

现代最早进行项目融资的可能算是美国通过发行工业收益债券(IRBs)进行城市基础设施和地区基础设施建设融资这一案例了。1913年，美国国会给那些州或者政府下级机构(简称市政)发行的工业收益债券的持有者所获得的收益提供免税政策，从而促进了美国市政债券的迅速发展。市政债券包括两种：一种是一般责任债券，它是以市政的资信为基础发行的，以地方税收收入作为偿还保证。另一种是工业收益债券，它不以市政的资信为基础，而是仅仅以项目和项目预期现金流为基础的。因此，工业收益债券与项目融资类似。但这时的项目融资更多地应用于资源开发项目中。

(1) 石油类开发项目。

1929年，美国华尔街股票市场暴跌。美国经济遭受了巨大冲击，美国经济陷入大萧条时期。在危机发生的过程中，大批企业破产，倒闭，侥幸留存下来的企业也是资产负债状况不好、自身信誉低。按照传统的以企业财务状况、资信等级为基础的公司融资理念，这样的企业很难从银行获得贷款，也就难以开展正常的经营活动。在这种情况下，企业面临着山穷水尽的局面。

这时，美国得克萨斯州的石油开发项目却采用项目融资的方式筹集了足够的资金，并获得了成功。石油商品具有突出的特征：耐储存，能够经受价格的变化，石油开采项目的利润也非常丰厚。其对一些投资者很有吸引力。项目开发商、投资者以及贷款人约定采取产品支付(Production Payment)的方式归还贷款，即借款者(主要是一些私人)在石油项目投产后不以石油产品的销售收入来偿还贷款本息，而是直接以石油产品来还本付息，贷款银行从石油开发者手中获得将来产出的部分或全部石油产品的所有权。后来在产品支付的基础上又产生了预期产品支付方式——远期购买(Forward Purchase)。在这种方式中，矿区所有者将一部分矿区作为产品卖掉，而买方以远期购买的产品为抵押品从银行获得贷款，而银行则依靠抵押矿区产出的石油回收贷款。在这类项目融资中，勘察所需的资金一般由公司内部产生的现金流提供。贷款人只为开采开发阶段所需的设备和劳动力成本提供有限追索的项目融资。

(2) 矿产类开采项目。

早期因为外部筹资成本较高，采矿业扩建或新建矿山主要依靠自筹资金解决。但自20世纪60年代后期到70年代，项目融资在矿业开发项目中发展起来。这主要是由于：第一，西方国家政府为缓和经济危机与能源危机的影响和社会矛盾，积极从事大型能源工程项目，以缓解能源短缺，带动经济发展。第二，20世纪70年代国有化浪潮迫使私人资本采取与国际组织、国际金融机构甚至跨国公司多边合伙的方式投资于有利可图的大型矿业和工程项目。以避免私人单独投资的国家政治风险，促进了项目融资这种多元融资新形式的发展。第三，一些发展中国家为了发展本国经济，满足国际市场对燃料、矿产品等初级产品的需要，也掀起了兴建大型工程项目的热潮，如巴西的采掘业、委内瑞拉的石油开发、博茨瓦纳的有色金属矿开采等。这些国家的项目急需巨额资金，却缺少高资信等级的大型企业来进行公司融资，因此采取了由政府有关部门作主办单位进行项目融资的方式。

2）20 世纪 80 年代后的项目融资向基础设施领域发展

发展中国家的基础设施项目在第二次世界大战后都是通过财政拨款、政府贷款和国际金融机构贷款建设的。但进入 20 世纪 70 年代后，发展中国家大量举债导致国际债务危机加剧、对外借款能力下降、预算紧张。在这种情况下，政府很难拿出更多的资金投资需求日益增加的基础设施建设项目。经济要发展，基础设施建设必须加强，此时项目融资作为新的资金来源和融资方式就呼之欲出了。进入 20 世纪 80 年代，发展中国家的基础设施项目已经开始使用项目融资，以解决国内资金不足但又要引进设备和技术的矛盾。在发达国家，以往基础设施项目基本上也是通过财政预算，由政府直接拨款建设。进入 20 世纪 70 年代后，情况也发生了变化：一是随着经济的发展和人民生活水平的提高，对公共基础设施的需求量越来越大，标准越来越高，政府的财政预算则越来越紧张，由政府出面建设耗资巨大的公共基础设施项目越来越困难。二是西方经济发达国家宏观经济政策的一个重要变化是对国有企业实行私有化，而公共基础设施项目作为国有部门的一个重要领域，在私有化过程中首当其冲。在这种情况下，项目融资也成了发达国家的“新宠”。

3）项目融资逐渐向多国和多行业挺进

20 世纪 80 年代初开始的世界性经济危机，使得项目融资的发展进入了一个低潮期。一方面，国际银行界最有利可图的发展中国家贷款市场由于一些国家，特别是南美洲国家发生债务危机，已不可能再承受大量的新的债务，另一方面，能源、原材料市场的长期衰退，迫使包括工业国家在内的公司、财团对这一领域的新项目投资持非常谨慎的态度，而这一领域又是项目融资的一个主要的传统市场。1985 年以后，随着世界经济的复苏和若干具有代表性的项目融资模式的采用，项目融资又重新开始在国际金融界活跃起来，并在融资结构、追索形式、贷款期限、风险管理等方面有所创新和发展，由此推动了世界项目融资的快速发展，其中尤其以发展中国家为甚，项目融资的领域也呈现出多样化的格局融资的资金来源更加广泛、期限更长、政府介入更少，涉及项目遍布能源、石化、电子等行业，极大地推动了世界经济的发展。

1990 年之后，项目融资在世界的各个角落获得了广泛的应用，许多希望对它们的基础设施（网络）行业，尤其是电力行业进行改革的国家推动了项目融资的发展。其中，具有代表意义的是英国电力私有化改革和网状组织的发展。

1990 年 4 月，英国对电力行业进行了私有化改革。英国对垄断行业的私有化始于 1979 年，当时撒切尔夫人刚刚就任英国首相，其工作的中心就是私有化改革。如现在已经在竞争性市场中运营的电信业务和石油业务，过去这些行业被认为是具有战略意义的行业，都是国家垄断经营。1984 年，英国电信实现了私有化改革；1986 年，石油行业也实现了私有化；之后，政府开始承担对电力公司进行私有化改革的艰巨任务。在私有化过程中，英国政府使用过很多不同的方法出售国有企业，大部分小型国有企业都是通过管理者和职工收购的方式出售的。在这样的结构中，一部分永久的收购融资是通过股权的形式获得的，余额是通过商业银行贷款的形式筹集的。为了组织买方，管理者注册了一个管理者和员工都可以加入的联合体，凭借与顾问及贷款人的密切合作，这些人员通过筹集各自的储蓄，或者通过抵押房屋获得必要的资金，共同筹集收购所需的股本。把所购公司资产的全部用来抵押，除股本之外的部分可以从贷款人那里获得融资。这样的操作类似于以项目的资产和收益为抵押而进行的项目融资。

网状组织(Networking)是公司重组中出现的一种新形式，在 20 世纪 90 年代形成了概念。网状组织指的是独立公司的集合，这些公司不论是正式的还是非正式的，集合在一起共同参与某一业务。网状组织是一种把集权制度下的协调功能和独立公司的分散结构结合起来的一种混合组织。网状组织可以通过一个主要的公司来协调，这个公司把各个独立的公司组织成正式的或准正式的联盟。组建网状组织的主要目的是提高竞争力。比如，在建设一个单一的设施或一系列设施时，一个集工程、采购和建设于一体的承包商可以作为制造商、托运商、陆地运输商、民用工程公司、电力和机械工程公司及其他在其指导下建设该设施的公司的战略经纪人。这便为项目融资提供了可能性。

1.5.3 项目融资在中国的发展

在相当长一段时间里，我国的国民经济运行实行计划经济体制，整个社会投资包括主要大型工程项目投资由政府包揽，投资主体单一；投资决策权和项目审批权高度集中于中央或省市一级政府；投资资金来源于财政预算拨款；投资运行靠行政系统直接手段。改革开放以后，工程项目融投资体制发生了巨大变革，中国的工程项目投资融资体制发展大致可分为六个阶段。

第一阶段是改革开放开始到 20 世纪 80 年代中期。从 1979 年到 1983 年是起步和试点阶段，国家对财政投资实行“拨改贷”。1980 年国家在交通运输等大型工程项目中试行基本建设投资有偿占用制度，基本建设投资由原先的无偿拨款改为有偿贷款。初步改变了计划经济下传统的完全用行政手段分配资金的做法。

第二阶段是 20 世纪 80 年代中期至 80 年代末期。从 1984 年到 1986 年，国家重点对项目建设阶段的管理体制进行改革。1984 年国务院颁布了《关于改革建筑业和基本建设管理体制的若干问题的暂行规定》，推行招投标制度，代替行政分配任务制度。实行工程承包和基建物资与设备供应单位企业化。引进市场竞争机制。投资建设的发包方与承接工程的承包方，其经济利益相对地独立了。甲乙双方不再是传统的“家庭内部关系”，而是买卖双方的“市场竞争关系”。

第三阶段是从 20 世纪 80 年代末期到 90 年代初期。从 1987 年到 1992 年，该阶段以国务院颁布《关于投资体制近期改革方案》(国发［1988］45 号文件)为标志，提出对投资活动的管理必须符合发展、有计划、商品经济的要求，把计划和市场有机结合起来。重点对政府投资范围、资金来源和经营方式进行初步改革。1987 年，国家经委明文规定，对基本建设项目必须进行国民经济可行性论证，借鉴世界银行等国际组织规范化的建设项目可行性论证经验和程序，凡未进行论证或论证达不到规定标准的，一律不予立项。从而在调整投资结构，运用经济手段管理和引导全社会投资运行上取得了进展。各地分别采用贷款、借款、集资、引进外资等途径来筹集工程项目建设资金。

第四阶段是从20世纪90年代初期至90年代中期。从1993年到1996年，这个阶段以邓小平同志的“南巡讲话”精神为指针，各级政府进一步解放思想，突破旧的体制，大胆创新，因地制宜地探索筹集工程项目建设资金的渠道和方法。积极引进外资，通过发行债券、股票上市等多种形式筹集资金。明晰产权关系，成立股份制公司，向社会发行股票，参与金融市场融资，掀起了经济发展的热潮。

第五阶段是从20世纪90年代中期到21世纪初。这一时期主要是对提高工程项目投资决策质量和建立投资约束机制进行了探索。重要措施包括实行“建设项目法人责任制”和“项目资本金制”，推行大型工程项目(尤其是市政公用基础设施)的国有资产授权经营等。

第六阶段是从21世纪初开始到现在。以上海、深圳、北京等为代表的部分省市在工程项目融资方面正在开创“项目自主决策、政府宏观引导、社会广泛参与、市场有效运作”的健康、有序、稳健的工程项目融资体制的新路。

近20年来，我国BOT融资项目已有多个成功实例:20世纪80年代中期深圳沙角B电厂采用了类似BOT的建设方式，它标志中国利用项目融资方式进行建设的开始。为尽快解决能源、交通、通信等基础设施严重不足的问题，加快基础设施的建设步伐，改变过去基础设施建设单纯依靠国家财政投资的传统做法，大胆尝试项目融资新方式，中央政府在制定“八五”计划时，国家发改委首次提出了运用BOT方式加快基础工业发展和基础设施建设方面的新思路。

进入20世纪90年代，我国陆续出现了一些以BOT方式进行建设的项目，如上海黄浦江延安东路隧道复线工程、广州至深圳高速公路、上海大场水处理厂，海南东线高速公路、三亚凤凰机场、重庆地铁、深圳地铁、北京京通高速公路、广西来宾B电厂等。这些项目虽然相继采用BOT模式进行建设，但只有重庆地铁、深圳地铁、北京京通高速公跻、广西来宾B电厂、成都第六水厂等项目被国家正式认定为采用BOT模式的基础设施项目。广西来宾B电厂BOT项目是经国家批准的第一个试点项目，经过各方多年的努力，该项目已取得了全面成功，被国际上很有影响的金融杂志评为最佳项目融资案例，在国内被誉为“来宾模式”。广东沙角B电厂、北京市王府井市区改造、上海的杨浦大桥和江苏沪宁高速公路建设等项目也在项目融资模式创新方面取得了成功。近几年，公路经营权有偿转让已有多个成功先例，如成渝高速公路重庆段、西临高速公路等。

在我国，项目融资在国内的运用范围主要局限于电力、公路、桥梁等大型基础设施项目，在很多奥运场馆的建设上也采用了项目融资。20世纪国内融资的方式主要是外资以BOT等方式参与，其他融资方式如基金、信托、租赁、资产证券化等方式较少，内资参与程度也很低。造成这种局面的原因，与国内法律政策环境限制了对论证方案的优化，提高了风险管理和评估的难度有一定关系。但进入21世纪以来，内资参与项目融资的越来越多，有超过外资参与的趋势甚至已经超过了外资的参与。

【复习思考题】

1. 简述项目融资的概念。
2. 项目融资的基本特点有哪些?
3. 项目融资的参与者有哪些,它们之间的相互关系如何?
4. 简述项目融资的运作程序。
5. 简述项目融资的发展过程。

第2章

项目投资与融资决策分析

本章导读

本章主要介绍了项目可行性研究的概念与依据、可行性研究的内容以及可行性分析和不确定性分析的方法。介绍了投资决策分析的意义、原则和分析步骤，还着重对项目融资决策相关的影响指标决策因素等进行了分析。

本章涉及的主要概念包括：可行性研究、投资决策、融资决策。

引导案例

可行性研究的起源

可行性研究最早起源于美国，早在1936年开发田纳西流域工程时，美国国会通过了《控制洪水法案》，提出将可行性研究作为流域开发规划的重要阶段纳入开发程序。第二次世界大战后，特别是20世纪60年代以来，可行性研究理论逐步形成一套系统的科学研究方法，并渗透到各个领域，从开发建设工程项目，发展到研究生产管理、科学实验和对自然及社会改造问题。当前，可行性研究不仅在经济发达国家，在亚非拉许多发展中国家也得到日益广泛的应用，为此，联合国工业发展组织、世界银行、经济合作与发展组织等国际性机构分别编写了大量的建设项目可行性研究手册、著作及培训教材，用以指导有关国家开展可行性研究工作。

2.1 项目可行性

2.1.1 项目可行性研究的概念与依据

可行性研究是一种系统的投资分析研究方法，是项目投资决策前，对拟建项目的工程、技术、经济、财务、生产、销售、环境、法律等方面进行全面、综合的调查研究，对备选方案从技术的先进性、生产的可行性、建设的可能性、经济的合理性等方面进行比较评价，从中选出最佳方案的研究方法。

作为一种方法，可行性研究是一种综合性的决策论证分析，包括市场调查与预测、方案构造和比选决策方法、风险分析方法、技术经济分析方法等技术方法。融资作为项目投入的重要组成部分，是项目可行性论证的重要一环。如何筹措资金，如何保证资金供应，如何保证项目投入的计算精准，筹资结构的优化与科学是保证项目可行性研究有效的基本条件。

作为一门科学，可行性研究是横跨工程技术科学、项目管理科学和自然科学的综合性科学。研究对象涉及工程决策的技术经济问题，人力、物力、财力的资源配置问题，是与社会政治、经济、文化、金融、市场等相关的项目寻优问题。而其中方案的策划为项目实施确定了指导原则、框架和基础。

项目的可行性研究，必须在国家有关的规划、政策、法规的指导下完成；同时，还必须要有相应的各种技术资料作为参考。进行可行性研究工作的依据主要包括：

1）宏观环境

具体包括国家经济和社会发展的长期规划，部门与地区规划，经济建设的指导方针、任务、产业政策、投资政策和技术、经济政策以及国家和地方法规等。

2）与项目直接相关的依据

（1）经过批准的项目建议书和项目建议书批准后签订的意向性协议等。

(2) 由国家批准的资源报告，国土开发整治规划、区域规划和工业基地规划，对于交通运输项目建设要有有关的江河流域规划与路网规划等。

(3) 国家进出口贸易政策和关税政策。

(4) 当地的拟建厂址的自然、经济、社会等基础资料。

(5) 有关国家、地区和行业的工程技术、经济方面的法令、法规、标准定额资料等。

(6) 由国家颁布的建设项目可行性研究及解决评价的有关规定。

(7) 包含各种市场信息的市场调研报告。

2.1.2 可行性研究的内容

可行性研究的内容可归纳为市场研究、技术研究和效益研究三个方面，它们分别从项目建设的必要性、技术上的可行性、经济上的合理性角度给出相应的研究结论。可行性研究报告的具体内容包括：

1) 市场预测

市场预测是对项目的产出品和所需的主要投入品的市场容量、价格、竞争力以及市场风险进行分析预测。市场预测的结果为确定项目建设规模与产品方案提供依据。

市场预测的研究内容主要有以下几方面。

(1) 市场现状调查。

主要调查拟建项目同类产品的市场容量、价格，以及市场竞争力现状。这是进行市场预测的基础。

产品供应与需求预测，产品价格预测，目标市场与市场竞争力分析，以及市场风险分析等。

(2) 资源条件评价。

在可行性研究阶段，应对资源开发项目进行资源评价，对资源开发利用的可能性、合理性和资源的可靠性进行研究，为确定项目的开发方案和建设规模提供依据。

(3) 建设规模与产品方案研究。

建设规模与产品方案研究是在市场预测和资源评价的基础上，论证、比较、选择拟建项目的建设规模和产品方案，作为确定项目技术方案、设备方案、工程方案、原材料燃料供应方案及投资估算的依据。

(4) 场址选择。

场址选择是指在初步可行性研究或项目建议书规划选址已确定的建设地区和地点范围内，进行具体坐落位置选择，并绘制厂址地理位置图。

(5) 技术方案、设备方案和工程方案。

项目的建设规模与产品方案确定后，应进行技术方案、设备方案和工程方案的具体研究论证工作。可行性研究报告中制定的技术、设备、工程方案，对设备工程设计，采购、制造、安装调试过程中的投资控制有着指导性意义。

- 技术方案选择。

① 生产方法的选择。研究与项目产品相关的国内外各种生产方法的优缺点与

发展趋势，拟采用的生产方法是否与采用的原材料相适应，拟采用生产方法的技术来源的可得性，生产方法是否符合节能、环保和清洁生产的要求等。

② 工艺流程方案选择。研究工艺流程方案对产品质量的保证程度，各工序之间的合理衔接，选择主要工艺参数，分析确定流程的柔性安排等。

③ 技术方案的比选论证。比选内容包括技术的先进程度、可靠程度、对产品品质最佳性能的保证程度、对原材料的适应性、工艺流程的合理性等。

• 设备方案选择。

设备方案选择包括以下内容：

① 研究提出所需主要设备的规格、型号和数量。

② 研究提出项目所需主要设备的来源与投资方案。

③ 对于拟引进国外设备的项目，应提出设备供应方式。选用超大、超重、超高的设备时，应提出相应的运输和安装的技术措施方案。

• 工程方案选择。

对于一般工业项目来说，主要研究厂房、工业窑炉、生产装置等建筑物、构筑物的建筑特征、结构形式、基础工程方案、抗震设防以及特殊建筑要求等。

• 节能措施。

对于能源消耗量较大的项目，应提出节约能源措施，并对能耗指标进行分析。

• 节水措施。

对于水资源消耗量较大的项目，应提出节水措施，并对水耗指标进行分析。

(6) 原材料、燃料供应。

原材料、燃料供应即对项目所需的原材料、辅助材料和燃料的品种，规格、成分、数量、价格、来源及供应方式进行研究和论证，以确保项目建成后的正常生产运营，并为计算生产运营成本提供依据。

(7) 总图运输与公用辅助工程。

总图运输与公用辅助工程是指在已选定的场址范围内，研究生产系统、公用工程、辅助工程及运输设施的平面和竖向布置以及工程方案。

项目总图布置是指根据项目的生产工艺流程或者使用功能的需要及其相互关系，结合场地和外部环境条件，选定项目各个组成部分的位置。

场内外运输方案应根据建设规模、产品方案、技术方案确定的主要投入品和产出品的品种，数量、特性、流向制定。

公用工程与辅助工程是为项目主体工程正常运转服务的配套工程。公用工程主要有给水、排水、供电、通讯、供热、通风等工程。辅助工程主要有维修、化验、检测、仓储等工程。在可行性研究阶段，公用工程与辅助工程应与主体工程同时进行研究。

(8) 环境影响评价。

环境影响评价是指在确定场址方案和技术方案过程中，调查研究环境条件，对拟建项目影响环境的因素进行识别和分析，提出治理和保护环境的措施，对环境保护方案进行比选和优化。

(9) 劳动安全卫生与消防。

劳动安全卫生与消防是在已确定的技术方案和工程方案的基础上，分析论证在建设和生产的过程中存在的对劳动者和财产可能产生的不安全因素，并提出相应的防范措施。

(10) 组织机构与人力资源配置。

组织机构与人力资源配置是对项目的组织机构设置、人力资源配置、员工培训等内容进行研究，比选和优化方案。

(11) 项目实施进度。

为了科学组织建设过程中各阶段的工作，合理安排建设资金，在项目工程建设方案确定之后，应提出项目的建设工程和实施进度方案，保证项目按期建成投产，发挥投资效益。

(12) 投资估算。

投资估算是在项目的建设规模、建设方案及项目实施进度基本确定的基础上，对项目投入总资金和建设期内分年资金需要量的估计和预算，它是制订融资方案、进行经济评价、编制初步设计概算的依据。

(13) 融资方案。

融资方案研究是在投资估算的基础上，分析拟建项目的资金渠道、融资形式、融资结构、融资成本、融资风险，比选推荐项目的融资方案。

(14) 财务评价。

财务评价是在国家现行财税制度和市场价格体系下，分析预测项目的财务效益与费用，计算财务评价指标，考察项目的盈利能力、偿债能力，据以判断项目的财务可行性。

(15) 国民经济评价。

国民经济评价是按合理配置资源的原则，采用影子价格等国民经济评价参数，从国民经济角度考察投资项目所耗费的社会资源和对社会的贡献，从而评价投资项目的经济合理性。

(16) 社会评价。

社会评价是分析拟建项目对当地社会的影响和当地社会条件对项目的适应性和可接受程度，评价项目的社会可行性。

(17) 风险评价。

风险评价是对拟建项目在建设和运营中潜在的主要风险因素进行综合分析和识别，以揭示风险来源，判别风险程度，提出规避风险的对策，降低风险损失。

(18) 研究结论与建议。

研究结论与建议是在前述各项研究论证的基础上，归纳总结，择优提出推荐方案，并对推荐方案进行总体论证。

2.1.3 项目可行性分析

项目可行性分析从项目和国家两个角度出发，分析、评价项目的财务可行性与国民经济效益。

2.1.3.1 财务可行性分析

财务可行性分析主要是对项目获利能力及发展前景的定量分析。

财务分析的步骤是：首先对项目的投资成本，项目建设期内投资支出及其未来销售收入、税金和产品成本、利润、贷款的还本付息等主要方面进行预测，得出项目现金流量；再以预测出的现金流量为依据，通过财务指标的计算，确定项目在财务效益上的可行性。

项目财务分析具体体现在项目融资实务中，可以从项目盈利能力和债务清偿能力两个方面进行。其分析指标如图 2-1 所示。

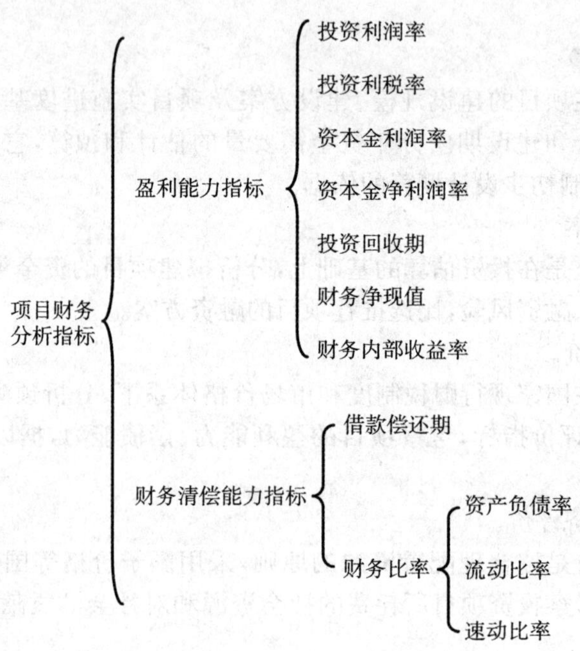

图 2-1 财务可行性分析指标分类

1) 反映项目盈利能力的指标

反映项目盈利能力的指标包括两大类，即静态指标和动态指标。

静态指标是指在计算时不考虑货币时间价值因素影响的指标，主要包括投资利润率、投资利税率、资本金利润率、资本金净利润率和静态投资回收期等。

(1) 投资利润率。

投资利润率是项目的年税后利润总额与总投资之比。计算公式为：

$$投资利润率=(年税后利润总额/总投资)\times 100\% \tag{2-1}$$

式中，年税后利润总额，可选择正常生产年份的年利润总额，也可以计算出生产期平均年利润总额，即用生产期利润总额之和除以生产期。选择前者还是后者，根据项目的生产期长短和年利润总额波动的大小而定。若项目生产期较短，且年利润总额波动较大，原则上要选择生产期的平均年利润总额；若项目生产期较长，年利润总额在生产期又没有较大的波动，可选择正常生产年份的年利润总额。

总投资是建设投资、建设期利息和流动资金之和。

计算出的投资利润率要与规定的行业标准投资利润率或行业的平均投资利润率进行比较，若大于或等于标准投资利润率或行业平均投资利润率，则认为项目是可以考虑接受的。

(2) 投资利税率。

投资利税率是项目的年利税总额与项目总投资之比，其计算公式是：

$$投资利税率=(年利税总额/总投资)\times 100\% \qquad (2-2)$$

式中，年利税总额可以选择正常生产年份的年利润总额与销售税金及附加之和，也可以选择生产期平均的年利润总额与销售税金及附加之和。选择前者还是后者，依据项目生产期长短和利税之和的波动大小而定，选择原则与计算投资利润率中年税后利润总额的选择同理。

总投资仍为建设投资、建设期利息和流动资金之和。

计算出的投资利税率要与规定的行业标准投资利税率或行业的平均投资利税率进行比较，若前者大于或等于后者，则认为项目是可以考虑接受的。

(3) 资本金利润率。

资本金利润率是项目的年利润总额与项目资本金之比。计算公式为：

$$资本金利润率=(年利润总额/资本金)\times 100\% \qquad (2-3)$$

式中，年利润总额是选择正常生产年份的年利润总额，还是选择生产期平均年利润总额。原理同于投资利润率的计算。

资本金是指项目的全部注册资本金。

计算出的资本金利润率要与行业的平均资本金利润率或投资者的目标资本金利润率进行比较，若前者大于或等于后者，则认为项目是可以考虑接受的。

(4) 资本金净利润率。

资本金净利润率是项目的年税后利润与项目资本金之比。计算公式为：

$$资本金净利润率=(年税后利润/资本金)\times 100\% \qquad (2-4)$$

式中，年税后利润是选择正常生产年份的税后利润，还是选择生产期平均年税后利润，原理同于投资利润率的计算。

资本金也是指项目的全部注册资本金。

资本金净利润率应该是投资者最关心的一个指标，因为它反映了投资者自己的出资所带来的净利润。

(5) 静态投资回收期。

静态投资回收期是指在不考虑货币时间价值因素的条件下，用年净收益回收全部投资所需用的时间，一般用年表示。其表达式为：

$$k = \sum_{t=1}^{T_p} NB_t \tag{2-5}$$

式中，k ——项目总投资；

NB_t ——项目第 t 年净收益；

T_p——静态投资回收期。

计算出的投资回收期要与行业规定的标准投资回收期或行业平均投资回收期进行比较，如果小于或等于标准投资回收期或行业平均投资回收期，则认为项目是可以考虑接受的。

动态指标是指在计算时考虑货币时间价值因素影响的指标。主要包括财务净现值和财务内部收益率。

① 财务净现值。财务净现值是指在项目计算期内，按行业基准折现率或设定折现率计算的各年净现金流量现值的代数和，简称净现值，记作 $FNPV$。其计算公式为：

$$FNPV = \sum_{t=0}^{n} (CI_t - CO_t)(1 + i_0)^{-t} \tag{2-6}$$

式中，CI_t ——项目第 t 年的现金流入；

CO_t ——项目第 t 年的现金流出；

i_0 ——基准折现率；

n ——项目寿命周期。

财务净现值的计算值可能有以下几种情况，即 $FNPV>0$，$FNPV=0$，$FNPV<0$。

当 $FNPV>0$ 时，说明项目用其净效益抵付了相当于用折现率计算的利息以后，还有盈余，从财务角度考虑，项目是可以考虑接受的。当 $FNPV=0$ 时，说明拟建项目的净效益正好抵付了用折现率计算的利息，这时，判断项目是否可行，要看分析所选用的折现率。在财务效益分析中，若选择的折现率大于银行长期贷款利率，项目是可以考虑接受的；若选择的折现率等于或小于银行长期贷款利率，一般可判断项目不可行。当 $FNPV<0$ 时，说明拟建项目的净效益不足以抵付用折现率计算的利息，甚至有可能是负的效益，一般可判断为项目不可行。

② 财务内部收益率。财务内部收益率是指项目投资实际可望达到的报酬率，即能使投资项目的净现值等于 0 时的折现率，记作 $FIRR$。显然，财务内部收益率 $FIRR$ 满足下列等式：

$$\sum_{t=0}^{n} (CI_t - CO_t)(1 + FIRR)^{-t} = 0 \tag{2-7}$$

财务内部收益率与财务净现值的表达式基本相同，但计算程序却截然不同。在计算财务净现值时，预先设定折现率，并根据此折现率将各年净现金流量折算成现值，然后累加得出净现值。在计算财务内部收益率时。要经过多次试算，使得净现金流量现值累计等于0。一般可借助计算机编制运算程序完成。如用手工计算时，应先采用试算法，后采用插值法。

插值法的计算公式为：

$$FIRR = i_1 + \frac{FNPV}{FNPV_1 + |FNPV_2|}(i_2 - i_1) \tag{2-8}$$

式中，i_1 ——偏低折现率；

i_2 ——偏高折现率；

$FNPV_1$——i_1 对应的正净现值；

$FNPV_2$——i_2 对应的负净现值。

计算出的财务内部收益率要与国家规定的基准折现率或投资者的目标收益率进行比较，如果前者大于或等于后者，则说明项目的盈利能力超过或等于国家规定的标准或投资者的目标收益率，因而是可以考虑接受的。

③ 动态投资回收期。动态投资回收期是指在考虑货币时间价值的条件下，以投资项目净现金流量的现值抵偿原始投资现值所需要的全部时间。其表达式为：

$$\sum_{t=0}^{n} k_t (1+i_0)^{-t} = \sum_{t=1}^{T_p^*} NB_t (1+i_0)^{-t} \tag{2-9}$$

式中，T_p^* ——动态投资回收期；

k_t ——项目第 t 年的投资；

其他符号意义同前。

计算得出的动态投资回收期要与行业标准动态投资回收期或行业平均动态回收期进行比较，如果小于或等于标准动态投资回收期或行业平均动态投资回收期，则认为项目是可以考虑接受的。

2) 反映项目清偿能力的指标

反映项目清偿能力的指标包括借款偿还期、财务比率(资产负债率、流动比率和速动比率)。

借款偿还期是指用可用于偿还借款的资金来源还清贷款本息所需要的全部时间。偿还借款的资金来源包括折旧、摊销费、未分配利润和其他收入等。借款偿还期可利用《借款还本付息计算表》的有关数据计算。

计算出借款偿还期后，要与贷款机构的要求期限进行对比，等于或小于贷款机构提出的要求期限，即认为项目是有清偿能力的。否则，认为项目没有清偿能力，从清偿能力角度考虑，则认为项目是不可行的。

资产负债率是反映项目各年所面临的财务风险程度及偿债能力的指标。流动比率是反映项目各年偿付流动负债能力的指标。速动比率是反映项目快速偿付流动负债能力的指标。

2.1.3.2 国民经济效益分析

国民经济效益分析又称为国民经济评价，它是指按照资源合理配置的原则，从国民经济的角度出发，通过利用影子价格、影子工资、影子汇率和社会折现率等参数计算、分析项目对国民经济的净贡献，以评价项目经济合理性的经济评价方法。国民经济效益分析是项目评估的重要组成部分，是投资决策的重要依据。

1）国民经济评价的意义

项目国民经济评价从形式上看，与财务可行性分析相类似，都是对项目盈利状况的评价，但财务可行性分析是站在项目投资者角度进行分析，国民经济评价是站在国家和全社会的角度，考察项目对整个国民经济的贡献。项目国民经济评价的意义体现在以下几个方面：

首先，国民经济评价能够客观地估算出投资项目为社会做出的贡献和社会为项目付出的代价。运用反映项目投入物和产出物真实价值的影子价格计算建设项目的费用和效益，可以真实地反映项目对国民经济的贡献以及社会为项目付出的代价。而且国民经济评价还考虑就业、环境保护、生态平衡、资源合理配置等多方面的因素，使得项目建设的社会意义得到真实完整的体现。

其次，国民经济评价能够对资源投资的合理流动起到导向的作用。国民经济评价中采用的影子价格和社会折现率，不仅能起市场信号反馈的作用，而且能够反映资源最优分配状态下的边际产出价值。通过项目国民经济评价能够对资源分配加以引导，达到宏观调控的目的。

最后，国民经济评价可以达到统一标准的目的。由于国民经济评价中采用统一评价参数，包括影子价格、社会折现率、影子工资、贸易费用率等。这些参数的运用，使不同地区、不同行业的投资项目的效益费用具有可比性。

2）项目国民经济评价与财务可行性分析的关系

项目的国民经济评价和财务可行性分析是相互联系的，既有相同的地方，也有不同的地方。相同点表现在：

(1) 评价目的相同，都是寻求以最小的投入获得最大的产出，寻求经济上最优的方案。

(2) 基本分析方法和主要指标的计算方法类同，都采用现金流量分析方法，通过基本报表计算净现值、内部收益率等指标。

项目的国民经济评价和财务可行性分析代表不同的利益主体，其不同点体现在：

(1) 评价的出发点不同。财务可行性分析是站在投资者或项目自身的角度，衡量投资项目的盈利状况，评价项目财务上的可行性；国民经济评价则是站在社会全局整体的角度，分析投资项目为国民经济可能创造的效益和做出的贡献，评价项目经济上的合理性。前者为投资者或项目的投资决策提供依据，后者则是为政府宏观的投资决策提供依据。

(2) 计算费用和效益的范围不同。在财务可行性分析中，根据企业的实际收支情况确定项目的财务收益和费用，收益和费用中要考虑通货膨胀、税金、利息、项目可能获得的政府优惠政策等；而在国民经济评价中。根据所耗费的资源和项目对社会提供的产品及服务来考察项目的费用和收益。由于费用和效益范围不同，充分体现了对于项目经济性的不同视角和不同标准。

(3) 评价中采用的价格不同。在财务可行性分析中，要求评价结果反映投资项目的实际发生情况，采用的是市场价格；国民经济评价不仅要客观地评价项目，而且要求不同地区，相同行业的投资项目具有可比性。因此，在国民经济评价中，必须采用统一的价格标准，以影子价格作为国民经济的价格体系。

（4）评价中使用的参数不同。所谓评价参数，主要指汇率、贸易费用率、工资及折现率。在财务可行性分析中，上述各参数需根据不同行业、不同项目及其项目条件和环境自行选定；在国民经济评价中，为了达到横向投资项目可比的目的，采用国家统一测定的影子汇率、影子工资和社会折现率。

国民经济效益分析与财务可行性分析的主要区别如表 2-1 所示。

表 2-1　国民经济效益分析与财务可行性分析的主要区别

项目	财务可行性分析	国民经济效益分析
目标	企业盈利最大化	国民经济效益最大化
出发点	项目或企业	国家或全社会
价格	市场价格	影子价格
折现率	各部门、各行业的基准收益率或综合平均利率加风险系数	全国统一使用的社会折现率
外部费用和外部效益	不计入	计入
主要计算指标	投资利润率、财务净现值和投资回收期等	经济内部收益率、经济净现值等

2.1.4　项目不确定性分析

投资项目的不确定性分析是以计算和分析各种不确定因素（如价格、投资费用、成本、项目寿命期、生产规模等）的变化对投资项目经济效益的影响程度为目标的一种分析方法。

在投资项目实施过程中，某些经济与非经济因素的变化，将导致投资项目的实际经济效益偏离方案评价时的经济结论，决策者选择任何一项投资方案都将承担一定的投资风险。因此，在对项目进行经济效益分析时不仅要在已有数据的基础上按正常情况（即确定条件下）计算项目的技术经济指标，还应该估计到出现不确定因素后将会给项目投资效益带来的不利影响，据以分析项目抵抗风险的能力。不确定性分析的基本方法包括盈亏平衡分析、敏感性分析和概率分析。

2.1.4.1　盈亏平衡分析

盈亏平衡是指项目某年的收支相抵后利润为 0、不盈不亏的一种状况。

盈亏平衡分析是通过计算达到盈亏平衡点的产销量或生产能力利用率，分析拟建项目成本与收益的平衡关系，判断拟建项目适应市场变化的能力和风险大小的一种分析方法。设 P 为单位产品价格，Q 为产品销售量（生产量），C_f 为项目固定成本，C_v 为单位产品变动成本，则盈亏平衡的方程式为：

$$PQ - C_{\mathrm{f}} - C_{\mathrm{v}}Q = 0 \tag{2-10}$$

对产量这一因素进行盈亏平衡分析就是要确定产量的最低值，使工程项目既不盈又不亏，或者说盈利等于 0。我们把盈利为 0 时的产量点称为盈亏平衡点产量（或销售量），设平衡点产量为 Q^*，利用公式，有：

$$Q^* = \frac{C_{\mathrm{f}}}{P - C_{\mathrm{v}}} \tag{2-11}$$

如果项目设计生产能力为 Q_0，则项目盈亏平衡的生产能力利用率

$$E^* = \frac{Q^*}{Q_0} \times 100\% \tag{2-12}$$

若按项目设计生产能力 Q_0 进行生产和销售，则盈亏平衡价格

$$P^* = \frac{C}{Q_0} = C_{\mathrm{v}} + \frac{C_{\mathrm{f}}}{Q_0} \tag{2-13}$$

2.1.4.2 敏感性分析

敏感性分析是项目经济效果评价中常用的一种不确定性分析方法。敏感性分析是通过分析、预测项目主要的不确定因素发生变化时对经济评价结论的影响程度，从而对项目承受各种风险的能力做出判断，为项目决策提供可靠依据。

影响项目经济评价的不确定性因素很多，一般有产品销售量（产量），产品售价、主要原材料和动力的价格、固定资产投资、经营成本、建设工期和生产期等。在这些因素中，其数据的微小的变化所引起的评价指标值变化程度有所不同，对于那些影响比较大的因素称之为敏感因素。决策者需要对于这些敏感因素进行分析，分析在进行项目决策时所采用的数据是否准确，是否可能产生变化，变化的结果是否会导致项目评价结论的变化。而且要针对敏感因素提出有针对性的控制措施，保证项目顺利进行。

敏感性分析的步骤包括：

（1）确定评价指标。

评价指标是评价项目经济效果的指标，一般多采用净现值或内部收益率。选择的评价指标原则有两点：第一，选择与确定性分析的评价指标相一致的指标。例如，项目财务评价采用了内部收益率指标，则进行敏感性分析也应采用内部收益率指标。第二，选择最能够反映该项目经济效益、最能够反映该项目经济合理与否的指标。对于某一个具体的项目而言，没有必要对所有的指标都作敏感性分析，而需要选择最利于说明问题的指标进行分析。

（2）设定不确定因素和其变动范围。

根据经济评价的要求和项目的特点，将发生变化的可能性比较大、对项目经济效益影响比较大的几个主要因素设定为不确定因素。对于一般的项目而言，常用作敏感性分析的因素有投资额、建设期、产量或销售量、价格、经营成本等。还要针对项目具体情况分析设定所选因素可能的变动范围。

(3) 计算不确定因素变动对经济评价指标和评价结论的影响，确定敏感因素。

采用敏感性分析计算表或分析图的形式，把不确定因素的变动与经济指标的对应数量关系反映出来。能使经济指标相对变化最大的或分析图中曲线斜率最大的因素，即为敏感因素。

(4) 结合确定性分析对项目风险做出判断。

根据敏感因素对方案评价指标的影响程度及敏感因素的多少，判断项目风险的大小，结合确定性分析的结果作进一步的综合判断，寻求对主要不确定因素变化不敏感的项目，为项目决策进一步提供可靠的依据。

敏感性分析其有分析指标具体，能与项目方案的经济评价指标紧密结合，分析方法容易掌握，便于决策等优点，有助于找出影响项目经济效益的敏感因素及其影响程度，对于提高项目经济评价的可靠性具有重要意义。

2.1.4.3 概率分析

概率分析是利用概率方法研究、预测各种不确定因素和风险因素对项目经济效益指标的影响的一种定量分析方法。概率分析的关键是确定各种不确定因素变动的概率。确定事件概率的方法有客观概率和主观概率两种方法。通常把以客观统计数据为基础确定的概率称为客观概率；把以人为预测和估计为基础确定的概率称为主观概率。

由于投资项目很少重复过去的同样模式，所以，对于大多数项目来讲，不大可能单纯用客观概率来完成，而是需要结合主观概率进行分析。无论是主观概率还是客观概率，都应该以大量的调查研究为基础。只有掌握足够的信息量，概率分析的结论才可能科学，合理、可信。

简单的概率分析可以通过计算项目经济效果的期望值、标准差和变异系数等来进行。

(1) 经济效果的期望值。

投资方案经济效果的期望值是指在一定概率分布条件下，投资效果所能达到的概率平均值。其一般表达式为：

$$E(x) = \sum_{i=1}^{n} X_i P_i \tag{2-14}$$

式中，$E(x)$ ——变量的期望值；

X_i ——变量 x_i 状态下的取值$(i=1,2,\cdots,n)$；

P_i ——变量 x_i 出现的概率；

n ——未来状态的个数。

(2) 经济效果的标准差。

标准差反映了一个随机变量实际值与其期望值偏离的程度。这种偏离程度在一定意义上反映了投资方案风险的大小。标准差的一般计算公式为：

$$\sigma = \sqrt{\sum_{i=1}^{n} P_i [x_i - E(x)]^2} \tag{2-15}$$

式中，σ—— 变量 x 的标准差；

其他符号意义同前。

(3) 经济效果的变异系数。

由于标准差是一个绝对值，为了能够明确反映风险程度的差异，可以采用相对值反映数据的离散程度。为此引入一个指标变异系数 V。它是标准差与期望值之比，即：

$$V = \frac{\sigma(x)}{E(x)} \tag{2-16}$$

当对多个投资项目方案进行比较时，针对效益指标，则认为期望值较大的方案较优；如果是费用指标，则认为期望值较小的方案较优；期望值相同，则标准差较小的方案风险更低；如果多个方案的期望值与标准差均不相同，则变异系数较小的方案风险更低。

2.2 投资决策分析

2.2.1 投资决策的意义和原则

2.2.1.1 投资决策的含义

对于任何一个投资项目，在决策者下决心之前，都需要经过相当周密的投资决策分析。"广义的投资决策(investment decision)是指按照一定的程序、方法和标准，对投资规模，投资方向，投资结构、投资分配以及投资项目的选择和布局等投资方案进行选择和决断的过程。按照投资决策的范围可将广义的投资决策划分为宏观投资决策、中观投资决策和微观投资决策(见图 2-2)。其中，宏观投资决策是中央政府从国民经济和社会发展的全局战略出发，对一定时期的投资规模、方向、结构、布局进行规划，做出投资决策；中观投资决策则是地方政府和行业主管部门对地区和行业的投资规模、方向、结构、布局进行规划，做出投资决策。

广义投资决策
- 宏观投资决策
- 中观投资决策
- 微观投资决策——狭义投资决策:工程项目投资决策

图 2-2 广义投资决策

狭义的投资决策就是微观投资决策，是指微观经济领域中，投资主体对投资项目的决策，即对拟投资项目的必要性和可行性进行技术经济论证，对不同投资方案进行比较，并做出判断、选择和决定的过程。本书研究的工程项目投资决策属于狭义的投资决策。

2.2.1.2 投资决策的必要性

(1) 投资所需资金和资源的有限性。

投资所需资金和资源的有限性决定了在项目投资之前，对其是否建设，如何建设，要进行科学的投资项目决策，慎重地优选目标，确定投资建设项目，制定合理的项目施工方案，以期达到预期的投资目的。

(2) 投资项目技术的复杂性和效益的不确定性。

现代化投资项目技术结构复杂，涉及面广，影响投资建设的因素繁多，这就要求在项目确定之前，必须全面研究投资项目建设的各个有关环节，认真分析投资项目建设过程中的各种相关的有利与不利因素，经过技术经济论证。选择最佳的投资实施方案，这是投资项目成败的关键。

2.2.1.3 投资决策的意义

(1) 投资决策能更好地发挥投资项目的经济效益。

一方面，投资项目建设构造复杂，形体庞大，具有整体性和固定性，只有整个项目全部完成，才能形成综合生产能力，发挥投资效益，并且建设地点一旦确定，就与土地连在一起，始终在那里发挥作用，不能随意移动和变更；另一方面，投资项目建设周期长，占用和消耗人力、物力、财力多，一旦开工建设，就不可间断，否则，会拖延工期，积压和浪费掉已投入的大量人力、物力和财力，同时由于拖延工期，建设项目会错过最佳的投产时间，难以产生较好的经济效益。

项目本身的这些技术经济特点，要求项目建设之前，重视项目的投资决策，对项目建设的必要性和可行性进行认真研究和论证，切实掌握和弄清项目建设的条件及相关的各方面因素。

(2) 投资决策是实现社会扩大再生产的基本手段。

国民经济要持续稳定地向前发展，就要进行社会扩大再生产，而社会扩大再生产是通过基本建设和技术改造的手段实现的，即通过投资活动实现的，这就要求通过科学的投资决策保证社会扩大再生产的顺利进行。

(3) 投资决策是实现社会生产结构合理化的有效手段。

在投资项目决策时必须首先弄清原有生产结构的现状，然后有针对性地确定投资哪些项目，形成合理的社会生产结构，提高整个社会的经济效益。

(4) 投资决策是合理控制投资规模的重要手段。

一定时期的投资规模，必须与社会所拥有的人力、物力、财力相适应。通过投资决策，可对投资项目进行全面的分析和论证，决定取舍，避免重复建设和盲目建设，使投资建设规模得到合理控制。

2.2.1.4 投资决策应遵循的原则

(1) 科学民主原则。

投资决策过程中必须尊重客观规律，遵循先论证后决策的科学决策程序，同时，应广泛征求经济、技术和管理专家的意见，实行民主化决策。

(2) 系统性原则。

系统分析是指对系统的各方面进行全面分析和评价，以求得系统整体优化的分析方法，它包括功能分析、要素分析、结构分析、可行性分析和评价分析。用系统分析的方法就要注重研究投资项目的总体性、综合性、定量化及最优化。做到定性分析与定量分析相结合、静态分析与动态分析相结合、总体分析和层次分析相结合、宏观分析和微观分析相结合、价值量分析和实物量分析相结合、预测分析与统计分析相结合等等。

就投资决策的具体对象而言，首先，要收集调查各方面的投资信息，并对其进行科学的分析和研究；其次，对下列问题做出系统回答：拟建项目在技术上是否可行、经济上是否合理合算、建设条件是否具备、资源人力物力财力是否落实、建设工期多长、需要多少投资、资金如何筹集等等；其三，还必须考虑项目的相关建设和同步建设，项目建设对原有产业、结构的影响，项目产品的国内外竞争力以及今后发展的趋势等一系列问题。

(3) 经济效益原则。

投资决策必须坚持近期效益与远期效益相统一的原则、直接经济效益与间接经济效益相统一的原则，全过程经济效益与阶段性经济效益相统一的原则、微观效益与宏观效益相统一的原则、经济效益与社会效益相统一的原则。

(4) 方案可比原则。

方案可比性包括需要上的可比性、费用上的可比性、同一时点价格指数的可比性、时间上的可比性。其中。时间上的可比性是投资决策分析的关键所在，这不仅要求不同方案的技术经济分析要采用相等的计算期，而且要求注重资金的时间价值，运用贴现率将不同时期的资金量折算成现值，然后进行比较，做到动态与静态分析相结合。

(5) 责任制原则。

要求决策者对其决策行为所带来的投资风险负有不可推卸的责任，这就要求建立出资人制度和工程造价师资格认证制度，工程造价师要对可行性报告审查并签字负责，对投资决策的论证负责，出资人对其投资决策失误负经济上的责任。

2.2.1.5 投资决策的分类

(1) 按投资决策问题的影响程度和范围分类。

按投资决策问题影响的程度和范围可将投资决策分为总体决策和局部决策。总体决策或称战略决策，它是指对系统的发展和前景有着决定性作用的决策，是全局性、长期性影响重大而深远的投资决策，如果把一个投资项目视为一个系统，则它投资的子项目、建设分期和各期的目标、内容，施工力量的部署等的决策都属于总体决策；此外，项目设计阶段的产品方案、生产工艺方案、生产规模、厂址等的确定对项目建成后的经济效益有着重大影响，其决策也属总体决策。

局部决策或称战术决策，它是为了达到系统目标，由各子系统完成预定任务的各项具体决策，是局部的、短期的且为总的战略目标服务的投资决策。例如，上述投资项目中的施工机械的调配、库存材料的调整就属于局部决策。

(2) 按投资决策问题的重复情况分类。

按投资决策问题的重复情况，投资决策可分为重复性决策和一次性决策。重复性决策又称常规性决策、程序化决策。它是例行决策，解决生产、建设管理中经常出现的问题。这类问题可以按规定的程序、模型、参数、标准等去处理。

一次性决策或称非程序化决策，它要解决的是过去完全没有或仅部分出现过的问题。决策层次越高，一次性决策问题就越多。在一次性决策中，决策者的洞察力、首创精神和分析方法的科学性往往对决策的效果起着重要的作用。战略性投资决策或重大战术性投资决策都是一次性决策。

(3) 按投资决策目标的数量分类。

按投资决策目标的数量，投资决策可分为单一目标决策和多目标决策。单一目标决策是在已知条件下，例如，约束条件、某种状态发生的概率统计对于各种可能方案的损益值等已知条件下，寻求目标函数的最优解，决策目标是单一的。

多目标决策是以达到两个以上目标为准进行择优的决策。在实际评价拟建方案时，常常要考虑多个指数，要根据目标的重要程度进行权衡，进行综合决策，在进行多目标决策时，常常将多目标分解为许多单一目标决策方案分阶段完成。

(4) 按投资决策问题所处的条件分类。

按照投资决策问题所处条件不同，可将投资决策分为确定性决策、非确定性决策和风险性决策。确定性决策是指对外部因素具有较大的可控性，因此能在一定程度上依据可控因素进行投资决策；非确定性决策是指决策所涉及的外部因素具有一定的不可控性，一个方案存在几种不同的结果，且出现的概率不能确定；风险性决策与非确定性决策一样，但这种不可控因素作用程度以及引发的各种自然状态出现的概率是可以估算的。

(5) 按照投资决策涉及方案间的关系分类。

按照投资决策所涉及方案之间的相互关系可将投资决策分为独立方案决策、互补方案决策、互斥方案决策(见表 2-2)。

表 2-2　投资决策的分类

分类方式	具体分类
按投资决策问题影响的程度和范围	总体决策(战略决策)、局部决策(战术决策)
按投资决策问题的重复情况	重复性决策、一次性决策
按投资决策目标的数量	单一目标决策、多目标决策
按投资决策问题所处的条件	确定性决策、非确定性决策、风险性决策
按投资决策涉及方案间的关系	独立方案决策、互补方案决策、互斥方案决策

2.2.2　投资决策分析的步骤

投资决策分析的步骤如下(见图 2-3)。

1) 确定目标

投资决策的目标是指在一定环境条件下，希望达到的某种结果，选择正确的目

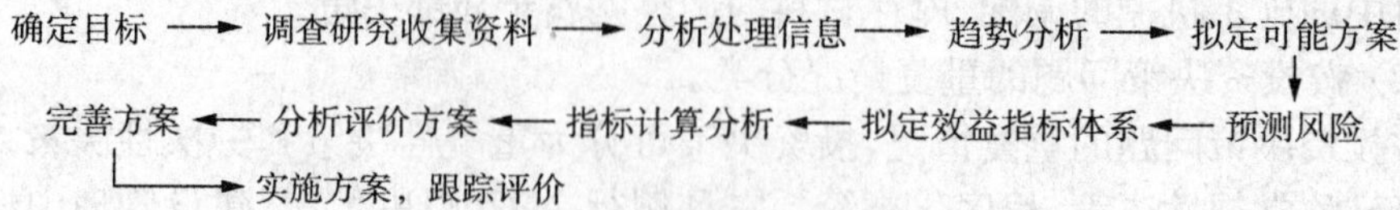

图 2-3　投资决策分析步骤

标，不仅可以指明投资决策分析的方向，而且也是衡量投资决策成败的评价标准。一个好目标应具备定量标准、时间限制和明确的责任三个条件，为此需要有正确的指导思想和全局观念。

2）调查研究、收集资料

调查研究就是对项目方案所涉及的各方面情况进行调查。信息是研究的基础，因此收集一定数量的资料是必不可少的工作，对资料的收集力求及时、可靠、准确和全面，不仅要掌握历史、总结过去，还要了解现状、更需要预测未来，分析未来若干年的发展趋势和变化。

收集资料应注重反映生产技术、设计、工艺等方面的技术资料及经济资料，国内外同行业的相关资料，市场情况资料、其他相关资料。

3）分析处理信息

对资料进行科学处理，滤去不真实的资料，使之条理化、系统化。

4）趋势分析

趋势分析指对投资对象和相关因素进行调查研究，分析过去，总结现状，预测未来，以确定合理的经济参数、指标和投入产出期。

5）拟定多种可能方案

根据同一目标拟定多种可能方案，对拟定的方案要求具有完备性，除有总体方案外，也要有某方面的具体方案；拟定方案要尽可能定量化，有全面、具体、明确的数据；为拟定最佳方案打好基础，还要集思广益，多方听取意见。

6）预测风险

一般投资决策程序都规定了风险预测程序。该程序根据不同的情况而发生变化，从运筹学模式的复杂概率分析到直观预测，根据投资环境、投资可能取得的收益等，简捷有效地预测方案的风险程度。

7）拟定经济效益指标体系

为了衡量各种可能的技术方案的经济效益的大小，对其功能作出评价，要拟定一系列技术经济指标，建立一套指标体系，并规定这些指标的计算方法，同时还要处理好指标可比性问题。

8）指标技术分析

输入各种数据，运用科学的分析计算方法，对指标进行计算分析。

9）对方案进行评价

对方案进行评价就是通过定量分析和定性分析，对各种被选方案进行综合评价，全面估量，总体权衡，互相对比，从中选出最佳方案。

(1) 按照评价的侧重点。

按照评价的侧重点，方案评价分为技术可行性评价和经济可行性评价。技术可行性评价是由工程技术人员对技术方案的可行性进行评价。经济可行性评价是由财务管理、经营管理人员在对市场需求预测、厂址选择、工艺技术方案选择等可行性研究的基础上，对拟建项目的经济合理性，运用定量与定性分析结合、宏观经济效益与微观经济效益分析相结合的分析方法，对项目做出全面评价。经济可行性评价是投资项目可行性研究的重要组成部分，也是项目方案抉择的最主要依据。

经济可行性评价包括财务评价和经济费用效益分析。财务评价是从项目主持者(如企业)经济利益的角度出发考察项目的财务可行性和盈利性。经济费用效益分析是从整个国民经济的角度来分析和计算项目对整个国民经济的贡献，从而评价项目的经济合理性。

(2) 按照评价的阶段。

按照评价的阶段，方案评价分为初步评价和详细评价，由于列出的可能性方案中，可能没有一个方案能合理地一次就满足预定目标。因此，通过初步评价阶段，发现问题，可以淘汰不合理的方案，寻找新的备选方案，或在某方案基础上补充、修正、优化方案，然后再进行详细评价，最后确定能满意达到目标的方案。

10) 完善方案

在可能的条件下，进一步对选定方案进行优化，并采取完善措施，使方案更便于实现，具有更大的经济效益。

11) 实施方案，跟踪评价

投资决策经过以上步骤，完成了编写可行性报告书后，送有关决策部门审批，然后进入贯彻实施阶段。在实施过程中要连续追踪评价，检验决策是否科学，决策是否准确，作为决策依据的信息是否可靠，应及时总结、修正，有误差应及时采取补救措施，同时也为今后投资决策分析工作积累资料和经验。

2.2.3 项目投资管理

2.2.3.1 工程项目投资管理的目标

从本质上说，工程项目投资管理的最终目标就是实现项目预期的投资效益。而在项目建设阶段，工程项目投资管理就是要在业主所确定的投资、进度和质量目标指导下。合理使用各种资源完成工程项目建设任务，以期达到最佳的投资效益。

投资、进度和质量形成了工程项目投资管理的目标系统。这三方面的要求可以表示为如图 2-4 所示的工程控制目标系统。

在图中，三角形的内部表现为三个目标的矛盾关系，三角形的外部表现为三个目标的一致关系。三者共同构成工程项目投资管理的目标系统，互相联系、互相影响，某一方面的变化必然引起另两个方面的变化，例如过于追求缩短工期，必然会损害项目的功能(质量)，引起成本增加，所以工程项目投资管理应追求它们三者之间的优化和平衡，任何强调最短工期、最高质量最低成本都是片面的。由于项目的复杂性和动态性，以及人们的认识能力和技术水平的限制，在项目前期往往很难对项目作出正确的综合评价和预测。因此在实际工作中可先适当突出某个主目标，即项

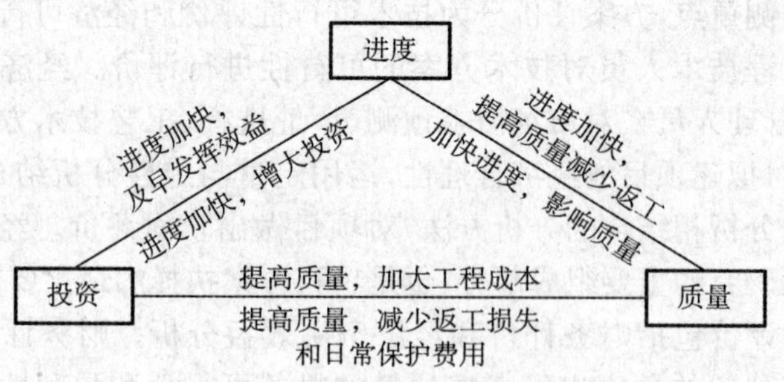

图 2-4　工程控制目标系统

目必须予以保证的目标(比如质量目标)，并以此为依据来编制项目目标计划，然后在执行计划的过程中不断收集数据和信息，对比实际情况和原定计划，调整各目标之间的比重关系，不断修正和完善原目标计划，形成一个持续渐进的目标管理过程。

工程项目投资管理的内容很广泛，为了突出重点，本书将着重介绍投资控制的理论与方法。

2.2.3.2　工程项目投资的合理估计与确定

工程项目投资的合理估计与确定是工程项目投资管理的首要内容，它是要在建设程序的各个阶段，采用科学的计算方法和切合实际的计价依据，合理确定投资估算、设计概算、施工图预算、承包合同价、结算价和施工决算。根据建设程序，工程项目投资的合理确定分为如下六个阶段。

(1) 在项目建议书阶段、可行性研究阶段，按照规定的投资估算指标、类似工程造价资料或其他有关参数，编制投资估算。也就是说，投资估算是在整个投资决策过程中，对建设项目投资数额进行的估计，是判断项目可行性和进行项目决策的重要依据之一。同时投资估算也是编制初步设计和概算的投资控制目标。

(2) 在初步设计阶段，根据有关概算定额或概算指标编制建设项目总概算。经有关部门批准的总概算，即为控制拟建项目投资的最高限额。对在初步设计阶段实行建设项目招标承包制签订承包合同协议的，其合同价也应在总概算相应的范围以内。

(3) 在施工图设计阶段，根据施工图纸确定的工程量，套用有关预算定额单价、取费率和利税率等编制施工图预算。经承发包双方共同确认、有关部门审查通过的预算，可作为结算工程价款的依据。

(4) 在工程招投标阶段，承包合同价是以经济合同形式确定的建筑安装工程投资。

(5) 在工程实施阶段，要按照承包方实际完成的工程量，以合同价为基础，同时考虑因物价上涨以及其他因素引起的投资变化，合理确定结算价。

(6) 在竣工验收阶段，对从筹建到竣工投产全过程的全部实际支出费用进行汇总，编制竣工决算。

2.2.3.3 工程项目投资的有效控制

工程项目投资的有效控制就是在投资决策阶段、设计阶段、建设项目发包阶段和建设实施阶段，把工程项目投资的发生控制在批准的限额以内。随时纠正发生的偏差，以保证项目投资管理目标的实现，以求在各个建设项目中能合理使用人力、物力、财力，取得较好的投资效益和社会效益。

工程项目投资有效控制应遵循以下原则。

(1) 以设计阶段为重点进行建设全过程投资控制。

投资控制应贯穿于项目建设全过程，但影响造价最大的阶段在于施工以前的投资决策和设计阶段，而在项目作出投资决策后，控制项目投资的关键就在于设计阶段。

(2) 主动控制。

投资控制不仅要反映投资决策，反映设计、发包和施工，被动地控制项目投资，更要能动地影响投资决策，影响设计、发包和施工，主动地控制项目投资。

(3) 令人满意原则。

工程项目的基本目标是对建设工期、项目投资和工程质量进行有效控制，这三大目标组成的目标系统是一个相互制约、相互影响的统一体，同时使三个目标达到最优几乎是不可能实现的。为此，应根据工程项目的客观条件进行综合研究，实事求是地确定一套切合实际的衡量准则。只要投资控制的方案符合这套衡量准则，取得令人满意的结果，则投资控制即达到了预期的目标。

(4) 技术与经济相结合。

技术与经济相结合是控制投资的有效手段。为此应通过技术比较、经济分析和效果评价，正确处理技术先进与经济合理之间的对立统一关系，力求达到在技术先进条件下的经济合理，在经济合理基础上的技术先进，把控制投资的观念渗透到各项设计和技术措施中。

2.3 项目融资决策分析

2.3.1 融资方案的影响指标分析

融资方案的影响指标主要有融资可靠性指标、融资成本指标和融资风险指标，如图 2-5 所示。

(1) 要考察方案的融资可靠性。所策划的方案要能够满足项目对资金使用要求，使用要求包括资金在量上得到保证和在时间上得到保证。

(2) 上市的项目公司要考虑项目在融资结构方面的设计，要使得项目资金在财务上符合政策要求，股本结构和债务结构合理，符合规范的股票市场的融资要求。

(3) 融资成本是考虑融资决策的主要方面。不同的融资方案，有不同的融资成本。融资对项目的保证性和融资的成本就成为融资方案的决定性因素。只有投资项目的内部收益率大于融资成本，也只有项目融资成本小于内部收益率，项目融资

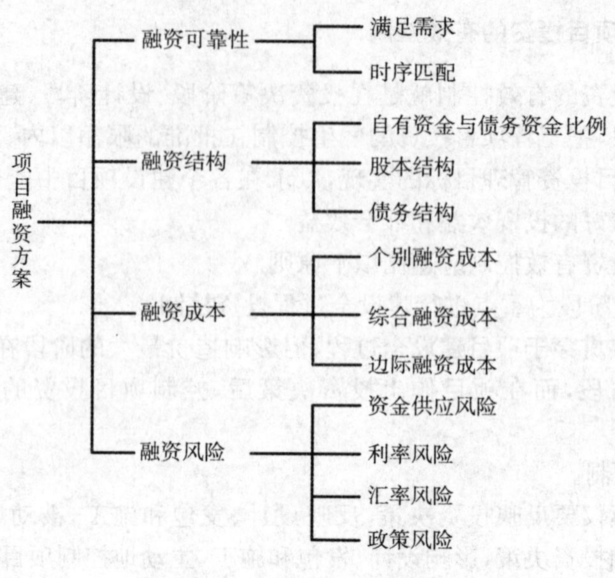

图 2-5　项目融资方案指标

才有意义。无论采用什么动态投资评价方法，融资成本都是底线，是投资项目必须达到的最低报酬率。因此，融资成本是项目投资决策的基准"取舍率"。

(4) 融资的成本问题不是独立的，低成本也可能与高风险相联系，因此，在考虑个别融资、综合融资成本和边际融资成本时，要通过科学的方法，与融资风险一起进行综合的评价。

2.3.2　项目融资结构的决策因素分析

项目融资结构的决策因素分析主要是对于融资共性因素是否能够实现和怎样能够实现的分析和筹划。这些因素主要是：实现有限追索；合理分散项目风险；追求税务优惠和实现非公司负债型融资。

项目融资追索的形式和追索的程度，取决于贷款银行对一个项目的风险的评价以及项目投资结构、项目融资结构设计和项目融资模式的选择。同样条件的项目，采用不同的投资结构和融资模式，项目融资的追索形式或追索程度也就会有所变化。例如，对于一个契约型合资结构的项目，如果几个投资者分别安排项目融资，其中有的投资者可能需要承担比其他投资者更为严格的贷款条件或者更多的融资追索责任。因此，在项目融资中，为了实现对投资者的最有限的追索，除了考虑项目在正常情况下的经济强度是否足以支持融资的债务偿还外，更重要的是，要从项目融资模式选择的角度，考虑项目融资是否能够找到来自投资者以外的强有力的信用支持，考虑通过适当的技术处理，优化融资结构设计，以实现债务责任的最低追索。

项目在不同阶段中的各种性质的风险有可能通过合理的融资结构设计和融资模式的选择得以分散。例如，通过选择合理的项目发包方式，业主获取承包商提交的履约保证金或由银行出具的履约保函，将项目建设期的大部分风险（工期拖延，工程质量和全部（或部分）费用超支风险）转移给项目承包商。在项目建成投产以后，投资者所承担的风险责任将有可能被限制在一个特定的范围内，如投资者有可能只需要以购买项目全部或者绝大部分产品的方式承担项目的市场风险，而贷款银行则有可能同样要承担项目的一部分经营风险。例如，一旦出现国际市场上同类产品的价格出现过低的情况，致使项目现金流量不足；一旦出现项目产品购买者不愿意或者无力继续执行产品销售协议，项目产品滞销致使项目现金流量不足，这些潜在问题所造成的风险是贷款银行必须承担的，除非贷款银行可以从项目投资者处获得其他的信用保证支持。

世界上多数国家的税法都对企业税务亏损的结转问题有所规定，但是这种税务亏损的结转不是无限期的，一般短则只有3～5年，长的也有10年左右时间，即企业的税务亏损可以结转到以后若干年使用。以冲抵公司的所得税。同时，许多国家政府为了发展经济制定了一系列的投资鼓励政策，这些政策也是以税务结构为基础的(如加速折旧)。大型工程项目投资，资本密集程度高，建设周期长，项目前期会产生数量十分可观的税务亏损。如何利用这些税务亏损降低项目的投资成本和融资成本，可以从项目的投资结构、融资结构和融资模式三个方面着手考虑。通过更为有效的融资结构设计和融资模式的选择来解决吸收税务亏损的问题，以降低项目的资金成本。

实现非公司负债型融资(即公司资产负债表外的融资)，是一些投资者选用项目融资的原因。通过选择项目融资模式和设计项目的投资结构，在一定程度上可以做到不将所投资项目的资产负债与投资者本身公司的资产负债表合并。但是，在多数情况下，这种安排只对合资项目中共同融资的某一个投资者有效，如果是投资者单独安排融资，通过项目融资模式的选择，可以实现投资者的非公司负债型融资的目的。例如，在项目融资中可以把意向贷款或一项为贷款提供的担保设计成为“商业交易”形式，按照商业交易来处理，既实现了融资的安排，也达到了不把这种贷款或担保列入投资者的资产负债表的目的。

2.3.3　项目信用保证结构决策因素分析

项目融资的最大特征是“资产导向”和“有限追索”，债务资金的偿还主要来源于项目资产及其所产生的预期现金流量。但在项目开发建设、试生产和运营阶段，项目完工风险、政治风险和现金流量风险比较大的情况下，项目债务资金提供者，尤其是高级债务资金提供者，如贷款银行非常关心其贷款的安全性，一般要求有相应的贷款偿还保证机制。

从理论上来说，贷款偿还保证机制分为契约保证和法律保证两类。前者是一种事前、积极的保证机制，后者则是一种事后、强制性的保证机制，二者之间存在相互补充的关系，法律规则与执法是签订与执行契约的基础。一般而言，项目融资中的贷款偿还保证机制来自于项目投资者，或其他的项目利益相关者所提供的信用保证。信用保证可以是直接的财务担保，如完工担保、资金缺额担保等；也可以是简介的或财务性的担保，如“或取或付”(或“照付不议”)协议(Take-or-Pay Agreement)和“提货与付款”协议(Take-and-Pay Agreement)性质的长期销售合约等。在一个具体的项目融资中，不同形式的信用担保所形成的组合，就构成了项目的信用保证结构。

项目信用保证结构的选择或设计，一般应考虑以下因素：

(1) 项目的经济强度。

项目的经济强度越好，其偿债能力越强，即项目自身的支付能力较强，资金提供者对项目支付担保要求可能有所降低。

(2) 项目风险的大小。

在项目融资期间，如果项目风险较低，则资金提供者可能不会要求项目投资者或其他利益相关者提供百分之百的债务偿还担保，比如在项目建设期，可能不会要求项目投资者做出百分之百债务承购的保证。

(3) 项目的技术特性。

如果项目采用的是高新技术，尽管项目经济分析显示有较强的经济强度，但由于技术风险较大，资金提供者也会要求项目投资者提供完工担保和资金缺额担保。

(4) 高级债务资金提供者(如贷款银行)承受风险的能力。

显然，如果贷款银行承受风险能力强，则可能愿意承担和有能力承担部分项目技术风险、市场风险。

(5) 借贷双方的谈判地位。

项目信用保证的形式和结构的确定在某种程度上，还取决于项目借贷双方的谈判地位。如果贷方在谈判中居于优势地位，则可能要求项目投资者或其他利益相关者提供担保金额较高的信用担保；反之则可能要求项目投资者或其他利益相关者提供担保金额较低的信用担保。

(6) 谈判签约时的国际金融形势。

如果谈判签约时国家金融形势不稳定，则贷方对贷款的发放更为谨慎，可能要求项目投资者或其他利益相关者提供金额较高的信用担保，以保证贷款的安全；反之，则可能要求项目投资者或其他利益相关者提供担保金额较低的信用担保。

2.3.4 项目融资结构的决策分析

项目资金结构的决策方法主要有比较资金成本法和每股利润分析法。

1) 比较资金成本法

项目融资的资金构成基本上可以分为两个部分：股本资金和债务资金。这里主要介绍以此为基础的比较方法：比较资金成本法。

比较资金成本法是指在适度财务风险的条件下，计算可供选择的不同资金结构或融资组合方案的加权平均资金成本，并以此作为标准确定最佳融资资金结构的方法。

下面通过案例介绍说明比较资金成本法。

【例1】 某工程的开发建设需要初始投资10000万元，经融资顾问的精心设计和安排，有3个方案可供选择，其相关资料详见表2-3。假设这3个融资方案的财务风险相当，试确定该工程初始融资的最佳资金结构。

步骤1：分别求解3个融资方案中不同筹资方式下融资额占融资总额的比例，见表2-3。

步骤2：分别求解3个融资方案的加权平均资金成本，见表2-4。

步骤3:比较各融资方案的加权平均资金成本,见表2-5。确定该工程融资的最佳资金结构。

表2-3　某工程初始融资方案表　　单位:万元

筹资方式	融资方案1		融资方案2		融资方案3	
	初始融资额	资金成本率	初始融资额	资金成本率	初始融资额	资金成本率
长期借款	800	6%	1000	6.5%	1500	7%
长期债券	2000	7%	3000	8%	2500	7.5%
优先股	1200	12%	2000	12%	1000	12%
普通股	6000	15%	4000	15%	5000	15%
合计	10000		10000		10000	

表2-4　不同筹资方式下的融资额占融资总额的比例表

筹资方式	不同筹资方式下的融资额占融资总额的比例		
	融资方案1	融资方案2	融资方案3
长期借款	8%	10%	16%
长期债券	20%	30%	24%
优先股	12%	20%	10%
普通股	60%	40%	50%

表2-5　加权平均资金成本表

	融资方案1	融资方案2	融资方案3
加权平均资金成本率	12.36%	11.45%	11.62%

经比较,融资方案2的加权平均资金成本最低,应选择融资方案2作为最佳融资组合方案,由此形成的资金结构可确定为最佳资金结构,即长期借款1000万元,长期债券3000万元,优先股2000万元,普通股4000万元。

对于项目扩大投资规模而需要追加筹措新资的状况可用两种方法确定最佳资金结构:一种是直接计算各备选追加融资方案的边际资金平均成本,以边际资金平均成本为标准选择最佳融资方案组合;另一种是分别将各备选追加融资方案与原有资金结构合并考虑,计算合并后各个方案的加权平均资金成本,然后以加权平均资金成本为标准选择最佳融资方案。

2)每股利润分析法

息税前利润——每股利润分析法是利用每股利润无差别点来进行资金结构决策的方法。每股利润无差别点是指两种或两种以上融资方案下普通股每股利润相等时的息税前利润点,亦称息税前利润平衡点或利润无差别点。根据每股利润无差别点,分析判断在什么情况下可利用什么方式融资来安排及调整资金结构,进行资金结构决策。

每股利润无差别点的计算公式如下:

$$\frac{(\overline{EBIT}-I_1)(1-T)-d_{ps1}}{N_1}=\frac{(\overline{EBIT}-I_2)(1-T)-d_{ps2}}{N_2} \quad (2\text{-}17)$$

式中，$\overline{EBIT}$ ——息税前利润平衡点；

I_1 和 I_2 ——两种融资方式下的长期债务年利息；

d_{ps1} 和 d_{ps2} ——两种融资方式下的优先股年股利；

N_1 和 N_2 ——两种融资方式下的普通股股数；

T ——所得税税率。

这种分析方法的实质是寻求不同融资方案之间的每股利润无差别点，以使项目能够获得对股东最为有利的最佳资金结构。

【例 2】 某工程公司拥有长期资金 17000 万元，其资金结构为：长期债务 2000 万元，普通股 15000 万元。现准备追加融资 3000 万元，有 3 种融资方案可供选择：增发普通股，增加债务和发行优先股。资料见表 2-6。

表 2-6 某工程公司目前和追加融资后的资金结构资料表 单位：万元

资本种类	目前资本结构		追加融资后的资金结构					
			增加普通股		增加长期债务		发行优先股	
	金额	比例	金额	比例	金额	比例	金额	比例
长期债务	2000	12%	2000	10%	5000	25%	2000	10%
优先股							3000	15%
普通股	15000	88%	18000	90%	15000	75%	15000	75%
资金总额	17000	100%	20000	100%	20000	100%	20000	100%
年债务利息额	180		180		540		180	
年优先股股利额							300	
普通股股数(万股)	2000		2600		2000		2000	

当息税前利润为 3200 万元时，为便于计算，假定所得税税率为 40% ，计算不同增资方式下每股利润无差别点。

(1) 增发普通股与增加长期债务两种增资方式下的每股利润无差别点如下：

$$\frac{(\overline{EBIT}-180)(1-40\%)}{2600}=\frac{(\overline{EBIT}-540)(1-40\%)}{2000}$$

$$\overline{EBIT}=1740(\text{万元})$$

(2) 增发普通股与发行优先股两种增资方式下的每股利润无差别点。计算如下：

$$\frac{(\overline{EBIT}-180)(1-40\%)}{2600}=\frac{(\overline{EBIT}-180)(1-40\%)-300}{2000}$$

$$\overline{EBIT}=2346(\text{万元})$$

(3) 增发长期债务与增发优先股两种增资方式下的每股利润无差别点。由上式易知，增发长期债务与增发优先股两种增资方式下不存在每股利润无差别点。

由此可见，当息税前利润为1740万元时，增发普通股和增加长期债务的每股利润相等；同样道理，当息税前利润为2346万元时，增发普通股和发行优先股的每股利润相等。那么，每股利润无差别点的息税前利润为1740万元的意义为，当息税前利润大于1740万元时，增加长期债务要比增发普通股有利；而当息税前利润小于1740万元时，增加长期债务则不利。同样道理，每股利润无差别点的息税前利润为2346万元的意义为，当息税前利润大于2346万元时，发行优先般要比增发普通股有利，而当息税前利润小于2346万元时，发行优先股则不利。

最后计算上述3种融资方式追加融资后的普通股每股利润，如表2-7所示。

表2-7　3种融资方式追加融资后的普通股每股利　　单位:万元

项目	增发普通股	增加长期债务	发行优先股
息税前利润	3200	32000	32000
减:长期债务利息	180	540	180
所得税前利润	3020	2660	3020
减:公司所得税(40%)	1208	1064	1208
所得税后利润	1812	1596	1812
减:优先股股利			300
普通股可分配利润	1812	1596	1512
普通股股数(万股)	2600	2000	2000
普通股每股利润(元)	0.7	0.8	0.76

由表2-7可知，当息税前利润为3200万元时，增发普通股时普通股每股利润最低，为0.7元；增加长期债务时最高，每股为0.8元；发行优先股时居中，每股为0.76元。这说明在息税前利润一定，为3200万元时，增加长期债务有利于增加项目市场价值。

【复习思考题】

1. 项目可行性研究的基本内容有哪些?
2. 反映项目盈利能力的常用指标有哪些?
3. 项目不确定性分析的基本方法有哪些?
4. 项目投资决策的原则有哪些?
5. 简述项目投资决策分析的步骤。
6. 简述项目融资中资金结构的决策方法。

第3章

项目投资结构

本章导读

本章介绍了影响投资结构确定的8个基本因素，并进一步对公司型合资结构、契约型合资结构、合伙制结构、信托基金结构与多种投资结构的运作方式和优缺点进行了分析。

本章涉及的主要概念包括：项目投资结构、公司型合资结构、合伙制结构、契约型投资结构、信托基金结构。

引导案例

上海市苏州河综合治理项目

苏州河综合治理项目是一项为期12年的河流治理项目(1998～2010),一期工程为期5年(1999～2003)。项目完成后将大大提高河流附近居民的生活卫生和环境质量,并促进商业、文化、旅游、娱乐和房地产行业的发展。项目的预期目标是:到2000年明显改善苏州河水的气味和颜色状况;到2003年苏州河下游水质将达到五类标准,上游水质将达到四类标准;2010年项目全面完成后,将使上海市内苏州河下游24公里的水质达到四类标准,上游29公里水质达到三类水质标准。

项目一期工程总投资916.20百万美元,资金来源主要包括国债资金、国家开发银行优惠利率贷款、亚洲开发银行贷款、亚洲开发银行贷款联合融资和上海市政府的财政投入以及沿河各区县和企业自筹资金。项目建设和实施单位为苏州河整治和建设有限公司,为方便管理,上海市成立了上海市苏州河治理综合领导小组。项目的投融资结构如图3-1。可以看出项目使用了政府用户化模式和价值捕捉模式。

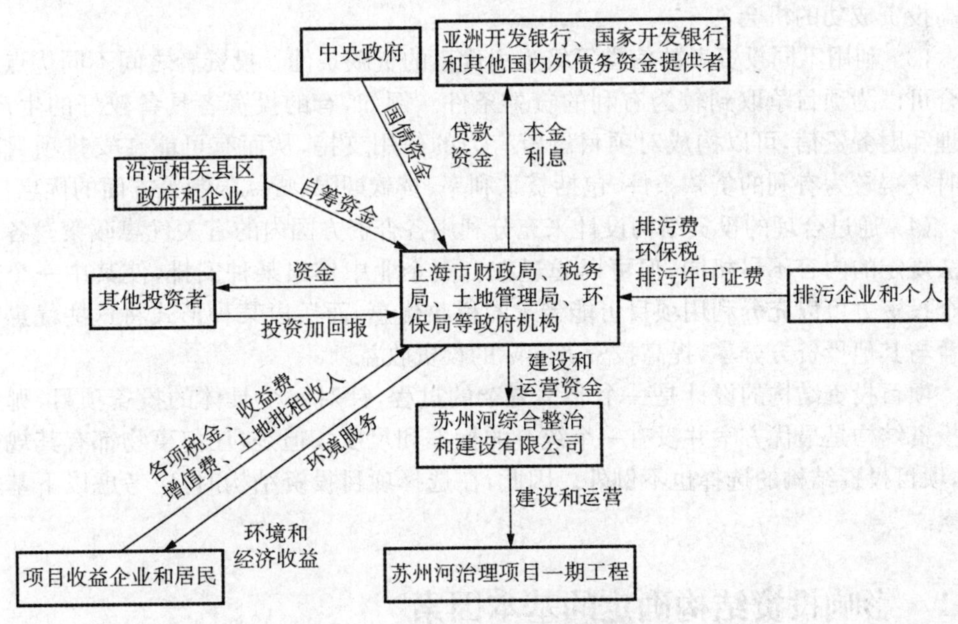

图3-1 苏州河治理项目投融资结构

(资料来源:上海市建设和交通委员会"十一五"规划重大研究社会招标课题汇编。)

在项目融资中,项目投资结构是指项目实体(Project Entity)的法律组织结构,即项目的发起人对项目资产权益的法律拥有形式和发起人之间的法律合同关系,是在项目所在国的法律法规、会计、税务等客观因素的制约下建立的一种能够最大限度地实现其投资目标的项目资产所有权结构。项目投资结构对项目融资的组织和运行起着决定性的作用，一个在法律上结构严谨的投资结构是项目融资得以实现的前提条件。

由于项目融资通常有两个以上的投资者，因此项目投资各方的权益协调也是投资结构设计的重要考虑因素。项目投资者在投资结构设计中所考虑的投资目标通常不只是利润目标，而往往是一组相对复杂的综合目标集，包括投资者对融资方式和资金来源等与融资直接有关的目标要求；也包括投资者对项目资产的拥有形式、对产品分配、对项目现金流量控制、对投资者本身公司资产负债比例控制等与融资间接有关的目标要求。在大多数项目融资中，都会面临两个以上的项目发起人，这是因为由多个投资者共同投资具有以下优点：

(1) 共同投资、共担风险。项目融资使用更为广泛的领域是一些基础设施项目和资源性开发项目，这些项目的共同特点是资金占用量大，投资回收期长，受政治性因素或国际市场周期性波动影响大，任何一个投资者都很难全面承担起项目的风险。如果由多个投资者共同投资。项目的风险就可以由多个投资者共同承担。

(2) 充分利用不同背景投资者之间所具有的互补性效益。如有的投资者可为项目提供长期稳定的市场，有的拥有资源，有的可以提供技术和管理技能。尤其是到一个不熟悉的国家去投资，如果有一个了解当地情况的公司作为合作伙伴无疑将会提高投资成功的机会。

(3) 利用不同投资者的信誉等级吸引优惠的贷款条件。投资者之间不同优点的结合可以为项目争取到较为有利的贷款条件。例如，有的投资者具备较好的生产、管理和财务资信，可以构成对项目融资有力的信用支持，从而有可能在安排项目融资时获得较为有利的贷款条件，包括贷款利率、贷款期限、贷款限制等方面的优惠。

(4) 通过合理的投资结构设计来充分利用各合资方国内的有关优惠政策。各国税法规定的内容不尽相同，但可以通过在合资企业中作出某种安排，使其中一个或几个投资方可以充分利用项目可能带来的税收优惠，而后以某种形式将这些优惠和利益与其他投资方分享，提高投资者实际的投资收益。

项目投资结构的设计是一个非常复杂的过程，针对一个具体的投资项目，哪一种投资结构是最优方案并没有一个统一的标准和尺度。但是，任何事物都有其规律性，项目投资结构的选择也不例外。因此，在选择项目投资结构时，应考虑以下基本因素。

3.1 影响投资结构确定的基本因素

3.1.1 实现有限追索的要求

有限追索是项目融资的基本特征。采用项目融资，投资者目的之一便是将债务责任最大限度地限制在项目之内，其中包括对银行贷款的主要责任，以及项目经营过程中的其他债务和一些未知风险因素。因此，许多项目投资者在设计项目投资结构时，要考虑的重要因素之一是如何实现风险和债务的有限追索性。由于各个发起人背景条件和要求的差异，需要根据他们的具体情况设计出一种符合其条件和要求的项目风险和债务责任承担形式，实现有限追索的目标。

例如，如果项目发起人愿意承担的是间接的风险和责任，则一般偏好于有限责任公司型投资结构，成立一个法人实体——项目公司。在这种投资结构中，项目融资是以项目公司的资产和项目未来现金流量为基础进行的，投资者的风险只包括已投入的股本资金和一些承诺性的担保责任。而如果投资者有能力且愿意承担更多的风险和责任，以期获得更大的投资回报，则可能会选择契约型的投资结构。在这种投资结构中，投资者承担的是一种直接的债务责任，投资风险大。因为投资者是以其直接拥有的项目资产来安排融资的。到底选择哪一种债务承担形式由投资者根据其收益与风险的对称关系具体决定。

3.1.2 融资便利性要求

项目投资结构不同，项目资产的法律拥有形式就不同。例如，在契约结构中，项目资产是由投资者直接拥有的，各个投资者分别承担其在项目中的投资费用和生产费用，产品的分配也就必然具有较大的灵活性，投资者既可以在市场上单独销售自己投资份额的产品，也可以联合起来以项目作为个整体共同销售产品。而在公司型合资结构中，项目资产则是由一个法人实体（项目公司）拥有，投资者拥有的只是项目公司的一部分股权，而不是项目资产的一个部分，项目的产品也必然是由项目公司统一拥有和销售。

项目资产的拥有形式对融资安排有直接的影响。在公司型投资结构中，项目公司是全部资产的所有人，它可以较容易地将项目资产作为一个整体抵押给贷款银行来安排融资，并且可以利用一切与项目投资有关的税务好处及投资优惠条件来吸引资金。同时，项目公司又完全控制着项目的现金流量。因此，以项目公司为主体安排融资就比较容易。在契约型投资结构中，项目资产是由多个投资者所分别直接拥有，项目资产很难作为一个整体来向贷款银行申请项目贷款，只能由各个投资者将其所控制的项目资产分别地或者联合地（也并非是一个整体的项目公司）抵押给贷款银行，并且分别地享有项目的税务好处和其他投资优惠条件、分别地控制项目现金流量。这将在很大程度上增加了项目的管理难度和项目融资的复杂性，融资的安排就较为复杂。所以，从融资便利与否来看，选择公司型投资结构比选择契约型投资结构更有优势。当然如果一些投资者本身资信较高，能够筹集到较优惠的贷款，此时，契约投资结构会更受青睐。另外，在考虑融资便利与否时，还要顾及各国对银行留置权的法律规定，如有些国家法律规定，银行要对合伙制结构的抵押资产行使留置权时，要比对公司型投资结构更为困难。

3.1.3 产品分配和利润提取额要求

不同的投资结构，对产品的分配和利润的提取形式有不同的规定。如在公司型投资结构中，由项目公司统一对外销售、统一结算、统一纳税，在弥补项目经常性支出和资本性支出后，在投资者之间进行利润分配。而在契约型投资结构中，项目产品的分配具有较大的灵活性，投资者既可以在市场上单独销售自己投资份额的产品，也可以联合起来以项目作为一个整体共同销售产品。因此，不同背景的投资者对投资结构的选择会不同，如大型跨国公司拥有较广泛的销售渠道和市场知名度，就很容易将产品变现，赚取利润，因而会偏向于选择契约型投资结构；而中小型公司参与项目融资可能会更愿意选择公司型投资结构。

另外，不同类型的项目也对项目投资结构有重要影响。在资源型项目投资中，多数投资者愿意直接取得产品。有一些投资者可能希望通过投资直接取得产品作为后序工业的原材料，也有一些投资者可能希望通过投资控制一些关键性资源以供应某些特定的客户或者特定的市场。这是大多数跨国公司在资源丰富的国家和地区从事投资活动的一个重要意愿。对于这些投资者，可以直接获得项目产品的投资结构将会具有较大吸引力，一般可以选择契约型投资结构。然而，在基础设施型项目投资中，对于多数投资者来说能否直接取得产品（或服务）不是第一位的考虑因素，进行投资的目的往往是获取利润。对于这些投资者，较为简单的公司型投资结构将会具有更大的吸引力。

3.1.4 对税务优惠的利用

精心设计项目投资结构，充分利用税务优惠，从而降低项目的投资成本和融资成本。在一定条件下，不同公司之间的税收可以合并，统一纳税，这就为投资者设计投资结构提供了一种有益的启示，即通过设计一种合理的投资结构以利用一个公司的税务亏损去冲抵另一个公司的盈利，从而降低其总的应缴税额，提高其总体的综合投资效益。因此，如何充分利用税务优惠就成为项目融资中选择投资结构的一个重要影响因素，尤其是在项目的开发建设阶段，这个阶段存在大量的项目亏损而没有利润可以冲抵。

例如，在有限责任公司投资结构中，项目公司是纳税主体，其应纳税收入或亏损以项目公司为单位计算。如果盈利，项目公司需要缴纳所得税；如果亏损，项目公司可以按照规定将亏损结转到以后若干年冲抵未来的收入但不能冲抵投资者的其他经营收入。在契约型的投资结构中，项目资产由投资者分别直接拥有，项目的产品也是由投资者直接分配，销售收入也直接归投资者所有，此时，投资者可以自行决定其纳税收入问题，这就为冲抵税务亏损提供了可能。因此，投资者可根据自己投资的要求和融资的需要，设计符合其要求的税务结构。

3.1.5 资产转让的灵活性

投资者在一个项目中的投资权益能否转让，转让程度以及转让成本是评价一个投资结构有效与否的又一重要因素。其结果对于项目融资的安排起着非常重要的影响。这是因为，作为项目融资的贷款银行，需要投资人提供抵押的资产或权益是可以较方便地转让的，这样，一旦借款人违约，贷款银行就可以通过出售用作抵押的资产或权益以抵消贷款本息，减少贷款的违约风险。反之，如果投资者用作融资抵押的资产或权益无法转让或转让困难，项目的融资风险就相应增加，贷款银行在安排融资时就会要求增加融资成本，增加信用保证以减少贷款风险，这样，对投资者来说就是增加了财务负担，相应会降低投资收益。因此，从某种意义上说，公司型投资结构比契约型投资结构更受银行欢迎。在公司型投资结构中，项目资产或股份抵押给贷款银行,一旦项目公司违约,贷款银行即可很方便地在公开市场上抛售项目资产或股份,以弥补贷款本息。而在契约型投资结构中或合伙制投资结构中,项目资产或权益的出售要经过所有投资者的一致同意等限制,转让成本较高。

3.1.6 投资者的财务处理

项目的投资结构不同,其财务处理方法也存在差异,这种差异主要体现在两个方面:一是财务信息的公开披露程度;二是财务报告的账务处理方法。按照各国公司法、证券法等相关法规规定,股份公司往往要承担信息公开披露的责任和义务。另外,财务报表的合并问题,也是投资者十分关注的问题。因为,按照各国相关法律规定,采用不同的投资结构,或者虽然投资结构相同,但是采用不同的投资比例,往往会影响到项目的资产负债情况是否反映在投资者自身的财务报表上以及反映的方式,这就会给投资者的财务状况带来不同影响。

对于契约型投资结构,由于资产和产品经常直接归投资者拥有,则无论投资比例大小,该项投资全部资产负债和损益状况全部在投资者的财务报告中体现。对于公司型投资结构,则可能有三种情况。

第一种情况:如果投资者在一个项目公司中持股比例超过50%,投资者被认为拥有被投资公司的控制权,该项目公司的资产负债表需要全面合并到投资者自身公司的财务报表中去,以达到全面真实地反映该投资者财务状况的目的。

第二种情况:如果投资者在一个项目公司中持股比例介于20%~50%之间,此时,投资者对公司没有绝对控制权,不存在合并财务报表的问题,但由于持股比例比较大,对公司的决策可以有很大的影响,因此,应在投资者自身公司财务报表中按投资比例反映出该项投资的实际盈亏情况。

第三种情况:如果投资者在一个项目公司中持股比例低于20%,则对公司决策的影响就比较有限,只要求在其自身公司的财务报表中反映出实际投资成本,而不需要反映任何被投资公司的财务状况。

综上所述,投资者应根据实际要求,设计符合自己投资目的的项目投资结构。假如投资者不希望将新项目融资安排反映在自身的财务报表上,同时又不失去对项目的实际控制权,就需要小心处理投资者在项目公司中的投资比例,或者对投资结构加以特殊设计,使其成为一种非公司负债型的融资。反之,如果投资者尽管在一个项目中所占比例较小,但仍希望能够将其投资合并进自身的资产负债表中以增强公司的形象,则可适当选择合伙制投资结构。总之,投资结构的会计处理专业性较强,具体的法律规定各国也有区别,此处只是从原则上进行分析。在实际工作中应根据项目所在国家或地区的法律规定,结合项目的具体情况与融资顾问和会计师详细分析后制定可行方案。

3.1.7 风险和项目债务的隔离程度

项目融资的有限追索性是其重要的特征。因此,许多项目投资者在设计项目投资结构时,都会考虑如何实现风险和债务的有限追索性。但是,各发起人会有不同的背景和不同的要求,因而他们会根据具体的情况设计出一种最符合其要求的项目风险和债务责任承担形式。

实现融资的有限追索是采取项目融资方式的一个基本出发点，在项目投资结构设计时，必须考虑如何根据各项目参与方的特点和要求来实现项目风险的合理分配以及项目的债务追索性质和强度符合项目投资者的要求。通常项目投资者实现的收益率与其承担的风险是紧密相关的，因此各投资者往往由于其背景、投资目标和对项目融资的具体要求不同，会对投资结构提出不同的要求，在投资结构设计时必须经过不断的修正和调整，最大限度地满足各投资者的要求。

采用项目融资，投资者目的之一是将债务责任最大限度地限制在项目之内，其中包括对银行贷款的主要责任，以及项目经营过程中的其他债务和一些未知风险因素。因此，许多项目投资者在设计项目投资结构时，都会考虑如何实现风险和债务的有限追索性。

例如，如果项目发起人愿意承担间接的风险和责任，则多偏好于公司型投资结构，成立一个项目公司。在这种投资结构中，项目融资是以项目公司的资产和项目未来现金流量为基础进行的，投资者的风险只包括已投入的股本资金和一些承诺性的担保责任。而如果投资者有能力且愿意承担更多的风险和责任，以期获得更大的投资回报的话，则可能会选择契约型的投资结构。在这种投资结构中，投资者承担的是一种直接的债务责任，投资风险大。因为投资者是以其直接拥有的项目资产来安排融资的。到底选择哪一种债务承担形式，由投资者根据其收益与风险的对称关系具体决定。

3.1.8 对项目现金流量控制的影响

3.1.8.1 不同类型项目现金流特点对投资结构设计的影响

资源型和基础设施型项目的特点是初始投入资金量大，生产过程中的资本再投入量大，但是项目建成后的利润占项目总收入的比例也相对较高，项目产品种类较少，市场较为简单。对于这一类项目，采用项目资产由投资者直接拥有并将项目的现金流直接分配给投资者的投资结构，有利于项目融资的安排。相比之下，多数制造业和加工业项目，初始投入资金占用量相对较少，生产过程中的资本再投入量也相对较少，但是利润占项目总收入的比例也相对较低，并且项目产品往往种类繁多，市场复杂。对于这类项目，选择建立一个项目公司作为中介的投资结构来管理项目的生产和销售，并以该公司为主体安排项目融资则相对有利。

3.1.8.2 项目现金流量的控制要求对投资结构的影响

项目进入正常生产运行期后所形成的经营收入，在扣除生产成本、经营管理费用以及资本再投入之后的净现金流量，需要用来偿还银行债务和为投资者提供相应的投资收益。投资者能否直接控制被投资项目的现金流量，是设计投资结构应考虑的一个重要因素。直接拥有项目资产、直接分配产品的契约型投资结构，项目的现金流量由投资者直接掌握。在公司型投资结构下，项目公司将控制项目的现金流量，按照公司董事会或管理委员会的决定对其进行分配，包括资本再投入、偿还债务以及利润分配。如果投资者在项目公司中占有股份较少,就很难控制项目现金流量的走向。即使投资者有项目公司的多数控制权,对于项目现金流量的控制也是间接的,一切分配和调动都必须符合公司法的规定和限制,很难实现对项目公司现金流量百分之百的控制要求。例如,公司法一般规定作为股东只能以公司为主题安排融资,这相对比较容易,而投资者如果准备为其股本资金部分安排融资,就需要采用更为灵活的投资结构安排,尽可能比较直接和有规律地从项目公司获得现金流量的分配。又如,以从属性股东贷款、可转换债券等先进投入方式替代普通股本资金投入,可以减少依赖于红利分配的不稳定性和不确定性。

3.2 公司型合资结构

公司型投资结构的基础是有限责任公司(Limited Liability Company),这种投资结构是一个按照公司法成立的与其投资者完全分离的独立法人实体。作为一个独立的法人,公司拥有一切项目资产和处置资产的权利,公司股东既没有直接的法律权益,也没有直接的受益人权益。即由合作双方共同组成有限责任公司,共同经营、共负盈亏、共担风险,并按照股份份额分配利润。

3.2.1 项目融资中选择公司型投资结构的优点

选择有限责任公司型投资结构可能出于以下考虑。

(1) 公司股东承担有限责任。

在这一投资结构中,项目发起人作为项目公司的股东,只承担有限的债务责任,即仅限于其对公司投入的股本金额负责。这就是所谓的风险隔离,它是项目发起人选择公司型投资结构的重要影响因素,以此将项目的融资风险和经营风险大部分限制在项目公司,项目对偿还贷款承担直接责任,实现对项目投资者的有限债务追索。

(2) 容易安排成表外融资。

根据一些国家的会计制度,成立项目公司进行融资可以避免将有限追索的融资安排作为债务列入项目发起人自身的资产负债表中,实现非公司负债型融资安排,从而降低项目发起人的债务比率。

(3) 便于集中管理。

通过组建项目公司,便于把项目资产的所有权集中在项目公司,而不是分散在各个发起人所拥有的公司,便于管理。项目公司可以拥有项目管理所必须具备的生产技术、管理、人员条件,也可以将项目的运营与管理委托给具有丰富经验的管理公司。

(4) 融资安排比较灵活。

从贷款人的角度看,公司型投资结构便于其在项目资产上设定抵押担保权益。这样做的好处是可以通过发行新股筹集新资金,吸收新的投资者,较容易取得银行的项目贷款,因为银行可以通过取得项目资产的抵押权和担保权来降低借款人的违约风险。

由于以上特点,国际上大多数制造业项目、加工工业项目甚至资源性开发项目都采用有限责任公司型投资结构。

3.2.2 公司型投资结构的弊端

以上对有限责任公司优势的分析，并不是说在项目融资中就只能使用这种投资结构，实际上，正是在以上优势中暴露出了这种投资结构的弊端：

(1) 投资者对项目的现金流量缺乏直接的控制。在这种投资结构中，项目公司控制着项目的所有现金流及账户，这对于投资者希望利用项目的现金流量自行安排融资就成为一个不利的因素。

(2) 项目的税务结构的灵活性差。即不能用项目公司的亏损去冲抵发起人其他项目的利润。因为任何一个项目发起人都不能完全控制该项目公司，该项目公司也不是任何一个项目发起人的"子公司"。结果，项目开发前期的税务亏损或优惠只能保留在公司中，并在一定年限内使用，这就造成如果项目公司在几年内不盈利，税务亏损就会有完全损失的可能性，这也就降低了项目的综合投资效益。

(3) 存在着双重征税的现象。即项目公司如有盈利，要缴纳公司所得税，项目发起人取得股东红利后还要缴纳一次公司所得税或个人所得税。这样，无形中降低了项目的综合投资回报率。

3.2.3 公司型投资结构的灵活运用

由于存在着一定的缺陷，项目投资者大都会在法律许可的范围内尽量对其基本结构加以改建，创造出种种复杂的有限责任公司投资结构，以达到充分利用其优势、克服其短处的目的，即争取尽快尽早地利用项目的税务亏损(即以亏损抵减收益后纳税)或优惠，以提高项目投资的综合经济效益。其中通行的做法就是在项目公司中作出某种安排，使得其中一个或几个发起人可以充分利用项目投资前期的税务亏损或优惠，同时又将其所取得的部分收益以某种形式与其他发起人分享。这种法律创新结构可以分为以下几个步骤。

假定A公司需要煤，但缺乏经营煤矿的经验，不能充分利用税务优惠。B公司是一家煤矿经营公司，且能利用税务优惠。因此，两家公司决定以下列条款成立项目公司，开发煤矿项目。

第一步，成立项目公司。由B公司认购项目公司的100股股票，这些股票是项目公司全部的原始股，这样，项目公司就变成了B公司的全资控股公司，为其利用税收优惠提供了法律保证。

第二步，A公司贷款或认购项目公司的无投票权的优先股，并规定这些优先股可在10年后转换成项目公司的普通股。

第三步，项目公司与B公司签订10年期的煤矿项目经营协议，根据这一协议，B公司负责该煤矿项目的经营和管理。

第四步，A公司与项目公司签订一个10年期的煤炭产品购买协议，根据这一协议，A公司履行向项目公司付款的义务购买协议的价格要反映B公司利用税务优惠的情况，即购买价格应有所优惠。

第五步，B公司将项目公司的财务报表与自己的财务报表合并后统一纳税，这样,B 公司就可以充分分享项目公司的折旧、投资税优惠和合并纳税优惠的好处。

第六步,10 年后,A 公司将其贷款或优先股转换成普通股,这时,A 公司和 B 公司在项目公司中就具有了同等的股本投资者地位。

这一过程可用图 3-2 表示。

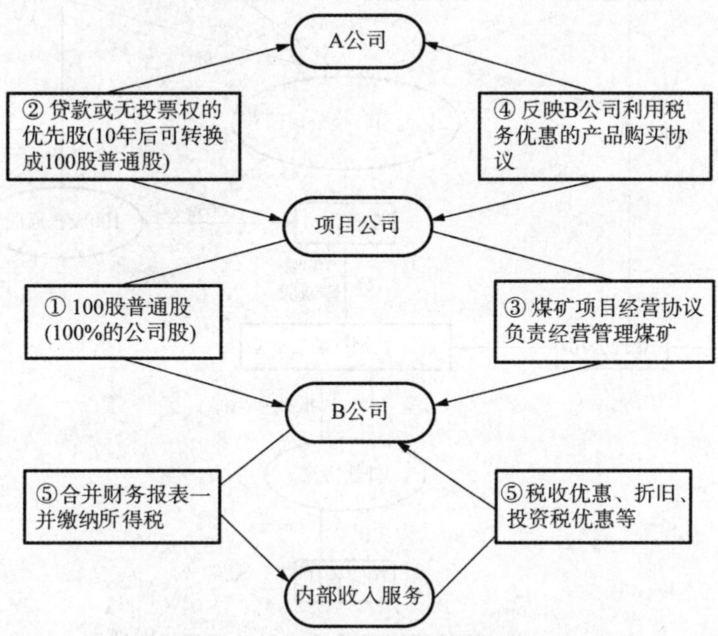

图 3-2　公司型投资结构的法律创新简图

资料来源:内维特・彼特:《项目融资》,第四版,102 页,欧洲货币出版局,1983。

以下通过对收购新西兰钢铁联合企业的案例介绍来实证分析如何对公司型投资结构进行改建。

1989 年年初,有四家公司(F、C、T、B)在新西兰组成了一个投资财团投标收购濒于倒闭的新西兰钢铁联合企业。在这个投资财团里,各公司的背景资料如下:F 公司是当地最大的工业集团,具有雄厚的资金实力,拥有钢铁工业方面的生产管理经验和技术。但是,由于该公司过去几年发展过快,资产负债表中的负债比率过高,不希望新收购的钢铁联合企业再并入公司的资产负债表中,所以要求持股比例不超过 50%。T 公司和 B 公司是两家外国的投资公司,目的是想通过投资该收购项目取得利润。C 公司是当地一家经营业绩较好、有较高盈利水平的有色金属公司。新西兰钢铁联合企业由于管理不善成本超支,连年亏损,终于倒闭,并留下了超过 5 亿新西兰元的税务亏损,投资财团希望充分利用这些税务亏损以实现节约投资成本的目的。经过分析只有 C 公司一家可以吸收这些税务亏损,因此,这四家公司在律师和会计师的协助下设计出了一种公司型投资结构,如图 3-3 所示。

(1) 根据合资协议,先成立一个控股公司即项目公司(Sole-purpose Corporation),成为在法律上百分之百地拥有新西兰钢铁联合企业的法人实体,因此,在这个收购项目中采取的仍然是公司型投资结构。C 公司认购该控股公司的

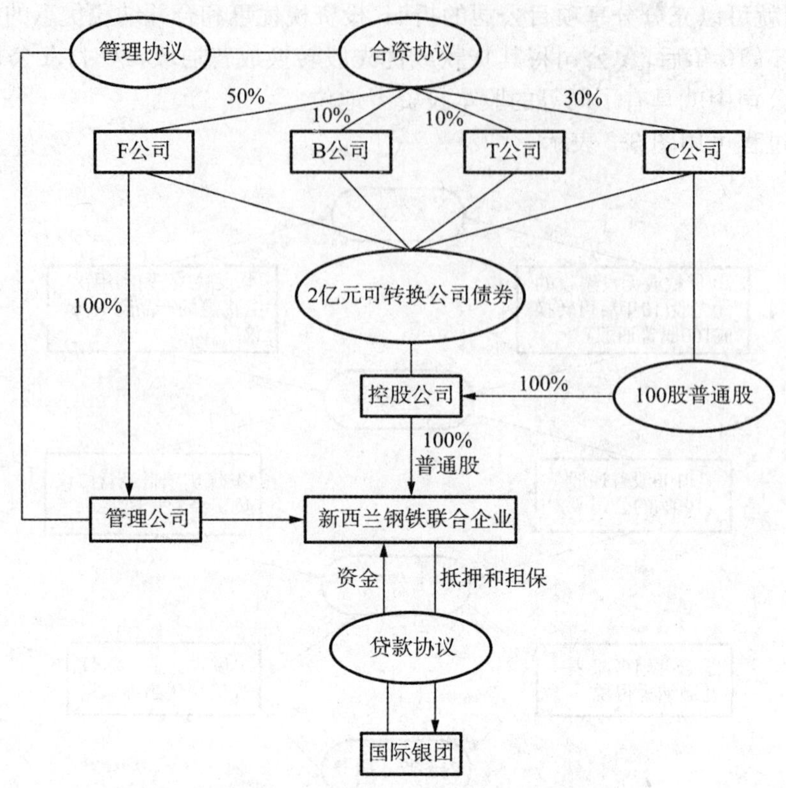

图 3-3　收购新西兰钢铁联合企业的公司型投资结构

100 股股票(每股 1 元),使其成为控股公司的法律拥有者。因为 C 公司经营业绩优良,通过对新西兰钢铁联合企业的完全控股,该控股公司及钢铁联合企业的资产负债和经营损益可以并入 C 公司的财务报表之中,同时,控股公司和钢铁企业的税收也可以与 C 公司的税收合并,统一纳税。

(2) 根据合资协议,四家公司通过认购控股公司发行的可转换债券的方式对控股公司进行实际股本资金投入(在合资协议中规定了可转换债券持有人的权益及转换条件),从而组成真正的投资财团。根据各自参与项目的不同目的,F、C、T、B 四家公司认购债券的比例分别为 50%、30%、10%、10%。以认购可转换债券方式作为初始资本投入,对投资者而言,既可以定期取得利息收入,又可以在项目成功时转换为股票以取得巨大的好处,因而深受投资者欢迎。

(3) 根据合资协议,投资者组成董事会,负责公司的重大决策事项,并任命 F 公司的下属公司担任项目管理者,负责项目的日常生产经营,以充分利用 F 公司在钢铁生产管理方面的经验和技术。

(4) 由于 C 公司通过此项投资可以获得 5 亿新西兰元的税务亏损的好处,所以愿意多出资 5000 万新西兰元。

表 3-1 列出了各方投资者在项目中的投资比例和出资金额。从表中可以看出,由于巧妙地利用了被收购企业的税务亏损,除 C 公司以外的其他投资者都可以实现一定程度的投资资金节约,具体水平是 F 公司节约投资资金 17.5%,T 公司和 B 公

司分别节约投资 2.5%，即共节约投资 22.5%，而 C 公司通过将钢铁联合企业的税务亏损合并冲抵其他方面业务的利润，也可以预期获得 1.65 亿新西兰元的税款节约(当地公司所得税税率为 33%，即 5×33% =1.65 亿新西兰元)。

表 3-1　收购新西兰钢铁联合企业的合资公司出资比例　单位：百万新西兰元

公司	协议持股比例(%)	可转换公司债券	购买税务亏损	总计	实际投资占总投资的比例(%)
F 公司	50	75		75	37.5
C 公司	30	45	50	95	47.5
T 公司	10	15		15	7.5
B 公司	10	15		15	7.5
合计	100	150	50	200	100

资料来源：张极井：《项目融资》，第 2 版，81 页，北京，中信出版社，2003。

显然，这种改建后的公司型投资结构在一定程度上避免了税务优惠的浪费和克服了双重征税的弊端，因而可以说是一种较成功的投资结构创新。

3.3　契约型投资结构

3.3.1　契约型投资结构的运作方式

契约型投资结构又称为非公司型投资结构或合作式投资结构，是项目发起人为实现共同目的，通过合作经营协议结合在一起、并具有契约合作关系的一种投资结构，这是一种大量使用并且被广泛接受的投资结构。契约型投资结构在合作企业合同中约定投资或者合作条件、收益或者产品的分配、风险和亏损的分担、经营管理的方式和合作企业终止时财产的归属等事项。契约型投资结构(非公司型投资结构)的简单形式如图 3-4 所示。

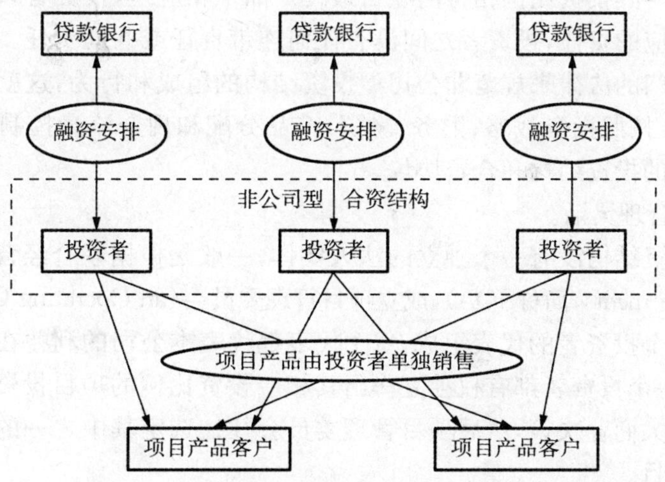

图 3-4　契约型投资结构(非公司型投资结构)

从表面上看，契约型投资结构与合伙制投资结构有一定的相似之处，然而，这两种结构在本质上是有区别的。契约型投资结构与合伙制投资结构的主要区别表现在两个方面：

(1) 非公司型投资结构不是以“获取利润”为目的而建立起来的。合资协议规定每一个投资者从合资项目中将获得相应份额的产品，而不是相应份额的利润。

(2) 在非公司型投资结构中，投资者们并不是“共同从事”一项商业活动。合资协议中规定每一个投资者都有权独立作出其相应投资比例的项目投资、原材料供应、产品处置等重大商业决策。从税务角度，一个合资项目是合作生产“产品”还是合作生产“收入”，是区分非公司型投资结构与其他投资结构的基本出发点。

显而易见，从以上两点可以看出契约型投资结构更适用于作为产品可分割的项目的投资结构。

在项目融资中，非公司型投资结构的主要应用领域集中在采矿、能源开发、初级矿产加工、石油化工、钢铁及有色金属等领域。这种投资结构从严格的法律概念上来说不是一种法律实体，只是投资者之间所建立的一种契约性质的合作关系。选择这种投资结构的原因可能是因为在这些领域仅由一个投资者来开发并且融资能力有限，所以联合其他投资者来共同融资、共同解决技术和管理问题，并共同承担风险，但又不失去对投资项目的控制。或者投资者具有进行项目开发所需要的所有条件，如技术、经验及融资能力，但缺少当地政府授予的经营合同，此时，它就可能与当地的经营者联合起来共同投资。

3.3.2 契约型投资结构的优点

契约型投资结构(非公司型投资结构)的优点主要有以下几方面：

(1) 投资结构设计灵活。

契约型投资结构(非公司型投资结构)是通过一个投资者之间的合资协议建立起来的，每一个投资者直接拥有全部项目资产的一个不可分割的部分，直接拥有并有权独自处理与其投资比例相符的项目最终产品。相应地，投资者只承担与其投资比例相符的相应的责任，投资者之间没有任何连带责任或共同责任。世界上多数国家迄今没有专门的法律来规范非公司型投资结构的组成和行为，这就为投资者提供了较大的空间，按照投资战略、财务、融资、产品分配和现金流量控制等方面的目标要求设计项目的投资结构和合资协议。

(2) 项目管理灵活。

契约型投资结构没有一个独立的法人实体，一般是根据联合经营协议(the Joint Operating Agreements，简称 JOA)，成立项目管理委员会(an Operating Committee)。该委员会由每一个投资者的代表组成，每个代表都代表本公司的利益在项目管理委员会进行投票，每个投资者都有权独立作出其相应投资比例的项目投资、原材料供应、产品处置等重大商业决策，然后项目管理委员会往往选定其中之一的投资者作为经营者经营该项目。

项目的日常管理由项目管理委员会指定的项目经理负责。项目经理可以由其中一个投资者担任，也可以由一个合资的项目管理公司担任，在一些情况下，也可以由一个独立的项目管理公司担任。有关项目管理委员会的组成、决策方式与程序，以及项目经理的任命、责任、权利和义务，需要通过合资协议或者单独的管理协议加以明确规定。

(3) 税务安排灵活。

契约型投资结构可以有效地分配和利用税务优惠(Efficient Location of Tax Benefits)。由于投资结构不是一个法人实体，所以项目本身不必缴纳所得税，其经营业绩可以完全合并到各个投资者自身的财务报表中去。在契约型投资结构中无论投资比例大小，投资者在项目中的投资活动和经营活动都将全部地、直接地反映在投资者自身公司的财务报表中，其税务安排也将由每一个投资者独立完成。比合伙制投资结构更进一步，契约型投资结构中的投资者可以完全独立地设计自己在项目中的税务结构。因此，如果项目投资者本身具有很好的经营业绩，新的投资项目就可以采用契约型投资结构以吸收项目建设期和生产期的税务亏损和各种投资优惠，用于冲抵公司应纳税所得，从而降低项目的综合投资成本。

(4) 融资安排灵活。

项目经营所需的资金由一种被称为资金支付要求(Cash Calls System)的机制来提供。这种资金支付要求机制是由各个投资者分别出资开立一个共同账户，然后，考虑各投资者承担债务的比例和下月项目费用支出预算来估算每个月各个投资者应出资的数额。如果某个投资者违约，则其他投资者将不得不代其履行支付义务，然后再要求违约者偿还。

由于项目投资者在该结构中直接拥有项目的资产，直接掌握项目的产品，直接控制项目的现金流量，并且可以独立设计项目的税务结构，这就为投资者提供了一个相对独立的融资活动空间。每一个投资者均可以按照自身发展战略和财务状况来灵活地安排项目融资。如在澳大利亚波特兰项目中，各个项目发起人充分利用自己的条件分别融通资金。

(5) 法律规范方面。

与其他几种投资结构不同，世界上多数国家迄今为止没有专门的法律来规范契约型投资结构的组成和行为，这就为投资者提供了较大的空间，可按照投资战略、财务、融资、产品分配和现金流量控制等方面的目标要求，设计项目的投资结构和合资协议。在常规的合同法的规范下，合资协议将具有充分的法律效力。

3.3.3 契约型投资结构的缺点

与其他投资结构相比，契约型投资结构也存在着以下几方面难以克服的缺点：

(1) 投资转让复杂。

契约型投资结构投资转让程序比较复杂，交易成本比较高。在契约型投资结构中的投资转让是指投资者在项目中对直接拥有的资产和合约权益的转让。与股份转让或其他资产形式转让(如信托基金中的信托单位)相比，投资转让程序比较复杂，与此相关联的费用也比较高，交易成本比较高。另外，对直接拥有资产的精确定义也相对比较复杂。

（2）结构设计与合伙制类同。

契约型投资结构在一些方面的特点与合伙制投资结构相类似，因而结构设计存在一定的不确定性因素。在结构设计上要注意防止投资结构被认为是合伙制投资结构而不是契约型投资结构。有的国家就曾有将契约型投资结构作为合伙制投资结构处理的法院判决案例。

（3）合资协议比较复杂。

由于缺乏现成的法律来规范契约型投资结构的行为，参加该种结构的投资者的权益保护基本上依赖于合资协议，因而必须在合资协议中对所有的决策和管理程序按照问题的重要性清楚地加以规定。尤其对于投资比例较小的投资者，尤其要注意保护在投资结构中的利益和权利，要保证这些投资者在重大问题上的发言权和决策权。

3.4 合伙制结构

3.4.1 合伙制结构概述

合伙制(Partnership)是两个或两个以上合伙人(Partners)以获利润为目的，共同从事某项商业活动而建立起来的一种法律关系。根据合伙协议规定，合伙人分享在合伙制下取得的利润，同时对合伙制造成的债务承担无限连带责任。

合伙制结构通过合伙协议组织起来，在协议中对各合伙人的资本投入、项目管理、风险分担、利润及亏损的分配比例和原则均需要有具体的规定。合伙人可以是自然人也可以是公司法人，但合伙制结构本身不是一个独立的法人实体，它只是通过合伙人之间的法律合约成立起来，没有法定的形式，一般也不需要在政府注册，这一点与成立一个公司有本质的不同。但是，在多数国家仍有完整的法律来规范合伙制结构的组成及其行为。在实际运用中，合伙制结构有两种基本形式：普通合伙制和有限合伙制。

3.4.2 普通合伙制结构

它是指所有的合伙人对于合伙制结构的经营、债务以及其他经济责任和民事责任均负无限连带责任的一种合伙制，其合伙人称为普通合伙人。由于在普通合伙制下，所有合伙人均承担无限连带责任，在大多数国家中普通合伙制结构一般用于法律和会计行业这种专业化的工作组合，以及小型项目的开发，在大型投资项目中很少采用这种结构。只有在北美地区，普通合伙制有时被用来作为项目的投资结构，特别是在石油天然气勘探和开发领域有相对较多的应用。

3.4.2.1 普通合伙制结构的优点

与公司型投资结构相比，普通合伙制结构由于本身不是一个独立的法律实体，它具有以下优点：

(1) 在资产拥有和合伙人责任方面。普通合伙制的资产由普通合伙人拥有，并且各合伙人都对项目承担无限连带责任。

(2) 投资人对项目的管理权方面。每个普通合伙人都有权参与合伙制的经营管理，均可以要求以所有合伙人的名义去执行合伙制的权利，即当一个合伙人与第三者签订合同时，也就表明其他普通合伙人也必须承担该合同的责任。相应地，合伙制结构的法律权益的转让必须要得到其他合伙人的同意。

(3) 可以充分利用税务优惠。由于合伙制不是一个纳税主体，合伙制结构在一个财政年度内的净收入或亏损将全部按投资比例直接转移给合伙人，各合伙人单独申报自己在合伙制结构中的收入，并且从合伙制结构中获取的收益(或亏损)允许与合伙人其他来源的收入进行合并，从而有利于合伙人较灵活地做出自己的税务安排。

3.4.2.2 普通合伙制结构的缺点

普通合伙制结构存在如下缺陷：

(1) 合伙人承担着无限连带责任一旦项目出现问题，或者某些合伙人由于种种原因无力承担其相应的责任，其他合伙人就面临着要承担超出其在合伙制结构中所占投资比例的责任和风险。这一问题严重限制了普通合伙制在项目融资中的广泛使用。

(2) 权益转让复杂。公司型投资结构股份的转让，除有专门约定以外，不需要其他股东的同意。但在合伙制下，合伙人法律权益的转让必须取得其他合伙人的同意。

(3) 单个合伙人也具有约束合伙制的能力。按照合伙制结构的法律规定，每个合伙人都被认为是合伙制的代理，因而至少在表面上或形式上拥有代表合伙制结构签订任何具有法律效力的协议的权利。这将会给合伙制的管理带来诸多问题。

(4) 融资安排比较复杂。由于合伙制结构在法律上并不拥有项目资产，所有合伙制结构的融资安排需要每一个合伙人同意将项目中属于自己的一部分资产权益拿出来作为抵押或担保，并共同承担融资安排中的责任和风险。这样操作起来要比公司型投资结构复杂得多。为合伙制结构安排融资的另一个潜在复杂问题是如果贷款银行由于执行抵押或担保权利进而控制了合伙制结构的财务活动，这有可能导致在法律上贷款银行也被视为普通合伙人，并要求其承担合伙制结构的无限连带责任。

3.4.2.3 普通合伙制的灵活应用

在项目融资中采用普通合伙制时，为了避免投资者以自己的全部财产为合伙制结构承担无限连带责任，项目发起人都是通过一家专门为参与这个项目成立的特殊目的的子公司(special purpose vehicle)介入项目。这样就可以保证项目发起方其他的资产和业务不受因合伙制造成的相互承担无限连带责任的影响，这种情况下的普通合伙制简化结构如图 3-5 所示。

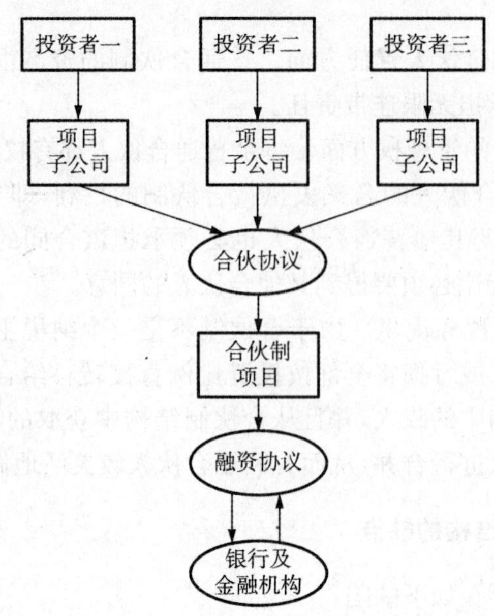

图 3-5　通过项目子公司监理的普通合伙制结构简图

3.4.3　有限合伙制结构

有限合伙制是在普通合伙制基础上发展起来的一种合伙制结构。它是指包括至少一个普通合伙人和至少一个有限合伙人的合伙制形式。其中，普通合伙人负责合伙制项目的组织、经营和管理，并承担对合伙制债务的无限责任；有限合伙人不参与项目的日常经营管理，只以其出资额对合伙制债务承担有限责任。在这种结构中，普通合伙人和有限合伙人起到了互相合作、扬长避短的作用。即在该种投资结构中，普通合伙人大多是在该项目投资领域有技术管理特长并准备利用这些特长从事项目开发的公司。由于资金、风险、投资成本等多种因素的制约，普通合伙人愿意组织一个有限合伙制的投资结构以吸引更广泛的有限合伙人参与到项目中来，从而共同分担项目的投资风险和分享项目的投资收益。有限合伙制简化结构如图 3-6 所示。

3.4.3.1　有限合伙制结构的优点

有限合伙制结构是一种特殊的合伙制结构，它既具有普通合伙制在税务安排上的优点，又在一定程度上避免了普通合伙制的责任连带问题，因而在项目融资中得到广泛应用。

(1) 税务安排比较灵活。与普通合伙制相同，由于有限合伙制结构本身不是一个纳税主体，其在一个财政年度内的净收入或亏损可以全部按投资比例直接转移给合伙人，合伙人单独申报自己在合伙制结构中的收入并与其他收入合并后确定最终的纳税义务。

(2) 每个普通合伙人有权直接参加企业的管理，有利于发挥各合伙人的业务专

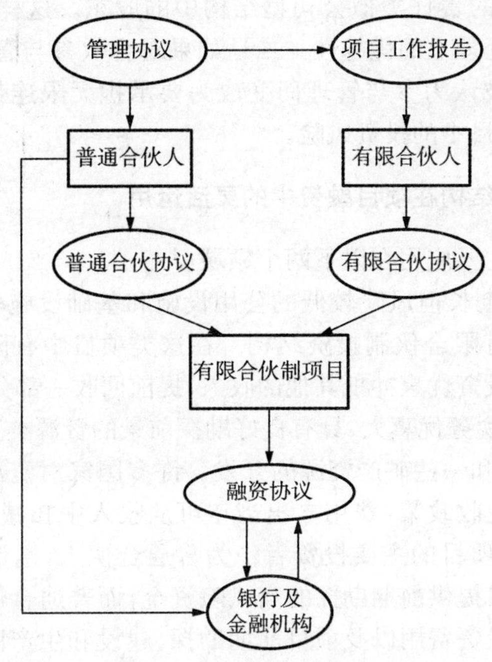

图 3-6　有限合伙制简化结构

长和管理能力，做到资源的充分利用。

(3) 在一定程度上避免了普通合伙制的责任连带问题。由于在有限合伙制结构中，出现了一种有限合伙人，其责任仅以其投入和承诺投入的资本额为限对合伙制结构承担有限责任。同时，因为它仍然不是一个法律实体组织，对于有雄厚资金实力的投资公司和金融机构来说，既可以承担有限的债务责任，又可以充分利用合伙制在税务扣减方面的优势这正是在项目融资中采用有限合伙制结构的主要原因。

3.4.3.2　有限合伙制结构的缺点

(1) 普通合伙人要承担无限责任。与普通合伙制相同，普通合伙人仍然要承担无限的债务连带责任。且每个普通合伙人对合伙制结构都具有约束力，而不受投资份额大小的影响。

(2) 融资安排比较复杂。由于有限合伙制结构在法律上仍然不拥有项目的资产，有限合伙制结构在安排融资时需要每个普通合伙人同意将项目中属于自己的一部分资产权益拿出来作为抵押或担保，并共同承担融资安排中的责任和风险。

此外，如果贷款银行由于执行抵押或担保权利进而控制了企业的财务活动时，有可能导致在法律上贷款银行也被视为一个普通合伙人，从而被要求承担合伙制结构所有的经济和法律责任。

(3) 法律处理复杂。有限合伙制结构在法律上要比公司型结构复杂，有关的法律在不同国家之间差别很大。在采用有限合伙制结构时，特别需要注意项目所在国的相关税务规定和对有限合伙人的定义，防止出现以下两种极端情况：一是如果结构安排不周，有限合伙制有可能被作为公司结构来处理，而失去采用合伙结构的意义。因为，有限合伙人的责任类似公司型结构中的股东。这样，很可能就不能再利用合伙制结构在税务处理上的优越性。二是如果对合伙参与管理的界定不清楚，有限合伙人有可能由于被认为参与管理而变成为要承担无限连带债务责任的普通合伙人，这将增加其在项目中的投资风险。

3.4.3.3 有限合伙制结构在项目融资中的灵活运用

有限合伙制结构主要应用在以下两个领域：

(1) 资本密集、周期长但风险较低的公用设施和基础设施项目。在美国，电站、公路等项目较常采用有限合伙制投资结构。在这类项目中有限合伙人可以充分利用项目前期的亏损和投资优惠冲抵其他的收入，提前回收一部分投资资金。

(2) 投资风险大、税务优惠大、具有良好勘探前景的资源类地质勘探项目。这类项目包括石油、天然气和一些矿产资源的开发。许多国家对资源类项目的前期勘探费用支出给予优惠的税收政策(费用支出当年可从收入中扣减 100%～150%)。对于这类项目，通常是由项目的主要投资者作为普通合伙人，邀请一些其他的投资者作为有限合伙人为项目提供前期勘探的高风险资金，而普通合伙人则承担全部或大部分项目建设开发的投资费用以及项目前期勘探、建设和生产阶段的管理工作。在这种结构安排下，由于有限合伙人在勘探阶段投入的全部费用基本上可在当年抵税，已获得相当比例的投资回报，并且项目又具有一定的发展前景，所以对许多盈利较高又不具备在这一领域专门发展能力的公司来说有很大的吸引力。这是在工业国家中许多公司愿意对勘探前景较好的项目进行风险投资的重要原因之一。作为普通合伙人，由于在勘探工作结束并认为有开发价值后才投入项目的建设开发资金，虽然税务结构上不如有限合伙人，但是所承担的风险也相对小得多。而作为项目的主要投资者，可以在项目的开发中获得更大的利益。因此，在设计这类具有良好勘探前景的资源类地质勘探项目的投资结构过程中，有限合伙制是受投资者青睐的投资结构之一。

3.5 信托基金结构

3.5.1 信托基金结构的运作

3.5.1.1 信托基金结构及其特点

信托基金作为一种投资形式，在英、美、法国家中应用较为普遍，而在我国应用则较少。在房地产项目和其他不动产项目的投资，在资源性项目的开发，以及在项目融资安排中比较经常使用的一种信托基金形式被称为单位信托基金，在本文中将其简称为信托基金结构。严格地讲，信托基金结构是一种投资基金的管理结构，在投资方式中属于间接投资形式。

信托基金的结构在形式上与公司型投资结构近似，也是将信托基金划分为类似于公司股票的信托单位，通过发行信托单位来筹集资金。但是，与公司型结构相比较，信托基金结构还具有以下几方面的特点：

(1) 信托基金是通过信托契约建立起来的，这一点与根据国家有关法律组建的有限责任公司是有区别的。组建信托基金必须要有信托资产，这种资产可以是动产，也可以是不动产。

(2) 信托基金与公司法人不同，不能被作为一个独立法人而在法律上具有起诉权和被起诉权。受托管理人承担信托基金的起诉和被起诉的责任。

(3) 信托基金的受托管理人作为信托基金的法定代表，他所代表的责任与其个人责任是不能够分割的。例如，受托管理人代表信托基金签署一项银行贷款协议，受托管理人也就同时为这项贷款承担了个人责任，信托基金的债权人有权利就债务偿还问题追索到受托管理人的个人资产。但是，除极个别的情况，债权人一般同意受托管理人的债务责任被限制于信托基金的资产。

(4) 在信托基金结构中，受托管理人只是受信托单位持有人的委托持有资产，信托单位持有人对信托基金资产按比例拥有直接的法律和受益人权益，在任何时候，每一个信托单位的价值等于信托基金净资产的价值除以信托单位总数。

3.5.1.2 信托基金结构的运作

一般地，信托基金参与项目融资的方式主要有：同银行等机构一样为项目提供贷款；购买项目的股权、可转换债券等。而且，信托基金结构在项目融资中的应用，主要是作为一种被动投资形式，或者是为实现投资者特殊融资要求而采用的一种措施。这种投资结构的一个显著特点是易于转让，在不需要时可以很容易地将信托基金中的一切资产资金返还给信托单位持有人。如果一家公司在开发或收购一个项目时不愿意将新项目的融资安排反映在公司的财务报表上，但是又希望新项目的投资结构只是作为一种临时性的安排，信托基金结构就是一种能够达到双重目的的投资结构选择。

一个信托基金的建立和运作需要包括以下几方面的内容：

(1) 信托契约。信托契约与公司的股东协议相似，是规定和规范信托单位持有人、信托基金受托管理人和基金经理之间法律关系的基本协议。

(2) 信托单位持有人。信托单位持有人类似于公司股东，是信托基金资产和其经营活动的所有者。理论上，信托单位持有人不参加信托基金以及信托基金所投资项目的管理。

(3) 信托基金受托管理人。信托基金的受托管理人代表信托单位持有人持有信托基金结构的一切资产和权益，代表信托基金签署任何法律合同。受托管理人由信托单位持有人根据信托契约任命并对其负责。主要作用是保护信托单位持有人在信托基金中的资产和权益不受损害，并负责控制和管理信托单位的发行和注册，以及监督信托基金经理的工作。除非信托基金经理的工作与信托单位持有人的利益发生冲突，受托管理人一般不介入日常的基金管理。在采用英美法律体系的国家，信托基金的受托管理人一般由银行或者职业的受托管理公司担任。

(4) 信托基金经理。信托基金经理由受托管理人任命，负责信托基金及其投资项目的日常经营管理。一些国家规定，受托管理人和信托基金经理必须是由两个完全独立的机构担任。

3.5.2 信托基金结构的优点

信托基金结构是将大型复杂收购活动及融资安排与原有公司业务区分开来的一种有效方法。信托基金结构的优点主要有：

(1) 有限责任。信托单位持有人在信托基金结构中的责任由信托契约来确定。一般来说，信托单位持有人的责任是有限的，仅限于在信托基金中已投入和承诺投入的资金。然而，受托管理人需要承担信托基金结构的全部债务责任，并有权要求以信托基金的资产作为补偿。

(2) 融资安排比较容易。信托基金结构可为贷款银行提供一个完整的项目资产的权益来安排融资。并且信托基金结构易于被资本市场接受，需要时可以通过信托单位上市等手段筹集资金。

(3) 项目现金流量的控制相对比较容易。按照各国有关信托基金的法律规定，信托基金中的项目净现金流量在扣除生产准备金和还债准备金以后都必须分配给信托单位持有人。从投资者的角度，采用信托基金结构将比公司结构更好地掌握项目的现金流量。

3.5.3 信托基金结构的缺点

信托基金结构也存在着明显的缺点：

(1) 税务结构灵活性差。在应用信托基金作为投资结构的国家中，历史上一个重要原因是其税务安排的灵活性。然而，近些年来，这种灵活性已经在很多国家中逐渐消失了。虽然信托基金结构仍然是以信托单位持有人作为纳税主体，但是信托基金的经营亏损在很多情况下却被局限在基金内部结转用以冲抵未来年份的赢利。

(2) 投资结构比较复杂。信托基金结构中除投资者(即信托单位持有人)和管理公司之外，还设有受托管理人，需要有专门的法律协议来规定各个方面在决策中的作用和对项目的控制方法，因此其投资结构相对较复杂。另外，对于应用普通法的国家之外的投资者，大多数人对于这种结构是不熟悉的。

【复习思考题】

1. 在选择项目投资结构时，应考虑的基本因素有哪些？
2. 公司型投资结构的优、缺点各有哪些？
3. 试分析在项目融资中采用契约型投资结构的优缺点。
4. 简述普通合伙制投资结构的基本特点以及优缺点。
5. 为何将信托基金投资方式应用于项目融资？有何优缺点？

第4章

项目融资模式

本章导读

本章主要介绍了项目融资模式设计应注意的问题，项目融资的BOT、ABS等主要模式的特点、使用范围、融资结构分析，以及直接融资、项目公司融资、杠杆租赁、产品融资等其他项目融资模式的原理及其在我国的应用情况。

本章涉及的主要概念包括：项目融资模式、融资结构、BOT融资和ABS融资、直接融资、项目公司融资、杠杆租赁、产品融资等。

引导案例

“鸟巢”项目的融资模式

2003 年 8 月，北京市政府与国家体育场馆项目——“鸟巢”的法人合作方的中标人中国中信集团联合体签约。这是奥运场馆中第一个定标签约的项目，并于 2003 年 12 月 24 日开工。项目公司获得 2008 年奥运会后 30 年国家体育场经营权。

在签约仪式上，中信集团联合体与北京市政府、北京奥组委、北京市国有资产有限责任公司分别签署了《特许权协议》、《国家体育场协议》和《合作经营合同》。根据这些合同与协议，中心集团联合体将与北京市国有资产有限责任公司共同组建项目公司，由中信集团联合体负责国家体育场的设计、投融资、建设、运营及移交。其成员包括北京城建集团有限责任公司、美国金州控股集团公司和国安岳强有限公司。

国家体育场总投资约 35 亿元人民币，其中 58%的资金由市政府提供，委托北京市国有资产有限责任公司作为出资代表，注入项目公司。其他投资则由项目公司进行融资。这种项目建设的筹资方式，在悉尼等城市已有成功经验，既可以节省政府投资，又便于国家体育场赛后的运营和综合利用。

（资料来源：齐中英，王晓巍. 项目融资[M]. 北京：机械工业出版社，2008.）

4.1　项目融资模式设计的原则

项目融资模式是项目融资整体结构组成中的核心部分。设计项目的融资模式，需要与项目投资结构的设计同步考虑，并在项目的投资结构确定下来之后，进一步细化完成融资模式的设计工作。

严格地讲，国际上没有任何两个项目融资的模式是完全一样的。这是由于项目在工业性质、投资结构等方面的差异，以及项目投资者对项目的信用支持、融资战略等方面的不同考虑所造成的。然而，无论一个项目的融资模式如何复杂，结构怎样变化，实际上融资模式中总是包含着一些具有共性的问题，存在着一些基本的结构特征。这些问题和特征是项目投资者在选择和设计项目融资模式时必须要加以考虑的。下面首先讲一下共性问题。

4.1.1　有限追索原则

由于融资项目的投资额度和风险性往往超出项目投资者的承受能力，而且风险太大，因此实现融资对项目投资者的有限追索，是设计项目融资模式的一个最基本的原则，它是项目管理能否广泛开展的先决条件。但是对于一个具体项目来说，其债务资金的追索形式和追索的程度，则取决于贷款银行对项目风险的评价以及项目本身融资结构的设计，具体来说就是取决于包括项目所处行业的风险系数、投资规模、投资结构、项目开发阶段、项目经济强度、市场安排以及项目投资者的组成、财务状况、生产技术管理、市场销售能力等在内的多方面的因素。

由于融资项目风险较大，项目投资者在融资模式设计时，必须要尽量降低融资对项目投资者的追索责任。在一般情况下，贷款银行在确定对项目投资者的追索责任时要考虑三个方面的问题：一是项目的经济强度在正常情况下能否足以支持融资的债务偿还；二是项目融资能否找到强有力的来自于投资者以外的信用支持；三是对于融资结构的设计能否做出适当的技术性处理，如提供必要的担保等。

4.1.2 风险分担原则

保证项目发起人不承担项目的全部风险是项目融资模式设计的第二条基本原则。因此，对于与项目有关的各种风险要素，要以某种形式在项目发起人、与项目开发有直接或间接利益关系的其他参与者和贷款人之间进行分摊，力争实现对项目发起人的最低债务追索。

从前面几章的介绍中知道，项目在不同阶段中的各种性质的风险有可能通过合理的融资结构设计得到分散。例如项目发起人（有时包括项目的工程承包公司）可能需要承担全部的项目建设期和试生产期风险。但是，在项目建成投产以后，发起人所承担的风险责任将有可能被限制在一个特定的范围内，如发起人（有时包括对项目产品有需求的第三方）有可能只需要以购买项目全部或绝大部分产品的方式承担项目的市场风险，而贷款银行则有可能需要同样承担项目的一部分经营风险。这是因为，即使项目发起人或者项目以外的第三方产品购买者以长期协议的形式承购了全部的项目产品，对于贷款银行来说仍然存在两种潜在的风险：第一，有可能出现国际市场产品价格过低，从而导致项目现金流量不足的问题；第二，有可能出现项目产品购买者不愿意或者无力继续执行产品销售协议而造成项目的市场销售难问题。这些潜在问题所造成的风险是贷款银行必须承担的，除非贷款银行可以从项目发起人处获得其他的信用保证。

4.1.3 成本降低原则

一般来讲，项目融资涉及的投资数额大，资本密集程度高，运作的周期也长，因此，在融资项目设计与实施的过程中应该考虑的一个重要方面就是如何降低成本的问题，这里最主要的是一些经济手段的运用。

比如，世界上多数国家的税法都对企业税务的减免有相应的规定，但是税务减免不是无限期的（个别国家例外），短则只有 3～5 年，长的也就只有 10 年左右时间。同时，许多国家政府为了发展经济还制定了一系列的投资鼓励政策，并且其中很多政策也通过税前税后的规定而与项目的纳税基础紧密联系起来，因此，投资者完全可以利用这些税务减免的手段来减低项目的投资成本和融资成本。

此外，减低成本还可从项目的投资结构和融资结构两方面入手：一是完善项目投资结构设计，增强项目经济强度，降低项目风险，减少债务资金成本，二是合理选择，科学确定融资渠道，优化资金结构和融资结构配置，降低项目融资成本。

4.1.4 完全融资原则

现实经济活动中，任何项目的投资，包括采用项目融资方式来安排资金的项目都需要投资者在项目运作中注入一定数量的股本资金作为对项目开发的支持。但在项目融资过程中，股本资金的注入方式比传统的公司融资要灵活很多。投资者股本资金的注入完全可以担保存款、信用证担保等非传统形式来完成。这可以看作是对传统资金注入模式的一种替代，投资者据此来实现项目百分之百融资的目标要求。因此，如何使发起人以最少的资金投入获得项目最大程度的控制和占有，是设计项目融资模式必须加以考虑的问题。这就需要在设计项目融资结构的过程中，充分考虑如何最大限度地控制项目的现金流量，保证现金流量不仅可以满足项目融资结构中正常债务部分的融资要求，而且还可以满足股本资金部分的融资要求。

4.1.5 近期融资与远期融资相结合的原则

综观世界各国项目融资的情况可以看出，项目融资一般都是 7～10 年的中期贷款，期限最长的可以达到 20 年左右。在项目融资中，有的投资者愿意接受长期的融资安排，有的投资者则更多考虑近期融资的需要。后者是出于对某个国家或某个投资领域不十分熟悉，对项目的风险及未来发展没有十分的把握而采取的一种谨慎策略，或者是出于投资者在财务，会计或税务等方面的特殊考虑而采用的一种过渡性措施，在此背景下，其融资战略只能会是一种短期战略。项目运行中，如果采用项目融资方式的各种决定因素变化不大，就长期地保持这种项目融资的结构；一旦这些因素朝着有利于投资者的方向发生较大的变化，他们就会希望重新安排融资结构，放松或取消银行对投资者的种种限制，降低融资成本，这就是在项目融资中经常会遇到的“重新融资问题”。

基于这一原因，在设计项目融资结构时，投资者需要明确选择项目融资方式的目的，以及对重新融资问题是如何考虑的。为尽可能地把近期融资与远期融资结合起来，不同的项目融资结构在重新融资时的难易程度是有所区别的，有些结构比较简单。有些结构相对复杂，项目融资模式的设计必须充分考虑这一问题。

4.1.6 融资结构最优化原则

项目融资过程中表外融资就是非公司负债型融资。实现非公司负债型融资，是一些投资者选用项目融资方式筹集项目资金的原因之一。通过项目投资结构的设计，在一定程度上可以做到不将所投资项目的资产负债与投资者本身公司的资产负债表合并，但是多数情况下这种安排只对共同安排融资的投资项目中的某一个投资者而言是有效的。若是投资者单独安排融资，如何实现投资者的非公司负债型融资要求，就成为设计项目融资模式时需要考虑的问题。

例如，在项目融资中可以把一项贷款或一项为贷款提供的担保设计成为“商业交易”的形式，按照商业交易来处理。因为商业交易在国际会计制度中是不必进入资产负债表的，这样就既实现了融资的安排，又达到了不把这种贷款或担保列入投资者的资产负债表的目的。再如，在“BOT”项目融资模式中，政府以“特许合约”为手段利用私人资本和项目融资兴建本国的基础设施，一方面达到了改善本国基础设施状况的目的；另一方面又有效地减少了政府的直接对外债务，使政府所承担的义务不以债务的形式出现。

要做到融资结构的优化，需把握的基本点：以融资需要的资金成本和筹资效率为标准，力求融资组成要素的合理化、多元化，即筹资人应避免依赖于一种融资方式、一个资金来源、一种货币资金、一种利率和一种期限的资金，而应根据具体情况，从筹资人的实际资金需要出发注意内部筹资与外部筹资、直接筹资与间接融资相结合，以提高筹资的效率与效益，降低筹资成本，减少筹资风险。

具体而言，这一原则包括以下几个方面：

(1) 融资方式种类结构优化。

一般来讲，融资有多种方式，各有各的优点和不足。筹资人必须适当选择，如股权融资与债务融资的适当组合等，使资本结构优化，使资金来源多元化。

(2) 融资成本优化。

筹资人在选择何种融资方式的同时，要熟悉各种不同类型金融市场的性质和业务活动，以便能从更多的资本市场上获得资金来源。在同一市场上应向多家融资机构洽谈融通资金，增加自己的选择余地。要贯彻择优的原则，以降低融资成本。

(3) 融资期限结构优化。

要保持一个相对平衡的债务期限结构，尽可能使债务与清偿能力相适应，体现均衡性。其具体做法：一是要控制短期债务，短期债务通常应主要用于融通贸付，或短期调剂，对短期融资应严格限制其用途，如果把短期融资用抵付长期的本息偿付，则债务结构必然恶化，因此，通常把短期债务控制在总债务的 20%以内较合适；二是债务融资偿还期与筹资人投资回收期衔接；三是应尽量将债务的还本付息时间均衡的分开，以避免在个别年或若干年度内出现“偿债高峰”期。

(4) 融资利率结构优化。

一般来说，筹资固定利率贷款或债务比较有利。如果浮动利率贷款金额或债券规模过大，一旦金融市场利率上扬，并在相当长的时间内高居不下，则债务的利息负担增加，导致清偿困难。

在具体选择利率方式时，基本原则：当资本市场利率水平相对比较低，且有上升趋势时，应尽量争取以固定利率融资，因为以固定利率融资可以避免利率浮高可能带来的损失；反之，当市场利率处于相对比较高的水平，且有回落趋势时，就应考虑用浮动利率签约。应注意到，固定利率资金具有风险小，而浮动利率资金具有灵活性强，但风险较大的特点。

(5) 货币币种结构优化。

融入资金的币种应能与筹资项目未来收入的币种相吻合，即现在所筹集的资金货币就是将来的还款货币。一般来说，融资货币应尽可能提高融入软币的比重，以避免融入硬币比值提高的损失，而争取获得融入软币币值降低的利益。但究竟用软币有利，还是硬币有利，或者软硬搭配有利？还得按实际情况，具体选择决策。

币种的选择，不能单纯以融资谈判时货币市场汇率行情为依据。筹资人应注意研究国际金融市场汇率的变化趋势，将不同货币的利率幅度，以及不同货币汇率变化可能造成的影响综合考虑，权衡利弊得失，尤其是在筹集中长期资金时，更要把握未来较长期内融入货币的利率和汇率走势。

(6) 筹资方式可转换性原则。

公司在筹集资金时，应充分考虑筹资调整弹性，即筹集方式相互转换的能力。应选择转换能力较强的筹资方式，以避免或减轻风险。一般来说，短期筹资转换能力较强，但期限短，在面临风险时，可及时采用其他筹资方式。在长期筹资时，可发行可转换优先股和可转换债券，尤其是使用可转换债券既能增加股本，提高股本收益率。总之，公司不能过度依赖某一筹资方式或几个筹资渠道，而要采取多元化，分散化的筹资方式，增强筹资转换能力，降低风险。

4.2 项目融资基本模式

4.2.1 项目融资模式的基本结构特征

由于各个项目在建设时间、地理位置、项目性质、投资者状况及其目标要求等多方面存在的差别，因此每个项目融资方案都带有鲜明的特点，但是具体的项目融资模式都有以下三个方面的基本结构特征。

1）在贷款形式方面的特征

项目融资的贷款方往往通过以下两种形式中的一种向项目提供资金：

(1) 贷款方为借款方提供有限追索权或无追索权的贷款，贷款的偿还将主要依靠项目的现金流量。

(2) 通过“远期购买协议”或“产品支付协议”，由贷款方预先支付一定的资金来“购买”项目的产品或一定的资源储量(最终将转化为销售收入)。

2）在信用保证方面的特征

无论采用哪种项目融资模式，最重要的环节都是建立结构严谨的担保体系。这种担保体系一般具有以下特征：

(1) 贷款银行要求对项目的资产(对于资源性项目，还包括所有的资源储量或者开采权)拥有第一抵押权，对于项目现金流量具有有效控制权。因此，当商业银行与世界银行等多边金融机构同时对项目提供贷款时，商业银行往往愿意为后者的贷款提供担保，以取得项目资产及现金流量的完全抵押权。

(2) 贷款银行一般要求项目投资者(借款人)将其与项目有关的一切契约性权益转让给自己。所以，项目公司根据“或付或取”合同取得项目收入的权利、工程公司向项目公司提供的各种担保的权益等都必须转让给贷款者。

(3) 要求项目投资者成立一个单一业务的实体，即把项目的经营活动尽量与投资者的其他业务分开，除了项目融资安排之外，限制该实体筹措其他债务资金。这在股权式合资结构中容易操作，而在非公司型合资结构中，就需要巧妙地设计项目的投资结构和融资结构。

(4) 在项目的开发建设阶段，要求项目发起人(或项目工程公司等)提供项目的完工担保，以保证项目按商业标准完工。

(5) 在项目经营阶段，要求项目提供类似“或付或取”(无论提货与否均需付款)或者“提货与付款”性质的市场销售安排，以保证项目的稳定现金流量，除非贷款银行对项目产品的市场状况充满信心。在项目融资中，只有很少一部分的产品会在即期市场上销售。

3) 在贷款发放方面的特征

一般而言，贷款协议至少应明确项目中的两个阶段：建设开发阶段和经营阶段。

(1) 在项目开发建设阶段，贷款多是完全追索性的。

对于贷款银行来说，在项目开发建设阶段风险是最高的，因此，在这个阶段，贷款方往往具有完全追索权，并有项目发起人提供的具有法律效力的担保。当然，贷款方还有另外一种策略，就是提高利率，并同时购买承建合同的担保及相关的履约担保。

在这一阶段，贷款的发放往往是随着工程的进度而逐步到位的，但贷款利息的偿还通常可以向后推迟。推迟的办法有两种：可以是把贷款的利息先累积起来等项目投产后有了净现金流量后再分期偿还；也可以选择从银行贷出新款还旧债的方式。根据各方事先在合同中规定好的标准，经过独立的审核，确定项目达到各项完工标准后，贷款方对项目发起人的追索权可能会被撤销或降格，贷款利率也可能会随之下调。完工标志着项目投产经营阶段的开始，这时，项目便开始有了现金流入，并可开始偿还贷款。

(2) 在项目经营阶段，贷款可能被安排成有限追索的或无追索性的。

在项目的投资经营阶段，贷款人会进一步要求以项目产品的销售收入和项目其他收入作担保。贷款利息和本金的偿还速度通常是和项目的预期产量、销售收入和其他应收款项相关联，项目净现金流量的一个固定比例会自动用于债务偿还。而且，在贷款协议中一般还会规定，在某些特殊情况下，用于偿还贷款的比例可以增加甚至可以达到100%。例如，产品的需求或产量明显低于预期，或贷款者有正当的理由认为项目的前景以及项目所在国的政治、经济环境发生恶性逆转等。

在投产阶段，偿贷比例通常是根据税后净现金流量计算的，但在有些情况下，项目发起方也会要求按税前净现金流量来计算。如果贷款银行是根据税前净现金流量提供贷款的，则他们实际提供的贷款额要高于根据税后利润所应发放的贷款。在这种情况下，贷款银行需要提高警惕，注意他们对项目借款人或其担保人的追索权。

图4-1描述了项目在建设阶段和经营阶段贷款方和借款方双方的担保关系及贷款的资金流向。

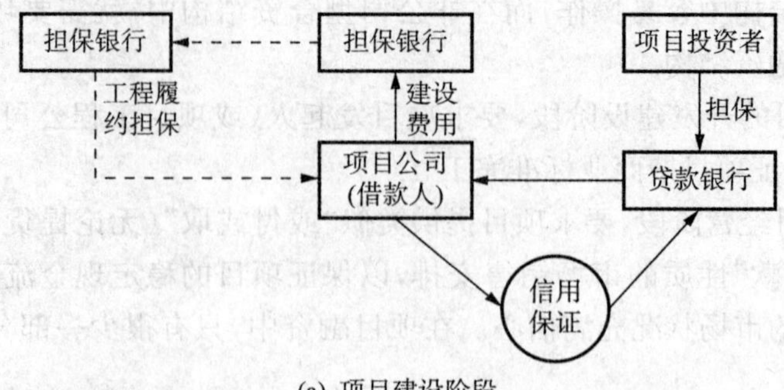

(a) 项目建设阶段

注:本阶段的信用保证包括工程合同的权益转让和工程担保的权益转让

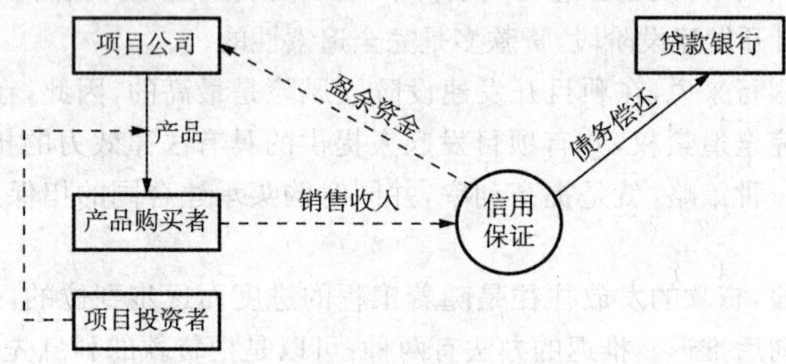

(b) 项目经营阶段

注:本阶段的信用保证包括销售合同及担保的权益转让和建立银行监控账户接收销售收入

图 4-1 贷款方和借款方双方的担保关系及贷款的资金流向图

4.2.2 直接安排模式

4.2.2.1 直接安排的项目融资模式及其优缺点

1）直接安排的项目融资模式

直接安排的项目融资模式是由项目投资者以其自身的名义直接安排项目融资，并且直接承担融资安排中相应的责任和义务的融资模式。从理论上说，这种模式是在结构上最简单的一种项目融资模式。

在项目投资者本身公司财务结构不很复杂时，在投资者直接拥有项目资产并直接控制项目现金流量的投资结构中，采用投资者直接安排项目融资的模式比较适合。在绝大多数的非公司型合资结构中，都不允许以合资结构或管理公司的名义举债，所以投资者直接安排项目融资的模式几乎是为一个项目追加资本金的唯一可行方案，因而是非公司型合资结构中常用的操作模式。在公司型的合资结构中，项目投资者有时也可以为其股本金投入部分直接安排融资，但由于贷款人缺乏对项目现金流量的直接控制，因而很难实现有限追索的项目融资。

2）直接安排的项目融资模式的优点

直接融资的优点主要体现在：

(1) 选择融资结构及融资方式比较灵活。发起人可以根据不同需要在多种融资模式,多种资金来源方案之间充分加以选择和合并。比如,资信较好的公司可以低成本融通到资金,而对于一些小公司却必须付出很高的融资成本。

(2) 债务比例安排比较灵活。发起人可以根据项目的经济强度和本身资金状况较灵活地安排债务比例。

(3) 可以灵活运用发起人在商业社会中的信誉。同样是有限追索的项目融资,信誉越好的发起人就可以得到越优惠的贷款条件。

3) 直接安排的项目融资模式的缺点

任何一种融资模式在满足投资者某些方面需要的同时,难免会存在某些方面的缺憾。直接融资模式的不足之处,主要表现在将融资结构设计成有限追索时比较复杂:

(1) 如果组成合资结构的投资者在信誉、财务状况、市场销售和生产管理能力等方面不一致,就会增加项目资产及现金流量作为融资担保抵押的难度,从而在融资追索的程度和范围上会显得比较复杂。

(2) 在安排融资时,需要注意划清投资者在项目中所承担的融资责任和投资者其他业务之间的界限,这在操作上更为复杂。所以,在大多数项目融资中,由项目投资者成立一个专门公司来进行融资的做法比较受欢迎。

(3) 通过投资者直接融资很难将融资安排成为非公司负债型的融资形式。

4.2.2.2 直接安排的项目融资模式的两种形式

1) 投资者统一安排融资并共同承担市场责任

在这种模式中,项目投资者直接安排融资,所有项目投资者面对同一个贷款银行(团)统一安排融资,并且通过项目公司统一代理项目产品销售,共同承担市场责任。这种融资模式的具体操作过程可归纳如下:

(1) 项目投资者通过签订合资协议组成非公司型合资结构,并按照投资比例合资组建一个项目管理公司。同时,项目投资者与项目管理公司签订项目的管理协议和销售代理协议。按照协议规定,项目管理公司负责项目的建设和生产经营,并作为项目投资者的代理人负责产品销售。

(2) 根据合资协议规定,投资者分别在项目中投入相应比例的自有资金,并统一面向同一贷款人(银团)安排融资。但是,每个投资者要独立地与贷款人签署融资协议,筹集协议所规定份额的项目建设资金和项目流动资金。

(3) 在项目开发建设期间,由项目管理公司代表投资者与项目工程公司签订一份工程建设合同,监督项目的建设,并支付项目的建设费用;在项目生产经营期间,项目管理公司负责项目的生产管理,并作为投资者的代理人销售项目产品。

(4) 项目产品销售实现的收入,存入一个贷款银行监控下的账户,首先用于支付项目的生产费用和资本再投入,偿还贷款银行的到期债务,然后才能按照融资协议的规定将盈余资金返还给投资者。

投资者统一安排融资并共同承担市场责任的模式,以四个投资者为例,如图 4-2 所示。

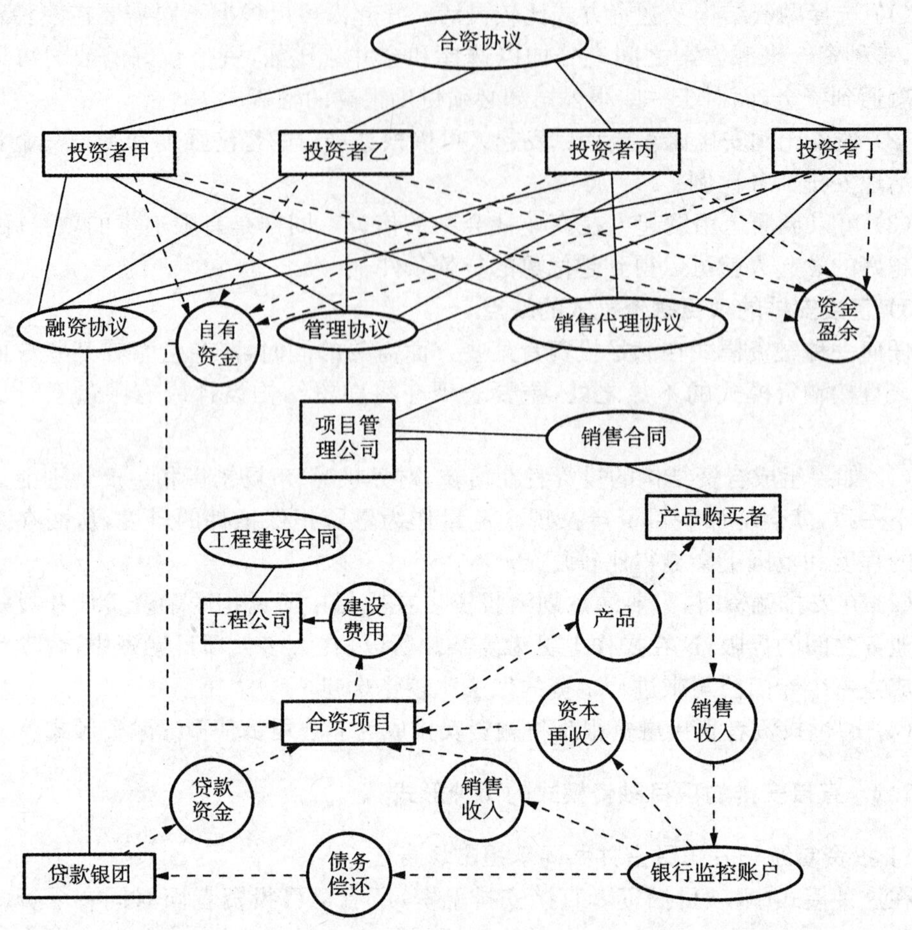

图 4-2　投资者同意安排融资并同他承担市场责任模式

2）投资者独立安排融资并各自承担市场责任

在这种模式中，各个投资者根据自己的财务状况完全独立地面向各自的贷款人安排融资，并且由项目投资者（而不是项目管理公司）负责组织相应份额的产品销售和债务偿还。其具体操作过程可归纳如下：

（1）项目投资者根据合资协议组成非公司型合资结构，并按照出资比例组建一个项目管理公司。投资者委托项目管理公司负责项目的建设和生产管理。

（2）项目管理公司代表投资者安排项目建设和生产，组织原材料供应，但不负责产品的销售，只是根据投资比例将项目产品分配给项目投资者。

（3）项目投资者按照投资比例提供项目建设资金和流动资金，并且直接向合资项目支付建设费用和生产费用。各个投资者的融资安排根据自己的财务状况自行决定。

（4）项目投资者签署“无论取货与否均需付款”性质的产品购买协议，并按协议规定价格购买项目产品。按照投资者与贷款人之间的现金流量管理协议，产品销售收入进入贷款人的监控账户，按照资金使用优先序列进行分配。

投资者独立安排融资并各自承担市场责任的模式，以两个投资者为例，如图 4-3 所示。

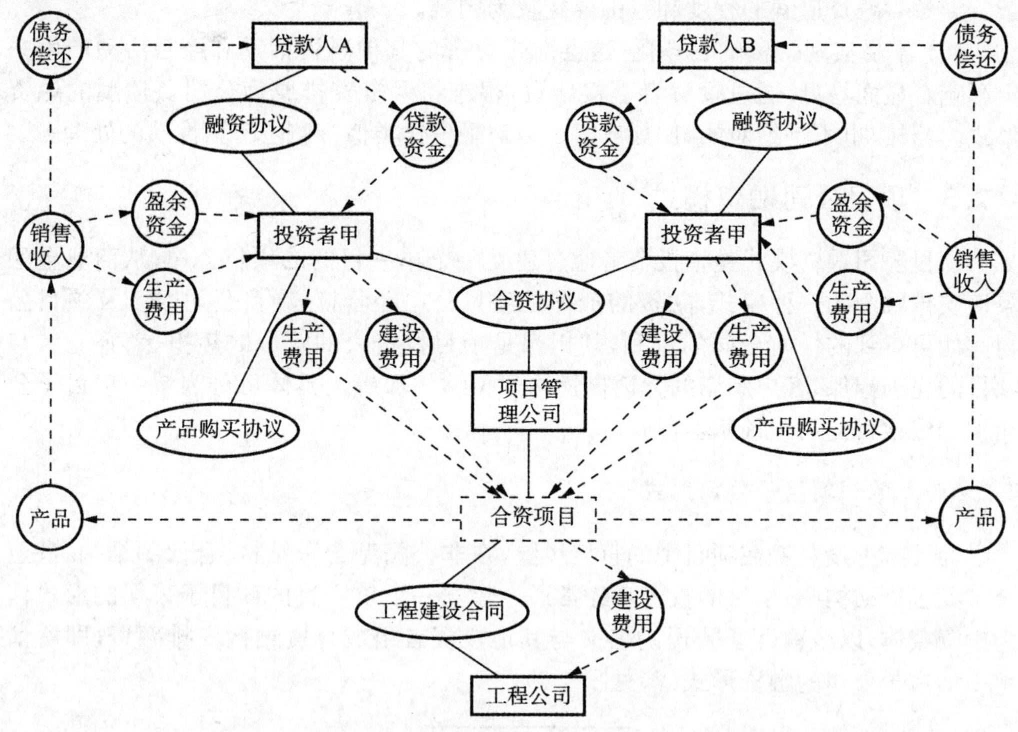

图 4-3　投资者独立安排融资并各自承担市场责任模式

4.2.2.3　直接安排模式的特点

通过对以上两种典型操作模式的分析，不难发现，投资者直接安排的项目融资模式具有以下特点：

(1) 项目投资者可以根据其投资战略的需要，较灵活地安排融资结构。一方面，项目投资者可以根据不同需要在多种融资模式、多种资金来源方案之间充分加以选择和合并。另一方面，项目投资者可以根据项目的经济强度和本身的资金状况较灵活地安排债务比例。

(2) 有利于投资者进行税务结构方面的安排，降低融资成本。在投资者直接安排项目融资的模式中，投资者通常能够直接拥有项目资产并控制项目的投资结构，因而可以比较充分地利用项目的税务亏损或优惠来降低融资成本。

(3) 项目投资者的资信状况对融资条件的影响较大，信誉卓著的投资者往往能够得到较优惠的条件。对于大多数银行来说，资信良好的投资者的企业名称本身就是一种担保。由于直接安排融资模式是直接以投资者的名义融资，即使安排的是有限追索的项目融资，资信状况良好的投资者，仍然可以获得相对成本较低的贷款。

(4) 融资结构的设计比较复杂，在法律结构中实现有限追索相对困难。通常，由于不同投资者在信誉、财务状况、市场销售和生产管理能力等方面的差异，致使以项目资产及现金流量作为融资担保抵押的难度较大。同时,在安排融资时,要划清投资者在项目中所承担的融资责任和投资者其他业务之间的界限,在操作上也较为复杂。导致对融资追索的程度和范围界定较为困难。

(5) 不易实现融资的表外化,这会对投资者的其他融资活动和经营活动产生一定影响。显而易见,通过投资者直接融资,很难将融资安排成为公司负债型的融资形式。当然,也不是绝对的,比如有时可以对融资作类似“商业交易”性质的处理。

4.2.3 项目公司融资模式

项目公司融资模式是指投资者通过建立一个单一目的的项目公司,从商业金融渠道安排融资的一种模式,融资的抵押是项目公司经营权、项目公司财产及项目公司其他可得到的任何合同的权利,其担保是项目投资人的资金缺额担保、企业参与项目的完工担保、客户承诺的无论提货均须付款担保等。具体可分为单一项目子公司和合资项目公司两种基本形式。

4.2.3.1 单一项目子公司形式

为了减少投资者在项目中的直接风险,在非公司型合资结构、合伙制结构、甚至公司型合资结构中,项目的投资者经常通过建立一个单一目的项目子公司的形式作为投资载体,以该项目子公司的名义与其他投资者组成合资结构安排融资,即所谓单一项目子公司的融资形式(参见图 4-4)。

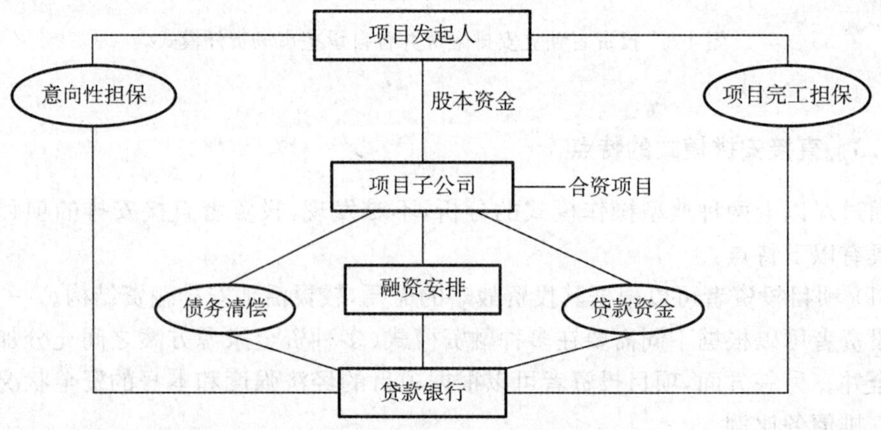

图 4-4 单一项目子公司融资

这种融资形式的特点是项目子公司将代表投资者承担项目中全部的或主要的经济责任,但是,由于该公司是投资者为一个具体项目专门组建的,缺乏必要的信用和经营经历,有时也缺乏资金,所以常需投资者提供一定的信用支持和保证。如由投资者为项目子公司提供完工担保和产品购买担保等。

采用单一项目子公司形式安排融资,对于其他投资者和合资项目本身而言,与投资者直接安排融资没有多大区别,但对投资者却有一定的积极影响,这主要体现在:第一,该融资模式容易划清项目的债务责任,贷款银行的追索权也只能够涉及项目子公司的资产和现金流量，其母公司除提供必要的担保以外，不承担任何直接的责任，融资结构较投资者直接安排融资要相对简单清晰；第二，该项目融资有条件也有可能被安排成为非公司负债型的融资，这有利于减少投资者的债务危机。该项目融资模式的主要不足在于因各国税法对公司之间税务合并的规定有可能影响到公司经营成本的合理控制。

4.2.3.2 合资项目公司形式

合资项目公司是通过项目公司安排融资的形式，也是最主要的一种项目融资形式，具体而言，是指由投资者共同投资组建一个项目公司，再以该公司的名义拥有、经营项目和安排项目融资（参见图 4-5）。

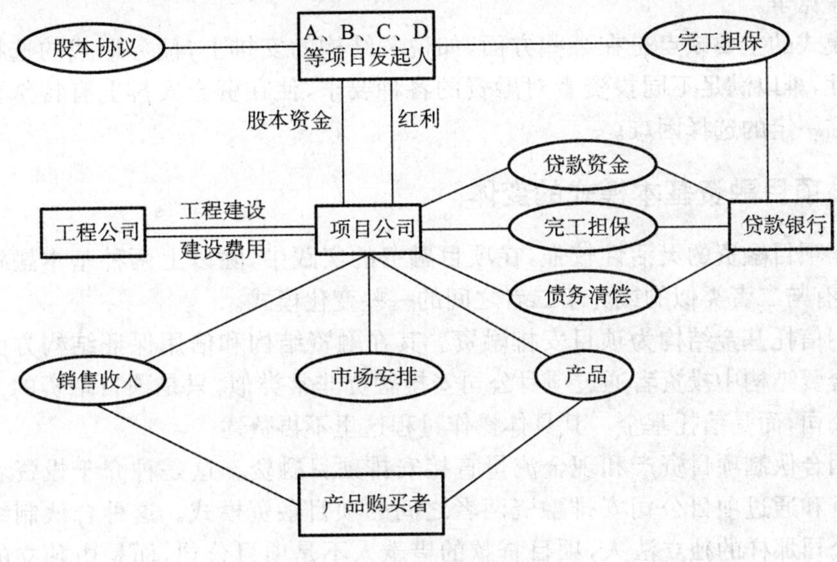

图 4-5 合资项目公司融资

采用这种模式时，项目融资由项目公司直接安排，涉及债务主要的信用保证来自项目公司的现金流量、项目资产以及项目投资者所提供的与融资有关的担保和商业协议。对于具有较好经济强度的项目，这种融资模式甚至可以安排成为对投资者无追索的形式。

在具体操作过程中，首先，由项目投资者根据股东协议组建一个单一目的项目公司，并注入一定的股本资金；然后，以项目公司作为独立的法人实体，签署一切与项目建设、生产和市场有关的合同，安排项目融资，建设经营并拥有项目；最后，将项目融资安排在对投资者有限追索的基础上。

需要说明的是，由于该项目公司除了正在安排融资的项目外，无其他任何的资产，且该项目公司也无任何经营经历，原则上要求投资者必须提供一定的信用担保，承担一定的项目责任，这也是项目公司安排融资过程中极为关键的一个环节。如在项目建设期间，投资者可为贷款银行提供完工担保。在项目生产期间，如果项目的生产经营达到预期标准，现金流量可以满足债务覆盖比率的要求，项目融资就可以安排成为对投资者的无追索贷款。

项目公司融资模式的优点主要体现在：其一，项目公司统一负责项目的建设、生产及市场安排，并整体使用项目资产和现金流量为项目融资抵押和提供信用保证，在融资结构上容易被贷款银行接受，在法律结构上也比较简便；其二，项目公司融资模式使项目投资者不直接安排融资，只是通过间接的信用保证形式来支持项目公司的融资，如提供完工担保，"无论提货与否均需付款"或"提货与付款"协议等，使投资者的债务责任较直接融资更为清晰明确，也比较容易实现有限追索的项目融资和非公司负债型融资要求；其三，该模式通过项目公司安排融资，可更充分地利用投资者中的大股东在管理、技术、市场和资信等方面的优势，为项目获得优惠的贷款条件，在获得融资和经营便利的同时，共同融资也避免了投资者之间为安排融资而可能出现的无序竞争。

该模式的主要缺点是在某些方面，如税务结构的安排上，债务形式的选择上缺乏灵活性，难以满足不同投资者对融资的各种要求，使在资金安排上有特殊要求的投资面临一定的选择困难。

4.2.4 项目融资基本模式的变体

由于项目融资的灵活性较强，在项目融资的实践中，除以上两种基本融资模式以外，还有与二者类似的或介于二者之间的一些变化模式。

利用信托基金结构为项目安排融资。其在融资结构和信用保证结构方面均与公司型合资结构中投资者通过项目公司安排融资非常类似，只是项目融资的主体不是项目公司，而是信托基金。其具体操作过程这里不再赘述。

利用合伙制项目资产和现金流量直接安排项目融资。这是种介于投资者直接安排融资和通过项目公司安排融资两者之间的项目融资模式。这种合伙制结构不是项目公司那样的独立法人，项目贷款的借款人不是项目公司，而是由独立的合伙人共同出面。项目融资安排的基本思路是：投资者以合伙制项目的资产共同安排项目融资，但债务的追索责任被限制在项目资产和项目的现金流量范围内，投资者只是提供"或取或付"（或"照付不议"）性质的产品承购协议，作为项目融资的附加信用保证。采用这种结构，贷款银行将对项目的现金流量实施较为严格的控制。

4.3 项目融资经典模式

项目融资无论采用哪种融资模式，不外乎都是以前述基本模式为主要框架，因地制宜地进行灵活运用的结果。下面介绍的是一些国际上常见的具有代表性的项目融资模式，我们称之为项目融资的经典模式。

4.3.1 设施使用模式

4.3.1.1 "设施使用协议"融资模式的含义

在项目融资过程中，以一个工业设施或者服务性设施的使用协议为主体安排的融资形式称为“设施使用协议”融资模式。在工业项目中，这种设施使用协议有时也称为委托加工协议，专指在某种工业设施或服务性设施的提供者和这种设施的使用者之间达成的一种具有“无论提货与否均需付款”性质的协议。

4.3.1.2 应用范围

设施使用协议融资模式主要应用于如石油、天然气管道、发电设施、某种专门产品的运输系统以及港口、铁路设施等项目。从国际市场上看，20 世纪 80 年代以来，由于国际原材料市场的长期不景气，使原材料的价格与市场一直维持在较低的水平上，导致与原材料有关的投资风险增高，以原料生产为代表的一些工业项目也开始尝试引入“设施使用协议”这一融资模式，并取得了良好的效果。

4.3.1.3 使用的条件

利用设施使用协议安排项目融资，成败的关键在于项目设施的使用者能否提供一个强有力的具有“无论提货与否均需付款”性质的承诺。其内容是项目设施的使用者在融资期间定期向设施的提供者支付一定数量的项目设备使用费。并且，这种承诺是无条件的，不管项目设施的使用者是否真正地利用了项目设施所提供的服务，该项费用的支付是必须的。在项目融资过程中，这种无条件承诺的合约权益将转让给提供贷款的银行，并与项目投资者的完工担保共同构成了项目信用保证的主要组成部分。一般来讲，事先确定的项目设施的使用费在融资期间应足以支付项目的生产经营成本和项目债务的还本付息额。

4.3.1.4 操作程序

在生产型工业项目中，“设施使用协议”又称为委托加工协议，其具体操作程序为，项目产品的购买者提供或组织生产所需要的原材料，通过项目的生产设施将其加工成为最终产品，然后由购买者在支付加工费后将产品取走。以委托加工协议为基础的项目融资在结构上与以“设施使用协议”为基础的项目融资安排是基本一致的。

4.3.1.5 设施使用协议融资模式的特点

(1) 投资结构的选择比较灵活。

该融资模式既可采用公司型合资结构，也可采用非公司型合资结构、合伙制结构或者信托基金结构。按照项目性质、项目投资者和设施使用者的类型及融资、税务方面的要求，设计相应的投资结构。

(2) 适用于基础设施项目。

使用该融资模式时，项目的投资者可以利用与项目利益有关的第三方，即项目设施使用者的信用来安排融资，分散风险，节约初始资金的投入，因而特别适用于资本密集，收益相对较低但相对稳定的基础设施项目。

(3) 必须有“无论提货与否均需付款”性质的设施使用协议。

这是“设施使用协议”融资模式中不可缺少的一个重要组成部分。签订项目设施使用协议时在使用的确定上需要综合考虑项目投资在生产运行中的成本和资本再投入的费用、融资成本、投资者收益等几个方面的资金回收。

(4) 税务结构处理上比较谨慎。

这突出表现在虽然国际上有些项目将拥有设施使用协议的公司利润水平安排在损益平衡点上，以达到转移利润的目的，但有些国家的税务制度在这一方面有一定的规制要求。

4.3.2 产品支付模式

4.3.2.1 产品支付项目融资的定义及适用范围

产品支付(Production Payment)项目融资是在美国石油、天然气和矿产品项目融资中被证明和接受的无追索权或有限追索权的融资方法. 它完全以产品和这部分产品销售收益的所有权作为担保品而不是采用转让或抵押方式进行融资。借款方在项目投产后不以项目产品的销售收入来偿还债务，而是直接以项目产品来还本付息。在贷款得到偿还前，贷款方拥有项目部分或全部产品的所有权。当然，这并不意味着贷款银行真的要储存几亿桶石油或足以照亮一座城市的电力。在绝大多数情况下，产品支付只是产权的转移而已，而非产品本身的转移。通常，贷款方会向项目公司出售属于它们的产品或要求项目公司充当它们的代理人来销售这些产品。因此，销售的方式可以是市场出售，也可以是由项目公司签署购买合同一次性统购统销。无论哪种情况，贷款方都用不着接受实际的项目产品。

因此，产品支付项目融资适用于资源储量已经探明并且项目产生的现金流量能够比较准确地计算出来的项目。

4.3.2.2 产品支付项目融资模式的特点

以产品支付为基础组织起来的项目融资，在具体操作上具有以下基本特征：

(1) 独特的信用保证结构。这种融资方式是建立在由贷款银行购买某一特定矿产资源储量的全部或部分未来销售收入的权益的基础上。这部分储量的销售收入也就成为项目融资的主要偿债资金来源。因此，产品支付是通过直接拥有项目的产品，而不是通过抵押或权益转让的方式来实现融资的信用保证。对于那些资源属于国家所有的项目，项目投资者获得的只是资源开采权，这时，产品支付的信用保证是通过购买项目未来生产的现金流量，以及资源开采权和项目资产的抵押实现的。

(2) 贷款银行的融资容易被安排成无追索或有限追索的形式。由于所购买的资源储量及其销售收益被作为产品支付项目融资的主要偿债资金来源，而产品支付项目融资的资金数量的多少取决于产品支付所购买的那一部分资源储量的预期收益在一定利率条件下贴现的资产现值。所以，贷款的偿还非常可靠，从一开始贷款就可以被安排成无追索或有限追索的形式。因此，如何计算所购买的资源储量的现值就成为安排产品支付融资的一个关键性问题。同时，也是实际工作中一个较为复杂的问题。为了计算资源储量现值，一般需要确定以下因素：第一，已证实的资源总量，它将影响产品支付融资的最大可能量；第二，资源价格；第三，生产计划，包括年度开采计划和财务预算；第四，通货膨胀率、汇率、利率和其他一些经济因素；第五，资源税和其他有关政府税收等。

(3) 产品支付项目融资期限一般应短于项目预期的经济生命期。即如果一个资源性项目具有 20 年的开采期，产品支付项目融资的贷款期限将会大大短于 20 年。

(4) 产品支付中的贷款银行一般只为项目的建设和资本费用提供融资，而不承担项目生产费用的融资。并且要求项目发起人提供最低生产量、最低产品质量标准等方面的担保等。

(5) 产品支付项目融资时，一般成立一个融资中介机构，即所谓的专设公司用于专门负责从项目公司中购买一定比例的项目生产量。这样做的目的可能是出于以下原因的考虑：其一，贷款人所属国家的银行法禁止银行参与非银行性质的商业交易；其二，在由多家银行提供项目贷款时，希望由一家专设公司负责统一管理。如果由银行直接与项目公司签订产品支付协议，则必须得到有关部门的授权。

4.3.2.3 产品支付项目融资的操作程序

以下通过一个模拟案例来说明产品支付融资的结构。其操作程序归纳如下：

第一步，由贷款银行建立一个特别目的的金融公司专门负责从项目公司购买一定比例的石油产品作为融资的基础。这个专设公司一般由信托基金结构组成。

第二步，贷款银行把资金贷给该专设公司，专设公司再根据产品协议将资金注入项目公司，以表示从项目公司那里购买一定数量的项目产品。项目公司同意把产品卖给专设公司，产品的数量要在产品本身价格的基础上考虑“利息”因素，也就是说，项目公司要多给专设公司一些产品。

第三步，专设公司以对产品的所有权及其有关购买合同作为对贷款银行的还款保证。

第四步，项目公司从专设公司那里得到“购货款”作为项目的建设和资本投资资金，开发建设油田。

第五步，当项目投产以后，产品销售的方法有两种：一是由专设公司（如果是由银行直接购买，就是该贷款银行）在市场上直接销售产品或销售给项目公司或其相关公司，用销售款来偿还其自身的“购货款”；二是由项目公司以专设公司代理人的身份把产品卖给用户，然后把销售收入付给专设公司，专设公司再以这笔钱来偿还银行贷款。根据产品支付协议，贷款银行所取得的权利仅限于让与它的那一部分项目产品，产品所有权属于它，如果项目产品销售收入不足以偿还其贷款，贷款人也无权请求补偿。

以上过程如图 4-6 所示。

与产品支付项目融资相似的还有一种融资模式，即远期购买（Forward Purchase）模式，这是在产品支付的基础上发展起来的一种更为灵活的项目融资方式。

远期购买与产品支付的区别在于，在远期购买模式中，金融公司不仅可以购买事先商定的一定数量的远期产品，还可以直接购买这些产品未来的销售收入，项目公司将来支付给金融公司的产品或收入正好可以用来偿还银行贷款。其他操作方式都类似于产品支付项目融资模式。

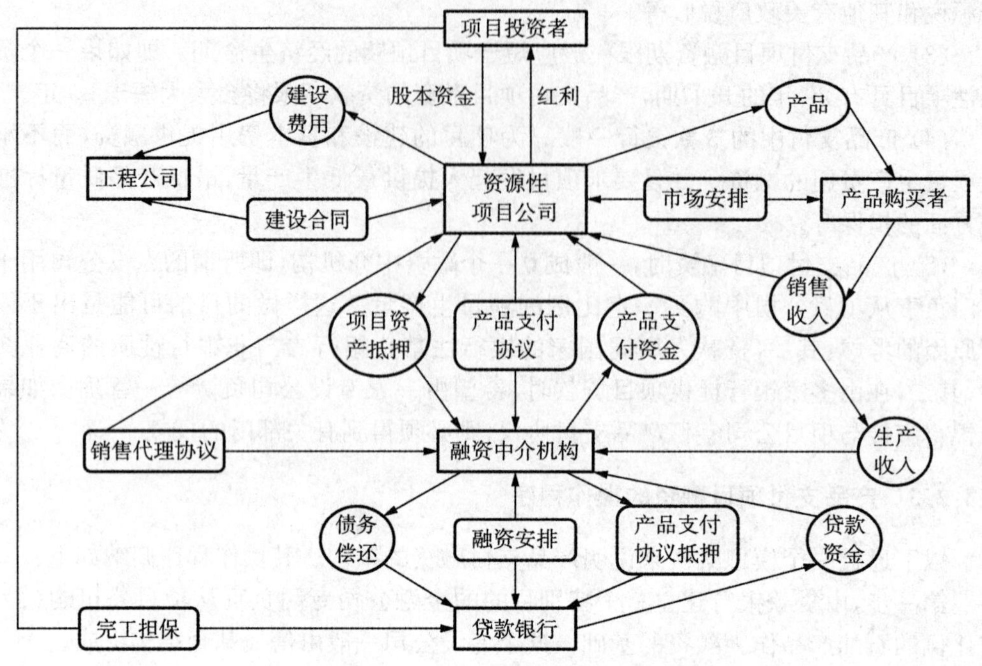

图 4-6　产品支付项目融资模式结构示意图

4.3.2.4　产品支付项目融资模式案例

现在，以英国北海石油项目的融资案例来对产品支付项目融资模式进行具体的实证分析。

1）项目背景

1977 年，据专家勘测估计，属于英国领海范围内的北海油田储油量为 30 亿～40 亿吨，约等于 220 亿～340 亿桶(美制)。英国政府为了控制石油的开发与生产，专门成立了开发北海油田的承办单位——英国国家石油公司(British National Oil Corporation，BNOC)。由于开发费用太大，并且开采技术复杂，因此，英国国家石油公司联合私营石油公司共同开发。英国国家石油公司为保证北海油田的石油产品能在本国提供，并供应本国市场，同意按国际市场价格购买开采出的 51％ 的石油产品。从这个角度讲，英国国家石油公司既是项目发起人，同时又是项目产品购买者。

2）项目融资结构

英国北海石油项目融资采取的是典型的产品支付融资模式。其简单的操作过程可以归纳为以下几点：

(1) 英国石化公司组建两个完全控股的独立的实体，即英国石化开发公司和英国石化贸易公司。

(2) 英国石化公司另外成立一个壳公司，即北海油田项目公司，由它专门负责北海油田的项目融资安排。

(3) 英国石化开发公司转让由英国政府授予的石油开采许可证给北海油田项目公司，由后者将其转让给贷款银行，贷款银行与北海油田项目公司签订产品支付条件下的贷款协议。

(4) 银行将贷款资金支付给北海油田项目公司,由后者以产品预付款形式支付给英国石化开发公司作为石油开采费。美、英两国12家商业银行参与了对该项目的贷款,贷款资金近9亿美元,贷款期限为8年,宽限期为4年。宽限期无须偿还本金,因在前4年中尚处于勘探开发阶段,储量不明;后4年为偿还期,这时油田处于生产阶段,分8次偿还贷款本金。这笔贷款的取得既无英国财政部的担保,也不以英国国家石油公司的股权作抵押。这表明,北海油田项目融资实际上是以开采出来的石油为产品支付基础。

(5) 英国石化开发公司开采出石油,并由英国石化贸易公司负责销售。

(6) 英国石化贸易公司将石油销售收入支付给北海油田项目公司,由后者偿还银行的债务资金。在这里,英国石化贸易公司实际上是作为银行的销售代理人销售产品的,这也就进一步证明了在产品支付项目融资模式中,银行并不要将与产品支付相对应的石油产品购买下来。

3) 风险担保结构

(1) 商业银行提供贷款时,要求以所有借款人的权益作担保,包括合资经营协议的权益和销售合同的权益等。

(2) 英国石化开发公司保证以合理的价格开采出石油。

(3) 由于不能在未开采出来的石油上设置担保权益,所以,银行要求将石油开采许可证作抵押转让给银行。因为处在地下的石油属于英国政府所有,只有被开采出来的石油才能作为产品支付的保证基础。

所以,从以上分析可看出,北海油田项目融资中的贷款银行实际上是承担了一定的石油储量不足的风险。至于商业银行是如何理解并接受项目风险的,不得而知,但很幸运该项目成功地完成了。

以上分析如图4-7所示。

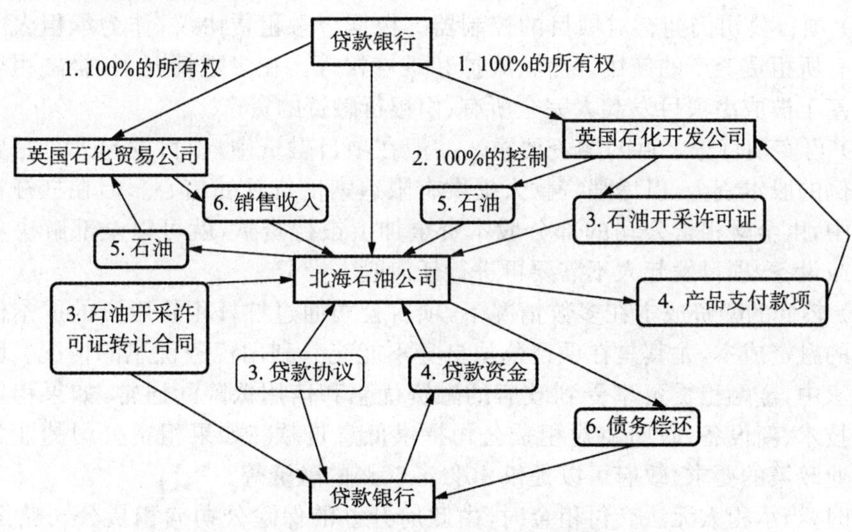

图4-7 英国北海石油项目融资结构示意图

资料来源:内维特·彼特:《项目融资》,第五版,212页,欧洲货币出版局,1995。

4.3.3 杠杆租赁模式

由于融资项目多属于基础设施项目或是资源开发类项目，在这类项目的投资总额中大型设备购置费所占比例较大。项目所需设备除可通过贷款筹集资金购置以外，也可以采取租赁的形式获得。根据出租人对购置一项设备的出资比例，可将金融租赁划分为直接租赁和杠杆租赁两种类型。在一项租赁交易中，凡设备购置成本 100% 由出租人独自承担的即为直接租赁。而在项目融资中，得到普遍应用的是杠杆租赁。

以杠杆租赁为基础组织起来的项目融资模式，是指在项目投资者的要求和安排下，由杠杆租赁结构中的资产出租人融资购买项目的资产然后租赁给承租人（项目投资者）的一种融资结构。资产出租人和融资贷款银行的收入以及信用保证主要来自结构中的税务好处、租赁费用、项目的资产以及对项目现金流量的控制。

在项目融资的租赁安排中，提供租赁的出租人可以是以下三方：一是专业租赁公司、银行和财务公司，这些机构可以为项目安排融资租赁，包括直接租赁和杠杆租赁；二是设备制造商和一部分专业性租赁公司，这些机构主要为项目安排经营租赁；三是项目的投资者以及与项目发展有利益关系的第三方，也采取租赁形式将资金投入到项目中，包括经营租赁、直接租赁和杠杆租赁等。

4.3.3.1 杠杆租赁融资的优势分析

从一些家的情况来看，租赁在资产抵押中使用得非常普遍，特别是在购买轮船和飞机的融资活动中。在英国和美国，很多大型工业项目也采用金融租赁，因为金融租赁，尤其是其中杠杆租赁的设备，技术水平先进、资金占用量大，所以它能享受到诸如投资减免、加速折旧、低息贷款等多种优惠待遇，使得出租人和承租人双方都能得到好处，从而获得一般租赁所不能获得的更多的经济效益。

对项目投资者和项目公司来说，采用租赁融资方式解决项目所需资金，具有以下好处：

（1）项目公司仍拥有对项目的控制器。根据金融租赁协议，作为承租人的项目公司拥有所租赁资产的使用、经营、维护和维修权等。在多数情况下，金融租赁项下的资产甚至被成由项目发起人完全所有、由银行融资的资产。

（2）可实现百分之百的融资要求。一般在项目融资中，项目发起人总是要提供一定比例的股本资金，以增强贷款人提供有限追索性贷款的信心。但在杠杆租赁融资模式中，由金融租赁公司的部分股本资金加上银行贷款，就可以全部解决项目所需资金或设备，项目发起人不需要再进行任何股本投资。

（3）较低的融资成本在多数情况下，项目公司通过杠杆租赁融资的成本低于银行贷款的融资成本，尤其是在项目公司自身不能充分利用税务优惠的情况。因为在许多国家中，金融租赁可享受到政府的融资优惠和信用保险。通常，如果租赁的设备为新技术、新设备，政府将对租赁公司提供低息贷款。如果租赁公司的业务符合政府产业政策的要求，政府可以提供 40%～60%的融资等。

同时，当承租人无法交付租金时，由政府开办的保险公司向租赁公司赔偿 50%的租金，以分担风险和损失。这样，金融租赁公司就可以将这些优惠的租金分配一些给项目承租人——项目公司。

(4) 可享受税前偿租的好处。在金融租赁结构中，项目公司支付的租金可以被当做是费用支出，这样，就可以直接计入项目成本，不需要缴纳税收。这对项目公司而言，就起到了减少应纳税额的作用。

4.3.3.2 杠杆租赁融资模式的复杂性

与其他融资模式相比，以“杠杆租赁”为基础的项目融资模式在结构上较为复杂，其复杂性体现如下：

(1) 结构设计的复杂性。多数融资模式的设计主要侧重于资金的安排、流向、有限追索的形式及其程度，以及风险分担等问题上，而将项目的税务结构和会计处理问题放在项目的投资结构中加以考虑和解决；杠杆租赁融资模式则不同，在结构设计时不仅需要以项目本身经济强度特别是现金流量状况作为主要的参考依据，而且也需要将项目的税务结构作为一个重要的组成部分加以考虑。因此，杠杆租赁融资模式也被称为结构性融资模式。

(2) 杠杆租赁项目融资中的参与者比其他融资模式要多。在一个杠杆租赁融资模式中，至少要有以下四部分人员的介入：

① 至少由两个“股本参加者”组成的合伙制结构(在美国也可以采用信托基金结构)作为项目资产的法律持有人和出租人。合伙制结构是专门为某一个杠杆租赁融资结构组织起来的，其参加者一般为专业租赁公司、银行和其他金融机构，在有些情况下，也可以是一些工业公司。合伙制结构为杠杆租赁结构提供股本资金(一般为项目建设费用或者项目收购价格的 20% ～40%)，安排债务融资，享受项目结构中的税务好处(主要来自项目折旧和利息的税务扣减)，出租项目资产收取租赁费，在支付到期债务、税收和其他管理费用之后取得相应的股本投资收益(在项目融资中这个收益通常表现为一个预先确定的投资收益率)。

② 债务参加者(其数目多少由项目融资的规模决定)。债务参加者为普通的银行和金融机构。债务参加者以对股本参加者无追索权的形式为被融资项目提供绝大部分的资金(一般为 40% ～ 60%)。由债务参加者和股本参加者所提供的资金应构成被出租项目的全部或大部分建设费用或者购买价格。通常，债务参加者的债务被全部偿还之前在杠杆租赁结构中享有优先取得租赁费的权利。对于债务参加者来说，为杠杆租赁结构提供贷款和为其他结构的融资提供贷款在本质上是一样的。

③ 资产承租人。项目资产承租人是项目的主办人和真正投资者。项目资产承租人通过租赁协议的方式从杠杆租赁结构的股本参加者手中获得项目资产的使用权，支付租赁费作为使用项目资产的报酬。由于在结构中充分考虑到了股本投资者的税务好处，所以与直接拥有项目资产的融资模式比较，项目投资者可以获得较低的融资成本。具体地说，只要项目在建设期和生产前期可以有相当数额的税务扣减，这些税务扣减就可以被用来作为支付股本参加者的股本资金投资收益的一个重要组成部分。与其他模式的项目融资一样，项目资产的承租人在多数情况下，也需要为杠杆租赁融资提供项目完工担保、长期的市场销售保证、一定形式和数量的资金投入(作为项目中真正的股本资金)以及其他形式的信用保证。由于其结构的复杂性，并不是任何人都可以组织起来以杠杆租赁为基础的项目融资。项目资产承租人本身的资信状况是一个关键的评判指标。

④ 杠杆租赁经理人。杠杆租赁融资结构通常是通过一个杠杆租赁经理人组织起来的。这个经理人相当于一般项目融资结构中的融资顾问角色，主要是由投资银行担任。在安排融资阶段，杠杆租赁的经理人根据项目的特点、项目投资者的要求设计项目融资结构，并与各方谈判组织融资结构中的股本参加者和债务参加者、安排项目的信用保证结构。如果融资安排成功，杠杆租赁经理人就代表股本参加者在融资期内管理该融资结构的运作。

(3) 实际操作中对杠杆租赁项目融资结构的管理比其他项目融资模式复杂。一般项目的融资结构的运作包括两个阶段，即项目建设阶段和项目经营阶段。但是杠杆租赁项目融资结构的运作需要包括五个阶段：项目投资组建(合同)阶段；租赁阶段；建设阶段；经营阶段；中止租赁协议阶段。

杠杆租赁融资结构的运作与其他项目融资结构运作之间的主要区别在于两个方面：第一，在项目投资者确定组建(或参加)一个项目的投资之后，需要将项目的资产及其投资者在投资结构中的全部收益转让给由股本参加者组织起来的杠杆租赁融资结构，然后再从资产出租人(即由股本参加者组成的合伙制结构)手中将项目资产转租回来；第二，在融资期限届满，或由于其他原因中止租赁协议时，项目投资者的一个相关公司需要以事先商定的价格(或价格公式)将项目的资产购买回去。这个相关公司在一些国家规定不能是投资者本人或项目子公司，否则就会被认为是另一种"租用购买"融资结构，而失去杠杆租赁结构中的税务好处。

4.3.3.3 杠杆租赁融资模式的操作步骤

杠杆租赁项目融资结构如图 4-8 所示。

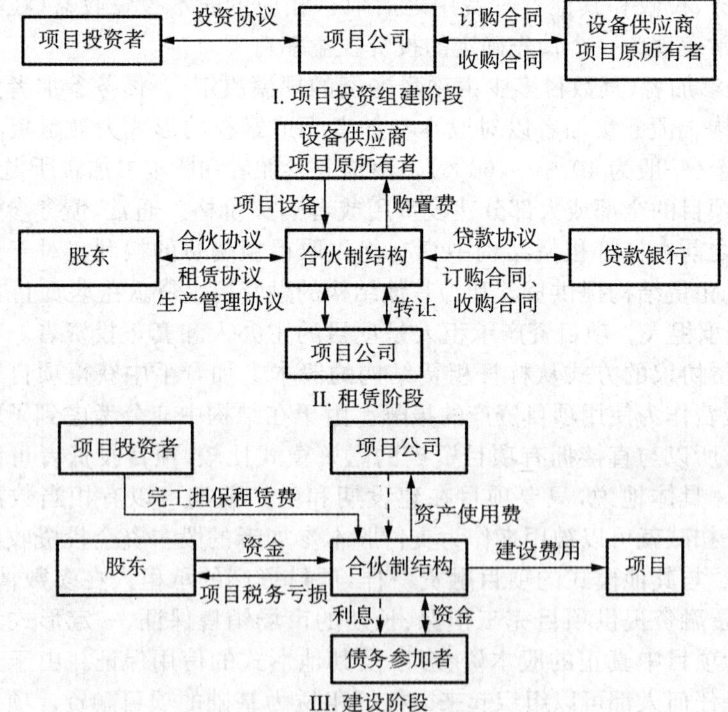

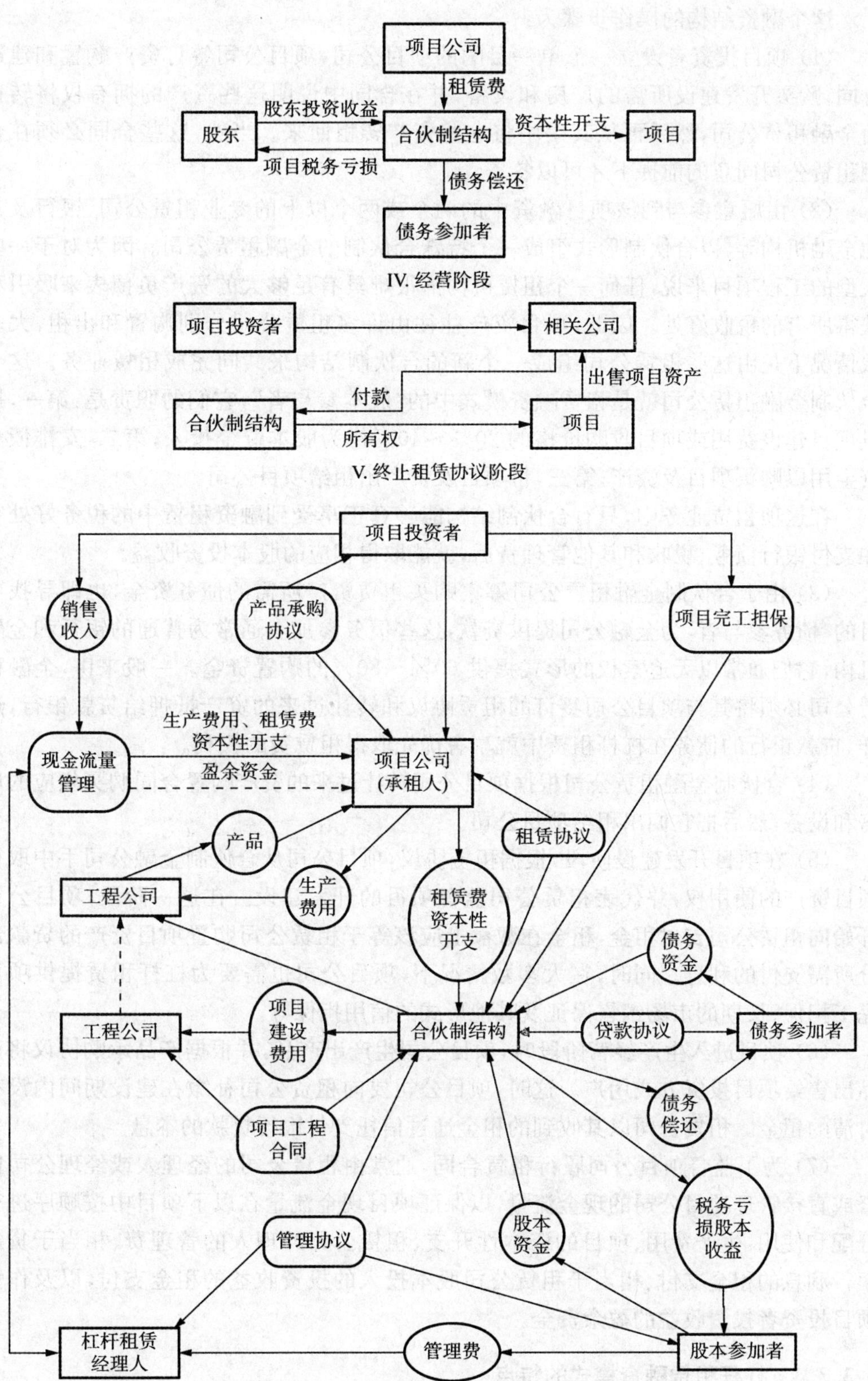

图 4-8　以杠杆租赁为基础的项目融资结构

这个融资结构的操作步骤为：

(1) 项目投资者设立一个单一目的的项目公司，项目公司签订资产购置和建造合同，购买开发建设所需的厂房和设备，并在合同中说明这些资产的拥有权将转移给金融租赁公司，然后再从其手中将这些资产转租回来。当然，这些合同必须在金融租赁公司同意的前提下才可以签署。

(2) 由愿意参与到该项目融资中的两个或两个以上的专业租赁公司、银行及其他金融机构等，以合伙制形式组成一个特殊合伙制的金融租赁公司。因为对于一些大型的工程项目来说，任何一个租赁机构都很难具有足够大的资产负债表来吸引和获得所有的税收好处。因此，项目资产往往由许多租赁公司分别购置和出租，大多数情况下是由这些租赁公司组成一个新的合伙制结构来共同完成租赁业务。这个合伙制金融租赁公司就是租赁融资模式中的“股本参与者”，它们的职责是：第一，提供项目建设费用或项目收购价格的 20%～40%作为股本资金投入；第二，安排债务资金用以购买项目及资产；第三，将项目及资产出租给项目公司。

在这项租赁业务中，只有合伙制结构能够真正享受到融资租赁中的税务好处它在支付银行债务、税收和其他管理费后，就能取得相应的股本投资收益。

(3) 由于合伙制金融租赁公司筹集购买租赁资产所需的债务资金，也即寻找项目的“债务参与者”为金融公司提供贷款，这些债务参加者通常为普通的银行和金融机构，它们通常以无追索权的形式提供 60%～80%的购置资金。一般来讲，金融租赁公司必须将其与项目公司签订的租赁协议和转让过来的资产抵押给贷款银行，这样，贷款银行的债务在杠杆租赁中就享有优先取得租赁费的权利。

(4) 合伙制金融租赁公司根据项目公司转让过来的资产购置合同购买相应的厂房和设备，然后把它们出租给项目公司。

(5) 在项目开发建设阶段，根据租赁协议，项目公司从合伙制金融公司手中取得项目资产的使用权，并代表租赁公司监督项目的开发建设。在这一阶段，项目公司开始向租赁公司支付租金，租金在数额上应该等于租赁公司购置项目资产的贷款部分所需支付的利息。同时，在大多数情况下，项目公司也需要为杠杆租赁提供项目完工担保、长期的市场销售保证及其他形式的信用担保等。

(6) 项目进入生产经营阶段时，项目公司生产出产品，并根据产品承购协议将产品出售给项目投资方或用户。这时，项目公司要向租赁公司补缴在建设期间内没有付清的租金。租赁公司以其收到的租金通过信托支付银行贷款的本息。

(7) 为了监督项目公司履行租赁合同，通常由租赁公司的经理人或经理公司监督或直接管理项目公司的现金流量，以保证项目现金流量在以下项目中按顺序进行分配和使用：生产费用、项目的资本性开支、租赁公司经理人的管理费、相当于贷款银行利息的租金支付、相当于租赁公司股本投入的投资收益的租金支付，以及作为项目投资者投资收益的盈余资金。

4.3.3.4 杠杆租赁融资模式的特点

杠杆租赁融资模式的特点主要体现在以下方面：

(1) 融资模式复杂。首先是杠杆租赁融资模式的参与者较多,其次是资产抵押以及其他形式的信用保证在股本参加者与债务参加者之间的分配和优先顺序问题比一般项目融资模式复杂,再加上税务、资产管理与转让等方面的问题,造成组织这种融资模式所花费的时间要相对长一些,法律结构及文件的确定也相对复杂一些,但这种方式特别适应于大型项目的融资安排。

(2) 债务偿还灵活。杠杆租赁充分利用了项目的税务好处,如税前偿租等作为股本参加者的投资收益,不但降低了投资者的融资成本和投资成本,同时也增加了融资结构中债务偿还的灵活性。据统计,杠杆租赁融资中利用税务扣减一般可偿还项目全部融资总额的30%～50%。

(3) 杠杆租赁融资应用广泛。它既可以作为一项大型项目的项目融资安排,也可以为项目的一部分建设工程安排融资,例如用于购置项目的某一项大型设备。

(4) 融资项目的税务结构以及税务减免的数量和有效性是杠杆租赁融资模式的关键。杠杆租赁模式的税务减免主要包括对设备折旧提取、贷款利息偿还和其他一些费用项目开支上的减免,这些减免与投资者可以从一个项目投资中获得的标准减免没有任何区别。但一些国家对于杠杆租赁的使用范围和税务减免有很多具体的规定和限制,使其在减免数量和幅度上较之其他标准减免要多。这一点要求我们在设计融资结构时必须了解和掌握当地法律和具体的税务规定。

(5) 受上述复杂因素的影响,杠杆租赁融资模式一经确定,重新安排融资的灵活性以及可供选择的重新融资余地变得很小,这也会给投资者带来一定的局限。投资者在选择采用杠杆租赁融资模式时,必须注意这一特点。

4.3.3.5 杠杆租赁融资模式案例分析

中国国际信托投资公司(以下简称中信公司)在澳大利亚波特兰铝厂的项目,是一个非常典型的以杠杆租赁为基础安排的有限追索项目融资模式。

波特兰铝厂位于澳大利亚维多利亚州的港口城市波特兰,主要由美国铝业澳大利亚公司投资,始建于1981年,因为国际市场铝价大幅度下跌和电力供应等问题,于1982年停建。在与州政府达成30年电力供应协议之后,于1984年重新开始建设。1985年美铝澳公司邀请中信公司投资波特兰铝厂。经过历时一年的投资论证、可行性研究、收购谈判及融资谈判等紧张的工作,中信公司于1986年8月成功地向波特兰铝厂进行了投资,持有项目10%的资产,每年可获得3万吨铝锭产品。

1) 波特兰铝厂项目投资结构分析

波特兰铝厂的投资结构采用的是非公司型的合资结构,1986年中信公司参与波特兰铝厂时,项目的具体投资比例根据合资协议分配为:美铝澳公司为45%;维多利亚州政府为35%,第一国民资源信托基金为20%;中信澳公司为10%。1992年,维多利亚州政府又将其在波特兰铝厂中的10%资产出售给日本丸红公司,这样新的投资结构组成为:美铝澳公司为45%;维多利亚州政府为35%;第一国民资源信托基金为10%;中信澳公司为10%;日本丸红公司为10%。

投资各方在该项目中的职责分别是:

(1) 由各项目投资者的代表组成一个“项目管理委员会”，作为该合资项目的最高管理决策机构，负责项目的建设、生产、资本性支出和生产经营预算的审批等一系列重大决策问题。这是非公司型合资结构在管理上的操作特点。

(2) 项目资产根据合资协议由各投资者按比例分别直接拥有，波特兰铝厂本身不具有法人地位。投资各方单独安排自己的项目建设和生产所需资金，单独安排项目生产中所需要的主要原材料(氧化铝和电力)，并直接获得相应比例的最终产品、直接销售其所获产品。这种投资结构为中信公司在安排项目融资时直接提供项目资产作为贷款抵押担保提供了客观上的可能性。

(3) 由于其他投资者都不具备生产、管理铝厂的经验和技术，由项目管理委员会与其中之一的投资者——美铝澳公司的一个全资控股的单一目的公司——波特兰铝厂管理公司签订了项目管理协议，由波特兰铝厂管理公司作为项目经理负责项目的日常生产经营活动。

2) 中信公司的融资模式分析

中信公司为了具体参与到该合资项目中来，特成立了中信澳大利亚有限公司(简称中信澳公司)，代表总公司管理项目的投资、生产、融资、财务和销售，承担总公司在合资项目中的经济责任。经过认真分析，中信公司决定为在该项目中的投资份额设计一个以杠杆租赁为基础的有限追索的融资结构，为此又成立了由中信澳公司100% 控股的单一目的公司——中信澳(波特兰)公司直接进行该项目的投资。其操作过程可简单归纳如下：

(1) 选定项目融资经理人。中信公司聘请美国信孚银行澳大利亚分行(Bankers Trust Australia Ltd.，简称 BT 银行)作为项目融资顾问，负责设计项目融资结构。

(2) 组建股本参与银团。由五家澳大利亚银行组成一个合伙制租赁公司，作为项目的股本投资者，在法律上拥有中信公司投资的波特兰铝厂 10%的投资权益。为了更好地利用项目的税务优惠，这五家银行只提供项目建设资金的 10%，其余资金由债务参与者提供，以充分利用项目资产加速折旧及贷款利息税前支付的税务好处。所以，作为合伙制租赁公司的投资者，银行将通过两方面来获得收益：一是来自项目的巨额税务亏损，通过利用合伙制结构特点吸收这些税务亏损抵免公司所得税；二是收取租金。

(3) 寻找债务参与银团。由这五家银行作为股本参与者去寻找债务参与者的合伙制租赁公司提供债务资金，用以购买波特兰铝厂 10% 的投资权益。在具体操作中，由比利时国民银行提供项目建设所需的 2/3 的资金，但该行不愿意承担任何项目信用风险，所以，由 BT 银行作为主经理人组成一个债务参与银团，为比利时银行的贷款提供信用证担保来承担项目信用风险。其所以选择这种融资结构，是因为，在当时比利时税法允许其国家级银行申请扣减在海外支付的利息预提税，因此，澳大利亚利息预提税成本就可以不由项目的实际投资者和借款人——中信澳公司承担(1992 年，比利时政府修改税法，已取消了这种税务优惠安排)。此举为中信公司节省了总值几百万美元的利息预提税款。

(4) 债务参与银团由 BT 银行牵头，由澳大利亚、日本、美国、欧洲等九家银行组成的国际贷款银团，它们本身不对项目提供任何资金，主要以银行信用证方式为合伙制租赁公司的股本参与者和比利时银行的贷款资金提供信用担保，承担全部的项目风险。

(5) 中信澳(波特兰)公司作为项目的承租人，与合伙制租赁公司的全资项目代理公司签订了一个为期 12 年的租赁协议，从项目代理公司手中获得 10% 波特兰铝厂项目资产的所有权。中信澳(波特兰)公司自行安排氧化铝及电力等关键性供应合同，使用租赁的资产生产出最终产品——铝锭，并直接销售给母公司。当然，并非是中信澳(波特兰)公司直接生产，而是由美铝澳公司全资控股的波特兰铝厂管理公司负责生产出铝锭，再按投资比例由中信澳(波特兰)公司直接拥有项目产品。

(6) 在融资担保上，由母公司中信总公司和其 100% 控股的中信澳公司为中信澳(波特兰)公司提供一定程度的信用支持。其信用支持方式表现在五个方面。

第一，由中信澳(波特兰)公司与中信澳公司签订“提货与付款”性质的产品购买协议，该协议是一个期限与融资期限相同的产品长期销售协议，根据该协议，中信澳公司保证按照国际市场价格购买中信澳(波特兰)公司生产的全部铝锭产品，这样就大大降低了项目债务参与银团的市场风险。

第二，由于当时的中信澳公司和中信澳(波特兰)公司都只是一个“空壳公司”，所以项目债务参与银团要求中信公司作为母公司对于它们之间签订的“提货与付款”购买协议提供担保。

第三，中信公司还以担保存款方式为项目提供了“完工担保”和“资金缺额担保”。为此，中信公司在海外一家国际一流银行存入了一笔固定金额的美元担保存款。在项目建设费用超支和项目现金流最不足时，杠杆租赁经理人就可以动用该担保存款的本金和利息。事实上，由于项目经营良好，担保存款从来没被动用过，并在 1990 年通过与银行谈判解除担保。

第四，中信公司在项目中也投入了一部分股本资金，但其投入形式选择了以大约相当于项目建设总金额 4% 的资金购买合伙制租赁公司发行的与融资期限相同的无担保零息债券，实际上市一种准股本资金的投入形式。这种形式，在对债务参与银团起到一种良好的心理作用的同时，给项目发起人自身也带来了诸多的灵活性。

第五，中信公司同意项目公司以总公司的名称冠在其前面，即以“中信”澳(波特兰)公司出现。因为“中信”在国际上的知名度是大多数银行认可的，中信公司以这种形式提供的担保，正是前面所说的“默示担保”。

以上操作过程如图 4-9 中信澳(波特兰)公司杠杆租赁项目融资图所示。

以杠杆租赁为基础的项目融资模式总结如图 4-10。

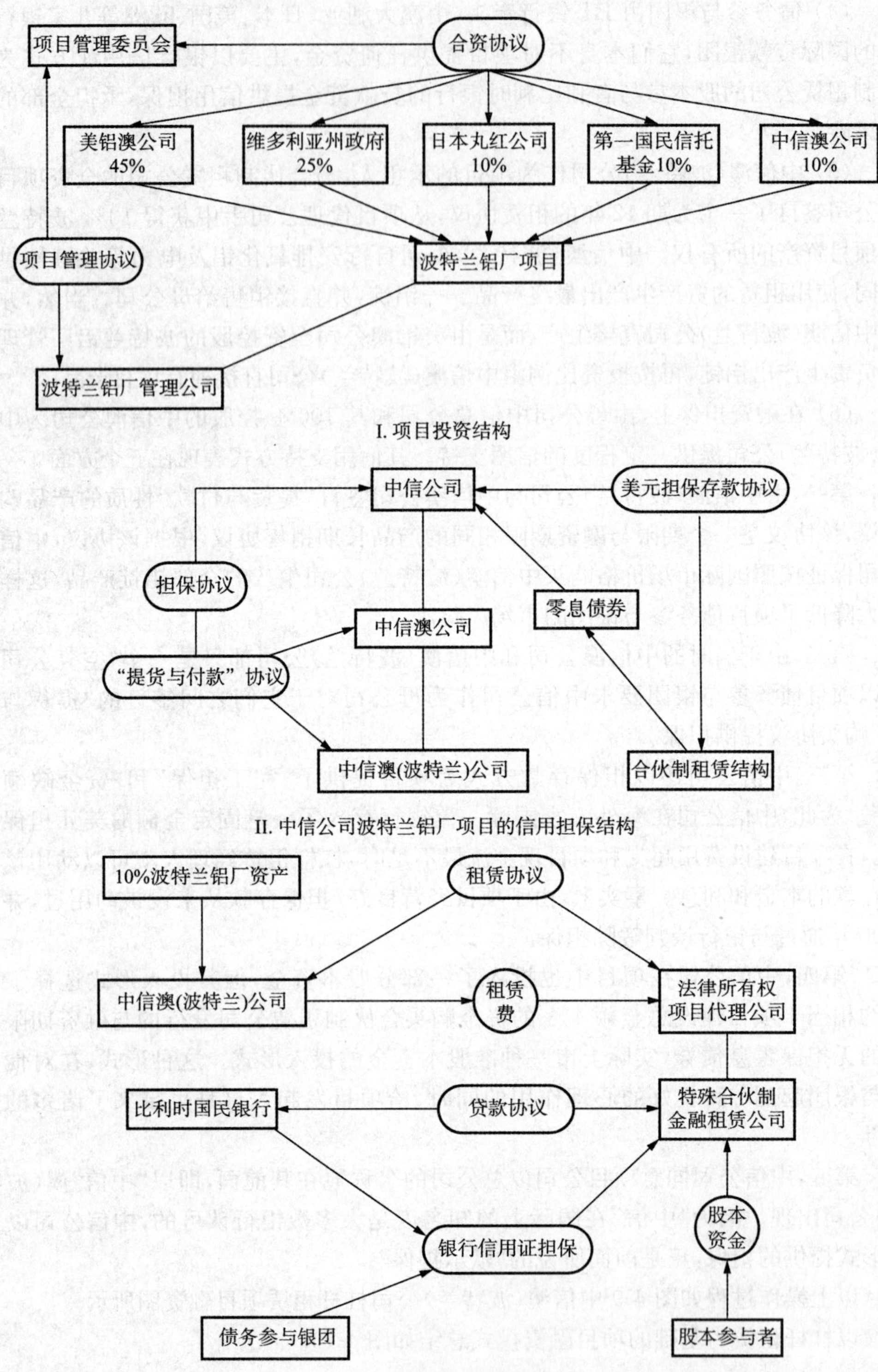

图 4-9　中信澳(波特兰)公司杠杆租赁项目融资结构

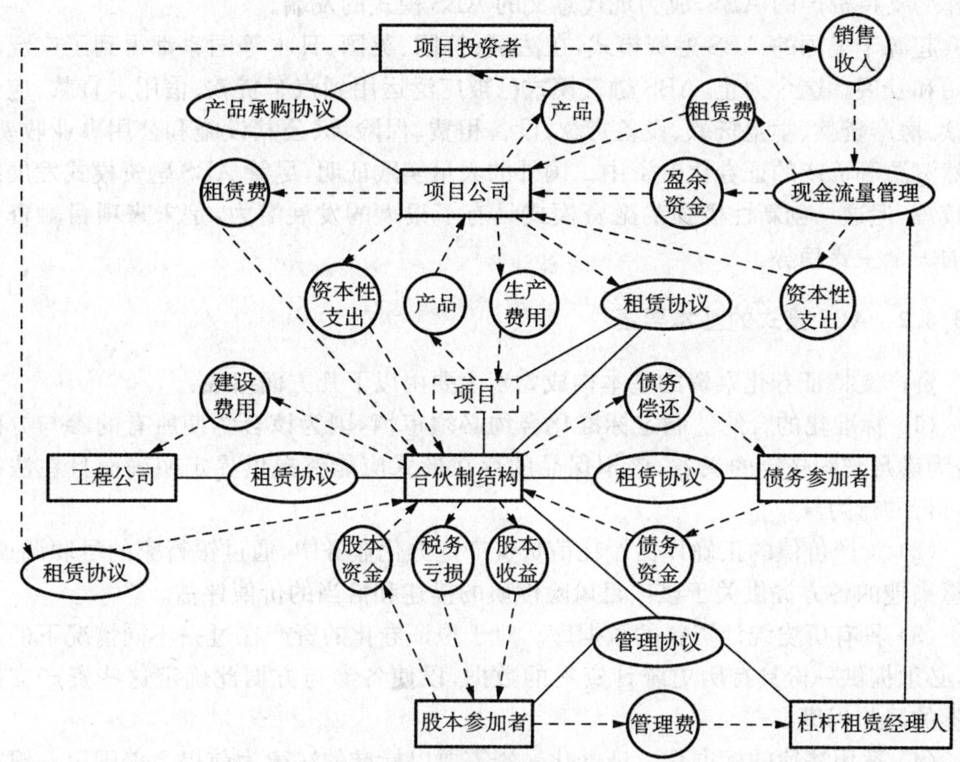

图 4-10 以杠杆租赁为基础的项目融资模式

4.3.4 ABS 资产支援证券化模式

4.3.4.1 ABS 项目融资模式概念及应用范围

ABS(Asset-backed Securitization)模式的汉译全称为"资产支持证券化"融资模式,是以项目所属的资产为支撑的证券化融资方式。具体来说,它是以该项目资产的未来预期收益为保证,在资本市场上发行高级债券(资信评级为 AA 级或 AAA 级的债券)来筹集资金的一种项目融资方式。ABS 方式的目的在于,通过其特有的提高信用等级方式,使原本信用等级较低的项目照样可以进入高信用等级证券市场,利用该市场信用等级高、债券安全性和流动性高、债券利率低的特点大幅度降低发行债券筹集资金的成本。

ABS 模式最早可追溯到 20 世纪 60 年代末、70 年代初美国的住宅按揭融资。当时,美国战后出生人口步入购房年龄,对住房基金需求很大,而长期以来支撑美国住宅抵押贷款体系的储蓄金融机构由于通货膨胀和利率攀升的影响以及商业银行和共同基金的冲击,运营难以为继,美国政府为了解救房地产金融,决定启动并搞活住宅抵押贷款市场。于是华尔街金融机构尝试发放 MBS(Mortgage-backed Securities),即抵押支持证券筹资以弥补住房基金来源的不足,这是 ABS 模式的雏形。以 MBS 模式为借鉴,Unisys 公司于 1985 年 3 月率先发行了 192 亿美元的租赁款作为支持资产的ABS,成为现代意义的ABS模式的发端。

起源于美国的ABS融资模式,在法国、德国、英国、日本等国家都得到了广泛的应用和发展。迄今为止,ABS融资模式已被广泛运用到汽车贷款、信用卡贷款、应收账款、房产贷款、学生贷款、设备贷款、设备租赁、保险单、公共设施和公用事业收费、自然资源等资产的证券化融资中。国外的大量实践证明,尽管ABS融资模式发展历史较短,但这一创新性极强的融资模式具有了很大的发展潜力,是未来项目融资发展的一个主要趋势。

4.3.4.2 ABS模式的基本要素

资产支持证券化融资的基本构成要素主要由以下几方面组成:

(1) 标准化的合约。制定标准化合约必须审慎,因为该合约使所有的参与方确信:为满足契约规定的义务,该担保品的存在形式应能够提供界定明确而且在法律上可行的行为。

(2) 资产价值的正确评估。在信贷资产证券化业务中,通过银行家的尽职调查,向感兴趣的各方提供关于该项目风险性质的描述和恰当的价值评估。

(3) 具有历史统计资料的数据库。对于拟证券化的资产在过去不同情况下的表现,必须提供一份具有历史统计资料的数据,以使各参与方据此确定这些资产支持证券的风险程度。

(4) 适用法律的标准化。证券化融资需要以标准的法律为前提。美国第一银行曾发行AAA级抵押支持转递证券,最后以失败而告终,其原因主要就是它未能满足美国所有各州所要求的法定投资标准。这一点也是决定ABS项目能否成功的重要一环。

(5) 确定中介机构。这一点对于证券化融资也是非常关键的。不应因金融中介机构的破产或服务权的转让而造成投资者的损失。

(6) 可靠的信用增级措施。证券化融资的重要特点是可以通过信用增级措施发行高档债券,以降低项目融资的成本。因此,如果没有可靠的资信较高的信用增级措施,资产支持证券化融资是很难操作的。

(7) 用以跟踪现金流量和交易数据的计算机模型也是促进证券化交易增长的重要基础。

4.3.4.3 ABS模式的主要当事人

1) 发起人或原始权益人

发起人或原始权益人是被证券化的项目相关资产的原始所有者,也是资金的最终使用者。对于项目收益资产证券化来说,发起人是指项目公司,它负责项目收益资产的出售、项目的开发建设和管理。而对于项目贷款资产证券化来说,发起人一般包括:第一,商业银行,其主要功能是吸收存款、管理贷款。第二,抵押银行,主要功能是发放抵押贷款并在二级市场销售。第三,政府机构,尽管提供的贷款少,但发挥的作用很大。

一般情况下,发起人的主要作用是:第一,收取贷款申请。第二,评审借款人申请抵押贷款的资格。第三，组织贷款。第四，从借款人手中收取还款。第五，将借款还款转交给抵押支持证券的投资者等。

发起人的收入来源主要是：第一，发起费，以贷款金额的一定比例表示。第二，申请费和处理费。第三，二级销售利润，即发起人售出抵押贷款时其售价和成本之间的差额。

发起人也可以是证券的出售人和承销商，因为对发起人来说，保留证券的承销业务可获得一定的费用收入。

发起人一般通过真实出售或所有权转让的形式把其资产转移到资产组合中。尽管发起人破产并不直接影响资产支持证券的信用，但发起人的信誉仍然是需要考虑的一个重要因素。因为如果发起人的信誉恶化，那么就会影响包括发起人的资产在内的担保品的服务质量。

2）服务人

服务人通常由发起人自身或指定的银行来承担。服务人的主要作用体现在两个方面：第一，负责归结权益资产到期的现金流，并催讨过期应收款。第二，代替发行人向投资者或投资者的代表受托人支付证券的本息。服务的内容包括收集原借款人的还款，以及其他一些为担保履行还款义务和保护投资者的权利所必需的步骤。因此，资产支持证券的大多数交易与服务人的信用风险存在着直接的关系，因为服务人持有要向投资者分配的资金。信用风险的高低是由服务人把从资产组合中得到的权益转交给投资者时的支付频率决定的。

3）发行人

作为发行人来说，它可以是中介公司，也可以是发起人的附属公司、参股公司或者投资银行。有时，受托管理人也承担这一责任，即在证券化资产没有卖给上述的公司或投资银行时，它常常被直接卖给受托管理人。该受托管理人是一个信托实体，其创立的唯一目的就是购买拟证券化的资产和发行资产支持证券。该信托实体控制着作为担保品的资产并负责管理现金流的收集和支付。信托实体通常就是发起人的一家子公司，或承销本次证券发行的投资银行的一家子公司。在某些情况下，由于单个发起人的资产不足以创造一个合格的资产组合，这时就要由几个发起人的资产共同组成一个资产的组合。当发行人从原始权益人手中购得权益资产在未来收取一定现金流的权利后，就要对其进行包装，然后以发行证券的方式在二级市场上将之出售给投资者。ABS的主要类型之一就是住房抵押贷款，而在资产证券化最早出现的美国，充当住房抵押贷款支持证券发行人的主要机构有两类：一类是政府性质的机构，如：联邦国民抵押协会，通过购买无政府保险的住房抵押贷款并使之证券化；政府国民抵押协会，使有担保的住房抵押贷款证券化；联邦住房抵押公司，通过购买未经政府保险但经私人保险的常规抵押贷款，并以之为担保在资本市场上发售债券。二类是非政府性质的机构，如住房融资公司等，它们购买不符合联邦国民抵押协会等政府性质机构有关条件的住房抵押贷款并使之证券化。

4）证券商

ABS由证券商承销。证券商或者向公众出售其包销的证券，或者私募债券。作为包销人，证券商从发行人处购买证券，再出售给公众。如果是私募债券，证券商并不购买证券,而只是作为发行人的代理人,为其成功发行提供服务。发行人和证券商必须共同合作,确保发行结构符合法律、财会、税务等方面的要求。

5) 信用增级机构

在资产证券化过程中,一个尤为关键的环节就是信用增级,而信用增级主要由信用增级机构完成。从某种意义上说,资产支持证券投资者的投资利益能否得到有效的保护和实现,主要取决于证券化产生的信用保证。所谓信用增级,即信用等级的提高,经信用保证而得以提高等级的证券将不再按照原发行人的等级或原贷款抵押资产等级进行交易,而是按照担保机构的信用等级进行交易。

信用增级一般采取内部信用增级和外部信用增级两种方式:发行人提供的信用增级即内部信用增级,第三者提供的信用增级即外部信用增级。

6) 信用评级机构

信用评级机构是依据各种条件评定 ABS 等级的专门机构。ABS 的投资人依赖信用评级机构为其评估资产支持证券的信用风险和再融资风险。世界上主要的评级机构有穆迪、标准普尔等公司,这些评级机构的历史记录和表现一直很好,特别是在资产支持证券领域口碑更佳。信用评级机构须持续监督资产支持证券的信用评级,根据情况变化对其等级进行相应调整。证券的发行人要为评级机构支付服务费用,因为如果没有评级机构的参与,这些结构复杂的资产支持证券可能就卖不出去。当有评级机构参与时,投资者就可以把投资决策的重点转移到市场风险和证券持续期的考虑上。所以,信用评级机构是证券化融资的重要参与者之一。

发行人需要评级机构的评级是因为他们希望所发行证券的流通性更强,其支付的利息成本更低。当投资者通过评级系统的评级而相信了证券的信用质量时,他们对投资的收益要求通常就会降低。许多受到管制的投资者未被允许购买那些级别较低的证券,更不能购买那些未经评级的证券。证券评级机构的存在拓宽了投资者的投资范围,创造了对证券的额外需求,对发行人来说,节省的成本将非常可观。

7) 受托管理人

在资产证券化的操作中,受托管理人充当着服务人与投资者的中介,也充当着信用强化机构和投资者的中介。受托管理人的职责主要体现在三个方面:第一,作为发行人的代理人向投资者发行证券,并由此形成自己收益的主要来源。第二,将借款者归还的本息或权益资产的应收款转给投资者,并且在款项没有立即转给投资者时有责任对款项进行再投资。第三,对服务人提供的报告进行确认并转给投资者。当服务人不能履行其职责时,受托人应该并且能够起到取代服务人角色的作用。

4.3.4.4 ABS 模式的运行程序

ABS 是在资本市场通过发行债券筹集资金的。按照规范化的证券市场运作方式,在证券市场发行债券,必须对发债主体进行信用评级,以确定债券的投资风险和信用水平。债券的筹集成本和信用等级密切相关,信用等级越高,表明债券的安全性越高,债券的利率越低,从而使通过发行债券筹集资金的成本越低。因此利用证券市场筹集资金,一般都希望进入高档投资级证券市场。但是,对于不能获得权威性资信评估机构评定较高级别信用等级的企业或其他机构,将无法进入高档投资级证券市场。ABS运作的独到之处就在于，通过信用增级计划，使得没有获得信用等级或信用等级较低的机构，照样可以进入高档投资机构市场，通过资产的证券化筹集资金。

ABS融资方式的具体运作过程主要包括以下几个方面：

(1) 组建SPV。即组建一个特别目的公司SPV(Special Purpose Vehicle)或SPS。该机构可以是一个信托机构，如信托投资公司、信用担保公司、投资保险公司或其他独立法人。该机构应能够获得国际权威资信评估机构较高级别的信用等级(AAA或AA级)，由于SPV是进行ABS融资的载体，成功组建SPV是ABS能够成功运作的基本条件和关键因素。

(2) SPV与项目结合。即SPV寻找可以进行资产证券化融资的对象。一般来说，投资项目所依附的资产只要在未来一定时期内能带来现金收入，则都可以进行ABS融资。它们可以是信用卡应收款、房地产的未来租金收入、飞机和汽车等未来运营的收入、项目产品出口贸易收入、港口及铁路的未来运费收入、收费公路及其他公用设施收费收入、税收及其他财政收入等。拥有这种未来现金流量所有权的企业(项目公司)成为原始权益人。这些未来现金流量所代表的资产，是ABS融资方式的物质基础。

在进行ABS融资时，一般应选择未来现金流量稳定、可靠，风险较小的项目资产。一般情况下，这些代表未来现金收入的资产，本身具有很高的投资价值，但由于各种投资条件的限制，它们自己无法获得权威资信评估机构授予的较高级别的资信等级，因此无法通过证券化的途径在资本市场筹集建设资金。而SPV与这些项目的结合，就是以合同、协议等方式将原始权益人所拥有的项目资产的未来现金收入的权利转让给SPV，转让的目的在于将原始权益人本身的风险割断。这样SPV进行ABS方式融资时，其融资风险仅与项目资产未来现金收入有关，而与建设项目的原始权益人本身的风险无关。在实际操作中，为了确保与这种风险完全隔断，SPV一般要求原始权益人或有关机构提供充分的担保。

(3) 利用信用增级手段使该资产获得预期的信用等级。为此就要调整项目资产现有的财务结构，使项目融资债券达到投资级水平，达到SPV关于承保ABS债券的条件要求。SPV通过提供专业化的信用担保进行信用升级。信用增级的渠道有：利用信用证、开设现金担保账户、直接进行金融担保。之后，委托资信评估机构，对即将发行的经过担保的ABS债券在还本付息能力、项目资产的财务结构、担保条件等方面进行信用评级，确定ABS债券的资信等级。

(4) SPV发行债券阶段。SPV直接在资本市场上发型债券募集资金，或者SPV通过用担保，由其他机构组织债券发行，并将通过发行债券筹集的资金用于项目建设。由于SPV一般均获得国际权威性自信评估机构的AAA级或AA级信用等级，按照信用评级理论和惯例由它发行的债券或通过它提供信用担保的债券，也自动具有相应的信用等级。这样SPV可以借助于这一优点在国际高档投资级证券市场，以较低的资金成本发行债券，募集项目设所需资金。

(5) SPV的偿债阶段。由于项目原始收益人已将项目资产的未来现金收入权利让渡给SPV，因此SPV就能利用项目资产的现金收入量，清偿它在国际高档投资级争取市场上所发行债券的本息。

以上过程以抵押贷款资产证券化为例可以用图 4-11 表示。

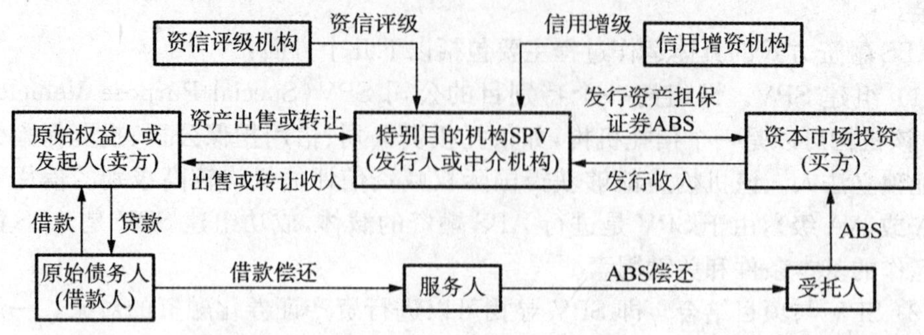

图 4-11　资产证券化运行过程示意图

4.3.4.5　ABS 模式的特点

ABS 模式的特点主要表现在：

(1) 通过证券市场发行债券筹集资金，是 ABS 不同于其他项目融资方式的一个显著特点，无论是产品的支付、融资租赁，还是 BOT 融资，都不是通过证券化进行融资的，而证券化融资则代表着项目融资的未来发展方向。

(2) 由于 ABS 方式隔断了项目原始权益人自身的风险和项目资产未来现金收入的风险，使其清偿债券本息的资金仅与项目资产的未来现金收入有关，加之在国际高档级证券市场发行的债券是由众多的投资者购买，从而分散了投资风险。

(3) 由于 ABS 是通过发行高档投资级债券募集资金，这种负债不反映在原始权益人自身的资产负债表上，从而避免了原始权益人资产质量的限制。同时利用成熟的项目融资改组技巧，将项目资产的未来现金流量包装成高质量的正确投资对象，充分显示了进入创新的优点。

(4) 作为证券化项目融资方式的 ABS，债券的信用风险得到了 SPV 的信用担保，是高档投资级证券，并且还能在二级市场进行转让，变现能力强，投资风险小，因而具有较大的吸引力，易于债券的发行和推销。同 BOT 方式相比，ABS 融资方式涉及的缓解比较少，从而最大限度地减少佣金、手续费等中间费用，使融资费用降到较低水平。

(5) 由于 ABS 方式是在国际高档级证券市场筹资，其接触的多为国际一流的证券机构，要求必须抓住国际金融市场的最新动态，按国际上规范的操作规程行事。

(6) 由于这融资方式是在国际高档级证券市场筹资，利息率一般比较低，从而降低了筹资成本。而且国际高档级证券市场容量大，资金来源渠道多样化，因此 ABS 方式特别适合大规模筹集资金。

4.3.4.6　ABS 融资方式在我国的应用及其发展前景

ABS 融资由于能够以较低的资金成本筹集到期限较长、规模较大的项目建设资金，因此，对于投资规模大、周期长、资金回报慢的城市基础设施项目来说，是一种理想的融资方式，在电信、电力、供水、排污、环保等领域的基本建设、维护、更新改造以及扩建项目中，ABS得到了广泛的应用。这种有效的新型融资方式，在我国同样具有广阔的发展前景。

1）我国实施ABS融资方式的环境分析

20多年的改革开放，使我国经济得到厂巨大的发展。取得了令世人瞩目的成绩。进入21世纪后，为了实现我国经济发展的战略目标，需要投入大量资金以适应国内经济的迅速发展，而传统的招商引资方式和现有的融资渠道，都不能满足我国经济迅速发展对资金的大量需求。如何开拓新的融资渠道，提高引资质量日益成为我国经济发展中越来越重要的问题。近几年，我国有关方面开始注意到了利用项目融资引进外资的方式。在这种情况下，ABS融资方式将给我国的资本市场注入活力，成为我国项目融资的一种现实选择。

(1) 我国经济建设巨大的资金需求和大量优质的投资项目为ABS融资提供了广阔的应用空间和物质基础。高速度的经济增长使我国经济具有了比较强的投资价值。随着我国经济持续、快速、健康发展，收入稳定、回报率高的投资项目不断涌现，这些优质的投资项目是ABS融资对象的最理想选择。当前，国外一些较大的金融中介机构纷纷看好我国的ABS项目融资市场，主要就是受此吸引。

(2) 我国已经初步具备了ABS融资的法律环境。长期以来，由于我国有关金融方面的法律不健全，国际资本市场上成熟的融资工具和融资模式在我国无法运作，因而丧失了许多利用国际资本的机会。据统计，日本、西欧和美国的巨额单位信托、互惠基金、退休福利、医疗保险等基金日益增长，已经达到了近万亿美元，但这些资金鉴于其低风险、无亏损的投资标准和规定，大都不愿意或不能进入我国市场。随着《担保法》、《票据法》、《保险法》、《信托法》、《证券法》等法律的相继出台，标志着我国的投资法律环境正不断得到改善，也为开展ABS融资构筑了必要的法律框架。

(3) 融资方式摆脱了信用评级限制，拓宽了现有的融资渠道。进入国际高档级证券投资市场，必须获得国际认可的几家评级机构的信用评级。而我国一直被西方国家认为存在较大的国家政治风险，再加上其他经济方面的原因，使得我国的国家主权信用评级一直不高，而企业的信用评级则更低，致使我国企业无法进入该市场进行融资。而ABS融资方式通过信用担保和信用增级计划，使我国的企业和项目进入该市场成为可能。同时，ABS融资方式又是一种通过民间的、非政府的途径，按照市场经济的规则运作的融资方式，随着我国金融市场的不断成熟，ABS方式会得到认可，从而拓宽现有的融资渠道。

(4) 利用ABS进行融资，有利于我国尽快进入高档次的项目融资领域。由于ABS融资方式是在国际高档融资市场上通过证券化进行的融资，从而使我国有机会直接参与国家高度融资市场，学习国外证券市场的运作及监管的经验，了解国际金融市场的最新动态。同时，通过资产证券化进行融资，也是项目融资的未来发展方向。开展ABS融资，将极大拓展我国项目融资的活动空间，加快我国的项目融资与国外资本市场融合的步伐，并促进我国外向型经济的发展。

2)我国利用ABS融资方式要解决的几个问题

ABS作为一种新型的项目融资方式虽然开展的时间不长，但已被时间证明是有效的，它在美国、西欧和日本等国都获得了比较好的发展。从我国目前的实际看，开展ABS融资方式还存在一些限制因素。未来促进ABS融资活动的开展，应对以下问题加以重视并解决。

(1) SPV的组建问题。成功组建SPV是ABS能够成功运作的基本条件和关键因素。但组建的SPV只有在国家主权信用级别较高的国家，如在美国、日本和西欧等经济发达国家注册，并具有雄厚的经济实力和良好的资产质量，才能获得国际权威资信评估机构授予的较高资信等级。因此，我国应该选择一些有实力的金融机构、投资咨询机构，通过合资、合作等方式进入国外专门为开展ABS融资而设立的信用担保机构、投资保险公司、信托投资公司中，成为SPV的股东或发起人，为我国在国际市场上大规模开展ABS融资奠定良好的基础。

(2) 法律、政策限制的问题。虽然我国形成了ABS融资的基本法律框架，但由于ABS属于高档投资级的证券融资，原始权益人、投资者和项目的其他参与者的权益和责任是通过法律合同详细规定的，因此现有法律法规远远不能适应ABS融资的要求。为此要根据我国的国情和国际惯例，加快相关立法，制定一套适合ABS融资的法律法规。同时，我国目前对资本项目还实行管制，国家对ABS采取融资方式不可能一下子放开，只能逐步试点，取得经验，再一点点普及，为我国经济发展提供较低成本的资金。

(3) 税收问题。ABS融资方式是以项目资产的未来收益偿还发行债券的本息的，而我国的增值税、营业税、印花税、所得税等税目、税率都与国际惯例有区别，从而影响到ABS融资在我国的发展，为此要按照国际惯例进行税制改革。

(4) 人民币汇兑问题。把采用ABS方式所筹集的资金用于项目建设，但项目本身的产品却可能很少出口创汇，其所得收益主要表现为本国货币，而SPV为清偿债券的本息，必然要把本币兑换为外币汇出境外。但目前我国还没有实现人民币在资本项目下的自由兑换，这在一定程度上制约了ABS融资方式的开展。因此，要利用当前我国外汇储备充足的有利时机，保证ABS项目的外汇兑换，以增强外商对我国进行ABS方式投资的信心。

(5) 人才培养问题。目前我国缺少负责ABS研究、管理的专门人员，也缺少这方面的法律人才。因此，必须加快有关ABS方面的人才培养，深入研究ABS融资方式的方法和经验，以便更好地利用这一方式，促进我国经济更快地发展。

4.4 公共项目融资模式

4.4.1 公共项目融资

在项目融资中，具有公用和公益性质的公共基础设施工程建设的项目融资占有相当大的比例和比较重要的地位，本节将专门介绍几种公共工程项目建设中具有代表性的项目融资模式。

4.4.1.1 公共项目融资模式概念和特点

公共项目融资，主要是指政府或其他公共机构(为了简便起见，下面统称政府)

发起、全部或部分由私人部门进行资本投入的公共基础设施工程建设项目的融资。公共工程项目融资与一般项目融资的主要区别在于以下几个方面：

1）项目的发起人与实际投资者不同

公共事业工程项目的发起人通常是政府或其他公共机构，而项目的实际投资者往往是国内外的私人部门；而一般项目的发起人往往也就是项目的实际投资者。

2）项目发起人和投资者的目标不同

政府部门拥有对项目的监督调控权，但没有直接控制权，几乎无法获得任何经营利润，其主要目标是通过项目的建设和运行获得间接的经济效益和社会效益；而私人投资者直接控制经营项目，以获得直接经济效益为首要目标。

3）项目投融资以政府让渡一定的公共工程项目权利为基础

政府一般通过转让管理权、转让资产权和转让特许权三种形式让私人参与公共项目的投资运作，包括：

（1）转让管理权是较有限的民营化，在这种方式中，政府仍拥有传统的所有权，仅让私人参与管理，像废物收集服务和机场服务就是一种管理责任的转让。政府转让管理权的目的主要是降低服务成本。

（2）资产权转让则与此相反，是一种完全形式的民营化，私人实体向政府支付现金获得国家资产进行经营，例如英国国家电力或电信系统的民营化。如果政府在这种民营化中是要创造出一个自由的市场环境，那么从长远来看，监管和规则可能更为重要。

（3）处于转让管理权和转让资产权之间的则是转让特许权，这是一种"妥协化"的民营化，以政府的某种权利转让某些服务，建设或运营某项特殊设施，这被称为"公共工程特许权"。以"特许权协议"为基础的融资是公共工程项目融资最主要的方式。特许权是政府与民间机构的纽带，一方面，没有特许权，私人资本不可能涉足公共基础设施等政府垄断专营的领域；另一方面，没有政府特许权的赋予，私人投资者也无法筹集到支撑项目运营所必需的足够的巨额资金。

4.4.1.2 公共项目融资模式的应用及发展

利用私人资本进行公告基础设施项目建设，最早可以追溯到几个世纪以前。历史上，虽然国家的大多数公共基础设施由国家投资兴建和运营管理，但在西方国家的工业化过程中，由于私营经济的发展和壮大，在社会对公共基础设施巨大需求不断增长的情况下，私营机构也受国家委托进行了一些工程项目的建设和管理。

17 世纪，英国政府的领港公会利用私人投资建造灯塔的做法可算是现代公共项目融资的雏形。领港公会负责管理海上事务，包括建设和经营灯塔，并拥有建造灯塔和向船只收费的特权。但据考证，从 1610 年到 1675 年的 65 年间，领港公会一座灯塔也未建成过；而同期私人建成的灯塔至少有 10 座。私人首先向政府提出准许建造和经营灯塔的申请，申请中必须包括许多船主的签名以证明将要建造的灯塔对他们有利并且表示愿意支付过路费；在申请获得政府的批准以后，私人向政府租用建造灯塔必须占用的土地，在特许期内管理灯塔并向过往船只收取过路费；特许权期满以后由政府将灯塔收回并交给领港公会管理和继续收费。到 1820 年，在全部 46

座灯塔中，有 34 座是私人投资建造的，由此可见，私人资本投资，其效率远高于行政部门。

在法国历史上，公共当局在各种服务行业中也同私营机构发展了长期的合作关系。17 世纪初，英国的约翰舰队、荷兰的印度舰队横扫西班牙和葡萄牙的海上势力，称霸于海上。法国在 1660 年以后才开始参与海上争霸，从 1661—1674 年的 13 年间，法国建立了当时世界上最强大的海军舰队、军工厂和港口设施，到 1690 年，路易十四帝国已成为世界第一海上强国。法国在如此短的时间内建设出一支如此强大的海军力量，其主要经验就是动员了私营机构的力量，对军事工程设施进行了建设和运营管理。

在 18 世纪后期和 19 世纪，欧洲国家的政府已广泛利用私营机构的力量，进行公路、铁路和运河等公共基础设施的投资开发和运营管理，尤其是在欧洲城市供水设施的建设和运营中，私营机构起了重要作用，伦敦和巴黎的供水均由私营公司承担。如 1782 年巴黎部分地区的供水设施，以租用协议形式移交给了 Perier 兄弟；又如举世闻名的苏伊士运河，由一个法国国际财团投资并设计建造，1869 年从埃及政府取得租用权后投入商业运营。同时，欧洲的殖民主义势力也不断鼓励私营机构在世界各地进行基础设施建设，如在印度和非洲，有私营机构建造的铁路网。

19 世纪后期，在北美大陆的交通运输中，也曾经允许北方工业财阀投资建筑铁路和一级公路，建成后定期定点收取运营费用，投资收回并获得必要的利润后，以无偿或低于市价的价格转让给政府公共机构。后来，这一方式被逐渐推广应用于国内港口码头、桥梁隧道、电厂地铁等公共工程。

在第一次世界大战前，许多基础设施建设项目（如铁路、公路、桥梁、电站、港口）也在利用私人投资，这些私人投资者为了赚取巨额利润而甘愿承担所有风险。然而第一次世界大战后直至第二次世界大战后相当长的一段时间里，基础设施建设主要由政府机构来承担。这种模式给各国政府带来了许多负担，尤其是对那些普遍缺乏资金的发展中国家来说，在许多情况下，根本无法解决基础设施建设所需资金的筹集问题。

直到 20 世纪 70 年代末至 80 年代初，世界经济形势逐渐发生了变化。经济发展、人口增长、城市化等导致对交通、能源、供水等基础设施需求的急剧膨胀；经济危机和巨额赤字使政府投资能力大为减弱；债务危机使许多国家的借贷能力锐减，从而亟待减少投资项目的预算资金。赤字和债务负担迫使这些国家在编制财政预算时实行紧缩政策，转而寻求私人企业的投资。各国逐渐重视挖掘私营机构的能力和创造性，利用私营机构的资金进行基础设施建设。在这种背景下，利用私人资本进行大型公共项目的建设和运作的方式开始在一些国家得到更为广泛的运用和推广。

政府和其他公共机构让渡一定的权利，利用私人资本进行大型公共项目的建设和运作，是当今公共项目投融资的一个发展方向，不但在基础设施落后的发展中国家，而且在经济相对发达的国家，也得到了越来越广泛的运用。在各种公共项目投融资方式中，比较常见的有 BOT、PFI、PPP 等模式。需要说明的是，下面介绍的几种公共项目融资模式并非严格按某一标准进行的精确分类，在项目实务中，这些概念有时可能存在着交叉，但每一种模式又都有其代表性和特殊性，这一点也是不容忽视的。

4.4.2 BOT 模式

4.4.2.1 BOT 融资模式的概念与实质

1) BOT 融资模式的概念

BOT 融资模式是常见的基础设施项目融资模式，BOT 是 Build（建造）、Operate（经营）、Transfer（转让）三个英文单词第一个字母的缩写，代表着该模式的运行过程。具体是指由一国财团或投资人作为项目发起人从一个国家的政府或所属机构获得某些基础设施的建设特许权，然后由其独立或联合其他方组建项目公司，整个特许期内项目公司通过项目运营收取适当费用以偿还项目融资的债务、回收经营和维护成本，并获取合理的利润，特许期届满，整个项目由项目公司无偿或极少的名义价格转交给东道国政府。

BOT 项目融资方式在各国一般没有专门的法律约束，只是根据各国规定，适用不同的法律。特许期也视项目情况，由签约双方共同约定，我国规定最长不得超过30 年。

2) BOT 融资模式的实质

BOT 的实质是一种与股权相混合产权，它是由项目构成的有关单位（承建商、经营商及用户）组成的财团所成立的一个股份组织，对项目的设计、咨询、供货和施工实行一揽子总承包。项目竣工后，在特许权规定的期限内进行经营，向用户收取费用，以回收投资、偿还债务、赚取利润。特许权期满后，财团无偿地将项目交给政府。

BOT 融资模式主要适用于基础设施建设项目，包括道路、桥梁、轻轨、隧道、铁道、地铁、水利、发电厂和水厂等。

【案例】

泉州刺桐大桥建设项目

1994 年泉州市政府决定建造泉州刺桐大桥，在资金短缺，引进外资失败的情况下，由 15 家泉州民营企业组成的泉州市名流事业有限公司与泉州市政府签订了刺桐大桥特许权经营协议。

协议规定：名流实业股份有限公司与市政府授权投资的机构按 60∶40 的比例出资，由名流公司按要求组建并经市政府批准成立“泉州刺桐大桥投资开发有限责任公司”，全权负责大桥项目前期准备、施工建设、经营管理的全过程。经营期限为 30 年（含建设期），大桥运营后的收入所得，也按双方的投资比例进行分配。期满后，全部设施无偿移交给市政府。工程自 1995 年，5 月 18 日开始施工，整个工程提前一年半竣工。大桥建成通车后，已取得了良好的经济效益和社会效益。据全国 12 家商业银行的负责人考察后估计，刺桐大桥的市值已达 15 亿元。

4.4.2.2 BOT 融资模式的主要衍生形式

随着在实践中的应用，该模式出现了很多种衍生模式，主要有：

1）BOOT(Build-Own-Operate-Transfer)形式

BOOT 模式即建造—拥有—经营—转让，在内容和形式上与 BOT 没有不同，仅在项目财产权属关系上强调：项目设施建成后归项目公司所有。但目前对这一点还存在着分歧意见和争议，“所有权和经营权分离是 BOT 的主导思想”，“政府可以在法律上拥有对设施的所有权，只是在一定期限内将设施交由发展商承建和经营；这只是发展商的一种使用权，对设施并不拥有所有权，特许专营期限届满，又把设施移交给政府，实现政府对设施的实际所有权”。

2）BTO(Build-Transfer-Own)形式

BTO 模式即建造—转让—经营，与一般 BOT 模式的不同之处在于“经营(Operate)”和“转让(Transfer)”发生了次序上的变化，即在项目设施建成后由政府先行偿还所投入的全部建设费用并取得项目设施所有权，然后按照事先约定由项目公司租赁经营一定年限。例如，国际惠民环保技术有限公司(Waste Management International pic)获得的香港新界东南区一个垃圾填埋场项目，就是采用 BTO 模式，即建设、转让后再经营。

3）BOO(Build-Own-Operate)形式

BOO 模式即某一基础设施项目的建设、拥有(所有)、经营。也就是说项目招商人(通常是政府机构)提供一长期经营协议，并通过招标，出让在经营协议中规定的资产经营权利，运营商(一般为建造商及投资人)则通过投标获得建造、拥有、经营该资产的权利。

在这一模式中，项目公司实际上成为建设、经营某个特定基础设施而不转让项目设施财产权的纯粹的私人公司。其在项目财产所有权上与一般私人公司相同，但在经营权取得、经营方式上与 BOT 模式有相似之处，即项目主办人是在获得政府特许授权、在事先约定经营方式的基础上，从事基础设施项目投资建设和经营的。例如，近年活跃于香港资本市场的沪杭甬高速公路公司和沪宁高速公路公司对其名下道路设施就采用了类似 BOO 的投资经营方式。

4）ROT(Renovate-Operate-Transfer)形式

ROT 模式即重整—经营—转让。在这一模式中，重整是指在获得政府特许授予专营权的基础上，对过时、陈旧的项目设施、设备进行改造更新；在此基础上由投资者经营若干年后再转让给政府。这是 BOT 模式适用于已经建成、但已陈旧过时的基础设施改造项目的一个变体，其差别在于“建设”变化为“重整”。

5）POT(Purchase-Operate-Transfer)形式

POT 模式即购买—经营—转让。购买，即政府出售已建成的、基本完好的基础设施并授予特许专营权，由投资者购买基础设施项目的股权和特许专营权。这是 BOT 模式的变体，其与一般 BOT 的差别就在于“建设”变为“购买”。上海黄浦江两桥一隧(打浦路隧道、南浦大桥和杨浦大桥)项目就是采用 POT 模式的典型例子。这是上海对 BOT 模式的一个创新。

6) BOOST(Build-Own-Operate-Subsidy-Transfer)形式

BOOST 模式即建设—拥有—经营—补贴—转让。开发商在项目建成后，在授权期限内，既直接拥有项目资产又经营管理项目，但由于存在相当高的风险，或非经营管理原因的经济效益不佳，须由政府提供一定的补贴，授权期满后将项目的资产转让给政府。

7) BLT (Build-Lease-Transfer)形式

BLT 模式即建设—租赁—转让。发展商在项目建成后将项目以一定的租金出租给政府或其他运营商，由政府或其他运营商经营，以租赁收入分期付款给发展商，授权期满后，将项目资产转让给政府。这一方式与融资租赁非常相似，仅是客体由一般的大宗设备换成了基础设施而已。

8) TOT(Transfer-Operate-Transfer)形式

TOT 模式即“移交—经营—移交”方式，是指委托方(政府)与代理方(外商或私人企业)签订协议，规定委托方将已建成投产运营的基础设施项目移交给代理方在一定期限内进行经营，委托方凭借所移交的基础设施项目的未来若干年的收益(现金流量)，一次性地从被委托方那里融到一笔资金，再将这笔资金用于新的基础设施项目的建设，经营期满后，代理方再将项目移交给委托方。

例如，我国山东省曾经在公路建设中运用过 TOT 方式。1994 年，山东省交通投资开发公司与天津天瑞公司(外商独资公司)达成协议，将烟台至威海全封闭四车道一级汽车专用公路的经营权出让给天瑞公司 30 年，天瑞公司一次性付给山东省交通投资开发公司 12 亿元人民币，投资开发公司将得到的 12 亿元资金再投资于公路建设，加快了基础设施建设资金的周转。

TOT 方式的优势是可以盘活资金；能引进先进的经营管理方法；具有很强的操作性，无需人民币即可自由兑换，也无需投融资体制的全部完善；仅转让项目经营权，不涉及产权、股权的让渡，以避免不必要的争执和纠纷；不存在外商对基础设施的长期控制问题，不会威胁国家安全。其劣势是没有改变基础设施建设阶段的政府垄断状况，不利于在建设阶段引进竞争机制等。

9) 其他模式

BT(Build-Transfer)即建设—转让，也就是说发展商完工后，发包商以工程运营获利分期付款给发展商。BOS(Build-Operate-Sale)即建设—经营—出售。

从 BOT 及其变异模式看，BOT 投融资模式的核心内容在于项目公司对特定基础设施项目特许专营权的获得，以及特许专营权具体内容的确定。而建设(重整、购买)、转让则可以视项目不同情况而有所差异。这样既能解决政府财政资金不敷项目需求的困难，又能保证项目公司在经营期间的获益权和国家对基础设施的最终所有权。政府通过项目特许权的授予，赋予私营机构在一定期限内建设、运营并获取项目收益的权利，期限届满时项目设施移交给政府。同时，作为项目发起人的私营机构除投资自有资金外，项目建设所需资金的大部分来自银行贷款等融资渠道，借款人还款来源限于项目收益，并以项目设施及其收益设定浮动抵押为债务担保。

4.4.2.3 BOT项目融资的参与人

1) 项目的最终所有者(项目发起人)

项目的发起人是项目所在国政府、政府机构或政府指定的公司。从项目所在国政府角度,采用BOT融资结构的主要吸引力在于:第一,可以减少项目建设的初始投入。发电站、高速公路、铁路等公共基础设施的建设,资金占用量大,投资回收期长,而资金紧缺和投资不足是发展中国家政府所面临的一个普遍问题。利用该模式可以将有限的资金投入到更多的领域;第二,可以吸引外资,引进新技术,改善和提高项目的管理水平。

在BOT模式中,项目发起人的作用与第五章所述并无不同。在BOT特许经营期间,项目发起人在法律上并不拥有项目,也不经营项目,而是通过给予项目某些特许经营权和给予项目一定数额的从属性贷款或贷款担保作为项目建设、开发及融资安排的支持。在特许经营期满后,项目的发起人通常无偿或以极低的价格获得项目的所有权和经营权。由于特许权协议在以BOT融资模式中占据关键性地位,所以BOT模式也被称为"特许权融资"(Concession Finance)。

2) 项目经营者

项目经营者是BOT融资模式的主体。项目经营者从项目所在国政府获得建设和经营项目的特许权,负责组织项目的建设和生产经营,提供项目开发所需的股本资金和技术,安排融资,承担项目风险,并从项目投资和经营中获得利润。项目经营者的角色一般由一个专门组织起来的项目公司承担。项目公司以在这一领域具有技术能力的经营公司和工程承包公司作为主体,有时也吸引项目产品或服务的购买者和一些金融性投资者参加。因为,在特许权协议结束时,项目要最终归还项目发起人。所以,从项目所在国政府的角度,选择项目经营者要求有一定的标准和要求。

项目经营者的标准和要求如下:

第一,项目经营者要求有一定的资金、管理和技术能力,保证在特许权协议期间能够提供符合要求的服务。

第二,项目经营要符合环境保护标准和安全标准。

第三,项目产品或服务的收费要合理。

第四,项目经营要保证做好设备的维修和保养工作,保证在特许权协议终止时,项目发起人接收的是一个运行正常保养良好的项目。

3) 项目的贷款银行

BOT模式中的贷款银行组成较为复杂。除了商业银行组成的贷款银行之外,政府的出口信贷机构和世界银行或地区性开发银行的政策性贷款在BOT模式中通常也扮演着很重要的角色。贷款的条件取决于项目本身的经济强度、项目经营者的经营管理能力和资金状况,但是在很大程度上主要依赖于项目发起人与所在国政府为项目提供的支持和特许权协议的具体内容。

BOT融资模式的参与方相互之间的关系见图4-12。

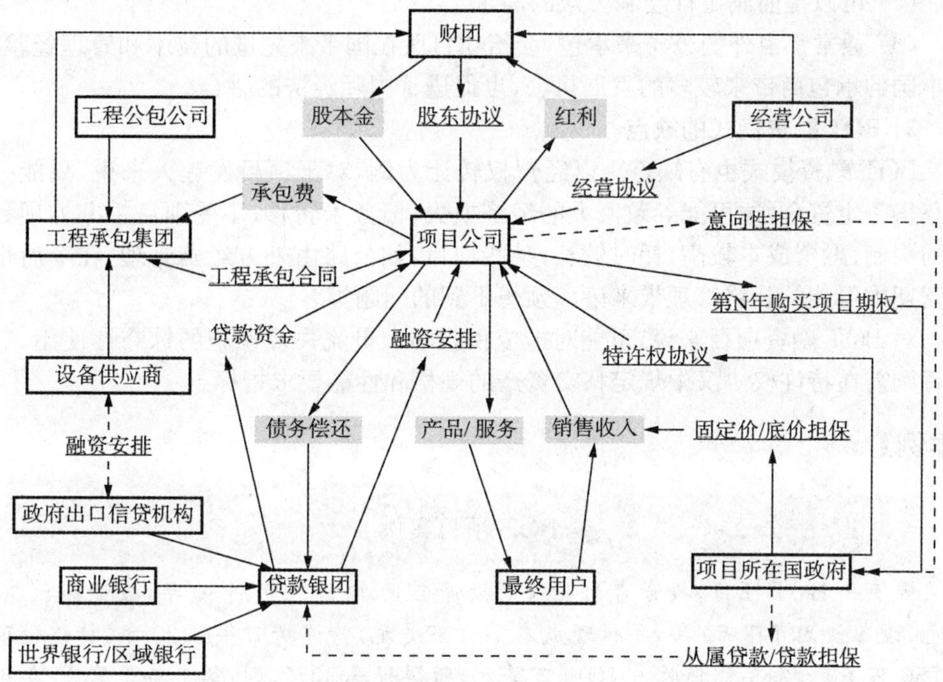

图 4-12　BOT 融资模式的参与方相互之间的关系

4.4.2.4　BOT 模式的操作程序

BOT 模式的操作主要经过准备阶段、实施阶段和移交阶段三个阶段。

(1) 准备阶段。即选定 BOT 项目,通过资格预审与招标选定项目承办人。

(2) 实施阶段。实施阶段包括建设与运营两个阶段。在建设阶段,项目公司通过顾问咨询机构,对项目组织设计与施工,安排进度计划与资金运营,控制工程质量与成本,监督工程承包商,并保证财团按计划投入资金,确保工程按计划预算投入资金,按时完工。在项目运营阶段,项目公司的主要任务是要求运营公司尽可能边建设边经营,争取早投入早收益。

(3) 移交阶段。移交阶段即在特许经营期满,项目公司把项目移交给东道国政府。项目移交包括资产评估、利润分红、债务清偿、纠纷仲裁等。

4.4.2.5　BOT 融资模式的主要优缺点

1) 融资模式的优点

BOT 融资在近几年的快速发展与其优点是密不可分的,主要表现在:

(1) 获得资金贷款。

(2) 实现资产负债表外融资,所以能减少政府的直接财政负担,减低政府的借款负债义务,所有的项目融资负债责任都被转移给项目发起人。

(3) 有利于分散、转移和降低风险。

(4) 有利于提高项目的运作效率。

(5) 可以提前满足社会和公众的需求。

(6) 通常都由外国公司来承包,会给项目所在国带来先进的技术和管理经验,既给本国的承包商带来较多的发展机会,也促进了国际经济的融合。

2) BOT 融资模式的缺点

BOT 融资模式也有缺点。以经营权转让为例,对于项目发起人来说,只能一次性获得一定资金,这可能导致巨大的经济损失;债务未转移;不受项目主办方项目规模的限制;融资成本较高,耗时较长;某些项目,如公路由外方经营管理,在今后很长经营期内可能给公路管理带来诸多预想不到的问题等。

对 BOT 融资项目来说,可能对造成税收的大量流失及设施的掠夺性使用,对于后者则需在特许权协汉中规定移交资产的规格和性能要求指标。

【案例】

BOT 项目案例

现有一 BOT 项目,投资者为某外商投资企业,特许经营期 30 年,投资额 5000 万美元,设备使用年限 50 年,年付现成本 700 万美元,特许折旧年限 20 年,特许付现成本 750 万美元,每年销售收入 1000 万美元,所得税率 33%,则:第 1 年至第 20 年税前净利润 = 销售收入 - 付现成本 - 折旧 = 1000-750-5000/20 = 0。

即前面 20 年项目不盈利,那就不用缴纳税收。而根据税法,从开始盈利的第 1 年至第 5 年内免征企业所得税,即从第 21 年至第 25 年内免征所得税,从第 26 年至第 30 年减半按 15% 征税,这样,该项目公司缴纳的所得税为(1000-750)× 15% = 37.5 万美元。

该投资商若从第 26 年至第 30 年起每年将所得 250 万美元再投资于中国境内的基础设施项目(经营期只需满 5 年即可),其每年便可收回 37.5 万美元的退税款。

该外商在中国的 30 年的特许经营期内,没有分文的税收支出,而对中方来说,则意味着巨额的税收流失了。

4.4.3 PFI 模式

4.4.3.1 PFI 模式的含义

在公共基础设施的建设中,非政府投融资公共工程比较典型的管理模式是 PFI (Private Finance Initiative),即"私人主动融资",是指由私营企业进行项目的建设与运营,从政府方或接受服务方收取费用以回收成本。在这种方式下,政府以不同于传统的由政府负责提供公共产品产出的方式,而采取促进私人资本有机会参与基础设施和公共物品的生产和提供公共服务的一种全新的公共产品产出方式。该方式是政府通过与私营部门合作,由私营部门承担部分政府公共物品的生产或提供公共服务,政府购买私营部门提供的产品和服务,或给予私营部门以收费特许权,或政府与私营部门以合作方式共同营运等方式,来实现政府公共物品产出中的资源配置最优化、效率和产出的最大化。

英国政府于1992年提出PFI模式,是继BOT之后的又一优化和创新了的公共项目融资模式,目前它已经被发达国家广泛应用于公共项目的管理实践中。公共项目主要包括道路、桥梁、隧道、电力、通信、市政管网等基础设施建设,由于其投资需求巨大建设经营周期相对较长,从而在融资过程中具有借贷额度大、还款年限较长的特点。

4.4.3.2 PFI模式的典型类型

PFI模式通常有三种典型的类型:

1) 在经济上自立的项目

以这种方式实施的PFI项目,私营部门在提供公共服务时政府不向其提供财政的支持,但是在政府的政策支持下,私营部门通过向服务的最终使用者收费来回收成本和时限利润。在其中,公共部门不承担项目建设的费用和项目运营的费用,但是私营部门可以在政府的特许下,通过适当地调整对使用者的收费来补偿成本的增加。在这种模式下,公共部门对项目的作用是有限的,仅仅是承担项目最初的计划或按照法定程序帮助项目公司开展前期工作和按照法律进行管理。

2) 向公共部门出售服务的项目

这种项目与方式的不同点在于,私营部门提供项目服务所产生的成本,完全或主要通过私营部门公共服务提供者向公共部门收费来补偿,这样的项目主要包括私人融资兴建的监狱、医院和交通线路等。

3) 合资经营

这种形式的项目中,公共部门和私营部门共同出资,分担成本和共享收益。但是,为了使项目成为一个真正的PFI项目,项目的控制权必须由私营部门来掌握,公共部门只是一个合伙人的角色。

4.4.3.3 PFI模式与BOT模式的区别

1) 任务目标不同

BOT提交的是具体工程,PFI模式政府只提出具体的功能目标,通常情况下PFI合同都会对最终产品作明确定义,而对如何实现最终的产品PFI合同一般不作具体说明。比如只会提出总体要求建一条新的公路,解决交通拥挤问题,只会提出几套方案,而不会具体指定,最终方案则在谈判过程中通过与私人企业协商确定。

2) 主体不同

国内实践中,BOT模式的项目主体多为外商直接投资,PFI主要集中于国内民间资本。

3) 适用范围不同

BOT应用于收益性较高的基础设施建设,而PFI由于自身的特点,既可以应用于收益性较高的基础设施建设,也可以应用于收益性高的社会公益项目。

4) 承担风险不同

BOT不承担设计风险,而且经常约定最低投资回报率,而且在BOT模式中,一般都需要政府对最低收益等做出实质性担保;而 PFI 相应来说没有这种保证。

5) 合同期满后项目运营权的处理方式灵活性不同

PFI 模式在前期合同谈判中就要明确合同期满后,如果私人企业通过正常经营未达到合同规定的收益,则可以继续拥有或通过续租的方式获得运营权。而 BOT 模式在特许权期满后,所建资产必须无偿地交给政府拥有和管理。

4.4.3.4 PFI 模式的运作程序

(1) 事前分析。由政府部门确定可资经营的公共设施项目,通过成本费用、外部效果、国民经济等分析与评价进行民营化可行性研究,并确定政府的支援条件,如信用担保等。

(2) 谈判签约阶段。由政府部门通过招标、投标、竞标,确定开发主体,进行谈判,并审查主体的开发能力,然后签订协议。PFI 公司进行可行性分析,制定开发计划,办理公司成立事宜。

(3) 开发运营阶段。由 PFI 公司履行协议,负责设计、施工、运营,进行开发建设,而政府起指导、支援作用。

(4) 转移、终止阶段。PFI 公司办理转移、清算等事宜,公司解散,然后由政府接管、运营。

4.4.3.5 PFI 模式的运用要点

1) 体制、环境培养完善

英国政府明确规定,英国政府和地方政府的公告项目,在建设计划阶段必须首先考虑 PFI 模式,除非政府的评估部门认可该项目不宜或不能没有私营部门参与的情况下,才能采用传统的政府财政投资兴建的办法。日本在《PFI 推进法》中明确规定了 10 项支援措施,修改了 12 部法律,可见其对 PFI 模式的重视程度。

随着我国市场经济体系的建立完善,对于我国相关经济法规私人投资领域的范围限制得到了很大的放宽,近期颁布的若干吸引、刺激外资和私人投资的法规都明确了非财政性投资在大量基础设施项目中的作用,但在私人资本参与公共项目的领域、模式理论和方法上,尚缺乏细化的研究。

2) 加强 PFI 模式与基础设施产业结合的基础性研究

以 PFI 模式应用于我国基础设施项目,必须进行以下基础问题研究:

(1) PFI 理想标准的研究。PFI 模式下政府目标是引导私营部门参与公共项目,从而达到扩大公共项目融资渠道、提高公共产品和服务的效率的目的,这显然与私营部门参与的目标存在差异。因此,必须通过对基础设施项目 PFI 立项问题的研究,在代表整个社会的政府和私营部门之间寻求利益平衡点,建立项目评估体系。

(2) PFI 项目各参与方的风险分配研究。风险分配研究的目标在于科学地评价项目的各类风险,均衡项目各参与方的风险分担。核心内容包括风险分担原则的确立,以及确保该原则获得执行的机制设计。基础设施建设项目的风险涉及社会、政策、经济、管理、自然等方面,一个基本原则是根据 PFI 公司作为市场主体来确定其风险和收益的分配，因此经营性风险应该主要由 PFI 公司承担，而对于政策及政府支付等风险则不应该由 PFI 公司承担。此外，社会、自然不可抗力等风险则应该根据具体基础设施项目特征建立分担模式。

(3) 合同管理研究。PFI 模式是多重代理关系的项目建设模式，契约设计是决定 PFI 模式项目成败的一个关键因素。在 BOT 模式中，BOT 公司往往自身具有一定的开发能力，开发过程中只需将部分调查、运营工作委托给专业机构。与之不同的是，PFI 公司可以不具备任何开发能力，在项目开发过程中实行全方位的代理关系。因此。研究 PFI 同类型、特点、项目参与方关系以及明确界定各方职责、权利和义务，对于项目顺利实施十分重要。

4.4.4 PPP 模式

4.4.4.1 PPP 模式的概念

PPP(Public-Private Partnership)，即公共部门与私人企业合作模式，是公共工程项目融资的一种模式。在该模式下，政府、营利性企业和非营利性企业基于某个项目而形成相互合作关系。通过这种合作形式，合作各方可以与预期单独行动相比更为有利的结果。合作各方参与某个项目时，政府并不是把项目的责任全部转移给私人企业，而是由参与合作的各方共同承担责任和融资风险。PPP 代表的是一个完整的项目融资的概念。

PPP 模式的组织形式非常复杂，既可能包括营利性企业、私人非营利性组织，同时还可能有公共非营利性组织(如政府)。合作各方之间不可避免会产生不同层次、不同类型的利益和责任分歧。只有政府与私人企业形成相互合作的机制，才能使得合作各方的分歧模糊化，在求同存异的前提下，完成项目的目标。PPP 方式并不是对项目全局的改头换面，而是对项目生命周期过程中组织机构的设置提出了一个新的模型。

一般来说，私人企业的长期投资方有两类：

(1) 一些基金，只对项目进行长期投资，不参与项目的建设和运营。

(2) 建筑或经营企业，既对项目进行长期投资，又参与项目的建设和经营管理。

这种模式的一个最显著的特点就是项目所在国政府或者所属机构与项目的投资者和经营者之间的相互协调机制在项目建设中发挥的作用。其中政府的公共部门与私人参与者以特许权协议为基础，进行合作。与以往私人企业参与公共工程项目建设的方式不同，他们的合作始于项目的确认和可行性研究阶段，并贯穿于项目的全过程，双方共同对项目的整个周期负责。在项目的早期论证阶段，双方共同参与项目的确认、技术设计和可行性研究工作；对项目采用项目融资的可能性进行评估确认；采取有效的风险分配方案，把风险分配给最有能力的参与方来承担。

在我国基本设施项目建设的过程中，采用 PPP 模式运作，对不同的项目可以采用不同的具体运作方式，如表 4-1 所示。

表 4-1　PPP 在我国基本设施建设中的主要运作方式

设施类型	使用的方式
已有公共设施	服务外包(Service Contract)
	运营和维护的外包或租赁(Operations & Maintence Contract or Leace)
已有公共设施的扩建	租赁—建设—经营(Lease-Build-Operate,LBO)
	购买—建设—经营(Buy-Build-Operate,BBO)
	外围建设(Wrap around Addition)
新公共设施	建设—转让—经营(Build-Transfer-Operate,BTO)
	建设—经营—转让(Build-Operate-Transfer,BOT)
	建设—拥有—经营—转让(Build-Own-Operate-Transfer,BOOT)
	建设—拥有—经营(Build-Own-Operate,BOO)
公共服务	合同承包

在表 4-1 中,PPP 模式运作时采用的具体方式,与 BOT 模式似乎相同,但两种项目融资模式在具体运作模式上有很大的差别,如图 4-13、图 4-14 所示。

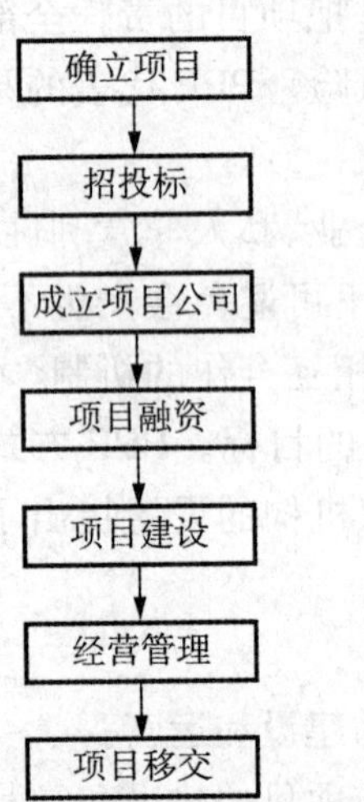

图 4-13　BOT 模式运作程序

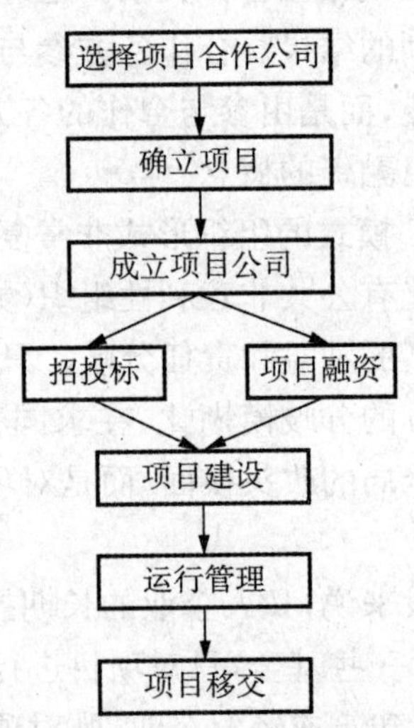

图 4-14　PPP 模式运作程序

4.4.4.2　PPP 融资方式产生的背景

随着政府财政在公共基础设施建设中地位的下降,私人企业在公共基础设施建设中开始发挥越来越重要的作用。在公共基础设施的建设中,采取了多种多样的私人企业参与公共基础设施建设的方式,比如 BOT 方式。但是这些方式存在着诸多问题。

(1) 在公共基础设施建设中引入私人企业参与,采用招投标体制时经常会使得投标价格过高。这是由招投标双方的一些特点导致的。

参与投标的私人企业或私人企业的联合体为了保证为项目所在国政府或者所属机构提供最高的资金价值，为了给投资者和贷款者一个合理的回报，同时为了自己能够获得盈利，不得不把投标的价格定得高一些。他们不仅要考虑项目所在国政府或者所属机构在项目建设中的目标，也要考虑投资者和他们自己的利益。

参与投标的私人企业或私人企业的联合体在与项目所在国政府或者所属机构以及项目的投资者进行谈判时，磋商所需要的时间过长，参与各方花费的人力、物力都很大，准备工作很烦琐等也会导致投标的价格过高。

项目所在国政府或者所属机构需要对投标方承担风险的能力及其从银行、政府、各类世界组织或金融市场筹集资金的能力进行评估。在招投标过程中，双方都需要准备大量的文件，搜集信息，这个准备过程有可能持续几年。

(2) 吸引私人企业参与公共基础设施建设的一个目的就是利用私人企业的资金、先进的技术和管理经验来更好地进行公共基础设施的建设，并提供服务。但是，在现行的项目融资模式中这个目标没有完全达到。

在项目的初始阶段，项目的确认、设计和可行性研究等前期工作基本上都是由项目所在国政府或者所属机构进行并报政府审批。这个阶段基本上没有私人企业参与，而恰恰就是在这个阶段对项目进行过程中所采用的技术等进行了一个基本定位。这就使得在私人企业参与项目的建设和运营工作时，所采用的技术必须是已经经过政府审批的技术，从而对私人企业的技术创新有所限制。假如私人企业对项目中所采用的技术进行了创新，就需要面临再次的审批过程，而通过与否还是个变数，无形中给私人企业增加了风险。因此，技术改进工作就仅限于对技术细节的设计和使用哪种原材料的决定。

在引入私人企业参与公共基础设施建设的项目中，影响项目实施的一个基础因素就是项目的组织机构的设置和项目参与各方之间的相互影响和作用。在目前的组织机构中，参与项目的公共部门和私人企业之间都是以等级的方式发生相互影响的。项目的组织机构的设置是金字塔式的：在金字塔的顶部是项目所在国的政府，是引入私人企业参与公共基础设施建设项目的有关政策的制定者，项目所在国政府对公共基础设施建设项目有一个整体的政策框架、目标和实施策略，对项目的建设和运营过程的参与各方进行指导和约束；在金字塔的中部是项目所在国政府的有关机构，负责对项目所在国政府制定的指引性的政策框架进行具体的解释和运用，并把政策框架概括形成具体的目标；同时根据这些政策框架制定本机构的目标；金字塔的底部是项目的私人参与者，通过与项目所在国政府的政策目标和项目所在国政府的有关机构签署一个长期的协议或合同，对本机构的目标、项目所在国政府的政策目标和项目所在国政府的有关机构的具体目标进行协调，尽可能使项目参与各方在项目进行中达到预定的目标。

在这个金字塔式的组织机构内部，有两个层次的相互影响和作用：一是机构内部的相互影响和作用是指同一机构内部受相同的规范指导的各部门之间的相互作用；二是机构之间的相互影响和作用是指不同机构之间受不同规范指导的各部门之间的相互作用。项目的参与各方都有自己的一系列组织目标和特性，从而导致其参与项目的目的也不同，这就决定了其在项目组织机构中所扮演角色的不同。正是由于参与各方的不同目标导致了他们之间的利益冲突。项目所在国政府或有关机构参与项目的目标总的来说可以分为两类：一类是低层次的目标，是指特定项目的短期目标，也就是改善公用设施的服务；另一类是高层次的目标，是指引入私人企业参与公共基础设施建设的综合长期目标，也就是使政府的支出体现为资金的价值。如果风险与报酬达到平衡的话，那么引入私人企业可以使短期目标得到有效的实现。

私人企业参与者的短期目标是获得利润，长期目标是在公共基础设施建设的市场中保持竞争优势，增加市场份额。

项目组织机构总的目标就是建设公共基础设施，提供有效、高质量的服务。既然项目参与各方的目标各不相同，那么就要研究如何设置组织机构才能协调各方，以达到项目组织结构的总目标。

4.4.4.3 PPP融资方式的运作过程

下面通过一个模拟的案例来说明PPP融资模式的操作步骤。

1）项目提出

N市的水资源与卫生系统急需进行彻底改造，否则对当地居民的日常生活和工业发展都会产生严重的负面影响。这项建设需要大量的资金投入，当地政府无力解决。同时，由于当地的水资源和卫生系统的设施使用费偏低，使得项目建成后的回报率可能较低。于是，该市经过多方咨询后，决定采用PPP融资模式进行该项公共设施的建设。

2）特许权协议

在决定采用PPP融资模式进行该项公共设施的建设后，由当地政府决策机构批准与私有企业G公司签署了一项长达30年的特许权协议，由G公司承担建设、经营、维护和管理工作。

协议规定，在特许权期间，没有当地政府决策机构的批准，G公司不得擅自买卖固定资产；特许权期届满后，所有的固定资产全部归当地政府所有。协议还规定，G公司每年将向该市缴纳一定的特许权费用，这些费用是有限的，并不是按照项目回报的一定比例计算的。

如何设定项目的回报率是颇有争议的一个问题。以该市的观点，设定的回报率应足以促使G公司发挥它的专业优点，更好地提供设施的使用。协议中还特别强调政府的批准，这也是一个至关重要的细节。

3）项目的组织机构的设立

(1) 项目公司的成立。G公司负责成立项目公司，作为特许权人承担合同规定的责任和义务。

(2) 当地政府的作用。当地政府利用特许权费用成立了一个“合同执行事务所”，根据协议和有关法律的规定，对项目公司的建设和运作进行监督。

(3) 长期投资方与当地政府的关系。长期投资方与当地政府达成一项协议，如果G公司不履行对投资人的偿债义务，当地政府必须终止合同。而且，如果合同在特许权期内终止，当地政府必须承担对投资人的偿债义务。

这项措施的运用，使得当地政府必须与投资人合作，合同在特许权期内终止时，努力寻找一个可替代G公司的公司来承担G公司在合同中的责任和义务。这对双方都形成了一种牵制，以尽可能保证合同的有效执行。

PPP融资方式的机构设置，如图4-15所示。

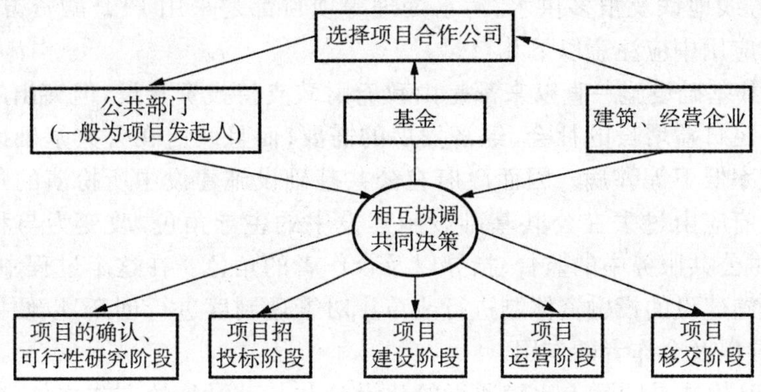

图4-15 PPP融资方式的机构设置图

4.4.4.4 PPP融资方式的优点

PPP融资方案与以往私人企业参与公共基础设施建设的项目融资方案相比，虽然并不是全局上的改变，但带来的影响却是巨大的。

(1) 这种组织机构的设置形式可以确定哪些项目能够进行项目融资，并可以在项目的初始阶段更好地解决项目整个生命周期中的风险分配。

(2) PPP融资模式可以使得参与公共基础设施项目融资的私人企业在项目的前期就参与进来，有利于利用私人企业的先进的技术和管理经验。PPP方案尤其适用道路建设。在道路建设中，由于在项目的早期计划阶段对于建设所采用的技术设计方案已经确定，从而使得在项目建设过程中进一步技术创新受到限制。如果采用PPP方案，可以使有意向参与项目建设的私人企业与项目所在国政府或有关机构在项目的论证阶段共同商讨项目建设过程中所采用的技术方案，从而有可能采用较新的研究成果。

(3) 在PPP方式下，公共部门和私人企业共同参与公共基础设施的建设和运营，双方可以形成互利的长期目标，更好地为社会和公众提供服务。而且，PPP模式下有可能增加项目的资本金数量，进而降低较高的资产负债率。

(4) 通过PPP融资模式，使得项目的参与各方重新整合，形成战略联盟。这对协调各方不同的目标起到了关键性作用。

(5) 在PPP融资模式下，有意向参与公共基础设施项目的私人企业可以尽早和项目所在国政府或有关机构接触，可以节约投标费用，节省准备时间，从而降低最后的投标价格。

PPP方式突破了目前的引入私人企业参与公共基础设施项目组织机构的多种限制，尤其适用于大型、一次性的项目。如监狱、道路、铁路、医院、地铁以及学校等，应用范围十分广泛。

4.4.4.5 PPP 融资方式应用中应注意的问题

虽然 PPP 融资模式在国内外已有很多成功的案例，如在我国的鸟巢国家体育场、北京 4 号线地铁及很多供水/污水处理等项目都是采用 PPP 融资方式，但 PPP 模式在具体应用中应注意以下几点。

(1) 公共基础设施一直以来都是由政府财政支持投资建设，但突出的问题是越来越不能满足日益增长的社会、经济发展的需要；而且政府在公共基础设施建设中存在诸如效率低下等弊病。因而政府在公共基础设施建设中所扮演的角色迫切需要改变。政府应由过去在公共基础设施建设中的主导角色，改变为与私人企业合作，扮演提供公共服务中的监督、指导以及合作者的角色。在这个过程中.政府应对公共基础设施建设的投融资体制进行改革。对管理制度进行创新，以便更好地发挥其监督、指导以及合作者的作用。

(2) PPP 模式是国际上比较通行的建设公共基础设施的方式之一，尤其是在美国已经发展得较为成熟，但该模式在我国还没有起步。中国加入 WTO 后，国外的一些大型企业必然会以 PPP 模式更多地参与中国的基础设施建设。因而政府应该认真研究 PPP 模式及其在中国的应用和前景，以国外的一些应用实例为基础，在我国的公共基础设施建设中进行推广和规范。在这个过程，政府应在国家政策上给予鼓励，支持 PPP 模式在中国的应用。

(3) 在 PPP 模式下的项目融资中，参与的私人企业一般都是国际上大型的企业和财团。政府在与他们的谈判与合作中，不仅要遵循国内的法律和法规，同时也要遵循国际惯例。中国加入 WTO 后，会有越来越多的国际企业参与到我国的基础设施建设中来。在这一过程中，政府应该行动起来，在立法制度上有所突破，迅速完善我国的投资法律和法规，使其适应这一新形势发展的要求。

(4) 在公共基础设施的建设中，参与的私人企业不仅可以是国际大型的企业和财团，国内一些有实力的企业同样也可以参与进来，抓住机遇，积极与政府合作，参与公共基础设施项目建设。总而言之，PPP 方式在我国有广阔的应用前景。PPP 方式的推行，有利于加快我国公共基础设施建设的步伐。

4.4.5 基础代建制的融资模式

4.4.5.1 代建制的含义

虽然各地政府有关文件和各地在其政府投资项目管理中都在引用“代建制”这个词，但什么是“代建制”还没有一个比较准确、规范和统一的概念。各地在其政府投资项目代建制管理办法中都各自作了解释。

最为权威的是 2004 年，国家发展改革委员会在其《投融资体制改革方案》中正式提出了政府投资项目代建制的概念。该文件指出：“加强政府投资管理，改进建设实施方式……对非经营性政府投资项目加快推行‘代建制’，即通过招标等方式选择专业化的项目管理单位负责建设实施，严格控制项目投资、质量和工期，竣工验收后移交给使用单位。代建期间，代建单位按照合同约定履行项目建设期间项目业主职能，有关行政部门对代建项目的审批程序不变。”

代建制下代建人是政府业主的代理人，是业主方代表，但是其权利和地位取决于委托人的授权。采用项目管理承包（代建人）的代建模式，代建人对建设项目进行管理承包，委托人对代建人授权较为充分。因而代建人具有项目建设阶段法人地位，拥有授权的法人权利，以代建人的名义选择承包商，与之签订承包合同（当然，决定权和否决权在政府业主手中），并承担项目管理的相应责任和风险，即获得了项目资产控制权和相应风险，也就能获得部分项目剩余索取权。在代建人代建模式下，多采用总承包模式（如 EPC、EP、DB 等），简化项目委托代理链。

4.4.5.2 代建制的起源

“代建制”产生于中国国内政府投资项目管理方式改革的实践。大多数研究学者认为，中国的政府投资项目代建制起源于福建厦门市。

从 1993 年开始，厦门市在深化工程建设管理体制改革的过程中，针对市级财政性投融资社会事业建设项目管理中“建设、监管、使用”多位一体的弊端，以及由此导致的工程项目难以依法建设、工程建设管理水平低下和贪污腐败等问题，通过采用招标或直接委托等方式，将一些基础设施和社会公益性的政府投资项目委托给一些有实力的专业公司，由这些公司代替业主对项目实施建设，并在改革中不断对这种方法加以完善，逐步发展成为现在的项目代建制度。

2001 年 7 月，厦门市开始在重点工程建设项目上全面实施项目代建制。2002 年 3 月开始在土建投资总额 1500 万元以上的市级财政性投融资建设的社会公益性工程项目中实施项目代建制度。厦门市建委在 2001 年 7 月下发了《厦门市重点工程建设项目代建管理暂行办法》文件，规定“市重点工程建设项目代建是指财政投融资的我市重点工程项目通过委托方式，将建设单位的项目法人责任事项交由熟悉建设程序和建设规定、具有较强经济和技术力量、且符合资格条件的企业或机构进行项目的管理工作”。由此确定了代建制度的定义以及代建制度的适用范围。

4.4.5.3 代建制的推广与实践

2002 年 6 月，建设部在太原市召开的“政府投资项目改革交流研讨会”上提出：计划经济时期遗留下来的政府投资项目管理模式已经不能适应工程建设和市场经济发展的需要，必须改革现行的政府投资项目管理方式，特别是要改革目前普遍实行的项目使用管理单位自建自用、非专业的、高度分散的政府投资项目管理方式。

随着改革的深入，全国各地许多城市在政府投资项目管理方式改革实践中不断对这种方法加以完善，逐渐形成了在名称上具有中国特色的政府投资项目“代建制”管理模式。尽管各地做法不尽相同，但是改革目标主要都是针对改善政府投资项目中“建、管、用”一体化和非专业化管理带来的种种弊端，改革目标模式应借鉴国外发达国家经验，以政府投资项目业主市场化、专业化为取向，鼓励竞争、强调激励的市场为基础的管理模式，挑战以往公共行政领域中政府兼提供与生产于一身的传统角色。

4.4.5.4 代建制相关规定

1）政府财政性资金规定

政府财政性资金是指纳入政府本级预算管理或财政专户管理，并用于建设项目投资的资金，包括政府财政预算内基本建设资金、预算内其他各项支出中用于建设项目的资金、财政预算外资金中用于建设项目的资金和其他财政性建设资金。使用国家对外借款或者担保所筹资金；使用国际组织和外国政府援助资金；贷款合同中无特别规定的国际金融组织和外国政府贷款等。

2）使用范围

公益性建设项目主要包括：

（1）党政工团、人大、政协、公检法司、事业单位、人民团体机关的办公业务用房及培训、教育中心；

（2）科教文卫体、民政及社会福利等社会事业项目；

（3）看守所、劳教所、戒毒所，消防设施、审判用房、技术侦察用房等政法设施项目；

（4）环境保护、市政道路、桥梁\隧道、污水处理设施、生活垃圾处理设施、公共交通、水利设施等公用事业项目；

（5）其他公益性建设项目。

政府投资工程符合下列条件之一的，可以实行自管：

（1）财政性资金投资低于1000万元；

（2）财政性资金投入占项目总投资的为50%以下；

（3）涉及国家安全、保密、防灾抢险等特殊情况；

（4）项目使用单位具有独立法人资格、具有同类工程建设管理经验、具有相应的管理能力和技术力量，且要求实行自管的申请事先得到政府授权的主管部门或投资主管部门的批准。

3）代建单位确定方法

被代理人应当按照《中华人民共和国招标投标法》、《中华人民共和国政府采购法》和地方相关法律法规的有关规定，代建费用估算超过50万元的，必须进行招标。

代建单位的招标，不具备自行招标能力的应委托具有相应资质的社会招标代理机构，在政府建设工程交易中心办理相关招标手续，并依法接受有关部门的监督。其委托招标代理合同，报政府投资综合管理部门备案。

4）代建单位应当具备下列条件

（1）具有独立法人资格、自负盈亏的经济实体；

（2）具有与项目相适应的代建资质；

（3）具有与项目相适应的管理能力和技术力量；

（4）具有与项目相适应的资金实力。

根据不同项目情况，由政府授权的工程主管部门或投资主管部门会同项目业主及其行政主管部门研究确定代建单位的竞争资格条件。

5)《代建合同》主要内容

代建单位确定后，由政府投资主管部门、使用单位、代建单位按招标文件和投标文件的具体内容签订《代建合同》。其内容主要包括：

(1) 项目概况；

(2) 项目代建管理的范围、内容和目标；

(3) 各方的权利、责任、义务；

(4) 合同生效、变更、中止；

(5) 代建费用及其支付方式；

(6) 项目资金的拨付与使用；

(7) 目标控制奖惩与违约责任；

(8) 履约保函；

(9) 双方约定的其他事项。

代建项目实行履约担保制度。《代建合同》生效前，代建单位应向政府投资主管部门提供《代建合同》约定工程总投资 3% ～ 10%的银行履约保函，履约保函金额应视项目不同情况在招标文件中预先设定。

代建单位与项目政府主管部门与使用单位应无隶属关系和其他利益关系。

4.4.5.5 代建制与传统项目融资的关系

从性质上看，代建制框架下的代建活动也是工程项目管理服务的一种，即工程咨询服务，而不是工程总承包的生产服务。但是代建制既不等同于某种项目管理方式，更不是项目总承包模式。实施代建制，代建项目可以应用任何一种或多种合适的项目管理方式和项目承发包方式。代建人接受委托为政府业主提供的代建服务也可以是多元化的：既可以是项目管理前期的可研服务、设计服务，也可以使建设工程监理服务，也可以提供招标代理服务，还可以提供从项目筹建到项目竣工交付使用为止的全过程项目管理服务。

由于非经营性政府投资项目代建制在各地的试点中所采用思路不同，形成的典型代建制模式也各不相同。如上海市的代建制模式采用的是“政府—政府所属投资公司—工程管理公司”三级管理模式，北京市的代建制模式采用“政府出资人（业主）—代建人（项目管理公司）”委托管理模式，而深圳市的代建制模式是政府业主委托建筑工务署作为代建人。虽然这些典型代建制模式中，代建人的性质有所区别，代建制模式在某些方面存在着差异，但从政府投资项目代建制的概念上来看，在代建制的一般模型中，最重要的两个参与主体是作为投资人和业主的政府，以及作为代建人的项目管理公司或相关专业代建机构。除此之外，代建制的参与主体还包括设计、监理、承包商、政府部门、银行等。联系这些参与主体的桥梁和纽带是实施代建的非经营性政府投资项目。

4.4.5.6 政府投资项目代建制模式比较

在《国务院关于投资体制改革的决定》中提及的代建制方式主要是一种市场代理模式下的项目治理制度安排，即利用社会化的项目管理单位实施全过程的代建。

目前，行政代理模式下的代建机构主要采取事业单位型，而市场代理模式下代建机构将采用企业型。

1）行政代理模式下的事业单位型代建

组建专门政府投资项目管理中心，由其代替业主就某地区内或某行业的非经营性政府投资项目进行专业化的集中管理，从而保持政府投资项目建设的连续性和稳定性。

在这个模式中，政府中的使用单位提出项目建议后，由政府投资项目管理中心充当业主地位，担负政府投资项目投资管理职能，与项目监理、承包商形成传统的三角模式。这种成立全面代建的政府投资项目管理中心的做法，主要适用于城市基础设施尤其是市政工程的建设。

采用事业单位型代建机构实质上仍然是政府机构的一种职能延伸，依然属于政府管理的大框架以内，便于宏观监管体系的实施。这种代建方式的缺点主要表现在：组建事业单位进行政府投资项目代建实际上是一种变相的行政性垄断，因为其他市场主体失去了竞争项目管理的机会。行政性垄断是以政府名义实施的市场禁入，不同于市场经济里其他的垄断形态，比如由创新形成的市场垄断、由于竞争实力形成的市场垄断，以及由于成本特性形成的所谓“自然垄断”，等等。

2）市场代理模式下的企业型代建

此处所说的企业是指需要进行政府投资项目代建时，政府投资人采用招投标等方式确定最合适的项目管理公司，由该项目管理公司履行项目业主职能，对整个政府投资项目实施全过程管理。

企业型代建合同中代建人的位置可能存在两种情况：一种是由政府投资人和项目管理单位签订委托代理合同，项目管理单位再与其他实施单位（设计、施工、供货）签订合同；另外，一种是政府部门分别和项目管理单位、项目实施单位签订合同。第一种模式下，代建单位与世界、施工等单位是合同关系，有利于代建单位对项目进行全寿命周期的管理；代建单位除了赚取服务费，还要承担一定的经济责任，即节省投资获得奖励，而超出投资被处以罚款。在第二种模式下，代建单位向政府部门提高项目管理服务，承包商等单位之间只有管理关系而没有合同约束，相对来说不利于代建单位实施管理工作；代建单位一般按照项目总投资的百分比来收费。

但是依据推行代建制的初衷和目的，应该采用第一种合同模式。这种情况下，企业型代建制模式与国际工程界普遍采用的项目管理总承包模式比较接近，也可以说代建制是项目管理承包商模式在政府投资项目中的应用。此时代建人作为项目管理承包者，经授权，有项目业主的权利，与需要的工程承包商签订工程实施合同，实现项目的质量、工期、投资等目标，并承担工程建设组织和管理中的风险。第二种代建模式则是一种项目管理服务，此时代建人仅仅是替业主提供项目咨询服务，不承担项目管理的风险。政府投资人方面仅需保留很小一部分的基建管理力量对一些关键问题进行决策，而绝大部分的项目管理工作都由代建人来进行。

【复习思考题】

1. 在设计项目融资模式时应遵循哪些原则？

2. 项目融资模式的基本特征有哪三方面?

3. 直接安排的项目融资模式有哪些优缺点?

4. 项目公司融资模式具体有哪些形式?

5. 项目融资中的设施使用模式含义是什么?有哪些特点?

6. 项目融资中的产品支付模式有哪些特点?操作程序怎样?

7. 项目融资中的杠杆租赁模式有哪些特点?操作程序怎样?

8. 项目融资中的 ABS 模式有哪些特点?运作过程如何?

9. 简述公共项目融资的概念和特点。

10. 简述项目融资中 BOT 模式的概念与实质。

11. BOT 融资模式的主要衍生形式有哪些?

12. 简述 PFI 模式的含义、典型类型与运用要点。

13. 简述 PPP 模式的概念与运作过程。

14. 简述代建制的含义与相关规定。

第5章

项目融资渠道

本章导读

本章主要介绍了项目融资资金的构成，以及多种不同的融资渠道对货币市场融资、债券融资、股票市场融资、国际辛迪加银团贷款等做了重点分析，并对融资租赁的情况进行了概述。

本章涉及的主要概念包括：股本资金、货币市场、债券、股票、国际辛迪加银团贷款、世界银行。

引导案例

二滩水电工程融资渠道

二滩水电工程是我国20世纪建成的最大的水电站，它位于四川省西南部，是长江上游金沙江一条支流雅砻江上的一个梯级电站，坝址离攀枝花市仅48公里。电站枢纽由三部分组成：第一部分是一座高240米的混凝土双曲拱坝。第二部分为一座规模宏大的地下厂房，主厂房长285米，宽25.5米，高65米。主厂房内装有6台55万千瓦的水轮发电机组，总装机容量330万千瓦。第三部分为两条泄洪洞。工程总投资285亿元人民币，其中外资9.3亿美元。另外，二滩水电工程由四川省电力公司作为业主，向世行贷款2.7亿美元。所以，二滩水电工程共用世行贷款(包括由世行担保的联合融资)12亿美元，为世行有史以来最大的项目贷款。二滩电站于1991年9月14日正式开工，1993年11月26日提前14天截流，1998年8月第一台机组发电，同年11月第二台机组发电，次年其余四台机组相继投产，比预定工期提前一年。电站于2000年全部竣工。工程质量优良，得到业内人士一致称赞。工程投资控制在概算之内。二滩电站装机容量约占四川电网总装机容量的1/4。年发电量可达170亿千瓦时，为川渝电网主干电站。二滩电站的建设是在新的历史条件下进行的。建设者在工程实践过程中对国际工程的项目管理进行了多方面的探索，在和国际接轨的道路上迈出了一大步。二滩水电工程是我国第一个大规模使用世界银行的贷款，并全方位实行国际招标的工程。

(资料来源：王虹，徐玖平. 项目融资管理[M]. 北京：经济管理出版社，2007.)

5.1 项目融资资金构成

5.1.1 项目融资资金构成的方式

不同融资渠道筹得的资金有其不同的融资成本。一个成功的项目融资应该使融资控制在合理的范围内，为此就必须要明确项目融资的资金来源和资金构成。

项目资金的来源较为复杂，从资金筹集形式上可以分为权益资本和债务资本；从资金来源国别上可以分为国内资本和国外资本；从筹资方式上可以分为自有资本、长期贷款、发行股票筹资、债券筹资、融资租赁等方式。这里按照项目资金权益资本和债务资本两种形式分别介绍项目资金的主要来源。

5.1.2 项目资金权益资本

所谓权益资本，是指项目投资主体投入项目中的资本。这里所说的项目投资主体既包括国家授权的机构或部门、企业法人、自然人、外国投资者等直接将资金投入到项目中的投资主体，也包括通过购买项目股票的形式向项目中注入资金的公众投资主体。

权益资本体现了投资人对企业或者项目资产和收益的所有权。在企业或者项目满足所有债权后，投资人有权分享利润，同时也要承担企业或者项目亏损的风险。所有者有权对企业或者项目的重大事项进行表决，从而实现对公司的控制。

项目投资者以直接投资的形式注入项目中的资金也称为资本金，按资本金的来源可以将其分为国家资本金、法人资本金、个人资本金及外商资本金等。具体说来，我国项目权益资本的来源包括以下几个方面。

1）国家财政资金

国家财政资金，主要是指各级财政（代表国家）对企业投入的资金。我国现有的股份制企业大都由原来的国有企业改制而成，其股份总额中的国家股就是国家以各种方式向原国有企业投入的资本。公司制企业实现政企分开、两权分离之后，国家一般不再向企业拨款。但是，对于符合国家发展规划和产业政策的重点建设项目，如交通、能源等基础设施建设，国家仍通过低息或无息贷款方式向企业提供资金。所以，国家财政资金仍然是项目融资的重要渠道之一。

2）企业的留存收益

项目的投资者通常可以包括国有企业及其他类型企业，它们可以以其可支配资本对项目进行投资。通常企业在税后利润中提取的盈余公积金和未分配利润——企业的留存收益可投资于项目，成为项目的资本金。

3）发行股票

股票是股份公司为筹集资金而发行的有价证券。由于公开发行的股票其筹资面广，因此便于筹集到大量的分散资金，是某些项目资金筹集的主要方式之一。但各国政府通常对企业发行股票规定了较为严格的条件和审批程序。

发行股票包括发行普通股和发行优先股两种。普通股是股票的基本形式，它的收益随着股份公司利润的变动而变动，但其风险也相对较大，优先股是介于普通股和债券之间的权益性证券，优先股股东除具有普通股股东的盈余分配权、剩余财产分配权等权利外，还享有按明确固定的股利率定期获得股利的权利，但优先股股东不具有表决权。

4）外国资本直接投资

为便于项目的经营和管理。通常需要成立相应的项目实体。项目实体的组织形式可以有很多种，如公司制、合伙制以及采取中外合资、中外合作及外商独资等形式。

外商在中外合资、中外合作和外商独资经营企业中投入的资本合称为外商直接投资资本。中外合资经营企业是股权式合营企业，组织形式为有限责任公司或股份有限公司。其特点是合营各方共同投资、共同经营、按各自的出资比例分配风险和盈亏。合营各方的出资额构成各自的股权。中外合作经营企业是契约式合营企业。合营各方的投资不折算成出资比例，利润也不按出资比例分配。各方的权利和义务，包括投资额、合作条件和方式、利润分配和风险承担等都在合同中明确规定。

在项目筹资中引入外国资本，不仅可以解决项目资金上的缺口，而且可以充分学习国外先进的技术和项目管理经验，对于提高我国项目管理水平和经营效率十分有益。

5.1.3 国内银行贷款

国内银行贷款是指银行采取有偿的方式向项目建设单位提供的资金。从我国的现实情况来看,银行贷款是项目筹资的主要渠道。这里所说的国内银行贷款,既包括商业银行对项目的贷款,也包括国家政策性银行从地区或行业发展需要对某些项目所提供的扶持性贷款。

国内银行贷款按期限一般分为短期贷款和长期贷款。通常将期限在一年以上的贷款称为长期贷款。由于项目建设周期相对较长,投资规模较大,因此长期贷款是项目资金的一种主要来源。长期贷款按用途通常可分为以下几种类型:基本建设贷款、技术改造贷款、城市建设综合开发企业贷款、农业基础设施及农业资源开发贷款等。

基本建设贷款是银行根据国家基本建设投资计划,用以扩大生产能力或增加工程效益为目的的新建、扩建或改建项目贷款。贷款利率主要按通货膨胀率和资金的供求关系适时调整。

技术改造贷款是指银行根据国家技术改造、技术投资计划发放的贷款,用以支持企业的技术改造以增强其活力,提高产品的市场竞争能力,调整产业结构,促进协调发展。技术改造贷款与基本建设贷款的区别是,该类贷款主要用于更新和改造现有的技术和设备,以新技术、新工艺和新设备替换老、旧技术和设备。国家还对技术先进、效益好并能增加出口能力的技术改造项目给予贴息的优惠。

城市建设综合开发企业贷款主要发放给根据城市总体规模安排的开发项目,如土地、商品房的开发和经营,城市基础设施和配套设施的建设等。

农业基础设施及农业资源开发贷款主要是指农田水利建设贷款、农业机具购置贷款、农业科技贷款、土地治理与开发贷款和农业一般开发性贷款等。

短期贷款主要是流动资金贷款,用作存货、应收账款的周转资金,期限在一年之内,它也可以是在短期内见效的小额设备贷款。

银行贷款筹资的主要特点是:管理比较简单,银行分布广泛,贷款类型、期限多种多样,所以利用银行贷款筹资相对来说比较方便、灵活;银行贷款筹资风险适中,一般不涉及税务问题;银行作为企业,也是追求利润最大化,一般贷款利率较高;银行贷款筹资不涉及企业资产所有权的转移,但一旦企业无力偿还贷款,则可能使企业陷入境,甚至导致企业破产。

5.1.4 国外间接投资

这里所说的国外间接投资是指与外国投资者通过组织中外合资、中外合作企业及外商独资企业等项目实体形式而对项目进行直接投资相对比而言的,包括外国政府贷款、国际金融机构贷款、出口信贷及国际商业贷款等形式。

1) 外国政府贷款

政府贷款是指一国政府利用财政资金向另一国政府提供的优惠性贷款。其性质属政府间的开发援助。目前,尽管政府贷款在国际直接投资中并不占据主导地位，但其独特的作用和优势是其他国际间接投资方式所无法替代的。

政府贷款是友好国家经济交往的重要形式，具有优惠的性质，但同时也应当看到，投资国的政府贷款也常常是其实现对外政治经济目标的重要工具。政府贷款除要求贷以现汇（即可自由兑换外汇）外，有时还附带有物资采购、规定合格资源国等限制条件。

政府贷款的期限较长，一般为20～30年（宽限期一般不超过10年）；由于具有经济援助性质，其贷款利率较低，一般为3%左右，有的是无息贷款；贷款具有特定的使用范围，一般投入借款国非营利的开发项目，如城市基础设施项目、能源项目等，或是贷款国的优势行业，并有利于该国出口设备的项目。

尽管政府贷款的程序较为复杂，但利率极为优惠，应尽力积极争取。

2）国际金融机构贷款

国际金融机构是指为了达到共同的目标，由数国联合经办的在各国间从事金融活动的机构，包括联合国的专门机构及其他地区性的国际金融机构，如国际货币基金组织、国际复兴开发银行（世界银行）及属于世界银行集团的国际开发协会和国际金融公司，以及亚洲开发银行等。

（1）国际货币基金组织。

国际货币基金组织的宗旨是促进国际货币合作，支持国际贸易的发展和均衡增长、稳定国际汇兑并提供临时性融资，帮助成员国调整国际收支的暂时失调。它不向成员国提供一般性的项目贷款，而只是在成员国国际收支暂时不平衡时提供贷款，帮助它们克服国际收支逆差。国际货币基金组织贷款的条件比较严格，按照成员国在基金中所占的份额、面临的国际收支困难程度以及解决这种困难的政策能否奏效等条件来确定贷款的数额。

（2）世界银行贷款。

世界银行贷款包括国际开发协会（IDA）贷款（称为“软贷款”）和国际复兴开发银行（IBRD）贷款（称为“硬贷款”）。软贷款主要贷给人均国民收入低于一定数量的发展中国家，贷款偿还期35年。其中，宽限期10年，不收利息，每年只对贷款未偿还部分征收0.75%的手续费；另外，再对借款人未支取的贷款征收0.5%的承诺费。因此，软贷款条件十分优惠。

硬贷款是世界银行向发展中国家提供的低于国际金融市场利率的长期贷款。贷款期限为20年，含5年宽限期，承诺费为0.75%。利率每半年进行一次调整，主要视其筹资成本的变化情况而定。

世界银行贷款一般对项目发放。贷款发放的主要对象为：农业和农村发展、环境保护、交通、能源、基础工业及社会事业。针对项目的具体情况，按照世界银行的贷款程序和项目评估方法选择项目，并监督项目的实施。对于贷款项目的实施，世界银行要求在所有成员国间实行国际竞争性招标，对项目的评审也比较严格，其目的是为了使发放的贷款对借款国真正发挥作用，促进发展中国家经济的平衡发展。

（3）亚洲开发银行贷款。

亚洲开发银行旨在促进亚洲及太平洋地区经济的增长与合作，其贷款可分为普通资金贷款（硬贷款）、亚洲开发基金贷款（软贷款）和技术援助基金三种。除了技术援助基金属于技术援助性质的赠款外，硬贷款和软贷款的使用及条件均与世界银行贷款类似，只是偿还期和利率稍有差别。亚洲开发银行贷款也以项目贷款为主。农业和农产品加工业是贷款的主要领域，此外还有水利、林业和渔业。能源方面主要是水电项目。

3）出口信贷

出口信贷是出口国政府对银行贴补利息并提供担保，由银行向外贸企业发放利率较低的贷款，支持和扩大本国的商品出口，增强本国产品在国际上的竞争力。特别是对工业成套设备，许多国家都提供出口信贷。

出口信贷可分为卖方信贷和买方信贷。

(1) 卖方信贷。

卖方信贷是指在出口国商品出口时，为便于出口商以延期付款的方式出口商品，由出口商本国的银行向出口商提供的信贷。

出口商以此贷款为垫付资金，允许买方赊购自己的产品，分期支付货款。使用卖方信贷，进口商一般先付合同金额的10%～15%作为定金，其余货款可在项目投产后陆续支付。出口商收到货款后再向银行归还贷款。出口商除支付利息外，也要承担保险费、管理费和承诺费。它们一般将这些费用计入出口货价中，把贷款成本转移到进口方。

(2) 买方信贷。

买方信贷是指由出口方银行直接向进口商或进口方银行所提供的信贷。一般是由买方与出口商签订贸易合同，买方银行与卖方银行签订贷款合同，买卖双方以即期现汇成交。签约后，买方向卖方先付15%的定金，其余85%的货款由卖方银行转给买方银行，再由买方银行转贷给卖方，买方用此贷款按现汇条件支付给卖方，买方通过买主银行分期向卖方银行还本付息。使用买方信贷，进口商容易了解商品的真实价格，便于比较选用。买方信贷是我国利用外资的一种形式。

4）国际商业贷款

国际商业贷款是指项目相关方在国际金融市场上以借款方式筹集的资金，主要是指国外商业银行和除国外金融组织以外的其他国外金融机构贷款。

这类贷款方式灵活、手续简便，使用不受限制，贷款利率有固定利率和浮动利率两种。中长期贷款一般采用浮动利率，通常是在伦敦同业银行拆借利率(LIBOR)的基础上，根据国际金融市场上资金的供求、期限长短、贷款大小、货币币种风险和客户资信高低分别加上一定的利差。利差一般在0.25%～1.25%之间。

虽然外国政府贷款和国际金融机构贷款条件优惠，但其数量有限，不易争取。因此，国际商业贷款成为各国利用国外间接投资的主要形式。以国际商业贷款方式获得的贷款在使用方向上没有什么约束，不受与一定进口项目相联系的限制，也叫自由外汇。国际商业贷款利率较高，一般按国际金融市场资金需求情况浮动，货币不同，利率也不同。如美元贷款利率一般按伦敦银行同业拆放利率为基础，再依期限长短分别加上一个附加利率，加息幅度反映了借款人的资信；其他各种货币贷款一般按国内市场利率加上加息率。

国外商业银行和金融机构贷款包括两种形式：单个银行贷款和国际银团贷款。

国际银团贷款(亦称为辛迪加贷款)是由一家银行牵头、多家银行和金融机构组成银团,联合向借款人提供金额较大的长期贷款。贷款多用于购买需要巨额资金的成套设备、飞机和船舶等。银团贷款的借款人通常是各国中央或地方政府、开发银行、进出口银行或国有金融机构及大跨国公司。

国际商业贷款利率完全由国际金融市场资金供求关系决定,不能享受前述各种非商业贷款的优惠条件。由于利率高,还款期短(中长期贷款期一般为5～10年),故风险比较大。若项目经济效益不好、偿还能力不强,就会发生债务危机。我国通常是在使用政府贷款和国际金融组织贷款仍不能满足项目的外汇需要时,再借入一部分国外的商业贷款,或者在项目的短期资金缺额时借入国外银行的短期贷款以弥补资金不足。

5.1.5 发行债券

1) 发行企业债券

债券是债务人为筹集资金而发行的,承诺按期向债权人支付利息和偿还本金的一种有价证券。除国家发行的国库券外,企业或项目实体为项目建设和经营发展而向公众发行的债券称为企业债券。虽然目前我国发行企业债券的数额受到限制,总量也不大,尚处于试验阶段,但必定会逐步成为企业或项目实体筹集中长期资金的重要方式。

企业债券有固定利率债券和浮功利率债券之分,我国企业债券通常为固定利率债券;期限也有长短之分,一年期以下的称为企业短期融资债券。企业债券按有无担保来分类,又可分为有担保债券和无担保债券。有担保债券是指有指定财产作担保的债券,按担保品的不同又可细分为不动产抵押、动产抵押和信托抵押债券等。抵押债券因为有企业财产作为还款保证,债权人的倒账风险相对较小,故债券利率比无担保债券低。无担保债券又称信用债券,是无任何担保,只凭企业的信誉发行的债券,通常只有信誉强的大企业才能发行这种债券。

企业债券发行时一般由投资银行等金融中介机构承购包销。它们帮助企业或项目实体确定发行规模、发行价格、发行方式及发行费用,并把债券推销给投资者。企业债券的等级对发行者和投资者都十分重要,是债券违约风险的衡量指标。债券等级越高,其债务的偿还越有保证,因而风险越小,其债券利率越低、筹资成本也越低。故企业或项目实体应力争评上较高的等级,在这种条件下发行债券,对企业或项目实体最有利。

2) 发行国际债券

国际债券是指一国在其他国家发行的债券。其中,某国在别国发行的以该国货币为面值的债券叫“外国债券”,某国在别国发行的不以该国货币为面值的债券叫“欧洲货币债券”。当前在国际金融市场上主要的债券有美国美元债券、日本日元债券、欧洲美元债券、欧洲日元债券、亚洲美元债券等。

发行国际债券前,发行人首先经过国外评级机构的评级,然后委托承销团确定发行条件,包括金额、偿还期、利率、发行价格、发行费用等。发行后的债券可在二级市场上流通。

发行国际债券是获取外汇资金的有效方式。通过发行中长期国际债券可以大大缓解我国的外汇资金短缺的局面。而且国际债券融资灵活多样、市场容量大、使用方便,通常国际债券期限较长,一般以固定利率计息,是一种可以长期使用的债务资本。

我国政府、金融机构和企业在国外向外国投资者发行的外币债券称为国际债券。发行境外债券前,发行人首先经过评级机构的评级,然后委托承销团确定发行条件,包括金额、偿还期、利率,发行价格、发行费用等发行后的债券可在二级市场上流通。无论是境内还是境外债券,相对于股票筹资,其主要优点是资金成本低。因为债券利息在税前支付,企业或项目实体可得到利息抵税的好处。对投资者而言,债券风险比股票小,因此债券的发行比股票容易,发行成本也低。企业或项目实体通过债务筹资还可以发挥财务杠杆的作用进一步提高资金收益率。但债券筹资需签订严格的债券合同。这是一个具有法律效力的文件,规定了债权人和发行者双方的权利和义务。债券合同中保护债权人的条款对发行人资产流动性、证券销售、红利支付、投资及兼并等的限制,降低了企业经营灵活性,这是债券筹资不利的一面。而债券合同中的提前兑回条款则允许企业在市场利率降低时兑回已发行的高利率债券,继而发行低利率债券,以此减少债券利息支出。

5.1.6 租赁筹资

以租赁的方式筹集资金是指当企业或项目实体需要设备时,不是通过筹资自行购买而是以付租金的方式向租赁公司借入设备。租赁公司(出租人)拥有设备的所有权。企业(承租人)只有设备的使用权。为了筹资而进行的租赁称为金融租赁,其租赁期长,一般为设备的经济寿命期。而且租赁期末承租人可以低于市场价格购入设备而成为设备所有者。因此,金融租赁是“融物”和“融资”相结合的一种筹资方式。承租人租入设备相当于借款购置设备,分期支付的租金相当于贷款的还本付息,但却省略了初期的贷款手续,代之的是租赁合同有三方关系人,即出租人、承租人和供货人。在金融租赁中设备由承租人选定,购货合同的谈判主要在供货人和承租人之间进行,而出租人则是重要中介。最后由三者共同签订供货合同和租赁合同。租赁合同条款中对承租人的限制比债券合同少,方式也更灵活。

与其他信贷筹资方式相比较,租赁筹资成本较高。租金包括了设备价格、租赁公司为购买设备的借款利息及投资收益。但承租人的租金支出是在缴纳所得税之前扣除的,因此,可得租金免税之效。而且,筹资企业或项目实体不必预先筹集一笔相当于设备价格的资金即可取得设备,投入使用。这些都是租赁筹资的优点。此外,租赁还可使企业或项目实体避免设备过时的风险。因此,大型设备、飞机、轮船、建筑机械和电子计算机等多采用租赁的方式。

5.2 货币市场融资

银行(包括各类银行,例如本国商业银行、世界银行、亚洲开发银行等)对工程项目及其公司的各种贷款,是我国目前各类工程项目最为重要的资金来源。我国银行分为商业性银行和政策性银行两种。商业银行是以营利为目的，从事信贷资金投放的金融机构，它主要为企业提供各种商业贷款。政策性银行是为特定的企业提供政策性贷款的金融机构。

5.2.1 同业拆借

同业拆借是金融机构之间的短期资金融通，主要用于支持日常性资金周转，是商业银行为解决短期资金余缺、调整准备金头寸而相互融通资金的重要方式，通过买卖在中央银行存款户上存款的方式进行。对同业拆借进行管理，应遵循如下规则：

(1) 合理控制同业拆借的规模。根据人民银行制定的商业银行资产负债比例管理监控、监测指标的规定，商业银行拆入资金金额与各项存款余额之比不得超过4%；拆出资金余额与各项存款余额之比不得超过8%。

(2) 确定适宜的拆借资金期限结构。如果拆借资金的期限结构不合适，集中拆入要集中归还，容易发生到期来不及组织足够资金以供还款的问题。

(3) 根据需要确定拆入资金量，加强对拆入资金的管理，减少资金闲置。一般拆借资金是由资金计划部门负责，拆入资金的运用是由信贷部门或会计部门使用的，有关部门要配合好。

同业拆借一般仅指银行之间的信贷，该种贷款完全凭银行间同业信用商借，不用签订贷款协议。银行可通过电话、电传达成交易，事后以书面确认。同业拆放期限以1天到6个月为多，超过6个月的少。每笔交易额在10亿美元以下。典型的国际银行间的交易为每笔1000万美元左右。

5.2.2 银行信贷

银行信贷指由企业以自身信用作担保，根据借款合同从有关银行或非银行金融机构借入所需资金的筹资方式。

1) 贷款协议

贷款协议的主要内容有：

(1) 贷款目的。

(2) 贷款金额。

(3) 贷款期限和还款计划表。

(4) 贷款利率。

(5) 提款程序和提款先决条件。

(6) 借款人在提款时的保证，包括：第一，贷款资金的正确使用；第二，借款人的财务状况；第三，公司资产所有权；第四，无重大法律纠纷；第五，无不可预见的债务责任；第六，借款人具有的法律地位和签署贷款协议的授权。

(7) 保证性契约，包括：第一，借款人依照所在国法律从事商业活动，缴纳税款；第二，保证一切项目设备设施正常运行，保持项目资产保险；第三，获得必要的政府批准；第四，定期向贷款人提供公司财务报告；第五，保证不利用借款人资产做其他抵押；第六，对借款人的资产兼并、资产出售或改变公司经营方向的限制；第七，对利润分配政策的限制。

(8) 财务性契约，包括：第一，对借款人进一步举债的限制；第二，规定借款人必须保持的最低财务指标，包括总资产/总债务比率、流动资产/流动债务比率、债务覆盖比率等。

(9) 利息预提税的责任。

(10) 贷款成本、贷款建立费和贷款承诺费(针对未使用贷款额度收取的费用)。

(11) 违约和对违约情况的处理，包括：第一，违约情况：技术性违约、一般性违约和交叉违约；第二，违约情况下的补救措施；第三，在违约条件下贷款人可行使的权利。

2) 银行信贷的程序

企业利用银行借款筹集资金，要按特定程序办理，这一程序大致分为以下几个步骤。

(1) 企业提出借款申请。

企业需要向银行借入资金，必须向银行提出申请，填写包括借款金额、借款用途、偿还能力以及还款方式等主要内容的《借款申请书》，并提供一下资料：第一，借款人及保证人的基本情况；第二，财政部门或会计师事务所核准的上年度财务报告；第三，原有的不合理借款的纠正情况；第四，抵押物清单及同意抵押的证明，保证人拟同意保证的有关证明文件；第五，项目建议书和可行性报告；第六，贷款银行认为需要提交的其他资料。

(2) 银行审查借款申请。

银行接到企业的申请后，要对企业的申请进行审查，以决定是否为企业提供贷款。这一般包括如下几个方面：第一，对借款人的信用等级进行评估。银行根据借款企业的领导素质、经济实力、资金结构、履约情况，经济效益和发展前景等因素，评定借款企业的信用等级。评级可由贷款银行独立进行，内部掌握，也可委托独立的信用评估机构进行评估；第二，对贷款进行调查。贷款人受理借款人的申请后，应当对借款的合法性、安全性和盈利性等情况进行调查，核实抵押物、保证人情况，测定贷款的风险；第三，贷款审批。贷款银行一般都建立了审贷分离、分级审批的贷款管理制度。审查人员要对调查人员提供的资料进行核实、评定，预测贷款风险，提出意见，按规定权限报批，决定是否提供贷款。

(3) 签订借款合同。

为了维护借贷双方的合法权益，保证资金的合理使用，企业向银行借入资金时，双方签订借款合同。借款合同主要包括如下四方面内容：第一，基本条款。这是借款合同的基本内容，主要规定双方的权利和义务。具体包括借款数额、借款方式、款项发放的时间、还款期限、还款方式、利息支付方式、利息率的高低等；第二，保证条款。这是保证款项能顺利归还的一系列条款，包括借款按规定的用途使用、有关的物资保证、抵押财产、担保人及其责任等内容；第三，违约条款。这是对双方若有违约行为时应如何处理的条款，主要载明对企业逾期不还或挪用贷款等如何处理和银行不按期发放贷款的处理等内容；第四，其他附属条款。这是与借贷双方有关的其他条款，如双方经办人、合同生效日期等条款。

(4) 企业取得借款。

双方订借款合同后，贷款银行要按合同的规定按期发放贷款，企业便可取得相应的资金。贷款人不按合同约定按期发放贷款的，应偿付违约金。借款人不按合同的约定用款的，也应偿付违约金。

(5) 借款的归还。

企业应按借款合同的规定按时足额归还借款本息。一般而言，贷款银行会在短期贷款到期一个星期之前，中长期贷款到期一个月之前，向借款的企业发送还本付息通知单。企业在接到还本付息通知单后，要及时筹备资金，按期还本付息。

如果企业不能按期归还借款，应在借款到期之前，向银行申请贷款展期，但是否展期，由贷款银行根据具体情况决定。

3) 银行信贷的信用条件

按照国际惯例，银行发放贷款时，往往带有一些信用条件，主要有以下几种。

(1) 信贷额度。

信贷额度亦即贷款限额，是贷款人与银行在协议中规定的允许借款人借款的最高限额。如借款人超过规定限额继续向银行借款，银行则停止办理。此外，如果企业信誉恶化，即使银行曾经同意按信贷限额提供贷款，企业也可能得不到借款。这时，银行不会承担法律责任。

(2) 周转信贷协定。

周转信贷协定是银行从法律上承诺提供不超过某一最高限额的贷款协定。在协定的有效期内，只要企业借款总额未超过最高限额，银行必须满足企业任何时候提出的借款要求。周转贷款协定与信贷额度的主要区别在于：第一，贷款时间不同。信用额度贷款的有效期一般为一年；而周转信贷协定期限却可超过一年，在实际应用中很多是无限期的，因为只要银行与企业双方照协议执行，贷款可一再延长；第二，法律约束力不同。信贷额度贷款一般不具有法律约束力，不构成银行必须给予贷款的法定责任，而周转信贷协定具有法律约束力，银行有正式承担在限额内贷款的义务，如果银行拒绝贷款，则可视为违法；第三，支付费用不同。企业采用周转信贷协定，除支付利息以外，还要支付协议费。协议费是对周转借款限额中未使用部分收取的费用。正是由于银行对未使用部分收取了协议费，才构成为借款人提供资金的法定义务。协议费的收费率与利息率有关，但一般收取周转贷款限额内未使用部分的 0.5%。

(3) 补偿性余额。

补偿性余额是银行要求借款人在银行中保持按贷款限额或实际借用额的一定百分比(通常为 10%～20%)计算的最低存款余额。补偿性余额有助于银行降低贷款风险，补偿其可能遭受的风险；但对借款企业来说，补偿性余额则提高了借款的实际利率，加重了企业的利息负担。

(4) 以实际交易为贷款条件。

当企业发生经营性临时资金需求，向银行申请贷款以求解决时，银行则以企业将要进行的实际交易为贷款基础，单独立项，单独审批，最后做出决定并确定贷款的相应条件和信用保证。

除了上述所说的信用条件外，银行有时还要求企业为取得借款而做出其他承诺，如及时提供财务报表，保持适当资产流动性等。如企业违背做出的承诺，银行可要求企业立即偿还全部贷款。

4) 借款利息的支付方式

(1) 利随本清法。

利随本清法，又称收款法，是在借款到期时向银行支付利息的方法。采用这种方法，借款的名义利率(亦即约定利率)等于其实际利率(亦即有效利率)。

(2) 贴现法。

贴现法是银行向企业发放贷款时，先从本金中扣除利息部分，而到期时借款企业再偿还全部本金的一种计息方法。采用这种方法，企业可利用的贷款额只有本金扣除利息后的差额部分，因此，其实际利率高于名义利率。

【例】某企业从银行取得借款 400 万元，期限 1 年，名义利率 10%，利息 40 万元，按照贴现法付息，企业实际可动用的贷款为 360 万元(400 万元－40 万元)，该项贷款的实际利率为：

$$\begin{aligned}\text{贴现贷款实际利率} &= [\text{利息}/(\text{贷款金额}-\text{利息})]\times 100\% \\ &= [40/(400-40)]\times 100\% \\ &\approx 11.1\%\end{aligned}$$

或

$$\begin{aligned}&= [\text{名义利率}/(1-\text{名义利率})]\times 100\% \\ &\approx 11.1\%\end{aligned}$$

5) 国际银行信贷

国际银行信贷是指借款人为支持某一项目，在国际金融市场上向外国银行借入资金。其主要特点是：

(1) 贷款利率按国际金融市场利率计算，利率水平较高。

例如，欧洲货币市场的伦敦银行间同业拆放利率是市场利率，其利率水平是通过借贷资本的供需状况自发竞争形成的。

伦敦银行同业拆放利率可以用以下几种方法确定：

① 借贷双方以伦敦市场主要银行的报价协商确定。

② 按指定两家或三家不参与此项贷款的主要银行的同业拆放利率的平均利率计算。

③ 按贷款银行与不是这项贷款的参与者的另一家主要银行报价的平均数计算。

④ 由贷款银行(牵头行)确定。

(2) 贷款可以自由使用，一般不受贷款银行的限制。

政府贷款有时对采购的商品加以限制；出口信贷必须把贷款与购买出口设备项目紧密地结合在一起；项目借款与特定的项目相联系；国际金融机构贷款有专款专用的限制。国际银行贷款不受银行的任何限制，可由借款人根据自己的需要自由使用。

(3) 贷款方式灵活，手续简便。

政府贷款不仅手续相当烦琐，而且每笔贷款金额有限；国际金融机构贷款，由于款多与工程项目相联系，借款手续也相当烦琐；出口信贷受许多条件限制。相比之下，国际银行贷款比较灵活，每笔贷款可多可少，借款手续相对简便。

(4) 资金供应充沛，允许借款人选用各种货币。

在国际市场上有大量的闲散资金可供运用，只要借款人资信可靠，就可以筹措到自己所需要的大量资金。不像世界银行贷款和政府贷款那样只能满足工程项目的部分资金的需要。

在国际金融市场上筹措资金，按贷款期限长短可分为短期信贷、中期信贷和长期信贷三种。

(1) 短期信贷。

短期信贷通常指借贷期限在1年以下的资金。短期资金市场一般称为货币市场。借贷期限最短为1天，称为日贷。还有7天、1个月、2个月、3个月、6个月、1年等几种。短期贷款多为1～7天及1～3个月，少数为6个月或1年。这种信贷可分为银行与银行间的信贷和银行对非银行客户(公司企业、政府机构等)的信贷。

(2) 中期信贷。

中期信贷是指1年以上的贷款。这种贷款是由借贷双方银行签订贷款协议。由于这种贷款期限长、金额大，有时贷款银行要求借款人所属国家的政府提供担保。中期贷款利率比短期贷款利率高。一般要在市场利率的基础上再加一定的附加利率。

(3) 长期信贷。

长期信贷是指5年以上的贷款，这种贷款通常由数家银行组成银团共同贷款给某一客户。银团贷款的当事人，一方面是借款人(如银行、政府、公司、企业等)；另一方面是参加银团的各家银行(包括牵头行、经理行、代理行等)。

5.2.3 抵押贷款

抵押贷款是相对于信用贷款而言的，指必须有担保品作担保的贷款。对信用不好、财务状况较差的企业进行贷款时，银行都要求企业配有担保品作担保。企业要准备价值多少的担保品，取决于企业的信用情况和担保品的变现能力。信用状况较好，担保品变现能力较强的企业，担保价值可以小一些，否则，担保价值要大些。假如企业到期不能履行付款义务，那么银行可出售企业担保品，以担保品的销售收入归还贷款。如果担保品的销售额超过贷款额和应计利息，那么超过部分应退回企业；如果少于贷款额和应计利息，则不足部分变为一般的无抵押贷款。借款的抵押品通常是借款企业的应收账款、存货、股票、债券以及房屋产权证明等。

1) 抵押的类型

抵押是指借款人或第一人在不转移财产占有权的情况下，将财产作为债券的担保。当借款人不履行借款合同时，银行有权以该财产折价或者以拍卖、变卖该财产的价款优先受偿。充当抵押物的财产应保证其具有极高的流动性。

质押是指借款人或者第三人将其动产或权利移交银行占有，将该动产或权利作为债券的担保。当借款人不履行债务时，银行有权将该动产或权利折价出售来收回借款，或者以拍卖、变卖该动产或权利的价款优先受偿。质押分为动产质押和权利质押。

保证是指银行、借款人和第三方签订一个保证协议，当借款人违约或无力归还贷款时，由保证人按照约定发行债务或者承担相应的责任。

附属合同是指由借款人的其他债权人签署的同意对银行贷款负第二责任的协议。其作用是为银行提供对其他债权人的债务清偿优先权。

2）抵押贷款的类型

抵押贷款是项目融资中最普遍和最主要的融资来源。就贷款形式而言，在公共设施项目融资中，抵押贷款有三种形式。

(1) 项目长期贷款。

即由商业银行提供与项目现金流量相匹配的长期贷款支持，还款期限和每年还款金额，将根据项目的实际还款能力来进行安排。

(2) 项目流动资金贷款。

除了项目建设所需要的长期贷款需求以外，项目公司一般还有流动资金贷款需求，主要用于满足生产运营所需的日常资金需求。为此，除了提供长期项目贷款以外，银行还提供流动资金贷款，一般以授信额度的方式，由项目公司根据需要灵活进行提款和还款。一般地，流动资金贷款与长期贷款由同一家银行提供，这样避免了贷款法律地位、监管等纠纷。

(3) 过桥贷款。

由于项目长期贷款有一个长期的谈判过程，并且长期贷款合同一般附加许多提款前提条件，所以在长期贷款过程中，或者长期贷款合同提款前提条件未能满足之前，为了项目建设合理需要，投资者或者项目公司会只求过桥贷款支持。有时出于谈判策略考虑，项目投资者贷款还款来源一般为项目长期贷款的正式提款，或者投资者的股本金等资金来源。

在美国，商业银行是开发商短期建设贷款(Construction Loan)和中短期贷款的主要资金来源。它们一般偏好于不超过3年的短期贷款，覆盖建设期和初始租赁期，之后长期贷款机构介入，将其替换出来(即用长期贷款偿还短期贷款)。对于规模较大、信誉较好的开发商，商业银行有时也把贷款时限延长到5年。一般来说，这种建设期贷款的额度能达到70%～80%的贷款价值比(Loan-to-Value Ratio)。当然，对于非常看好的项目，商业银行有时也愿意贷出100%。但这种情况很少。在资金短缺的市场环境下，60%的比例是开发商所能拿到的最好条件。

一般来说，刚刚起步的小开发商很难获得全国性大银行的资金支持，他们会寻找本地的小银行作为合作伙伴。实际上，大部分建设期贷款也的确是由本地银行和区域性银行来提供的，因为他们对当地的房地产市场更加熟悉(注意：房地产市场也是很典型的区域性市场)，有利于监测和管理项目进展状况及资金使用情况。商业银行很少直接作为开发商的合资者，但有时会提供参与式贷款(Participating Mortgage)，提供更为优惠的贷款价值比，但条件是除了固定还款额的要求外，还要参与项目收益现金流的分成。

美国的储蓄与贷款机构(Savings and Loan Institutions. S & Ls)也是房地产项目融资的重要渠道。在20世纪80年代，S & Ls是刚起步的开发商最基本的融资来源，他们通常作为开发商的合资方，从项目最初就开始介入。但自从80年代后期S&Ls危机之后，其作用就被大大削弱，目前S&Ls在开发商融资市场上所占份额已很小。新的法规已经不再允许S&Ls与开发商合资，其业务主要集中在住房贷款方面。

此外，退休基金(Pension Fund)在其分散化的投资战略中，越来越偏好于房地产投资项目，既有建设期贷款，又有长期贷款，贷款利率通常是固定的。退休基金所提供的大规模贷款非常吸引开发商，不过他们一般只为经验丰富的开发商所开发的大型项目提供贷款。

退休基金一般会雇用一个投资咨询公司来分析项目的盈利能力。分析工作非常深入，包括项目的区位、市场供给和需求、现金流预测等。对于开发商而言，获得退休基金的支持通常需要较长的时间和复杂的过程，因为其决策非常慎重，程序也较为繁复，需要得到一个委员会的认可(而并非一个或几个投资人)。

5.2.4 特殊贷款

1) 委托贷款

委托贷款是指企业按照委托贷款协议，把闲置资金交给银行，由银行向约定的贷款人提供资金的一种贷款方式。

早在2000年，中央银行就已经允许企业提供资金，由商业银行代为发放贷款。贷款对象由企业自行确定。这种贷款方式解决了企业间直接融通资金的难题。只不过由于利率限制等种种原因，贷款规模始终很小，到2007年上半年，贷款余额仅为1969亿元，占全部金融机构各项贷款余额的1.3%。委托贷款具有如下的优点：

首先，企业可以通过它进行定向筹资，等同于向特定群体发债，且不需要领取“债券配额”，不需要审批，可以避开政府对债权融资的控制。

其次，资金供给者，即委托人可以通过它，避开政府对利率的控制，可以获得更高的投资收益。按照一年期商业贷款利率5.31%，再上浮30%计算，委托人最高可以获得6.903%远远高于同期存款利率1.98%的水平，甚至比信托产品的预期收益率还要高1~2个百分点。而对借款人来说，6.903%的利息负担是远低于20%的民间借贷利率水平的。

最后，对商业银行来说，存贷差逐渐扩大的压力，已经迫使银行寻求其他途径，既要保证收益，又要防范风险。由于商业银行不需要承担委托贷款的风险，鼓励和引导存贷款向委托贷款转移，无疑是解决上述矛盾的一个办法。

2) 信托贷款

按照《信托法》的规定，信托是指委托人基于对受托人的信任，将其财产权委托给受托人，由受托人按委托人的意愿以自己的名义，为受益人的利益或者特定目的，进行管理或者处分的行为。可见，信托的含义中已经包含了企业可以作为委托人以信托贷款的方式借贷给另一企业。

但是，信托贷款与委托贷款不同。信托贷款的贷款对象是由受托人确定的，而委托贷款的贷款对象则是委托人确定的。所以从这个意义上说，信托贷款并不是完全意义上的企业间借贷关系。因为委托人在乎的是收益，而不是借款给谁。

3）私募基金

私募基金是一种特殊的企业间借贷，这种借贷关系因其投资于证券领域而具有特殊的性质。

2006年5月，当时的中央银行发表了一份题为"中国私募基金报告"的文章。报告以2005年京、沪、深三地冠以"投资咨询"、"投资顾问"、"投资管理"、"财务管理"和"财务顾问"字样的5类企业为样本进行调查，估计国内已经存在约7000亿元规模的私募基金，占当时股市流通总市值的1/2左右。

4）夹层贷款(Mezzanine Debt)

这类贷款自20世纪80年代起在美国出现，作为权益投资和抵押贷款的补充，来降低开发商所需要投入的自有资金比例。此类项目的资金结构一般是：抵押贷款占70％，夹层贷款占5％～25％，剩下的是开发商的自有资金。夹层贷款一般是短期的，贷款费用较高，利率也较高(通常高于银行基准利率3～5个百分点)，但能够为开发商节约自有资金投入，或者为开发商降低所需筹集的更为昂贵的权益资金额度。同时，夹层贷款有类似于合伙投资人的性质。

5.3 债券融资

5.3.1 债券融资概述

5.3.1.1 债券的定义和特点

债券是政府、企业向社会公众筹措资金而发行的一种有固定收益的有价证券，是债务人承诺按一定利率和在一定日期支付利息，并在特定日期偿还本金的书面债务证书。也可以说，债券是一种表明债权债务的凭证，是政府、金融机构、企业或公司等为筹集资金而发行的，保证按规定时间向债券持有人(即债权人)支付利息和偿还本金的凭证。当债券到期时，债券持有人可以持券要求偿还本金和利息。利用债券融资，也是公司筹集负债资金用于项目投资的一种重要融资渠道和做法。

债券的票面一般应载明下列内容：发行者的名称、地址，债券票面额，债券票面利率，还本期限和还本方式，利息支付方式，债券发行日期和编号，发行单位的印证和法定代表人的签章，发售机关的印证和发售经办人签章，审批机关批准发行的文号、日期。

5.3.1.2 债券的种类

债券的种类很多，按不同的标准，债券可区分为如下几类。

1）按发行主体分类

这是最主要的分类方式。根据发行者的不同，债券可分为政府公债、地方债券、金融债券、公司债券、国际债券等几大类。

政府公债：指由国家、中央政府代理机构发行的债券。各国政府公债的名称虽然不尽一致，但发行的目的则都是为弥补国家预算赤字，建设大型工程项目，归还旧债本息等。政府公债可分为国家债券和政府机构债券两种。国家债券专指由各国中央政府、财政部发行的债券。如美国的国券、日本的国债、英国的金边债券等。政府机构债券是由各国政府有关机构发行的债券，一般由各国政府担保，是具有准国家性质的信用较高的债券。

地方债券：指由市、县、镇等公共机关发行的债券。发行目的在于进行当地开发、公共设施的建设等。如美国的市政府债券、日本的地方债券、英国的地方当局债券等。

金融债券：指由银行等金融机构发行的债券。

公司债券：又称企业债券，是股份公司为筹措资金而发行的债券。发行债券的公司或企业向债券持有者作出承诺，在指定的时间，按票面额还本付息。公司债券的持有者是公司债权人，而不是公司的所有者，这是与股票持有者最大的不同点。

2）按偿还期限的长短分类

根据偿还期限长短不同，可把债券分为短期债券、中期债券、长期债券三种。短期债券期限一般在1年以内，中期债券期一般在1～5年，长期债券期限在5年以上。

3）按债券票面是否记名分类

可分为记名债券和不记名债券。记名债券是将债券购买人的姓名登记在债券名册上。到期时应偿还的本金和应支付的利息只能由债券记名人本人或其正式委托人、合法继承人、受赠人领取。债券持有人要转让该债券时，必须到债券发行人处办理转让手续。不记名债券是债券票面上不记名，只附有息票，发行者见票即付利息，认票不认人。这种债券一般不能挂失。

4）按债券是否有抵押、担保分类

可分为有抵押债券、担保信托债券、保证债券、信用债券。

抵押债券是指以土地、房屋等不动产或动产作为抵押品而发行的债券。债券到期如不能偿还本息，债券持有人可占有或拍卖抵押品作为抵偿。担保信托债券是发行者以动产或持有的有价证券为担保的发行的债券，是抵押债券的一种，也称流动抵押债券。

保证债券又称为担保债券，是以第三者作担保的债券。担保人可以是中央或地方政府，金融机构或其他企业。债券到期发行人不能偿还本息，担保人有代向债券持有人偿还本息的义务。

信用债券是无抵押、无担保的债券。此类债券发行者一般信用较高，通常是政府、金融机构、知名度较高的公司才有条件发行。

5）按是否可参加公司分红分类

可分为参加公司债券和非参加公司债券。

6）按筹集的方法分类

债券按其是否公开发行，分为公募债券和私募债券。

公募债券是指向社会公开销售的债券。这种债券不是向指定的少数投资者出售，而是通过证券公司向社会上所有的投资者募集资金。发行公募债券必须遵守信息公开制度，以保护投资人的利益。

私募债券是指只向与发行人有特定关系的投资人发售的债券。私募债券的发行范围很小，不采用公开呈报制度，债券的转让也受到一定程度的限制，流动性较差。一般说来，投资人认购私募债券的目的不是为了转卖，而是为了持有债券获取利息。

7）按投资人的收益分类

按债券投资人的收益可分为固定利率债券和浮动利率债券等。固定利率债券是指债券票面上已注明利息率的债券。浮动利率债券是指债券票面上利率不固定，而是按规定作定期调整。

8）其他债券类型

（1）分期偿还债券，是指规定在将来到期日分期、分次、分组还本付息的债券。

（2）一次还本债券，是指在债券到期日一次还本付息的债券，这种债券最为普遍。

（3）年金债券，是指每期偿付的本息用年金法计算确定后，连本带息每期支付同样金额，至若干年后本息两清。

（4）通知债券，是指债券未到期前，发行者一般采用抽签方法确定提前偿还一部分或全部债券的一种债券。

（5）偿债基金债券，是公司债券发行时一种偿债基金，逐年积累，待债务到期时一次用于偿债。

（6）可转换公司债券，是指依发行公司决定或债券持有人要求，可以转换为公司普通股票的债券。

5.3.2 债券发行的条件

所谓债券的发行条件，主要是指制约债券发行的诸要素，或者说是对债券发行的总要求，按照国际惯例，发行债券需要符合规定的条件，一般包括发行债券最高限额，发行公司自有资本最低限额、公司获利能力、债券利率水平等。

5.3.2.1 发行债券的法定条件

依照《中华人民共和国证券法》规定，公开发行公司债券，应当符合下列条件。

（1）股份有限公司的净资产不低于人民币3000万元，有限责任公司的净资产不低于人民币6000万元。

（2）累计债券余额不超过公司净资产的40%。

（3）最近3年平均可分配利润足以支付公司债券1年的利息。

（4）筹集的资金投向符合国家产业政策。

（5）债券的利率不超过国务院限定的利率水平。

（6）国务院规定的其他条件。

公开发行公司债券筹集的资金，必须用于核准的用途，不得用于弥补亏损和作生产性支出。

有下列情形之一的，不得再次公开发行公司债券：

（1）前一次公开发行的公司债券尚未募足。

（2）对已公开发行的公司债券或者其他债务有违约或者延迟支付本息的事实，仍处于继续状态。

（3）违反证券法规定，改变公开发行公司债券所募资金用途的。

除了法定条件以外，债券发行条件还主要包括债券发行的客观因素和对债券自身的要求两个方面。

5.3.2.2 债券发行的客观条件

1）债券发行的社会环境的制约

（1）政治经济形势的影响。每个投资者都是分属不同的国家或地区，某个国家或地区的政治、经济形势的状况对债券投资者的投资行为有很大的影响，一般情况下，如果一个国家或地区政治稳定，经济形势看好，经济稳定增长，社会产品供应充足，物价稳定，投资者不会急于抢购商品，随着收入不断增大，手持现金和社会闲散资金增加，通过债券途径获取较高的收益便成了投资者追求的目标。相反，如果一个国家政治经济形势不稳定，一方面投资者难以获得稳定的收入，另一方面人们对债券投资感到前景渺茫，吉凶未卜，也不愿购买债券，置资金于风险之中。目前，我国政局稳定，经济呈现稳定增长的势头，为债券发行奠定了基础。

（2）巨额社会游资提供了保证。近年来，我国随着经济体制改革的深化，财政分灶吃饭、企业自主权扩大等，打破了国民收入的原有的分配格局。突出表现为，国家在国民收入分配中所占的比重下降，地方、企业尤其是居民个人在国民收入分配中所占的比重逐步提高。据统计，1979 年国家在国民收入可分配额中所占的比重为 39.7%，企业所得部分占 10.6%，个人所得部分占 49.7% ，到 1984 年，国家所占部分为 21. 8%，6 年下降了 17.9 个百分点，而企业和个人所占份额则直线上升，分别占 14.9% 和 63.3% ，6 年分别上升了 4. 3 和13.6个百分点。2009 年，我国预算外资金已达 3000 亿元，城乡居民储蓄存款 8000 多亿元，个人手持现金 2000 多亿元。这些大量的社会闲散游资，为债券的发行提供了可靠的保证。

（3）新的信用形式和金融商品的出现为债券发行提供了可能。在财政信贷双重资金供应体制下，单一的融资渠道和银行信用形式存在，使人们不同的投资愿望难以实现，除用于扩大消费外，只能是被迫储蓄。近年来，随着金融体制改革的深化，特别是随着金融市场的逐步发育，新的信用形式和金融商品多样化，融资多渠道，使债券、股票等新的金融商品的出台和迅速发展成为现实。

（4）金融财税政策的制约。一个国家的财政金融、税收财务政策，从宏观上决定了债券的结构，如我国对债券发行的债种、数额管理都很严格，都要事先得到批准，对债券数额实行指标管理，未经许可不准发行。在利率政策上由于不实行复利计息办法，且一般都是固定利率确定之后就不再调整，因而从客观上增加了投资者债券收益的风险，使债券发行量受到制约，在财务税收政策上规定以负债方式取得的资金不能作为资本金，从而影响长期债券的发行。

2）不断强化的公众金融意识

债券发行的命运是掌握在投资人手中的。投资者的多寡、投资能力的强弱决定着债券发行市场的规模，而投资及其投资能力主要取决于其金融意识的变化及对于金融知识的掌握上。近年来，我国公众的金融意识不断增强，债券作为金融市场中重要的金融商品，由于其有较高的收益，变现能力强，因而对投资者有较强的吸引力，从而为债券的发行展示了广阔的前景。

5.3.2.3 债券发行的自身条件

债券发行除了受宏观社会环境的约束外，其自身条件的好坏，对债券的发行起着决定意义。概括起来，债券的自身发行条件主要有以下几种：

1）债券的资信评级

债券的资信评级（credit rating）是指证券评级机构按规定的标准、方法和程序对债券发行者的信用、历史和偿债能力等所进行的公正评价。这对债券投资人的债种的合理选择和债券发行人的顺利发债具有重要作用，有利于增强债券市场的透明度，确保债券市场的秩序稳定。这种评价实际上是对企业的社会信用度高低的确认。质量高低的标志是债券的级别。一般来说，质量高的，级别就高；质量差的，级别就低。债券的级别评得高，发行时的价格就可以定得高一些；级别低的，价格就要相应低一些。对投资者来说，要想得到较高质量的风险少的债券，就应付出较高的代价，即只能得到较低的收益，对债券发行者来说，债券级别高，质量好，利率相应低一些，筹资成本也就降低。

按国际惯例，债券的等级一般可分为三等九级，即 A，B，C 三等；AAA，AA，A；BBB，BB，B；CCC，CC，C 九级，各等级有着不同的含义。当然，评估机构不同，等级规定也有一些差异。表 5-1 给出了美国两家公司和上海远东资信评估公司对长期债券风险评估等级的分类。

表 5-1　三家公司债券风险评级分类

风险程度	机构名称及等级分类		
	穆迪	标准-普尔	上海远东
还本付息能力极强，有可靠保证，承担风险最小	Aaa	AAA	AAA
还本付息能力很强，但风险性比前者略高	Aa1 Aa2 Aa3	AA^+ AA AA^-	AA
安全性良好，还本付息能力一般，有潜在的导致风险恶化的可能性	A1 A2 A3	A^+ A A^-	A
安全性中等，短期内还本付息无问题，但在经济不景气时风险增大	Baa1 Baa2 Baa3	BBB^+ BBB BBB^-	BBB
有投机因素，不能确保投资安全，情况变化时还本付息能力波动大，不可靠	Ba1 Ba2 Ba3	BB^+ BB BB^-	BB
不适合作为投资对象，在还本付息及遵守契约条件方面都不可靠	B1 B2 B3	B^+ B B^-	B
安全性极低，随时有无法还本付息的危险	Caa	CCC	CCC
极具投机性，目前正处于违约状态中，或有严重缺陷	Ca	CC	CC
最低等级，完全投机性	C	C	C

2）发行额

发行额是指一次债券发行的资金总筹集额。债券的发行额的大小是根据发行者所需资金的数量、发行者的信誉、债券的种类以及市场的承受能力等因素决定的。发行额一般是最早确定的，但也可以在临近发行时，根据市场的变化有所增加或减少。

3）票面利率

票面利率是发行固定利率债券的主要条件之一，是印在债券票面上的固定年利息与票面金额的比率，即票面上所载明的利率，又称之为债券的名义利率。

一般来讲，债券的票面利率水平，取决于以下因素。

(1) 银行利率水平。由于债券风险比银行存款风险大，所以息票利率总是略高于银行存款利率水平，而低于银行贷款利率水平。

(2) 发行者的承受能力。如果承受能力强，利率订得高一些可吸引投资者；如果承受能力弱，票面利率订得过高，虽然可以暂时吸引购买者，但利息负担沉重，最后可能导致不能按期还本付息。

(3) 发行者的资信。国内债券市场上社会知名度高或资信级别高的发行者，由于债券投资的安全性能大量吸引投资者，所以票面利率可以订得略低一些；如果是资信级别低的发行者，就要依靠较高的票面利率来吸引投资者了。

(4) 利息支付方式和计息方式。由于单利、复利和贴现利率对发行者的筹资成本和投资者的收益率有不同的影响，所以，在实际收益率一定的情况下，按单利计息的债券票面利率应订得高于复利计息和贴现计息债券的票面利率。

(5) 投资者的接受程度。在确定债券票面利率时，还要考虑投资者的接受程度，发行者往往是争取在多数投资者能够接受的限度内，以最低的票面利率来发行债券。

(6) 债券的偿还期。在通常情况下，期限长的债券，票面利率应订得高些，期限短的债券，票面利率低些。

4）票面金额

票面金额是指债券券面上所载明的金额，又称为面值。债券面值的确定应着重考虑以下三个因素。

(1) 市场情况。如果认购者的购买能力较强，可以把面值订得高一些。反之，则应订得低些。

(2) 发行方式。不同的发行方式，面值的大小不同。通常情况下，公募债券的面值要低于私募债券的面值。

(3) 成本测算。如果票面金额过高。会影响推销；如果票面金额过低，则会增加印刷费用和发行负担。

5）债券的偿还期限

债券都是有期限的，债券的偿还期限，通常是指债券的到期年限，发债者必须在这个期限内按规定还清本息。偿还期限的长短，与资本市场变化、投资者及发行者的选择有关。我国目前债券偿还期限一般在3～5年，5年以上的中长期债券相对很少。在其他条件相同的条件下，受市场风险机制的影响，投资者一般偏好期限短的债券。债券的偿还方式一般可以分为期满偿还和期中偿还两类。期满偿还是指在规定偿还债券本金的最后一日偿还;期中偿还是指在规定的最终偿还期以前的偿还。

此外,债券发行的自身条件还包括债券发行的价格、付息方式以及认购利益率等。在这里我们就不再一一详述,关于债券的发行价格我们在下一节中会进行深入探讨。

5.3.3 发行程序

所谓债券发行的程序,就是指发行债券过程中所要经历的先后工作顺序。由于债券的种类、性质、范围等各异,导致债券发行程序也不尽相同,一般说来债券的发行程序要经过以下四个步骤:一是债券发行的准备工作;二是债券发行的申请;三是债券发行的审查;四是债券的发行。现就每一阶段作一简要介绍。

5.3.3.1 债券发行的准备

由于我国债券发行工作起步较晚,经验不多,因此债券发行的准备工作尤为重要,对于债券能否取得发行资格,能否顺利发行有着举足轻重的作用,根据不同的债券,发行的准备工作主要有以下几个方面。

1) 债券的信用评级

债券的信用评级是由投资服务机构对债券发行人的基本经营情况分析评级。一般情况下,国家债券不存在资信评级机构的审查评议,这主要是因为政府债券是政府的直接债务,而政府又掌握国家的资源和税收,因此债券的安全可靠性高,一般被认为是几乎没有信用方面的违约风险问题。债券信用评级多出现在国债以外的其他发债者身上,诸如企业债券评级,在这种债券级别的评定过程中,评级机构主要考察发行者及债券以下几个方面的情况。

(1) 发行者的概况。主要考察发债者的法律性质、资产规模和以往业绩,考察发债者所在行业的发展状况与前景;考察发债者在行业中的经济地位、业务能力和商业信誉等。

(2) 发债者的财务状况。主要考察发债者的获利能力、资产价值、收入的安全性与稳定性,考察其资产负债表、收益表等会计报表,考察其营运资金。债务与股本比率、流动负债等经济指标,考察其偿债能力及财务计划等。

(3) 考察发债者的经营管理水平、人员素质以及公司的特许经营权、专利等无形因素。经过考察确定相应的符号代表其等级。较高的信誉等级对发债者来说既是一个很好的广告宣传,同时,对进一步的筹贷,甚至产品的销售都会有很大帮助。对投资者来说,信用评级可以起到保护他们利益的作用,级别超高.越将成为吸引投资者的投资热点。

2) 成立专门班子,熟悉和掌握债券发行所必须要做的工作

这包括债券发行所需要的有关文件资料,报批手续,发行机构,发行成本核算。债券的发行市场情况,债券的印制,债券的纳税等工作。

3) 全面研究、拟定关于债券发行所必需的各种书面文件和必须提供的书面资料

这主要包括债券的可行性报告,债券的发行额度,发行范围,筹贷的使用方向及效益情况,债券的发行章程、宣传资料等等。

4）对债券市场进行综合调研

特别是从法律方面对发债者的权力、义务、责任和风险进行全面分析比较。

5.3.3.2 债券发行的申请

1）债券发行的申请

任何拟以债券方式筹措资金者必须在发行前首先提出正式发债申请，报中国人民银行审查批准。具体表现为，中国人民银行根据国家宏观经济政策和申请者的实际情况，决定是否批准发行，优先批准哪一家发行以及决定其发行量的多少，等等。

由于债券发行的数量、范围各有差异，为便于管理，中国人民银行总行及其分支机构行使审批权。

2）申请发债对应提供的文件

债券发行者在依法定程序，于发债前向债券主管机关中国人民银行或其分支机构提出发债申请，并按规定报送有关文件，按计划发行总额的一定比例支付发行注册申请费。需报送的有关文件有以下几类。

(1) 债券发行申请书。

(2) 债券发行章程或说明书。这是申报的关键，应力求详细。如属公开发行的债券，必须予以公布，以便使投资者了解、分析和进行选择，一般章程或说明书应载明下列内容。

① 发行者的全称、地址及法人代表。

② 发行者的企业性质、注册资本和经营范围以及近3年(含当年)来的资产负债情况。

③ 发行债券的目的、用途和经济效益预测。

④ 发行债券的总额、种类、方式、票面金额和发售价格等。

⑤ 债券的利率及其计算方式。

⑥ 债券的还本付息方式及日期。

⑦ 债券发行的起止日期。

⑧ 债券承销者的全称、地址发承销方式、余额和价格。

⑨ 债券发行的范围及购债者的权利与义务。

⑩ 其他需要说明的问题。

(3) 营业执照。系指由工商行政管理部门正式颁发的营业证书。主要看其是否为符合发行条件的合法的营利性企业。

(4) 经会计事务所或审计事务所核查签证的上两个年度和上一个季度连续盈利的财务报表，以确证发行者近3年来连续盈利的真实性和合法性。

(5) 如发行债券筹资用于固定资产投资，还应提供有权批准部门准予进行固定资产投资的批准文件，防止计划外固定资产投资项目。

(6) 公开发行债券，还应提供中国人民银行及其分支机构指定的资信评级机构出具的债券等级证明、债券等级达到A级以上才能批准发行。这一等级证明，提供比较可靠的企业偿债资信依据，也为人民银行提供了审批的前提条件。

(7) 公开发行债券，还应提供发债者与承销证券的证券公司或其他经过批准可经营证券业务的金融机构签订的债券承销合同，通过合同建立双方的法律关系，明确发行风险债券承销合同一般应载明以下内容。

① 合同当事人的全称，法定地址及法人代表。

② 采取的承销方式及当事人各自的权利与义务。

③ 承销证券的名称、总余额以及展销价格。

④ 债券的起止日期。

⑤ 债券发行的起止日期。

⑥ 承销债券后款项划付日期及方式。

⑦ 承销债券费用的计算及支付方式日期。

⑧ 剩余债券退还日期及方法。

⑨ 违约责任。

⑩ 其他需要约定的内容。

(8) 中国人民银行或其批准的金融机构所需的其他文件。

5.3.3.3 债券发行的审查

采取直接融资方式筹措资金，为企业开辟了新的融资渠道，为企业增添了活力，同时受社会风险制约，企业的压力无形中又增强了。因此，无论从维护经济秩序的稳定，维护企业金融机构的信誉，确保债券的顺利发行，还是从保护投资者利益的角度来讲，发行债券更要慎之又慎，作为证券发行的管理部门必须对发债者及债券进行严格的审查。

5.3.3.4 债券的发行

债券的发行包括发行形式、发行价格的确定以及债券发行的决策。

1) 发行形式和发行价格的决定

(1) 发行形式。主要包括：内部发行、必须记名并限于向发行企业职工发行；定向发行，限于向协作单位、联营单位及其职工发行；公开发行，不限对象，自由认购。

(2) 发行价格。详见下一部分的介绍。

2) 债券发行的决策

企业在决策发行债券前，应充分分析自身条件并对照国家有关发行债券的金融法规进行全面决策。

(1) 发行额的决策。主要考虑资金需求量，用于项目的资金应当是批准项目投资总额减去自筹资金及已经解决的资金来源，不足部分为项目的资金数，其流动资金需求量则可根据生产发展和银行借款额度不足部分来确定。

(2) 债券利率的决策。主要根据国家宏观利率调控需要而定。

(3) 债券发行期限的决策。就是债券自身发行日到还本日的时间。

(4) 发行方式的决策。主要包括以下几类。

① 包销，代理发行机构在委托协议规定期内，不管债券是否全部认购完毕，必须将筹资款划付发行企业；

② 全额包销，亦称助销，即至规定的发行期结束，未售出的债券余额部分，由代

理发行机构一次买进，在协议规定期内将筹款金额一次划归发行单位；

③ 代销，亦称推销，代理发行期结束后，在协议规定期内，将已发行新筹款项和未发行的债券一并划付、归还发行企业。

5.3.4 发行价格

5.3.4.1 概述

债券属于虚拟资本的范畴，它与机器、厂房等真实资本不同，本身没有价值，仅仅是一种凭证或所有权证书。债券与其他虚拟资本之所以有价格，是因为它们能给持有者（投资者）带来收入，相应构成发行者（筹资者）的成本支出。

债券的价格也叫债券行市，是债券在证券市场上以其自身独立的运动形态进行自由买卖的市场价格。

债券价格通常有以下几种不同含义。

1）票面价格

票面价格指券面注明的发行者到期偿还的金额。

2）发行价格

发行价格指筹资者每张债券实得金额，也就是投资者对确定票面价格的债券所支付的购买金额。债券的发行金额往往与票面价格不一致。分为三种情况。

（1）等价发行，即按债券票面价格发行，发行价格等于票面价格；

（2）折价发行，即按低于债券票面金额发行，发行价格低于票面价格；

（3）溢价发行，即按高于债券票面价格发行，发行价格高于票面价格。此外，贴现发行可视为低价发行的一种特殊形式。即贴现债券在发行时，发行者就按一定的贴现率将投资者在债券期限内应得利息支付给投资者。

3）市场价格

市场价格即债券发行后在流通市场上的买卖价格，购进价叫买进价格，卖出价叫卖出价格。人们通常所说的债券价格是指债券的市场价格。

在这一小节里，我们主要讨论的是第二种，也就是债券的发行价格。

5.3.4.2 影响债券发行价格的因素

企业发行债券时，由于市场利率可能与票面利率相同，也可能不同，因而其发行价格可能与面值相等，也可能与面值不等，而出现溢价发行或者折价发行的情形。所以，债券的发行价格必然要根据有关因素计算确定。理论界公认的债券发行价格的计算方法是：债券的发行价格等于债券到期本金偿还额按市场利率计算的现值加上债券利息按市场利率计算的现值。计算公式如下：

$$P=\sum_{t=1}^{n}\frac{I_t}{(1+i)^t}+\frac{M}{(1+i)^n} \tag{5-1}$$

式中：P ——债券发行价格；

I_t ——债券第 t 期的利息；

M——债券面值；

i——折现率；

n——计息次数。

据上式不难看出，债券发行价格的大小取决于五个基本要素：面值（即本金偿还额）、票面利率、市场利率、计息方式、折现方法。

1）债券的面值

债券的面值是标在债券上的名义价值。它既指债券到期时的本金偿还额，即不管以何种方式发行债券，到期时均以标明的面值偿还；也是计付利息的基础，即企业向投资者计付利息是以债券的面值和票面利率为准计算的。

债券面值对债券发行价格的影响表现在：在其他因素不变的情况下，债券面值越大，发行价格越高；反之，面值越小，发行价格就会越低。

2）票面利率

票面利率是标在债券上的名义利率，可能与市场利率一致，也可能不一致。票面利率是企业向投资者计付利息的标准。

在我国，票面利率的确定必须考虑如下因素。

(1) 国家对债券利率的限制。

(2) 企业的承受能力和经济效益状况。

(3) 企业信誉的等级。信誉卓著的企业，利率可适当低一些；反之，则必须高一些才能吸引投资者。

(4) 付息方式。若债券到期一次还本付息，利率就要高一些，而分期付息时，利率则可低一些，而贴水发行时利率则可更低。

票面利率对债券发行价格的影响表现在：在其他因素相同的情况下，票面利率越高，债券的发行价格就越大；反之，则越小。

3）市场利率

顾名思义，市场利率就是企业发行债券时，金融市场上所通行的借贷利率，它是金融市场上资金供求矛盾运动的结果。市场利率的大小与企业债券的发行没有直接关系，是企业所不能控制的因素。

市场利率对债券发行价格的影响表现在：在其他因素相同的情况下，市场利率越大，则债券发行价格越低；反之，市场利率越小，发行价格就会越高。这是因为，投资者会在利益动机的驱动下，决定自己的投资行为。市场利率较高时，投资者就会把资金转向其他投资领域而放弃债券的购买，迫使企业降低债券的发行价格以吸引投资者；而市场利率较低时，投资者就会把资金转向购买债券，造成债券供给的紧张。这时，企业再按面值发行债券，也会导致筹资成本的增加，故企业就会以较高的价格发行债券。这一道理，从债券发行价格是本金现值与利息现值之和这一公式上也会清楚地看出。

4）计息方式

计息方式是债券发行者向投资者计付利息的时间和形式。因为货币具有时间价值，计息方式的不同也会引起债券发行价格的变化。

(1) 若债券到期一次还本付息，利息的支付是在最后一次完成的，投资者获取利息的时间最晚。为了弥补投资者晚收利息的损失，债券的发行价格要低一些。

(2) 若债券是分次付息的，投资者比较及时地得到了利息，因而债券发行价格可适当高一些。

(3) 在债券发行时就扣除利息的情况下(即俗称的“贴现发行”)，投资者获取利息最为及时，债券发行价格也应最高。

债券的计息方式一般由企业自行确定，并在债券上标明，国家对此并不作统一规定。目前，我国企业发行的债券大多是采取到期一次还本付息的方式。

5) 折现方法

前已述及，因为债券发行价格实质上是本金现值与利息现值之和，因而必然涉及现值的计算方法，即折现方法问题。折现方法不同，计算结果也不相同。

要确定计算债券发行价格的折现方法，必须注意两个问题。

(1) 单利与复利。

众所周知，复利法与单利法迥然不同。单利法只假定“本能生利”，而复利法则假定“本能生利，利亦能升利”。很显然，用两种不同的方法计算的现值是不同的，因而债券的发行价格也是不同的。到底用何种方法计算债券的发行价格，我国并没有统一的规定。大多数教科书都是运用复利法计算债券的发行价格。

(2) 折现频率。

既然使用复利法计算债券的发行价格，由此涉及的是折现频率的确定。折现频率又称复利频率，意指在一个期间内的复利次数。复利的间隔时间越短，复利频率越高，据以计算的终值越大，而计算的现值却越小。复利的间隔时间越长，复利频率越低，据以计算的终值则较小，而计算的现值却越大。

折现频率一般可分为三种情况进行探讨：

第一，债券到期一次还本付息的情形。若债券到期一次还本付息，应按照复利法和一年复利一次的方式进行折现，求出债券的发行价格。

第二，每年付息、到期还本的情形。这种情况比较简单，把本金和每年支付的利息按市场利率分别折现后求和，即得债券的发行价格。

第三，每年付息若干次、到期还本的情形。首先必须明确，因为货币有时间价值，增加付息次数会导致提前付息，在名义利率不变的情况下，也会增加企业的负担，因而企业必然要求提高债券的发行价格。若仍按每年复利一次的方法进行计算，结果却不能增加债券的发行价格。因此在每年付息若干次的情况下，就必须按换算后的市场实际利率进行利息的折现。

5.3.5 可转换债券融资

5.3.5.1 概述

1) 可转换债券的概念

可转换债券是一种以公司债券或优先股为载体，允许持有人在规定的时间内按规定的价格转换为发行公司或其他公司普通股的金融工具。可转换债券和可转换优先股有很多共同之处，而且可转换债券应用范围也更为广泛，故本书只介绍可转换债券。

可转换公司债券是公司债券的一种，即这种债券的持有者可根据自己的意愿，在一定的时候按规定的价格转换为公司发行的股票。它是一种享有转换特权的公司债券，在转换前是纯粹的公司债，转换后便脱离了公司债的形式，相当于新发行了股票。

2）发行可转换债券的原因

当市场低估了公司的价值时，管理者为了股东的利益，将没有动机去发行股票，因为股票会卖得太便宜，低于公司的真实价值。这通常被称为"柠檬问题"（lemon problem）。这时债务融资是最好的选择。一般来说，价值被高估的公司更愿意发行股票。价值被低估的公司会尝试发行债务。然而正如我们所知，普通债务会增加财务风险，当公司经营风险较大或债务比例较高时，一般的债务融资并不是最好的选择，而可转换债券正好处于股票和普通债券之间。所以有人说，最差的公司会发行股票，中等的公司会考虑发行可转换债券，而最好的公司会发行普通债券。

凡是企业建设时期或经营不好的时期，当预见到将来企业会增加收益时，尤其应重视发行可转换公司债券。

3）可转换债券的性质

可转换债券的性质主要包括以下几个方面。

（1）期权性。可转换债券的期权性主要体现在可转换的选择权，在规定的转换期限内，投资者可以选择按转换价格（即一般期权的履约价格）转换为一定数量的股票，也可以放弃转换权利，任何公司不得"强制"投资者将其手中的可转换债券转换为股票。由于可转换债券持有人具有将来买入股票（而不是卖出）的权利，因此，可将它看成是一种买进期权，期权的卖方为发行公司。

（2）债券性。可转换债券的债券性，主要体现在它具有定期领收息票和债券本金的偿还上。投资者购买了可转换债券后，若在转换期间未将其转换成股票，则发债公司到期必须无条件还本付息。

（3）回购性。可转换债券的回购性是指可转换债券一般带有回购条款，它规定发行公司在可转换债券到期之前可以按一定条件赎回债券。发行者行使赎回权，其目的是为了迫使投资者将债权转换为股权。如股价长期高于转换价格（如高于30%），投资者出于投机的目的仍不实行转换，则发行公司可在赎回期开始时按规定的债券价格赎回债券。如果投资者觉察发行公司的赎回意图后，多会选择将可转换债券转换为股票，而不愿让发行公司以较低的价格赎回；在这种情况下，可转换债券的转换就有了一定的"强迫性"。但是为了保护投资者利益（实际上也是为了吸引投资者购买可转换债券），回赎条款不能明显地赋予发行公司过大的回购权利，所以回购性只能作为可转换债券的一个隐含属性。

（4）股权性。可转换债券的股权性与其期权性相联系，由于可转换债券是股权衍生出来的产品，它赋予投资者按一定价格买入一定数量股票的权利。只要投资者愿意，可随时将手中的可转换债券（假设为美式可转换债券）转换为股票，成为股权投资者。可转换性确保了投资者能获得股票投资者的所有利益。虽然可转换债券投资者有可能转换为股权投资者，但并不能说明他已经是股权投资者，而且若是欧式可转换债券，则只能在债券到期时才能行使转换权，因此，股权性也只能作为可转换债券的一个隐含属性。

5.3.5.2 可转换债券的发行条件与债券募集说明书

《中华人民共和国证券法》规定，上市公司发行可转换为股票的公司债券，除应当符合发行公司债券的条件外，还应当符合关于公开发行股票的条件，并报国务院证券监督管理机构核准。

发行可转换公司债券时，发行人必须公布可转换公司债券募集说明书。募集说明书应当包括下列内容：

(1) 发行人的名称。

(2) 批准发行可转换公司债券的文件及其文号。

(3) 发行人的基本情况介绍。

(4) 最近 3 年的财务状况。

(5) 发行的起止日期。

(6) 可转换公司债券票面金额及发行总额。

(7) 可转换公司债券利率和付息日期。

(8) 募集资金的用途。

(9) 可转换公司债券的承销及担保事项。

(10) 可转换公司债券偿还方法。

(11) 申请转股的程序。

(12) 转股价格的确定和调整方法。

(13) 转换期。

(14) 转换年度有关利息、股利的归属。

(15) 赎回条款及回售条款。

(16) 转股时不足一股金额的处理。

(17) 中国证监会规定的其他事项。

5.3.5.3 转换价格、转换比率和转换期

1) 转换价格

发行可转换债券时，必须明确将以怎样的价格转换为股票。这一规定的价格就是可转换债券的转换价格，亦称转股价格，是指将可转换债券转换为每股股份所支付的价格。转换价格一般是以发行可转换公司债券前一段时间股票的平均价格为基准，上浮一定幅度作为转换价格。

【例】某上市公司拟发行 5 年期可转换债券，面值 1000 元，发行前一个月其股票平均价格经测算为每股 20 元，预计公司股价未来将明显上升，故确定可转换债券的转换价格比前 1 个月的股价上浮 25％，即 20×(1＋25％)＝25(元)。

转换价格可根据时间进行变动，一般是逐期提高转换价格，促使可转换债券的持有者尽早地进行转换。上例中的转换价格可以作如下规定。

(1) 债券发行第 2 年至第 3 年内，可按照每股 25 元的转换价格将债券转换成普

通股即每张债券可转换成 50 股普通股股票。

(2) 债券发行后的第 3 年至第 4 年内，可按照每股 30 元的价格将债券转换为普通股，及每张债券可转换成 33.33 股普通股股票。

(3) 债券发行后的第 4 年至第 5 年内，可按照每股 35 元的价格将债券转换为普通股，及每张债券可转换成 28.57 股普通股股票。

要做出正确的将可转换公司债券转换为股票的决策，既要观察现在的股票价格是否超过了可转换公司债券的价格，并呈上升趋势，还要通过科学的方法来判断可转换公司债券价格和股票价格的关系、与时价的关系。

在请求转换期间内，若公司以低于时价的价格发行新股时，就会引起股票价格的下跌，为维护可转换公司债券持有者的利益，需要对转换价格进行调整，公式如下：

$$\text{调整后的转换价格}=\text{调整前的转换价格}\times\frac{\text{已发行的股票数}+\dfrac{\text{新发行股票数}\times\text{每股缴纳金额}}{\text{每股时价}}}{\text{已发行的股票数}+\text{新发行股票数}} \tag{5-2}$$

2）转换比率

转换比率是指每张转换债券能够转换为普通股的股数。在上例中的转换比率分别为 50 股、33.33 股和 28.57 股。转换比率和债券面值、转换价格的关系如下：

$$\text{转换比率}=\text{债券面值}\div\text{转换价格}$$

3）转换期

转换期是指可转换债券转换为股份的起始和结束期间。可转换债券的转换期可以与债券期限相同，也可以短于债券的期限。

5.3.5.4 赎回条款和回售条款

1）赎回条款

赎回是指公司股票价格在一段时期内连续高于转股价格达到某一幅度时，公司按事先约定的价格买回未转股的可转换公司债券。设置赎回条款是为了促使债券持有人转换股份，故又被称为加速条款。赎回能限制债券持有人过分享受公司收益大幅度上升所带来的回报，同时也能避免市场利率下降后，继续向债券持有人支付较高的债券票面利率所蒙受的损失。

赎回条款主要包括以下内容。

(1) 不可赎回期。是指可转换债券从发行时开始，不能被赎回的那段时间。设立不可赎回期的目的，是保护债券持有者的利益，防止发行企业滥用赎回权，强制债券持有人过早转股。

(2) 赎回价格和赎回条件。赎回价格是事先规定的发行公司赎回债券的出价，一般高于可转换债券的面值，两者之差为赎回溢价。

可转换债券的赎回分为无条件赎回和有条件赎回。无条件赎回是指在赎回期内发行公司可随时按照赎回价格赎回债券；有条件赎回是指只有在满足赎回条件时,公司才能赎回债券。赎回条件规定了可转换债券需要在什么情况下才能被赎回。

【例】某公司可转换债券募集说明书中约定:

(1) 到期赎回条款:公司于本可转债债券期满后5个工作日内按本可转债的票面面值的107%(含当前计息年度利息)赎回未转股的全部本可转债。

(2) 提前赎回条款:在本可转债转股期内,如果公司A股股票在任何连续30个交易日中至少20个交易日的收盘价格不低于当期转股价格的130%,公司有权决定按照债券面值的110%(含当前计息年度利息)的赎回价格赎回全部或部分未转股的本可转债。

2) 回售条款

回售是指公司股票价格在一段时期内连续低于转股价格达到某一幅度时,可转换公司债券持有人按事先约定的价格将所持债券卖给发行人。设置回售条款是为保护债券投资人的利益。合理的回售条款可以使投资者具有安全感,因而有利于吸引投资者。

5.3.5.5 可转换债券的利弊分析

可转换债券的优点有以下几点:

(1) 可以比普通企业债券低的票面利率方式发售筹资。可转换债券被称为"甜味债券",即带甜味的普通债券,其利息比普通债券要低。这反映了期权的价值。

(2) 为公司提供了以高于当前市场价格卖出股票的途径,是推迟的股票。

(3) 便于筹集资金。在转换为普通股后,既保留了原有资金,又可降低负债比率,使资本结构更趋健全,企业也就能更容易地筹集到新的资金。对投资者来说,尽管在初始购买时付出了一笔溢价资金,且通常还要承受低票面利率损失。然而一旦未来企业股价剧涨,可转换债券持有者可享有赚取大量资本利得的机会;成为普通股东后,又可参与剩余盈利分配。可见,可转换债券既如普通债券一样安全,又同普通股一样可分享企业成功时的利润,故在初始的年度,可转换债券的市价既远远高于普通企业债券价格,又远远高于其转换价值,因此发行可转换企业债券较之发行普通企业债券,可给企业带来低票面利率和溢价资金的双重好处。

(4) 有利于稳定股价,降低对每股盈余的稀释。可转换债券在发行和转换期间,对公司股价的影响较小,有利于稳定公司股价。由于可转换债券的转换价格高于发行当时的股票市价,因此实际转换成股票的数量较发行新股较少,因而降低了增发股票对公司每股收益的稀释程度。

但可转换企业债券融资也存在缺点:

(1) 当持券人在股价剧涨时进行转换,对筹资企业而言,其实际筹资成本将会高于发行普通债券。

(2) 如果企业发行可转换债券的真正目的是为了获取权益资本,但可转换债券发行后,若其普通股价始终未能涨至足以诱使持有人将债券转换为普通股票的价格,则企业将无法摆脱掉这部分负债,直到债券期满。

(3) 可转换债券一旦转换,其低票面利率的优势将随之消失。

5.4 股票市场融资

5.4.1 股票的基本理论

股票属于股份公司为筹集自由资金而发行的有价券，是公司签发的证明股东所持股份的凭证，它代表了股东对股份制公司的所有权。发行普通股是股份有限公司筹集权益资金最常见的方式。

5.4.1.1 股票的分类

根据不同标准，可以对股票进行不同的分类，现介绍几种主要分类方式。

1) 按股东享受权利和承担义务的大小分类

按股东享受权利和承担义务的大小为标准，可把股票分成普通股票和优先股票。

普通股票简称普通股，是股份公司依法发行的具有管理权、股利不固定的股票。从法律上讲，企业对优先股不承担法定的还本义务，是企业自有资金的一部分。

2) 按股票票面是否记名分类

以股票票面上有无记名为标准，可把股票分成记名股票与无记名股票。

记名股票是在股票上载有股东姓名或名称并将其记入公司股东名册的一种股票。记名股票要同时附有股权手册，只有同时具备股票和股权手册，才能领取股息和红利。记名股票的转让、继承都要办理过户手续。

无记名股票是指在股票上不记载股东姓名或名称的股票。凡持有无记名股票，都可成为公司股东。无记名股票的转继承不用办理过户手续，只要将股票交给受让人，就可发生转让效力，移交股权。

公司向发行人、国家授权投资的机构和法人发行的股票，应当为记名股票。

对社会公众发行的股票，可以为记名股票，也可以为无记名股票。

3) 按股票票面有无金额分类

以股票票面上有无金额为标准，可把股票分为面值股票和无面值股票。面值股票是指在股票的票面上记载每股金额的股票。股票面值的主要功能是确定每股股票在公司所占有的份额，另外，还表明在有限公司中股东对每股股票所负有限责任的最高限额。

无面值股票是指股票票面不记载每股金额的股票。无面值股票仅表示每一股在公司全部股票中所占有的比例。也就是说，这种股票只在票面上注明每股占公司全部资产的比例，其价值随公司财产价值的增减而增减。

4) 按发行对象和上市地区分类

以发行对象和上市地区为标准，可将股票分为 A 股、B 股、H 股和 N 股等。

在我国内地，有 A 股、B 股。A 股是以人民币标明票面金额，B 股是以外币认购和交易的股票。另外，还有 H 股和 N 股，H 股为在香港上市的股票，N 股是在纽约上市的股票。

5.4.1.2 股东的权利

1) 普通股股东的权利

普通股股票的持有人叫普通股股东，普通股股东一般具有如下权利。

(1) 公司管理权。

普通股股东具有对公司的管理权。对大公司来说，普通股股东成千上万，不可能每个人都直接对公司进行管理。普通股股东的管理权主要体现为在董事会选举中有选举权和被选举权。通过选出的董事会代表所有股东对企业进行控制和管理。具体来说，普通股股东的管理权主要表现为：

① 投票权。普通股股东有权投票选举公司董事会成员并有权对修改公司章程、改变公司资本结构、批准出售公司重要资产、吸收或兼并其他公司等重大问题进行投票表决。

② 查账权。从原则上讲，普通股股东具有查账权。但由于保密的原因，这种权利常常受到限制。因此，并不是每个股东都可自由查账，但股东可委托会计师事务所代表他去查账。

③ 阻止越权的权利。当公司的管理当局越权进行经营时，股东有权阻止。

(2) 分享盈余权。

分享盈余权也是普通股股东的一项基本权利。盈余的分配方案由股东大会决定，每一个会计年度由董事会根据企业的盈利数额和财务状况来决定分发股利的多少并经股东大会批准通过。

(3) 出让股份权。

股东有权出售或转让股票，这也是普通股股东的一项基本权利。股东出让股票的原因可能有：

① 对公司的选择。有的股东由于管理当局的意见不一致，又没有足够的力量对管理当局进行控制，便出售其股票而购买其他公司的股票。

② 对报酬的考虑。有的股东认为现有股票的报酬低于所期望的报酬，便出售现有的股票，寻求更有利的投资机会。

③ 对资金的需求。有的股东由于一些原因需要大量现金，不得不出售其股票。

(4) 优先认股权。

当公司增发普通股票时，原有股东有权按持有公司股票的比例，优先认购新股票。这主要是为了使现有股东保持其在公司股份中原来所占的百分比，以保证他们的控制权。

(5) 剩余财产要求权。

当公司解散、清算时，普通股股东对剩余财产有要求权。但是，公司破产清算时，财产的变价收入，首先要用来清偿债务，然后支付优先股股东，最后才能分配给普通股股东。所以，在破产清算时，普通股股东实际上很少能分到剩余财产。

2) 优先股股东的权利

优先股的“优先”是相对普通股而言的，这种优先权主要表现在以下几个方面。

(1) 优先分配股利权。

优先分配股利的权利，是优先股的最主要特征。优先股通常有固定股利，一般按面值的一定百分比来计算。另外，优先股的股利除数额固定外，还必须在支付普通股股利之前予以支付。对于累积优先股来说，这种优先权就更为突出。

(2) 优先分配剩余资产权。

在企业破产清算时，出售其资产所得的收入、优先股位于债权人的求偿之后，但先于普通股。其金额只限于优先股的票面价值，加上累积未支付的股利。

(3) 部分管理权。

优先股股东的管理权限是有严格限制的。通常，在公司的股东大会上，优先股股东没有表决权，但是，当公司研究与优先股有关的问题时有权参加表决。例如，如果讨论把一般优先股改为可转换优先股时，或推迟优先股股利的支付时，优先股股东都有权参加股东大会并有权表决。

5.4.1.3 股票的发行

股票的发行是利用股票筹集资金的一个最重要问题，现简介如下。

1) 股票发行的目的

明确股票发行的目的，是股份公司决定发行方式、发行程序、发行条件的前提。股份公司发行股票，总的来说是为了筹集资金，但具体来说，有不同原因，主要有：

(1) 设立新的股份公司。股份公司成立时，通常以发行股票的方式来筹集资金并进行经营。

(2) 扩大经营规模。已设立的股份公司为不断扩大生产规模，也需通过发行股票来筹集所需资金。通常，人们称此类发行为增资发行。如果拟发行的股票在核定资本的额度内，只需经董事会批准；如果超过了核定资本额度，则需召开股东大会重新核定资本额。在核定的资本额度内增资发行，董事会通过之后，还要呈报政府有关机构，办理各种规定的手续。

(3) 其他目的。其他目的的股票发行通常与集资没有直接联系，如发放股票股利。

2) 股票发行的条件

虽然股份公司和股票市场是商品经济条件下极为普遍的现象，而且也是商品经济发达程度的重要标志，但股票的发行必须遵循一定的法律和规定。按国际惯例，股份公司发行股票必须具备一定的发行条件，取得发行资格，并在办理必要手续后才能发行。现对我国股票发行的条件做适当说明。

(1) 新设立的股份有限公司申请公开发行股票，应当符合下列条件：

① 生产经营符合国家产业政策。

② 发行普通股限于一种，同股同权，同股同利。

③ 在募集方式下，发起人认购的股份不少于公司拟发行股份总数的35%。

④ 发起人在近3年内没有重大违法行为。

⑤ 证监会规定的其他条件。

(2) 国有企业改组设立股份有限公司申请公开发行股票，除应当符合上述情况下的各种条件外，还应当符合下列条件：

① 发行前一年末，净资产在总资产中所占比例不低于30%，无形资产在净资产中所占比例不高于20%，但证监会另有规定的除外。

② 近3年连续盈利。

③ 国有企业改组设立股份有限公司公开发行股票的，国家拥有的股份在公司拟发行股本总额中所占的比例，由国务院或国务院授权的部门规定。

④ 必须采取募集方式。

(3) 股份有限公司增资申请发行股票，必须具备下列条件：

① 前一次发行的股份已募足，并间隔1年以上。

② 公司在最近3年内连续盈利，并可向股东支付股利。

③ 公司在最近3年内财务会计文件无虚假记载。

④ 公司预期利润率可达同期银行存款利率。

3) 股票发行的基本程序

根据国际惯例，各国股票的发行都有严格的法律规定程序，任何未经法定程序发行的股票都不发生效力。这里介绍公开发行股票的最基本程序。

(1) 公司做出新股发行决议；

(2) 公司做好发行新股的准备工作，编写必备的文件资料和获取有关的证明材料；

(3) 提出发行股票的申请；

(4) 有关机构进行审核；

(5) 签署承销协议；

(6) 公布招股说明书；

(7) 按规定程序招股；

(8) 认股人缴纳股款；

(9) 向认股人交割股票；

(10) 改选董事、监事。

5.4.1.4 股票上市

股票上市指股份有限公司公开发行的股票经批准在证券交易所进行挂牌交易。经批准在交易所上市交易的股票称为上市股票。股票获准上市交易的股份有限公司简称为上市公司。

我国《公司法》规定，股东转让其股份，即股票流通必须在依法设立的证券交易场所进行。

1) 股票上市应考虑的因素

股票上市作为一种有效的筹资方式，对公司的成长起着重要的作用。发达国家中绝大部分发展迅速的公司都选择了上市。然而，股票上市也会给公司带来一些负面效果，因此，在做出股票上市的决定前，公司管理者应该非常慎重地考虑，并且应该尽可能向专家或有过类似经历的企业家进行咨询，以便做出的决策能够达到预期目的。

(1) 股票上市可为公司带来的益处。

① 有助于改善财务状况,公司公开发行股票可以筹得自有资金,能迅速改善公司财务状况,并有条件得到利率更低的贷款。同时,公司一旦上市,就可以在今后有更多的机会从证券市场上筹集资金。

② 利用股票收购其他公司。一些公司常用出让股票而不是支付现金的方式去对其他企业进行收购。被收购企业也乐意接受上市公司的股票。因为上市的股票具有良好的流通性,持股人可以很容易将股票出手而得到资金。

③ 利用股票市场客观评价企业。对于已上市的公司来说,每时每日的股市,都是对企业客观的市场估价。

④ 利用股票激励职员。上市公司利用股票作为激励关键人员的手段是卓有成效的。公开的股票市场提供了股票的准确价值,也可使职员的股票得以兑现。

⑤ 提高公司知名度,吸引更多顾客。股票上市公司为社会所知,并被认为经营优良,这会给公司带来良好的声誉,从而吸引更多的顾客,扩大公司的销售。

(2) 股票上市可能对公司产生的不利影响。

① 使公司失去隐私权。一家公司转为上市公司,其最大的变化是公司隐私权的消失。国家证券管理机构要求上市公司将关键的经营情况向社会公众公开。

② 限制经理人员操作的自由度。公司上市后其所有重要决策都需要经董事会讨论通过,有些对企业事关重大的决策则需全体股东投票决定。股东们通常以公司盈利、分红、股价等来判断经理人员的业绩,这些压力往往使得企业经理人员注重短期效益而忽略长期效益。

③ 公开上市需要很高的费用。这些费用包括:资产评估费用、股票承销佣金、律师费、注册会计师费、材料印刷费、登记费等。这些费用的具体数额取决于每一个企业的具体情况、整个上市过程的难易程度和上市数额等因素。公司上市后尚需花费一些费用为证券交易所、股东等提供资料,聘请注册会计师、律师等。

2) 股票上市的条件

公司公开发行的股票进入证券交易所交易必须受严格的条件限制。我国《公司法》规定,股份有限公司申请股票上市,必须符合下列条件:

(1) 股票经国务院证券管理部门批准已向社会公开发行。

(2) 公司股本总额不少于人民币 5000 万元。

(3) 开业时间在 3 年以上,最近 3 年连续盈利;原国有企业依法改建而设立的,或者在《公司法》实施后新组建成,其主要发起人为国有大中型企业的股份有限公司,可连续计算。

(4) 持有股票面值人民币 1000 元以上的股东不少于 1000 人,向社会公开发行的股份达股份总数的 25% 以上;公司股本总额超过人民币 4 亿元的,其向社会公开发行股份的比例为 15% 以上。

(5) 公司在最近 3 年内无重大违法行为,财务会计报告无虚假记载。

(6) 国务院规定的其他条件。

具备上述条件的股份有限公司经申请,由国务院或国务院授权的证券管理部门批准,其股票方可上市。股票上市公司必须公告其上市报告,并将其申请文件存放在指定的地点供公众查阅。股票上市公司还必须定期公布其财务状况和经营状况,每年定期公布财务会计报告。

3) 股票上市的暂停与终止

股票上市公司有下列情形之一的，由国务院证券管理部门决定暂停其股票上市：

(1) 公司股本总额、股权分布等发生变化不再具备上市条件；

(2) 公司不按规定公开其财务状况，或者对财务会计报告作虚假记载；

(3) 公司有重大违法行为；

(4) 公司最近3年连续亏损。

5.4.2 股票定价

5.4.2.1 普通股价值的基本概念

要研究普通股的价值，必须了解与之相关的一些基本概念。下面介绍几个有关的基本概念。

(1) 票面价值。票面价值又称股票的票面额，是指股票票面上标出的金额。股票的发行价格一般都不等于其面值，所以许多企业不再在股票票面上标明金额。

(2) 发行价格。股票的发行价格是股票在发行时的价格。股票的发行价格既可以按股票的面值发行，也可以按超过股票的面值发行即溢价发行，还可以按低于股票的面值发行即折价发行。我国目前规定股票不得折价发行。溢价发行股票获得的价差，计入资本公积金。

(3) 设定价值。在发行无票面价值的股票时，根据设定股本和发行股数所确定的价值，叫设定价值。例如，某公司章程规定设定股本为1000000元，授权发行200000股，则每股普通股设定价值为：

$$1000000/200000 = 5(\text{元})$$

普通股不载明票面的价值，但具有设定价值，会使股票更有灵活性和弹性。

(4) 账面价值。账面价值是指按账面计算的每一普通股份的资产价值，是股东实际拥有的资产权益。股票的账面价值往往与股票的票面价值相差很远，它随着企业资产的增值而上升，随着企业资产的减少而下降，其计算公式为：

$$\text{股票的账面价值} = \frac{\text{资产的净值} - \text{优先股的总面值}}{\text{普通股的总股数}} \tag{5-3}$$

(5) 清算价值。是指企业清算时，每股所代表的实际价值。从理论上讲，账面价值与其清算价值应当一致，实际上并非如此。因为清算时企业资产的销售金额很难与财务报表上的账面价值一致。大多数情况下，每股清算价值都小于账面价值。

(6) 内在价值。内在价值是筹资者或投资者对某种股票预期未来的现金流量进行折现的价值。它是一种估计价值。

5.4.2.2 普通股的定价

由于普通股的价值是对预期的现金流量按照预期的收益率或市场平均收益率

折现而成的价值，是估计的价值，所以，股票定价也可以叫做股票的估价。

1）零成长的股票的价值

零成长的股票就是指预计未来每年的股利都相同的股票。既然假设未来股利不变，因此其支付过程是一个永续年金，则股票的价值应为永续年金的现值，即：

$$V_0 = \frac{D}{R_s} \tag{5-4}$$

式中，$D =$ 每股红利；

R_s——股票投资的预期报酬率。

2）固定成长股票的价值

固定成长股票指的是股利按固定比例增长的股票。上面计算股票价值时，是假设公司股利每年是固定的，但是通常情况下股利是不固定的，并且是逐年增长的。所以，股票价值判断应考虑股利每年递增率 g（假定 g 每年不变）。假设当前每股股利为 D_0，则股票价值应为每年股利的现值之和。即：

$$V_0 = \sum_{t=1}^{\infty} \frac{D_0 \times (1+g)^t}{(1+R_s)^t}$$

由于 g 是固定的，所以根据等比级数公式，可简化为：

$$V_0 = \frac{D_0 \times (1+g)}{R_s - g} = \frac{D_1}{R_s - g}$$

则：

$$R_s = \frac{D_1}{V_0} + g \tag{5-5}$$

3）非固定成长股票的价值

其实，任何企业的股利都不可能是绝对固定的，而可能在一段时间内成长较快，而在另一段时间内成长较慢，甚至固定不变。在这种情况下，计算股票内在价值，只能分段计算。

【例】 如果股票投资的期望报酬率为 16%，估计前 3 年是高速成长期，年增长率为 30%，以后进入慢速增长，年增长率为 10%，基期股利为 1.82 元，要求计算目前股票的内存价值。

（1）首先计算前 3 年的股利现值：

年份	现值系数（16%）	现值
1	$1.82\times(1+30\%)^1\times0.8621$	＝2.040（元）
2	$1.82\times(1+30\%)^2\times0.7432$	＝2.286（元）
3	$1.82\times(1+30\%)^3\times0.6407$	＝2.562（元）
	前 3 年的股利现值之和	＝6.890（元）

(2) 计算第 3 年年底的股票内在价值：

$$V_3 = \frac{D_3 \times (1+g)}{R_s - g} = \frac{1.82 \times (1+30\%)^3 \times (1+10\%)}{16\% - 10\%} = 73.31(\text{元})$$

(3) 求第 3 年年底股票价值的现值(即复利现值)：

$$73.31 \times (P/F, 16\%, 3) = 73.31 \times 0.6407 = 46.97(\text{元})$$

(4) 目前该股票的内在价值：

$$V_0 = 6.89 + 46.97 = 53.86(\text{元})$$

5.4.3 融资收益分配

5.4.3.1 影响收益分配的因素

收益分配政策是指管理当局对收益分配有关事项所做出的方针与决策。影响收益分配政策的因素有很多，基本上有以下几个方面。

1) 法律方面的因素

为了保护债权人和股东的利益，国家有关法规对企业收益的分配予以一定的硬性限制。这些限制主要体现为以下几个方面：

(1) 资本保全约束。资本保全是财务管理的一项重要原则。它要求企业发放的股利或投资分红不得来源于原始投资(或股本)，而只能来源于企业当前的利润或留存收益。其目的是为了防止企业任意减少资本结构中所有者权益(股东权益)的比例，以维护债权人利益。

(2) 资本积累约束。它要求企业在分配收益时，必须按一定的比例和基数提取各种公积金。另外，它要求企业在具体的分配政策上，贯彻“无利不分”的原则，即当企业出现亏损时，一般不分配利润。

(3) 偿债能力约束。偿债能力是指企业按时足额偿付各种到期债务的能力，对股份公司而言，当其支付现金股利后会影响公司偿债能力和正常经营时，公司发放现金股利的数额就要受到限制。

(4) 超额积累利润约束。对于股份公司而言，由于投资者接受股利缴纳的所得税要高于进行股票交易的资本利得所缴纳的税金，因此许多公司可以通过积累利润使股价上涨的方式来帮助股东避税。西方许多国家都注意到了这一点，并在法律上明确规定公司不得超额累计利润，一旦公司留存收益超过法律认可的水平，将被加征额外税款。我国法律目前对此尚未做出规定。

2) 股东方面的因素

股东出于自身考虑，对公司的收益分配也会产生一些影响。

(1) 控制权考虑。公司股利支付率高，必然导致保留盈余减少，这又意味着将来发行新股的可能性加大，而发行新股会稀释公司的控制权。因此，这些公司的股东往往限制股利的支付，而愿意较多的保留盈余，以防止控制权的分散。

(2) 避税考虑。一些高收入的股东出于避税考虑(股利收入的所得税高于股票交易的资本利得税)，往往要求限制股利的支付，而较多地保留盈余，以便从股价上涨中获利。

(3) 稳定收入考虑。某些股东往往靠定期的福利维持生活，他们要求公司支付稳定的股利，反对公司留存较多的利润。

(4) 规避风险考虑。在某些股东看来，通过增加留存收益引起股价上涨而获得的资本利得是有风险的，而目前所得的股利是确定的，即便是现在获得较少的股利，也强于未来较多的资本利得，因此他们希望能发放较多的股利。

3) 公司方面的因素

公司出于长期发展与短期经营考虑，需要综合考虑以下因素，并最终制定出切实可行的分配政策。这些因素主要有：

(1) 公司举债能力。如果一个公司举债能力强，能够及时地从资金市场筹措到所需要的资金，则有可能采取较为宽松的收益分配政策，保留较少的留存收益；反之，对于举债能力较弱的公司，往往采取较保守的分配政策，留有较多的盈余。

(2) 未来的投资机会。收益分配政策受企业未来投资机会的影响。主要表现在：当企业预期未来有较好的投资机会，且投资收益率大于投资者期望的收益率时，公司应首先考虑将应分配的收益用于再投资的可能性，减少分红的数额，这样做既有利于公司的长远发展，又能被广大投资者所理解。相反，如果企业缺乏良好的投资机会，保留大量盈余会造成资金的闲置，可适当增大分红数额。正因为如此，处于成长中的企业多采取少分多留的政策，而陷于经营萎缩的企业多采用多分少留的政策。

(3) 盈余稳定情况。企业盈余是否稳定，也将直接影响其收益。盈余稳定的企业能够较好的把握自己，因此有可能支付比盈余不稳定的企业更高的股利；盈余不稳定的企业由于对未来盈余的把握较小，因而多采取低股利的分配政策。

(4) 资产流动状况。较多地支付现金股利，会减少企业现金持有量，使资产的流动性降低，而保持一定的流动性是企业经营的基础和必备条件，因此，若企业的资产流动性差，不易分配过多的现金股利。

(5) 筹资成本。一般而言，将税后的收益用于再投资，有利于降低筹资的外在成本，包括再筹资费用和资本实际支出成本。因此，许多债务资金较多、资金结构欠佳的企业，多将企业的盈余作为筹资的首选渠道。

5.4.3.2 常用的收益分配政策

在实务中，不同的企业可能采取不同的收益分配政策，即使是同一企业，在不同时期也可能采取不同的分配政策。在实践中，股份公司常采用的股利分配政策主要有以下几种。

1) 剩余股利政策

股利分配政策直接影响公司的资本结构，奉行这种政策的公司在进行股利分配时，较多的考虑将净利润用于增加股东权益，只有当增加的权益资本能够满足目标资本结构的需要时，才将剩余的利润用于股利分配。

采用剩余股利政策时，应遵循以下四个步骤：

(1) 设定目标资本结构，即确定权益资本与债务资本的比例，在此资本结构下加权平均资金成本应最低。

(2) 确定目标资本结构下投资所需的权益资本数额。

(3) 最大限度地使用保留盈余来满足投资方案所需的权益资本。

(4) 投资方案所需的权益资本满足后若还有剩余的盈余，再将其作为股利发放给股东。

可见，在这种股利分配政策下，股利分配成为新的投资机会的函数，随着投资需求的变化而变化，只要存在良好的投资机会，就应首先考虑其资金的需要，最后考虑股利的分配。这种政策的优点是能够充分利用筹资成本的资金来源，保持理想的资本结构，使加权平均资金成本最低。

2）固定或稳定增长的股利政策

固定股利政策是将每年发放的股利固定在一个特定的水平上，并在较长时期内保持不变，只有公司认为未来的盈余将会显著地、不可逆转地增长时，才提高股利。但是，在通货膨胀的情况下，大多数公司的盈余会随之增长，且多数股东也希望能够获得足以抵消通货膨胀不利影响的股利，因此，在长期通货膨胀时期，公司应不断提高股利发放额，使股利每年有一个稳定的增长率，即采用稳定增长的股利政策。

这种股利政策的优点是：①稳定的股利可以给投资者（包括潜在的投资者）一种公司经营较稳定的印象，这对树立公司良好的形象、增强投资者对公司的信心及稳定股票市价都有一定的作用；②稳定的股利有利于投资者安排收入与支出，特别是对那些对股利有着较强依赖性的股东更是如此。

这种股利政策的缺点是：股利支付与公司的盈利能力相脱节，当盈利能力较差时仍要支付较高的股利，容易引起公司的资金短缺，导致财务状况恶化。

3）固定股利支付率政策

股利支付率是每年支付的股利与净利润的比率。固定股利支付率政策要求公司每年按固定的股利支付比例从净利润中支付股利。由于公司的盈利能力是经常变动的，因此，每年支付的股利也随之变动，这种政策体现了风险与收益的对等。其缺点是：由于股利的波动使外界产生公司经营不稳定的印象，不利于股票市价的稳定与上涨。

4）正常的低股利加额外股利政策

这种股利分配政策的做法是：公司在一般情况下，每年只支付固定的、数额较低的股利；在盈利状况较好的年份，再根据实际情况向股东发放额外的股利。

这种股利政策的优点是：具有较大的灵活性，可给公司较大的弹性。由于平常股利发放水平较低，在公司净利较少或要保持较多的留存收益时，公司仍可以维持稳定的股利发放水平，避免股价下跌；而当公司的盈利水平较高时，可以通过发放额外股利的方式，将其分配给股东，也有利于股价的提高。

5.4.3.3 收益分配形式

1）现金股利

现金股利，是指用现金支付股利的形式。这是支付股利的最主要形式。这种形式能满足大多数股东希望得到现金收益的要求，但这种形式增加了公司的现金流出量，增加了公司支付的压力，因此，采用这种股利支付形式要求公司必须有足够的现金支付能力。

2）股票股利

股票股利，是指以股票的形式支付股利。通常做法是按现有股东持有股份的比例来配股，并且采用增发股票的形式，分发给普通股东，如：某公司发放6%的股票股利，则现有股东每持有100股，就可以获得6股额外的普通股。用这种形式发放股利，既不影响公司的资产和负债，也不增加股东权益的总额。因为，留存收益和股本都是股东权益。但是股票股利增加了流通在外的普通股的数量，每股普通股的权益将被稀释，从而可能会影响公司股票的市价。股票股利是公司将留存收益的一部分予以股本化的一种做法，它既不减少公司的现金，又可以使股东分享利润；保留下来的现金，可以用于追加投资，扩大经营规模。因此，这种股利支付形式较为普遍。

3）财产股利

财产股利，是指以现金以外资产作为股利发放给股东的股利支付形式。具体有：第一，实物股利。发给股东实物资产或实物产品。这种形式不增加货币资金支出，多用于现金支付能力不足的情况，减少公司的资产净值，这种形式不经常采用；第二，证券股利。最常见的证券股利是以其他公司的证券代替货币资金发放给股东。由于证券的流动性即安全性比较好，仅次于货币资金，投资者愿意接受。对企业来说，把证券作为股利发给股东，既发放了股利，又保留了对其他公司的控制权，可谓一举两得。

4）债权股利

债权股利，是指公司以自己的债权作为股利发放给股东的股利支付形式。以这种形式发放股利，对股东来说，他们又成为了公司的债权人。对公司来说，资产总额不变，负债增加，资产净值减少。具体有发行的公司债券和本公司开出的应付票据两种办法，都是带息的票据，并有固定的到期日，对股东来说，到期还本收到现金股利的时间要很长，但可以获得额外的利息收入。对公司来说，增加了支付利息的财务压力。所以，一般在公司以宣布并必须立即发放股利，而货币资金又不足的情况下，才采取这种股利支付方式。

5.4.4 国际股权融资

国际股权融资指的是一个国家的工商企业或大型项目在另一个国家发行股票筹集所需资金的融资形式。由于股票不可退股，只能转让，因此，国际股权融资筹集的是长期性资本，国际股权融资活动属于世界资本市场上的活动。随着20世纪80年代融资证券化趋势的出现，国际股权融资在国际融资中的地位逐渐上升。

5.4.4.1 国际股权融资应具备的条件

下面以我国内地企业到香港地区和美国直接上市为例介绍境外上市融资的特点和操作。

1) 公司在香港上市须满足的条件

(1) 营业记录和管理层的持续性。公司有连续3年的营业记录,且这3年营业必须由同一管理层完成;最近1年的利润不低于2000万美元,前2年的利润不少于3000万美元。这条规定既可以从某种程度说明公司管理层有一定的经营水平和管理经验,公司达到一定的规模,又可以保证公司上市后业务的稳定性。

香港联交所上市规则第8条要求,在香港第一上市的发行人必须在香港拥有一定数量的关联人员,一般来说发行人至少要有两名执行董事定居香港。但由于目前内地企业到香港上市,其业务仍集中在内地,联交所采取弹性做法,对内地企业豁免上述要求,但内地上市公司必须有专门电话、传真、持续的保荐人和常驻香港的公司秘书,以保证上市公司与境外投资者的有效联系和沟通。

(2) 社会公众持股的最低比例。如果公司未发行A股,社会公众持有的H股应不低于公司总股本的25%;如果公司已发行A股,上市的H股应由社会公众持有,A股和H股的总和不低于公司总股本的20% ,H股不低于公司总股本的10%。

(3) 股票上市后市值和最少股东的规定。H股上市时预计二级市场流通量不能低于1亿港元,其中一半以上的股票要在香港发行。公司至少有100名股东,且每发行100万港元市值的股票,获配发股份的股东不少于3名。

(4) 由独立会计师根据香港或国际会计准则审计的3年财务报告,最近一份报告与上市报告书的刊登时间不能超过6个月。

(5) 关联交易的规定。关联交易是指上市公司与相关人员之间的任何交易。在这里,相关人员指公司的董事、发行人、监管人、控股股东(拥有公司10% 或以上的股份)、公司的分公司或公司的附属机构。附属机构包括由主要控股股东控制了其股东会上35% 或更多的投票权或能控制其董事会组成的所有公司。

如果申请人存在关联交易,为确保一般股东的利益,联交所可能认为该公司不适合上市。我国国内企业普遍会碰到关联交易,要获得联交所的上市批准,一方面要对关联交易的信息公开;另一方面应聘请独立董事对上述交易做出决定,以保证一般股东的利益不受损害,并向联交所申请放弃对这方面的要求,只有这样,发行人才有可能被获准在香港上市。

(6) 独立董事的规定。公司须委任两名独立于控股股东(持有公司股份35% 或以上的)的董事,以代表一般股东的利益。

2) 公司在美国上市的条件要求

美国共有8家证券交易所,其中,全国性的证券交易所有3家,即纽约证券交易所、美国证券交易所和纳斯达克(NASDAQ)系统,大多数非美国公司的股票都在上述3家证券交易所挂牌上市。以下说明纽约证券交易所对非美国公司的上市要求。

(1) 股权分布。在全世界拥有5000名股东和250万股股票由社会公众持有。

(2) 社会公众拥有股票的总市值。全世界达1亿美元。

(3) 会计准则和财务报告记录。以美国会计准则或与美国会计准则一致的会计准则编写的3年财务报告;上市前有3年以上的盈利,最近3年税前收入累计值达1亿美元,其中每年最少为2500万美元。

(4) 资产净额。全世界1亿美元。纽约证券交易所对上市公司的每股最低价格没有具体要求。

3) 我国有关企业境外上市条件的规定

《国务院关于股份有限公司境外募集股份上市的特别规定》以及其他一些外资政策法规也对企业进行国际股权融资限定了一定的条件。

(1) 符合国家产业政策。企业首先应属于国家允许外商投资的行业;其次属于能源、交通、原材料等基础设施、基础产业和高新技术产业的大中型企业及国家支持的重点技改项目,也可适当考虑其他行业。

(2) 企业有发展潜力,急需资金。企业境外发行所募资金投向明确,主要用于企业生产发展,符合向集约化经营转变的要求;部分资金可用于调整资产负债结构、补充流动资金等。投资基建、技改项目建设的,应符合国家关于固定资产投资、技术改造立项的规定;经国务院批准急需外汇的重大技术引进项目的企业,可优先考虑允许境外上市。

(3) 企业具有一定规模和良好经济效益。企业改组后投入上市公司部分的净资产一般不少于4亿元人民币,经评估或估算后的净资产税后利润率达到10% ,税后净利润达到6000万元以上,有连续3年的盈利业绩;对国家支持发展的基础设施建设行业,境外证券交易所对业绩有豁免的,可以不需要3年连续盈利业绩。公开发行后国有股一般应占控股地位,对国家政策要求绝对控股的行业或企业,募股后国有股的比例应超过51% 。

(4) 企业境外上市筹资额预计可达4亿元人民币(约折合5000万美元)以上。

(5) 企业有一定的创汇能力,为保证上市后分红派息有可靠的外汇来源,企业创汇水平需达到净利润额的10%,属于基础设施等行业的这一比例可适当放宽,但要征得有关外汇管理部门的同意。

(6) 对国务院确定的现代企业制度试点的企业,试点取得明显进展的,同等条件下适当优先考虑。

(7) 企业有一定的知名度和经营管理水平。企业连续3年产品市场占有率在国内同行业中名列前茅;企业主要管理人员具有较好的专业水平和管理经验,上市后能保持基本稳定。

符合上述条件且需申请境外上市的企业,要向所在地的省级人民政府和向所属国务院有关企业主管部门(直属机构)提出申请。有关政府部门接到企业申请文件后以正式文件向中国证监会推荐,推荐文件同时抄送国家发改委、国家经贸委、国家体改委。国务院证券委与其他部委初步确定预选企业,并报国务院批准。国务院同意后,由中国证监会发文通知省级人民政府和国务院主管部门(直属机构),企业方可准备境外发行上市工作。

5.4.4.2 国际股权融资的程序

1）发行前的准备

这个阶段包括选择中介服务机构、决定公司重组方案、确定发行的基本结构(如上市地点的选择)和建立初步的时间表。至于公司选择上市地点则要充分考虑世界上各证券市场的特点和上市交易所对上市公司的要求。H股发行上市，香港证交所的审批时间约需40天；在美国公开发行上市，整个过程约需90～180天。若有公司重组、国内政府部门或财务资料等方面的原因，则需要更长时间。

2）起草招股说明书和进行核实

招股说明书是公司发行上市的最重要文件。概括地说，它有三方面职能。第一，招股说明书是一份法律文件。不同市场对其内容、格式的要求不一样，但有一点是相同的，即招股说明书必须对有关发行人的信息做出充分、真实的披露，使投资者能充分了解发行人并做出投资决策，招股说明书中任何不真实的披露和隐瞒重大事项的行为都是违法的。第二，招股说明书同时是一份销售文件。投资者根据招股说明书提供的价格、时间，认购发行人的股份，发行人或承销商不得以招股说明书规定销售条件以外的条件发售股票。第三，招股说明书也是发行人公开亮相的综合性“舞台”。招股说明书的内容包括发行人的发展历史、主要产品和服务、原材料供应、生产、营销、竞争、新产品开发、员工、管理、主要资产和财务报表等，潜在投资者、竞争对手、未来合作伙伴和其他社会大众都可能利用招股说明书了解发行人某方面信息并对其进行评价。因此，招股说明书编制质量不但影响发行人的股票发行，同时关系到公司在国际市场的形象。

由于招股说明书是一份法律文件，其内容的不真实或误导性陈述以及存在重大遗漏，发行人的董事及有关中介服务机构要负法律责任，因此，招股说明书在向有关证券管理部门递交前，应由公司及律师对招股说明书涉及的每一细节内容(包括每一个数字)作详细、严格的审查和核对。

3）香港联交所或美国证券交易管理委员会(SEC)的审查和批准过程

香港联交所的审查和批准过程中，涉及的主要步骤有：初步接触以讨论过去的营业记录和关联交易等有关组织上的问题；提交初步的上市申请，该申请应在上市委员会听证会之前35天或更早的时间提出，并附有草拟的招股说明书和财务资料；上市委员会听证会上审核和批准公司的招股说明书和上市申请；招股说明书的最后批准和公开发布。

美国证券交易管理委员会对招股说明书的审查和批准过程中，涉及的主要步骤有：初步接触；提交上市登记表和招股说明书初稿；根据SEC的修改意见，提交一份或多份修改后的上市登记表；SEC宣布上市登记表有效，这意味着公司可以发售股票；提交招股说明书的最后文本。

4）股票发行

在美国和中国香港市场，发行的股票基本上采用承销团余额包销的承销形式。发行方式上，美国和中国香港有一定的差异。在中国香港市场，招股说明书一般在上市委员会听证会批准几天后公布，公司根据招股说明书披露的信息向社会公众按固定价格发行固定数目的新股票。投资者认购并预付认购款，如果认购量超过公司的发行量，投资者所购得的股份将按比例减少，剩余的认购款退还给投资者；如果认购量小于发行量，投资者将获得全额认购。剩下的股份由承销团包销。而在美国，在向美国证券交易管理委员会提交上市登记表后，由主承销商向投资者分发招股说明书初稿，以确定公司股票的市场反应。SEC 审查结束后，再由公司和主承销商根据市场调查结果确定发行价格。发行价格的制定往往在正式发行前一天晚上进行，也只有在这时，承销商才与公司签订承销协议，开始负有法律上的承销股票的责任。不管发行 H 股，还是 N 股，发行人股票初次境外发行时都须进行国际巡回推介，以让更多的投资者了解和熟悉发行人，这对新股的认购及上市后二级市场的表现都有重要意义。

5.4.4.3　国际股权融资的优缺点

随着企业国际化经营的发展，国际间经济联系越来越密切，各国企业利用发行国际股票形式在国际资本市场上吸引外资将成为必然的趋势。

1) 国际股权融资的优点

(1) 为企业提供一条源源不断的融资渠道。

国际股票市场为那些处于成熟发展阶段的公司提供重要资金来源。1993 年马鞍山钢铁股份有限公司利用香港和美国两地市场共募集 40 亿港元资金，成为当年国内企业境外发行上市募集资金最多的公司，为马钢公司的生产发展提供了大量资金。公司上市后，可不时通过向老股东配股、发行可转换债券和认股权证等其他与股权相关或股权的派生形式从国际资本市场上直接筹资。

(2) 有利于上市公司在海外树立形象。

境外上市为公司提供许多宣传的机会。如新股发行时的推荐宣传、交易所的挂牌、每年年度的业绩报告、重大事项的披露等，境外交易所将公司的名字展现在境外投资者天天都要关注的股票行情显示屏上，这是对企业一种最有效、最持久的宣传和推介，使公司获得广泛的宣传和影响，大大提高公司在海外市场的知名度。这对于公司在国际市场上的产品销售、原材料采购和寻找新的合作伙伴有很大的帮助。

(3) 改善公司的资产负债结构。

境外上市可使公司改善内部资产结构，降低负债率，这样，公司在利用银行贷款、发行债券等融资途径时可以处于更有利的地位。

(4) 便于收购其他公司。

很多发展中的公司都是通过收购其他公司来扩展业务的，上市公司可以利用公司股份来收购别的企业，而无需花费大量的现金。

2) 企业境外上市的不足

(1) 上市公司须向公众公布很多信息。

公司发行上市时公布的招股说明书内容涉及历史背景、经营现状和发展前景等有关公司的详细资料，公司上市后还要定期披露公司的经营业绩和财务报告以及公司重大的收购和资产清理行为。

(2) 筹备上市时须投入大量的时间、人力并增加费用开支。

公司境外上市是一项复杂的工作，公司领导层既要准备一系列文件，与有关的政府部门联系并取得后者的批准，又要回答中介服务机构提出的各种各样问题，这是一个既费时又费力的过程。同时，境外发行上市须支付一定的费用，这些费用用于支付给有关的中介服务机构如承销商、会计师、律师、收款银行等，以及付给上市场所。公司上市后，每年的审计费用和律师费用将会增加，主要用来向股东提供年度财务报告、散发股东投票说明以及维持同股东之间的联系等。

(3) 上市公司的管理将受到一定限制。

公司上市后，其管理层的行为要对广大的股东负责，且公司的重大事情还须经股东大会投票决定。管理层的决策不像上市前那样方便。有时，公司管理层为了维持公司股票二级市场的形象和自身的利益，在一些投资项目上的决策会侧重短期利益，不利于公司的长远发展。

5.5 国际辛迪加银团贷款

国际辛迪加银团贷款(International Syndicated Loan)，简称国际银团贷款，是由获准经营贷款业务的一家或数家银行牵头，多家银行与非银行金融机构参加而组成的银行集团，采用同一贷款协议，按商定的期限和条件向同一借款人提供融资的贷款方式。它是国际商业银行贷款的一种特殊形式，是商业银行贷款概念在国际融资实践中的合理延伸，并且在目前的国际金融市场上得到越来越广泛的运用。许多项目，特别是发展中国家的项目，大多是由多边金融机构共同融资的。国际上很多大型项目融资，因其资金需求规模大、结构复杂，只有大型跨国银行和金融机构联合组织起来才能承担得起融资的任务。

5.5.1 国际辛迪加银团贷款的特点

与传统的双边贷款相比，国际银团贷款具有以下特点：

其一，所有成员行的贷款均基于相同的贷款条件，使用同一贷款协议。

其二，牵头行根据借款人、担保人提供的资料编写信息备忘录，以供其他成员进行决策参考，同时聘请律师负责对借款人、担保人进行尽职调查，并出具法律意见书，在此基础上，银团各成员行进行独立的判断和评审，做出贷款决策。

其三，贷款法律文件签署后，由代理行统一负责贷款的发放和管理。

其四，各成员行按照银团协议约定的出资份额提供贷款资金，并按比例回收贷款本息，如果某成员行未按约定发放贷款，其他成员行不承担责任。

5.5.2 项目融资中使用辛迪加银团贷款的优点

在项目融资中，使用辛迪加银团贷款有以下主要优点：

其一，参与辛迪加银团贷款的银行通常是国际上具有一定声望和经验的银行，具有理解和参与复杂项目融资结构和承担其中信用风险的能力。

其二，有能力筹集到数额很大的资金。辛迪加银团贷款市场是国际金融市场中规模最大、竞争最激烈的一个组成部分。在同样的项目风险条件下，在这个市场上可以筹集到数量较大、成本相对较低的资金。

其三，贷款货币的选择余地大。对贷款人的选择范围同样也比较大。这一点为借款人提供了很大的方便。借款人可以根据项目的性质、现金流量的来源和货币种类，来组织最适当的资金结构，并能很好地规避汇率风险。

其四，提款方式灵活，还款方式也比较灵活。

其五，对于贷款人来说，采用银团贷款可以降低单个银行承担的违约风险。

5.5.3 国际辛迪加贷款的期限和价格

银团贷款的期限比较灵活，短则3～5年，长则10～20年，但通常为7～10年。在银团贷款的整个贷款期限内又可分为三个阶段，即提款期、宽限期和还款期，借款人应合理确定自己的贷款期限。

国际辛迪加贷款的价格由利息和费用两部分组成。

1）利息

对于人民币银团贷款利率，按照中国人民银行的有关规定执行（目前除利息外不得收取其他任何费用）。

外币银团贷款利率主要分固定利率和浮动利率两种：

(1) 固定利率。是借贷双方商定选用的一个利率，一般在签订贷款协议时利率就固定下来，在整个贷款期限内不变。固定利率一般要由借贷双方谈判确定。

(2) 浮动利率。是以伦敦银行同业拆放利率LIBOR为基本利率，再加上一定的利差作为银团贷款的风险费用。LIBOR有1个月、3个月和6个月之分，绝大多数银团贷款均使用6个月浮动的LIBOR作为基本利率。

2）费用

在外币银团贷款中，借款人除了支付贷款利息以外，还要承担一些费用，如承诺费、管理费、参加费、代理费、安排费及杂费等。

(1) 承诺费（也称承担费）。借款人在用款期间，对已用金额要支付利息，未提用部分因银行要准备出一定的资金以备借款人的提款，所以借款人应按未提贷款金额向贷款人支付承诺费，作为贷款人承担贷款责任而受到利息损失的补偿。承诺费通常按未提款金额的0.125%～0.5%计收。

(2) 管理费。此项费用是借款人向组织银团的牵头行支付的。由于牵头行负责组织银团、起草文件、与借款人谈判等，所以要额外收取一笔贷款管理费，作为提供附加服务的补偿，此项费用一般在0.25%～0.5%之间，由借贷双方协商确定。该费用通常在签订贷款协议后的30天内支付。

(3) 参加费。参加费按出贷份额在各参加行中按比例分配，参加费一般为0.25%。参加贷款金额较大的银行的管理费和参加费可稍高于参加贷款较少的银行。

(4) 代理费。是借款人向代理行支付的报酬，作为对代理行在整个贷款期间管理贷款、计算利息、调拨款项等工作的补偿。代理费的收费标准一般在0.25%～0.5%，具体根据代理行的工作量大小确定。

(5) 杂费。是借款人向牵头行支付的费用，用于其在组织银团、安排签字仪式等工作期间的支出，如通讯费、印刷费、律师费等。

5.5.4 银团代理行

辛迪加银团贷款任命一家银行作为银团代理行，并在贷款协议中详细规定出代理行的权利和义务。代理行负责监管借款人的财务活动，管理贷款和保持银团与借款人之间的联系。

银团代理行的主要工作包括以下五个方面：

第一，建立和保持贷款活动的历史记录。

第二，监管借款人的经营活动，特别是贷款协议中规定的贷款条件和借款人的各种保证性条款是否得到满足。

第三，代表银团收取贷款的利息和本金偿还，并按出资比例在银团成员中进行分配。

第四，负责向银团通报有关借款人执行贷款协议的情况，向银团提供有关借款人的财务信息。如果是项目融资，银团代理行也需要向银团及时通报项目的建设、经营情况以及出现的重大问题。

第五，在出现违约情况时处理有关事宜。

5.5.5 按比例分配偿债资金

辛迪加银团贷款的一个基本原则是每个贷款银行应该按其贷款比例获得从借款人方面的任何偿债资金。借款人不能歧视其中任何一家银行。所有借款人的偿债资金都支付给代理行，然后由代理行再按比例分配给每一家贷款银行。

辛迪加银团贷款做出这样的规定目的是为了限制银团中某一家银行行使其债务抵消权(off-set)或者合并借款人银行账户的权利，而损害其他贷款银行的利益，因为持有借款人存款的贷款银行有可能利用该存款抵消借款人在银团贷款中所欠债务，而其他银行则未必有此便利，故而得不到相同比例的补偿，尤其是在借款人发生还款困难的情况下。

综上所述，辛迪加银团贷款由于涉及的银行数目多，有时这些银行又在不同的国家，无论是在谈判上、在准备法律文件的具体程序上，还是在贷款的管理上均要比商业银行贷款复杂。

5.5.6 世界银行参与的国际辛迪加贷款

如果项目发起人不是项目所在国的企业，世界银行或它的私有企业贷款机构——国际金融公司(IFC)的参与将减少项目发起人对所在国政治风险等的一些担心。

由世界银行支持的公共部门项目，可能获得低息贷款。如果借款人事实上不是政府，世界银行将要求政府担保。

与世界银行相反，IFC贷款给私有企业，并且不要政府担保，但IFC贷款不是低息的，而且费用可能较高，这表明许多IFC的借款人将努力从商业银行获得市场利率的贷款。高费率和由IFC融资带来的对政治风险的“安慰”能吸引商业贷款人加入他们本来不愿意参加的共同融资项目。

IFC对贷款项目的要求是必须有利于所在国的经济;通常与世界银行或国际货币基金组织(IMF)监督下的结构调整政策相配套,增加所在国获得硬货币的能力。借款人必须是在当地成立的股份有限公司,但如果所在国法律允许,也可以是100%外资公司。

世界银行项目的审批必须通过十分严格的环境效应评估;在试图满足其他要求的过程中,项目可能遇到问题而被推迟。

世界银行对它本身的贷款通常不要求担保,但要求借款人接受严格的消极保证条款,并且世界银行将分享任何商业银行享有的担保权益。如果商业银行享有担保权益,该权益只有在得到世界银行批准后才能实施。

通常,贷款文件中将包含一个特殊条款,该条款指明了世界银行、IFC或其他共同融资机构的决定;除了在贷款文件中明确阐明的责任外,共同融资机构不对商业银行承担任何责任。

5.6 融资租赁概述

5.6.1 融资租赁概述

5.6.1.1 租赁的种类

租赁作为一种古老的、具有悠久历史的企业经营方式,种类繁多、形式多样。租赁是指出租人在承租人给予一定收益的条件下,授予承租人在约定的期限内占有和使用财产权利的一种契约性行为。按其业务性质通常分为两种类型:经营租赁和融资租赁。

经营租赁是指出租人不仅要向承租人提供设备的使用权,还要向承租人提供设备的保养、保险、维修和其他专门性技术服务的一种租赁形式,通常为短期租赁。其业务特点表现为以下几点:

(1) 租赁设备的选择由出租人决定。

(2) 租赁设备一般是通用设备或技术含量很高、更新速度较快的设备。

(3) 租赁目的主要是短期使用设备。

(4) 出租人既提供租赁设备,又同时提供必要的服务。出租人始终拥有租赁设备的所有权,并承担有关的一切利益与风险。租赁期限短,中途可解除合同。租赁设备的使用有一定的限制条件。

融资租赁则是指当企业需要筹措资金、添置必要的设备时,可以通过租赁公司代其购入所选择的设备,并以租赁的方式将设备租给企业使用。在大多数情况下,出租人在租赁期内向承租人分期回收设备的全部成本、利息和利润。租赁期满后,将租赁设备的所有权转移给承租人、通常为长期租赁。

按照《企业会计准则—租赁》对租赁的定义,融资租赁是指实质上转移了与资产所有权有关的全部风险和报酬的租赁,即全部风险与报酬都由出租人转移到了承租人,所有权最终可能转移,也可能不转移。除融资租赁以外的其他租赁均为经营租赁。

以上两种类型的租赁形式在租赁目的、租赁设备的选择和使用、承租人、承租期限、租赁合同的履行,租赁设备的维修与保养、租赁设备折旧的提取,以及租赁期满后设备的归属等方面都有明显的差异。现代租赁已成为企业筹集资产的一种方式,融资租赁在发达国家已经成为设备投资中仅次于银行信贷的第二大融资方式,是企业筹集资金的一种特殊方式。

5.6.1.2 融资租赁的特点

融资租赁其实质是以融物的形式达到融资的目的,它是一种十分重要的现代融资方式。融资租赁亦称金融租赁或财务租赁。融资租赁通常具备以下特点。

(1) 融资租赁交易涉及三方面的关系,即出租方、承租方和供货方,包括两个或两个以上的合同。融资租赁的三角关系是由其业务的特殊性决定的。出租方根据承租方的要求,出资向供货方购买设备,将其租给承租方使用,定期向承租方收取租金。由此可见,以上三方是同时关联着的,而这种关联的法律依据是合同,一项融资租赁交易至少要有两个合同,一个是出租方与承租方之间的租赁合同,另一个是出租方与供货方之间订立的供货合同。在某种情况下,如转租赁,其合同数量至少在两个以上。

(2) 租赁资产的所有权与使用权相互分离。租赁资产虽由承租方选定,但由出租方购进,因此,所有权归出租方占有。承租方在完全履行合同的情况下,对租贷资产享有独占的使用权。

(3) 与租赁资产所有权有关的风险和利益几乎已全部转移给承租人。所谓与租赁资产所有权有关的风险,是指由于资产闲置或技术陈旧而发生的损失,以及由于经营情况变化致使有关收入发生的变动。所谓与资产所有权有关的利益,指在资产有效使用年限内直接使用它而获得的利益、资产本身的增值,以及变卖残值所实现的收入。

(4) 租赁资产由承租人自行选择,出租人只根据承租人的要求购进有关资产,提供资金融通。因此,对于资产的质量、规格、数量、性能、外观等,出租人概不负责。

(5) 租赁期内,租赁资产的维修、保养和保险等责任均由承租人承担。

(6) 出租人几乎可以通过一次出租,便可全部收回在租赁资产上的投资。

(7) 融租赁以承租人对设备的长期使用为前提,租赁期间一般为 3 至 5 年,有的则长达 10 年或 10 年以上。为了保障出租与承租双方的利益,在合同有效期内,承租人不得中途退租、解约;出租人亦不可单方面要求撤销合同,只有当租赁资产毁坏至无法修理或被证明为已丧失其使用价值时,才能中止执行租赁合同。但是合同的中止应以出租人不受经济损失为前提。在承租人违约的情况下,出租人有权将租赁资产出卖或转让他人。

(8) 租赁期满时,承租人享有廉价购买租赁资产的选择权,获得资产;亦可续租或将租赁资产退给租赁公司。

5.6.1.3 融资租赁的形式

融资租赁通常采用以下三种方式。

1）直接租赁

直接租赁是融资租赁的典型方式，也是融资租赁最为常见的形式。即租赁公司通过筹集资金，直接购回承租企业选定的租赁设备，并租给承租企业使用的一种租赁方式。

2）售后租回

售后租回是指企业根据协议，将某资产卖给出租人，再将其租回使用。采用这种租赁形式，承租人因出售资产而获得一笔现金，同时付出租金而保留了资产使用权。

3）杠杆租赁

杠杆租赁是国际上较为流行的融资租赁方式，是指出租人只承担部分租赁设备的购置成本，其余由银行等金融机构贷款补足的租赁形式。它通常涉及承租人、出租人和贷款人三方。从承租人的角度来看，它与其他租赁形式并无区别，同样是按合同的规定，在租赁期内按期支付租金，取得资产的使用权。但对出租人却不同，出租人只出购买资产所需的部分资金（通常为30%）作为自己的投资；另外以该资产作为抵押向贷款人借入其余资金。因此，它既是出租人又是借款人，同时拥有该资产的所有权，既收取租金又要偿付债务。如果出租人不能按期偿还借款，那么资产的所有权就要转归贷款人。

5.6.2 融资租赁业务一般操作程序

我国现阶段融资租赁业务以直接融资租赁为主导。因此，本节融资租赁业务的一般程序，将围绕直接融资租赁业务展开。

直接融资租赁是指承租人向出租人提出租入某项资产申请；购置资产所需资金全部由出租人垫付；资产购进后直接交承租人使用；承租人定期向出租人交纳租金；租赁期满承租人享有资产产权、续租权、返还权中的一种租赁方式。

一项典型的直接融资租赁业务一般有以下程序。

1）租赁申请

承租人欲租入资产时，需首先向租赁公司提出书面申请。其内容主要包括资产的名称、数量、规格型号、价格、生产厂商、国别、交货时间、交货地点等项内容。同时承租人还应如实提供租赁公司要求的相关资料。

2）租赁业务受理

租赁公司在收到租赁申请及相关资料后，应在规定时间内作出是否受理的选择，然后对租赁进行调查与评估。

3）租赁项目审查

租赁公司受理承租人租赁申请后，需对项目进行严格审查，项目审查应从以下几个方面进行。

（1）项目的资格审查。

项目的资格审查是指租赁公司对欲承租用户所要求承租项目合法性的审查，它是确定项目成交与否的重要因素之一。

（2）承租人及其经济状况审查。

承租企业是租赁业务正常进行的保证。所以，必须审查承租企业的整体经济实力，判断租赁项目的风险状况。审查的重点是以下几类：

① 企业的沿革、背景、经营历史及社会影响。根据这些，判断其资信程度。

② 企业领导班子成员。了解他们的资历、学历及实际工作能力，判断其经营管理水平及技术实力。

③ 企业近几年来的经营成果，包括产品产量、销售量、销售收入、销售成本、利润、税金以及债务状况，判断其经济实力和经营态势，并分析发生变化的原因。

④ 企业近年来以上项目的建设进度、效益，判断其经办项目的经验和能力。

⑤ 企业现有工艺技术和设备的运转情况，了解项目的背景、目的、经济价值，判断新项目的必要性。

通过对上述内容的分析、研究，如承租企业各项指标良好，租赁公司便可对项目作进一步的审查。

(3) 项目的可行性审查。

项目的可行性审查指租赁公司对租赁项目的诸多客观因素所进行的调查、了解。审查的重点是以下几类：

① 拟上所生产的产品是否适销对路、渠道畅通。

② 拟上项目的原材料供应是否有充分的保证。

③ 拟上项目的工艺、技术是否可行。

④ 拟上项目的担保人是否是经中国人民银行认可的金融机构或经济实体；是否有代承租企业偿债的能力，是否具有外汇资金。经济担保函的各项条款是否满足租赁交易的特殊性。

租赁公司经过对项目和承租企业的综合评估，如认为项目合法，承租企业可靠，拟成交项目可行，便正式同意租赁申请。

4) 洽谈、签订租赁合同

项目审查完成后，租赁公司即与承租人开始洽谈有关的租赁条款。其内容主要包括租赁期限、租金等与租赁有关的各种事项。双方达成一致后，正式签订租赁合同。

5) 洽谈、签订商务合同

租赁合同订立后，租赁公司根据承租人选定的资产，与生产厂商洽谈并签订商务合同。

6) 筹集资金

租赁公司收到生产厂商交货通知后，筹集相应资金以购买相应资产。

7) 交运货物

生产厂商将租赁资产直接交运给承租人。

8) 支付货款

租赁公司将购买租赁资产的货款支付给生产厂商。

9) 租赁实行

承租人接卖方货物后，向租赁公司出具租赁资产收据，租赁合同正式履约。

10）交付租金

承租人按租赁合同中规定的租金支付日期和租金额，向租赁公司交付租金。

11）续租、留购、退回

租赁公司收到承租人应交纳的全部租金后，在租期届满前，便与承租人洽谈租赁资产的处理问题。其内容为续租、留购、退回事宜。承租人对租赁资产的处理方式选定后，双方已成交的该租赁合同终止。

5.6.3 融资租赁租金的确定方法

5.6.3.1 融资租赁租金的构成

融资租赁租金的构成通常包括租赁资产的购置成本和租息两部分。

(1) 租赁设备购置成本包括资产购买价格、运杂费、保险费等。

(2) 租息包括租赁公司融资成本和租赁手续费，融资成本指租赁公司为承租企业购置设备融资的应计利息；租赁手续费包括租赁公司承办租赁设备的营业费用以及一定的利润。

此外，租赁期限的长短以及租金支付的方式也是影响租金的重要因素。

5.6.3.2 融资租赁租金的计算

融资租赁租金确定的方法与贷款计算类似，只是租金的算法比贷款更具有多样性和灵活性，更适合融资租赁业务复杂多变的特征。租金计算方法分为浮动租息和固定租息两大类，其中固定租息计算有平均分摊法、等额年金法和附加率法。目前，在我国融资租赁实务中，大多采用平均分摊法和等额年金法。

1）平均分摊法

平均分摊法是以商定的租息率和手续费率计算出租赁期间的利息和手续费，然后连同设备成本按支付次数平均。此方法没有考虑资金时间价值因素。每次应付租金的计算公式如下：

$$A = \frac{(C - S) + I + F}{N} \tag{5-6}$$

式中：A——每次支付的租金；

C——租赁设备购置成本；

S——租赁设备预计残值；

I——租赁期间租息；

F——租赁期间手续费；

N——租金支付次数。

2）等额年金法

等额年金法是按照年金现值的原理，计算每期应付税金的方法。该方法考虑了资金的时间价值，是租金计算中相对合理也较常用的方法。计算原则是按承租人占用本金的时间，根据双方约定的利率和期数，复利计算利息。在每个租金还款期，先结利息后结本金。等额年金法的公式见本书第 3 章。

5.6.3.3 浮动利率计算方法

租赁提供的是长期资金,但也可用短期利率计算,由于每期使用的利率不一样,因此称之为浮动利率。它的计算方式只有一种,方法却灵活多变。计算方法与固定利率不同的是,首先将还本计划分期确定后,每到还租日时,以上期末未回收本金结算一次利息,加上计划应回收本金,算出租金。再用已回收的本金冲减未回收本金,作为下期租金计息基数。每期应付租金日都要根据资金市场的利率变化,确定下期租金的利率标准。其特点是:未回收本金占压时间越长,租金总额就越高。在整个租赁期内,利率随期数变动。由于变动因素多,计算出的各期租金差额较大,对承租人来说存在一定利率风险。这种算法,本金偿还和期数可根据承租人的实际还款能力而定,因此更能适应企业的还款能力,体现租金计算的灵活性,但也增加了租金不确定性和租赁项目后续管理的难度。租赁公司的资金来源一定不要使用短期资金补长期资金的方式操作,以避免金融风险。

5.6.4 融资租赁的优缺点

5.6.4.1 租赁筹资的优点

(1) 筹资速度快。融资租赁集融资与融物于一身,其流程一般较贷款、发行股票等其他融资方式更加简单快捷,可使企业快速形成生产经营能力。

(2) 租赁筹资限制条款较少。企业运用股票、债券、长期借款等筹资方式,均会受到较为严格的资格限制。相对而言,租赁筹资的限制条件较少。

(3) 免遭设备陈旧过时的风险。伴随科学技术的不断更新进步,设备陈旧过时的风险较高,因此多数租赁协议中规定该风险由出租人承担,承租企业可免受该风险的影响。

(4) 租金费用可在所得税前扣除,承租企业可享受一定的税收优惠。

(5) 租金在整个租期内分摊,可适当减轻到期还本的负担。

5.6.4.2 租赁筹资的缺点

(1) 筹资成本较高。融资租赁相对股票、债券、长期借款等筹资方式其筹资成本较高。

(2) 固定的租金支付构成较重的负担。

(3) 不能享有设备残值。

【复习思考题】

1. 什么是权益资本?其作用是什么?简述我国项目权益资本的主要来源。
2. 简述常见的货币市场融资方式。
3. 银行信贷的程序怎样?银行偿贷的信用条件有哪些?
4. 简述债券的定义特点与常见种类。

5. 简述债券的发行程序。
6. 什么是可转换债券？可转换债券的性质主要包括哪几个方面？
7. 简述股票的分类。
8. 普通股股东的权利有哪些？优先股股东的权利有哪些？
9. 简述股票发行的目的条件和基本程序。
10. 股票上市可为公司带来的益处有哪些？对公司产生的不利影响有哪些？
11. 什么是国际辛迪加银团贷款？有哪些特点？
12. 简述什么是经营租赁，什么是融资租赁。

第 6 章

项目融资担保

本章导读

本章主要讲述项目融资担保的相关知识。主要内容包括：第一，项目融资担保的概念、作用和步骤。第二，项目担保人的类型。第三，项目担保的范围。第四，项目融资担保的类型。

本章涉及的主要概念包括：项目融资担保、第三方担保人、商业风险、金融风险、政治风险、直接担保、简介担保、不动产担保、动产担保、固定担保、浮动担保。

引导案例

中海壳牌南海项目融资担保

中海壳牌南海项目是由壳牌公司与中方(中海油和广东省投资发展公司)合资开发的一个炼油石化综合项目。1998年初,该项目的可行性研究正式获得国务院的批准,总投资额为43亿美元。中海壳牌南海项目的巨额投资刷新了中外合资企业的投资规模的纪录。

壳牌公司、中海油和广东省投资发展公司合资成立的项目公司——中海壳牌石油化工有限公司(简称“中海壳牌”)宣称,中海壳牌南海项目所需资金的60%来自项目融资。由于该项目的融资额度要比其他项目,如中石化与英国石油在上海的合资项目(上海赛科BP)、中石化与巴斯夫在南京合资项目(扬子-巴斯夫)的融资额度大,因此财务顾问——意大利联合商业银行建议采取如下的项目担保方式:

(1) 投资者担保逐级降低的担保方式。如果像上海赛科BP采取股东完全担保的方式,将会增加中海油和壳牌在或有负债方面的风险;而如果像扬子-巴斯夫那样采取完工担保的方式,因石化产品不像电力南阳可以签署包销协议,银行涉及的风险太大,因此最后中海壳牌南海项目采取了介于上述两者之间的一种策略——投资者担保逐级降低的担保方式。该种担保方式的具体内容如下:

① 项目第一阶段,即项目建设期,预计工期为2.5年。在该阶段没有现金流,投资者对银行贷款进行百分之百担保,或银行对项目投资者拥有完全追索权。项目建设期的结束,取决于物理实验、生产实验以及财务实验是否顺利通过。

② 项目第二阶段,即项目完工到项目可以达到全部的生产能力,预计时间为2~3年。该阶段投资者对银行贷款的担保率下降到50%。

③ 项目第三阶段,即项目公司开发市场、生产和销售等环节相互协调阶段。该阶段投资者对银行贷款的担保率下降到35%。

④ 项目第四阶段,即项目完全走向正常经营阶段。该阶段投资者的担保责任最终被取消,贷款全部由项目本身产生的现金流偿付。衡量这一阶段结束的标准,包括营运产量等生产性指标,其中表征项目现金收益和当期要偿付的贷款之比的偿贷比是最为重要的指标。

(2) 出口信贷机构担保的方式。中海壳牌还采取了大型基建中常用的出口信贷机构担保方式,最后中标的几家机构为美国进出口银行、日本国际协力银行以及日本贸易保险公司。采用出口信贷机构担保,使投资者争取到了贷款期限长达15.5年的银行贷款,从而缓解了投资者的资金压力。

(资料来源:齐中英,王晓巍.项目融资[M].北京:机械工业出版社,2008.)

6.1 项目担保概述

采用项目融资的项目,需要大量的资金,面临许多风险,因而风险的合理分配和严格管理成为项目各参与方谈判过程中所讨论的核心问题，是项目成功的关键。项目融资担保是协调各方面关系，合理分配风险，从而使项目按计划顺利进行，并明确各参与方的责任与权力的主要手段之一。

6.1.1 担保的概念和性质

6.1.1.1 担保的概念

担保在民法上是指以确保债务或其他经济合同项下义务的履行或清偿为目的的保证行为，它是债务人提供履行债务的特殊保证，是保证债权实现的一种法律手段。项目融资担保是指借款方或第三方以自己的信用或资产向贷款或租赁机构作出的偿还保证，具体可分为物的担保和人的担保。

物的担保也称为物权担保，是指借款人或担保人以自己的有形财产或权益财产为履行债务而设定的担保物权，如抵押权、留置权等。在物权担保中，以项目特定物产的价值或者某种权利的价值作为担保，如债务人不履行其义务，债权人可以行使其对担保物的权力来满足自己的债权。这种担保在性质和形式上与传统的公司融资以及其他融资结构中的担保基本没有区别。物权担保比较直接，法律界定相对清楚。对于贷款人来说，在对项目资产设定担保物权之后，当借款人发生违约事件时，贷款人有权出售担保物及与之相关的权益，从出售所得中优先其他债权人得到补偿。物权担保主要表现为对项目资产的抵押和控制上，包括：第一，对项目的不动产的抵押，如对土地、建筑物的抵押；第二，对项目的有形动产的抵押，如对机器设备、成品、半成品、原材料等的抵押；第三，对项目的无形资产设置担保物权，如对合约权力、公司银行账户、专利权等设置担保物权。

人的担保也称为信用担保，是担保人以自己的资信向债权人保证对债务人履行债务承担责任，有担保(保证书)、安慰信等形式。在项目融资结构中，信用担保的基本表现形式是项目担保。项目担保(Project Guarantee)是一种以法律协议形式作出的承诺，依据这种承诺担保人向债权人承担了一定的义务。具体又有两种：第一，附属性质的项目担保。附属性质的项目担保是指担保人承担第二位的法律责任，只有在被担保人(主债务人)不履行其对债权人(担保受益人)所承担义务的情况下，担保人才承担起被担保人的合约义务。显然，这种担保义务是附属或依存于债务人和债权人之间的合约的。第二，独立的项目担保，称为即期担保(Demand Guarantee)，即担保人承担第一位法律责任。在这种担保条件下，担保人承诺根据融资文件或者担保文件中的有关条款，只要担保受益人提出要求，担保人将立即支付给受益人规定数量的资金，而不管债务人是否真正违约。

6.1.1.2 担保的法律特征

1) 传统意义上担保的法律特征

明确担保的法律性质是规范贷款当事人和担保人权利及义务的基础。传统意义上的担保具有以下法律特征：

(1) 担保合同具有补充性和从属性。所谓补充性，是指在保证合同的法律关系上，保证人是第二债务人，只有当主债务人不履行其债务时，保证人才有责任承担付款责任；只有在对借款人的财产强制执行后仍不足以抵债时，才能要求担保人承担清偿的责任。所谓从属性，是指担保合同是贷款合同的从合同，承担和贷款合同标准与范围一样的责任，保证人的保证责任随借款人的主债务的消灭而消灭。我国的担保法规定：担保合同是主合同的从合同，主合同无效，则担保合同无效。

(2) 担保合同项下保证人所承担的责任是第二性的付款责任，这和赔偿担保书中的担保人所承担的第一性付款责任不一样。

(3) 对价是此类担保的基础。所谓对价，从法律上看是一种等价有偿的允诺关系，而从经济学的角度讲，对价就是利益冲突的双方处于各自利益最优状况的要约而又互不被对方接受时，通过两个或两个以上平等主体之间的妥协关系来解决这一冲突。换句话说，对价就是指两个以上平等主题之间由于经济利益调整导致法律关系冲突时，矛盾各方所作出的让步。这种让步也可以理解为是由于双方从强调自身利益出发而给对方造成的损失的一种补偿。

2）现代意义担保的法律特征

现代意义的担保认为，担保是不依附于基础合同而成立的独立合同，它具有以下法律特征：

(1) 担保是一项独立的承诺，担保合同一经签署，担保人就向债权人作出了一种赔偿保证，只要债权人能满足担保书的履行条件，担保人就必须履行偿付责任，这种偿付责任不依赖基础合同而独立存在。

(2) 在这种独立的担保中，担保人往往要承担无条件的担保责任和第一性的付款责任，排除了传统担保中担保人所享有的抗辩权。这就是说，在主债务人未能履行其债务时，只要债权人能提供担保合同规定的书面索赔文件，除非担保人有充足的证据证明债权人的要求有明显的欺诈性，否则担保人无权拒付。

6.1.2 担保的主要作用

由于项目融资的根本特征体现在项目风险的分担方面，而项目担保正是实现这种风险分担的一个关键所在。项目融资结构以被融资项目本身的经济强度作为保障融资成功的首要条件，债务偿还的来源主要是被限制在项目的现金流量和资产价值上。但是，许多的项目风险是项目本身所无法控制的。出于对超出项目自身承受能力的风险因素的考虑，贷款银行必须要求项目的投资者或与项目利益有关的第三方提供附加的债权担保。例如，假定项目预期的现金流量对于债务偿还来说处于一种边际状态，贷款银行就会认为一旦市场或者生产成本发生较大变化，项目就可能出现因资金短缺而无法偿还债务的情况。这种风险也会被要求由除项目本身之外的第三方承担一定的责任。因此，项目担保是项目融资结构中的一个关键环节，是保障项目融资成功的首要条件。具体来说，项目担保在项目融资中将起到以下重要作用：

1）降低项目投资者的风险

采用担保形式，项目的投资者可以避免承担全部的和直接的项目债务责任，项目投资者的责任被限制在有限的项目发展阶段之内或者有限的金额之内。正因为如此，项目投资者才有可能安排有限追索的融资结构。

采用项目担保形式。项目投资者可以将一定的项目风险转移给第三方。通过组织一些对项目发展有利，但又不愿意直接参与项目投资或参与项目经营（由于商业原因或政治原因）的机构为项目融资提供一定的担保，或者利用商业担保人提供的担保，一定条件下可以将项目的许多风险因素加以分散和转移。

2）降低贷款人的风险

在项目融资中，项目担保有利于贷款人转移风险。因为贷款的风险使得贷款人在进行贷款活动中，采取各种措施来防范风险，以避免和减少损失。项目担保可使贷款人将可能发生的风险转移给担保人，一旦贷款发生风险，贷款人可从项目担保中得到补偿。

项目担保还有利于加强对借款人的监督。担保人一经为借款人的借款行为进行担保，就为此承担了责任，这样可防止借款人将贷款用于非规定项目，监督借款人履行其义务，因此，项目担保有利于贷款人防范贷款风险。

可见，项目融资的任务是将与项目利益有关的，和对项目发展有需求的各个方面所能提供的担保及所能承担的责任组织起来，使得其中任何一方都不会因财务负担过重或者项目风险过高而无法开发或经营项目，通过利用各个方面所提供的担保，组成一个强有力的项目信用保证结构，使其能够为贷款银行所接受。

6.1.3 担保的条款

在项目担保中，担保书的内容一般包括以下条款：

1）对价条款

担保中的对价是贷款人给予借款人贷款，即担保人通过为借款人提供担保所得到的回报是贷款人向借款人提供贷款。在担保书中对价一般以这样的条款来表达："贷款人向借款人提供贷款的前提是担保人出具担保书。"

在不同的国家，对对价条款的重视程度有所不同。在英国，对价是适用于一切合同的基本原则，是否有对价是合同生效的前提，在我国企业的对外融资中也似乎如此，即必须是具备对价条款。按照英国法律，对价的条件是：

（1）对价必须是书面的。由于担保合同、贷款合同是书面的，所以对价条款也应是书面的。

（2）在实践中一般要准确写明对价的具体金额。

（3）如果贷款人已经放款或已经承诺放款，这种已经作出的对价属于过去的对价，担保也就成为无效的保证。

（4）对价的内容可多样。在担保中贷款人同意放弃对借款人违约的追究、同意展期还款等都可为担保的对价。

2）担保责任

在项目融资中，由于金额一般较大，担保人往往可能是两个以上，为此，必须在担保合同中明确各担保人的责任。

（1）个别担保责任。这是指每个担保人只对借款人一定比例的债务承担担保责任，如果借款人违约，贷款人只能向每个担保人提出其担保比例上限范围内的清偿要求。

(2) 共同担保责任。这是指每个担保人对全部贷款债务承担保证责任，如果借款人违约，贷款人可以向担保中的任何一个或所有担保人提出清偿要求。

(3) 个别和共同担保。在此种条件下，如果借款人违约，贷款人可以向所有担保人提出清偿要求，也可以向担保人中的任何一个提出清偿要求。同时，在向一个担保人提出清偿要求未能被满足时，还可以向其他担保人提出清偿要求。上述这种形式的担保由于综合了前面两种担保责任的优点而被广泛地采用。

3) 担保条件

在担保合同中，一般会有这样的条款：本担保是无条件的、不可撤销的或本担保人无条件地，不可撤销地保证等等。这些都属于担保条件，其中"无条件"是指如果借款人违约，贷款人在没有用尽一切补救措施向借款人要求清偿规定的情况下，就可要求担保人履行担保义务；"不可撤销"是指未经贷款人(担保受益人)的同意，担保人不得解除担保合同。担保条件确立了担保合同的独立性，因而使担保人承担的义务不因贷款合同的变化而受影响。担保条件还明确了贷款人对担保人的立即追索权，即借款人如果出现违约行为，贷款人可直接向担保人要求清偿。

4) 陈述和保证

陈述和保证条款是明确担保人的担保资格和担保能力所作出的保证。其内容一般有：担保人必须是法人；担保人不存在对本合同的执行有实质性影响的负债；担保合同项下的担保责任和其他合同项下的担保责任具有同等地位；除非国家法律另有规定，在每个财务报告期结束的一定日期内，担保人向代理行提供经审计的财务报告。

5) 延续担保

延续担保可使贷款人避免因担保合同期满而无法向担保人索付，从而保障了贷款人的合法权益。在担保合同中，通常是这样规定的："本担保合同是延续不断的担保，直到借款人清偿完毕所有贷款合同项下的贷款及其利息、费用为止。"

6) 见索即付

见索即付是指一旦贷款人向担保人提出付款指示，担保人就必须立即付款。见索即付在担保合同中通常表示为："本担保人在收到代理行发出的书面索付通知书的数日内，向代理行支付本协议项下的担保金及利息、费用。"这一条款的作用是：在担保人采取任何诉讼或其他手段对借款人或任何其他人采取行动之前，担保人的义务已履行，一经代理行提出要求，担保人必须立即通过代理行向贷款人进行赔偿。

7) 延期、修改及和解

在担保合同中，贷款人和借款人就延长借款清偿期限达成协议或对贷款协议作出实质性修改，以及贷款人与借款人达成的某种和解，均需经过担保人同意，否则担保人的担保义务将自动免除。

8) 适用法律及司法管辖

这是指担保合同选择什么法律作为适用法。一般选择与适用法相关联的法院作为管辖法院，再就是确定诉讼代理人。

9）税收费

一般地，担保人在合同中均承诺，担保人将通过代理行补偿贷款人因执行担保合同而发生的费用，贷款人可获得无任何抵扣的、足额的收益。

6.1.4 担保的步骤

项目融资是一项程序性的活动，需要遵循一定的担保步骤。安排项目担保的步骤可以分为四个阶段。

（1）贷款银行向项目投资者或第三方担保人提出项目担保的要求。

（2）项目投资者或第三方担保人可以考虑提供公司担保（对于担保人来讲，公司担保成本最低）；如果公司担保不被接受，则要考虑提供银行担保。

（3）在银行提供担保的情况下，项目担保成为担保银行与担保受益人之间的一种合约关系，银行提供项目担保，而申请担保人则承诺在必要时补偿银行的一切费用。这时项目投资者或其他第三方担保人并不是项目担保中的直接一方。

（4）如果项目所在国与提供担保的银行不在同一国家，有时担保受益人会要求担保银行安排一个当地银行作为其代理人，承担担保义务，而担保银行则承诺偿付其代理人的全部费用。

在项目融资中，主要包括三种担保人：项目投资者、商业担保人、与项目利益有关的第三方参与者。

6.2 项目担保人

6.2.1 项目投资者

项目融资中最主要和常见的一种形式是项目的直接投资者和主办人作为担保人。通常情况下，项目投资者以建立一个专门的项目公司的方式来经营项目和安排融资。但是由于项目公司可能在资金、经营经验、资讯水平等多方面存在不足以支持融资的问题，所以大多数的贷款银行会要求借款人提供来自项目公司以外的担保作为附加的债权保证，以降低贷款风险。因此，除非项目投资者能提供其他可以被贷款人接受的担保人，否则项目投资者自己必须提供一定的项目担保。

项目融资谈判能否成功，关键是项目投资者和贷款人之间实现各方都能接受的风险分担。贷款人可能要求项目投资者保证项目能至少达到生产阶段，否则项目投资者保证偿还所欠债务；贷款人也可能要求项目投资者担保在整个项目有效寿命周期内偿还贷款，即使这种担保是通过另一安排实现。项目投资者可有自己特殊的融资安排和税收、会计目标，这将影响其对项目支持的类型和担保方式。

运用项目投资者提供的直接的、非直接的担保，加上其他方面的担保，可以成为贷款人能够接受的信用保证结构。如果项目投资者提供的是直接担保，即直接担保项目公司的一部分债务，根据国际通行的会计准则，这种担保需要以一种债务形式体现在项目投资者的资产负债表中；如果项目投资者提供的担保以非直接的形式或以预防不可预见风险因素的形式出现，则对项目投资者本身的资产负债表影响较少，这种对公司资产负债结构影响的考虑对于一个公司，尤其是上市公司和跨国公司具有特别重要的意义。由于某一项目的债务并入项目投资者总公司的资产负债表造成该公司的资产负债结构恶化，会产生一系列严重的后果，如影响公司的信誉和筹资能力，导致公司的股票在证券市场的价格波动，以及降低公司承受财务风险和金融风险的能力等。因此项目投资者希望所提供的担保能够以商业协议的形式出现，从而减少负债对其资产负债结构的影响，当然，提供哪种形式的担保不是完全由项目投资者自己的意愿决定的，要取决于贷款方的要求，通常在项目开发建设阶段，由于融资项目的风险较大，贷款方通常要求项目的投资者承担直接的财务责任，此时项目投资者提供的担保就要记入其资产负债表。

6.2.2 商业担保人

商业担保人以营利为目的提供担保，承担项目风险并收取服务费用。商业担保人以分散经营来降低经营风险，这些担保人通常包括银行、保险公司及其他从事商业担保的金融机构等。

商业担保有两种基本方式：一是担保项目投资者在项目融资中所必须承担的义务。这种方式下的担保人一般为商业银行、投资公司和一些专业化的金融机构，担保形式多为银行担保和银行信用证。这种担保方式的作用上要有三个方面。

第一，担保资金不足或资产不足的项目公司对其贷款承担的义务。比如在房地产项目融资时，如果贷款银行认为该项目的房地产价值及贷款期内的现金流量不足以支持一个有限追索的融资结构，借款人可以以远低于房地产市场价格的契约价格从专业化的金融机构手中购入一个卖出期权作为项目融资的附加担保，在贷款期间一旦借款人违约，贷款银行可执行该期权，将房地产以契约价格出售给期权合约的另一方，维护其权利。

第二，担保项目公司对其他投资者所承担的义务。由于项目投资者往往是两个以上的公司，在这种非公司的合资结构中，各公司以一定比例投资并成立项目子公司，负责项目资金的管理，有的甚至为项目投资安排了有限追索的项目融资。对此，虽然贷款银行可以接受，但其他项目投资者却不能接受，因为有限追索的融资结构限制了对母公司的追索能力，这对于其他项目投资者来说，无疑是个潜在的风险。因为在这种非法人式契约型合资协议中经常存在这样的条款，即在项目运营过程中，一旦项目中的一方表示无力支付项目的生产费用或资本开支时，其他各方要承担该违约方应支付的费用，直到违约事件被改正或违约方资产被出售为止。一般而言，项目各方都不希望这种情况出现，因为一旦一方由于市场等问题出现支付困难时，其他各方也面临同样的局面，只是程度不同而已。基于这种情况，在非公司型合资项目融资结构中，资本不足的公司通常会被要求由国际性银行提供一般信用证额度为3～9个月的项目生产费用的备用信用证作为项目担保。

第三，提供担保人和担保受益人之间的中介。假设一个公司到另外一个国家或地区投资，不为当地的银行和公司熟悉，则该公司的直接担保就很难被接受，为此需要选择一家或多家既为当地的银行、公司接受，又为项目投资者所认可的国际商业性银行提供担保，承担项目投资者在项目中所需承担的责任。

商业担保的另一种基本方式是为防止项目意外事件的发生而进行的担保。这类担保中项目保险是融资文件中不可缺少的内容，担保人往往是各种类型的保险公司，保险公司提供的项目保险内容广泛，除项目资产保险外，还有项目的政治风险保险，等等。

6.2.3 第三担保人

第三方担保人是指在项目的直接投资者之外与项目开发有直接或间接利益关系的机构为项目提供担保，这些机构包括：

1）与项目有直接利益关系的商业机构

这些商业机构通过为项目融资提供担保而获得自身的商业利益。这些利益有：

（1）获得项目所需设备的供应、安装权；

（2）获得项目的建设权；

（3）获得其自身长期稳定的原材料、能源供应；

（4）获得其自身产品长期稳定的市场；

（5）保证其对项目设施的长期使用权。

能够提供第三方项目担保的商业机构通常有工程公司、项目设备或主要原材料供应商、项目产品（设施）的用户。首先，工程公司在很多情况下由于激烈的市场竞争，愿意以固定价格合同承包工程，这就相当于为工程项目提供了完工担保，即工程公司承担了项目成本超支的风险。有时一些工程公司为了获得承包合同，甚至愿意为工程项目的投资者提供财务安排，例如在 BOT 项目融资模式中，工程公司就为项目提供贷款或直接投资。其次，一些设备、能源及原材料的供应商，为了获得项目未来稳定的现金流量，扩大产品的销路和出口，愿意为项目就运营期间原材料的供应和设备的稳定运行提供保证。如供货合同，买方信贷等。此外，为了实现项目建成后稳定的产品销售收入，保障偿还项目贷款所需的现金流量，一些项目产品的用户，也愿意为工程项目融资提供担保，如长期购买协议等。

2）政府机构

在项目融资中，政府机构做担保人是很普通的，尤其是一些大型工程项目的建设，如高速公路、大型港口，矿产资源开发、石化项目等，这些大型工程的建设都有利于项目所在国的经济发展，政治稳定，促进当地人口就业，改善经济环境，因此政府机构很愿意为项目融资提供担保。政府机构介入作为项目担保人可减少项目的政治风险和经济政策风险，增强投资者的信心，这种担保作用是其他方式所不可替代的。此外，由于法律限制或出于政治、财务上的考虑，有时政府机构很难直接参与项目的投资，为了促进项目的开发，政府机构只能通过提供贷款担保或签订项目产品长期购买协议的形式来为项目提供担保。例如在 BOT 模式中，政府以特许权协议形式做出担保是投资者利用该模式进行项目融资的重要前提。同时，政府机构作项目融资担保人可避免政府的直接参与，基于政治上、财政方面的考虑和立法上的限制，政府很难直接参与项目投资，但为促进项目的开发，政府多提供贷款、贷款担保或项目产品长期购买协议等形式的担保作为对项目的间接参与。

3）国际金融机构

如地区开发银行、世界银行这些国际性金融机构虽与项目开发没有直接的利益关系，但为了促进发展中国家的经济建设，对于一些重要项目，如基础设施项目等，世界银行等国际性金融机构利用其特殊的地位和信用，愿意为融资项目提供贷款担保。这些机构提供的项目融资担保，能够减少项目的政治风险、商业风险，增强贷款银行对项目融资的信心，起到与上述政府机构同样重要的作用。

6.3 项目担保范围

项目担保的范围是项目融资实施过程中的各种风险，但项目融资不可能解决所有的风险，只能有重点地解决贷款银行最为关键的那部分风险。

6.3.1 商业风险

商业风险是项目融资的主要风险，大多数风险属于可控风险，即核心风险。对于这类可控风险，作为贷款方的金融机构一般会要求项目投资者或与项目有利益关系的第三方提供不同程度的担保，尤其是在项目完工、生产成本控制、产品市场等三方面。

1）项目完工风险

完工风险存在于项目建设阶段和试生产阶段。其主要表现形式为：项目建设延期；项目建设成本超支；由于种种原因，项目迟迟达不到设计规定的技术经济指标；在特殊情况下，由于技术和其他方面的问题，项目完全停工放弃。

完工风险是项目融资的主要核心风险之一，因为如果项目不能按照预定计划建设投产，项目融资所赖以依存的基础就受到了根本的破坏。完工风险对项目造成的综合性的负面影响是项目建设成本增加，项目贷款利息负担增加，项目现金流量不能按计划获得。项目建设期出现完工风险的概率是比较高的。根据已有统计资料，无论是在发展中国家还是在发达国家，均有大量的项目不能按照规定的时间或者预算建成投产，导致项目融资成本大幅度上升乃至失败。

项目的“商业完工”标准是贷款银行检验项目是否达到完工条件的依据。商业完工标准包括一系列经专家确定的技术经济指标。根据贷款银行对具体项目的完工风险的评价，项目融资中实际采用的“商业完工”标准可以有很大的差别。总的原则是，对于完工风险越大的项目，贷款银行会要求项目投资者承担更大的“商业完工”责任。一些典型的“商业完工”标准包括：

(1) 完工和运行标准。项目需要在规定的时间内达到商业完工的标准，并且在一定时期内(通常为3个月至6个月)保持在这个水平上运行。

(2) 技术完工标准。这一标准比完工和运行标准约束性要差一些，因为在条件中没有规定对项目运行时间的检验。采用这一标准，贷款银行实际上承担了一部分项目生产的技术风险。

(3) 现金流量完工标准。这是另一种类型的完工标准，贷款银行不考虑项目的技术完工和实际运行情况，只要求项目在一定时期内(一般为3个月至6个月)达到预期的最低现金流量水平，即认为项目通过完工检验。

(4) 其他形式的完工标准。有些项目，由于时间关系在项目融资还没有完全安排好就需要进行提款。在这种情况下，贷款银行为了减少项目风险，往往会要求确定一些特殊的完工标准。例如，如果产品销售合同在提款前还未能最后确定下来，贷款银行就有可能规定以某种价格条件销售最低数量的产品作为项目完工标准的一部分；又如，如果在提款前矿山的最终储量还不能最后确定下来，则最小证实储量会被包括在项目的完工标准中。

为了限制及转移项目的完工风险，贷款银行通常要求投资者或工程公司等其他项目参与者提供相应的“完工担保”作为保证。常用的完工保证形式包括：

(1) 无条件完工保证。投资者提供无条件的资金支持，以确保项目可以达到项目融资规定的“商业完工”条件。

(2) 债务承购保证。如果项目的完工条件最终不能达到，则由投资者将项目债务收购下来或将其转化为公司债务，即由项目融资变为公司融资。

(3) 单纯的技术完工保证。按照这种形式，保证人(作为项目生产技术的提供者)只承诺实现项目的技术生产条件，但不承担任何项目的债务责任。

(4) 完工保证基金。要求项目投资者提供一笔固定数额的资金作为保证基金，投资者不承担任何超出保证基金的项目建设费用。

(5) 最佳努力承诺。这种保证形式在法律概念上比较模糊，内涵上可以包括从单纯技术管理承诺到技术、管理和资金全面承诺等各种方式。

2) 生产风险

项目的生产风险是对项目在试生产阶段和生产运行阶段存在的技术、资源储量、能源和原材料供应、生产经营、劳动力状况等风险因素的总称，是项目融资的另一个主要的核心风险。项目的生产风险直接关系着项目是否能够按照预定的计划正常运转，是否具有足够的现金流量支付生产费用和偿还债务。然而，在“风险分担”形式上，与完工风险通常被要求由项目投资者全部或大部分承担不同，贷款银行愿意更多地依靠项目现金流量作为偿还债务的主要来源，即在项目风险分析的假设前提下与投资者共同分担一部分生产风险。项目生产风险的主要表现形式包括：

(1) 技术风险。它是指存在于项目生产技术及生产过程中的一些问题，如技术工艺是否在项目建设期结束后仍然能够保持先进，厂址选择与配套是否合理等。作为贷款银行，项目融资不是风险投资，因而银行的原则是只为采用经市场证实的成熟生产技术的项目安排有限追索性质的项目融资，对于任何采用新技术的项目，如果不能获得投资者强有力的技术保证和资金支持，是不可能得到项目融资的。贷款银行对项目技术风险的估价与银行是否曾经参加过类似项目的融资很有关系。然而，有时尽管银行曾经参加过该类项目的融资，但是由于新的被融资项目在设备规模上或在技术上有较大的改进，银行将仍然认为项目的技术风险是较高的。

(2) 资源风险。它是指对于依赖某种自然资源(如石油、天然气、煤矿、金属矿等)的生产型项目，在项目的生产阶段有无足够的资源保证。对于这类项目的融资，贷款银行在提供贷款时，一个先决条件是要求项目的可供开采的已证实资源总储量与项目融资期间内所计划采掘或消耗的资源量之比要保持在风险警戒线之下。

(3) 能源和原材料供应风险。能源和原材料供应由两个要素构成:能源和原材料的价格及供应的可靠性。一些重工业部门(如电解铝和铜冶炼厂)和能源工业部门(如火力发电站)对能源和原材料的稳定供应依赖性很大,能源和原材料成本在整个生产成本中占有很大的比重,价格波动和供应可靠性成为影响项目经济强度的一个主要因素。对于这类项目,没有能源和原材料供应的恰当安排,项目融资基本上是不可能的。

长期的能源和原材料供应协议是减少项目能源和原材料供应风险的一种有效方法。这种安排可以保证项目按照一定的价格稳定地得到重要能源和原材料供应,在一些特殊情况下(例如原材料市场不景气),甚至有可能进一步将供应协议设计成"供货或付款"类型的合同,这样,项目的经济强度就能够得到更强有力的支持。近十几年来,面对变化莫测的国际原材料和能源市场,投资者们把如何降低能源和原材料风险作为一个重要的课题加以研究,其中一种值得重视的发展趋势是能源和原材料价格指数化,将能源和原材料的供应价格与项目产出品的国际市场价格直接挂钩,并随着项目产出品价格的变化浮动。这种做法对项目各方都有一定的好处。作为项目投资者,可以降低项目风险,在国际市场不景气时降低项目的能源和原材料成本,在产出品国际市场上升时仍可获得较大的利润;作为能源和原材料供应商,既保证了稳定的市场,又可以享受到最终产品价格上涨的好处;作为贷款银行,由于这种做法增强了项目的经济强度,保证了项目的偿债能力,因此,特别受到项目融资安排者的欢迎。

(4) 经营管理风险。管理风险性主要用来评价项目投资者对于所开发项目的经营管理能力,而这种能力是决定项目的质量控制、成本控制和生产效率的一个重要因素。

项目的投资者以往在同一领域是否具有成功的经验是贷款银行衡量项目经营管理风险的一项重要指标。经验证明,在一个由多个投资者组成的合资项目中,如果项目经理(即负责项目日常生产管理)是由一个在这一领域具有良好资信的投资者承担,那么无论是整个项目进行融资,还是其中个别投资者单独进行融资,这一因素都会成为项目很好的信用支持。

评价项目的经营管理风险主要从三个方面考虑:第一,项目经理(无论是否为项目投资者)在同一领域的工作经验和资信。第二,项目经理是否为项目投资者之一;如果是投资者,则要看在项目中占有多大比例,一般经验是项目经理同时又是项目最大投资者之一(40% 以上),对于项目融资是很有帮助的。第三,除项目经理的直接投资外,项目经理是否具有利润分成或成本控制奖励等激励机制。如果这些措施使用恰当,则可以有效地降低项目风险。

3) 产品市场风险

市场风险是指产品在市场上的销路和其他方面的不确定性。项目产品在市场上的销售情况和其他表现直接决定项目投产后的效益和整个项目的成败。因此,降低市场风险同样是项目担保所必须面对的一个主要问题。像"无货亦付款"合同、"提货与付款"合同都是担保解决产品市场风险的具体做法。

当然,市场风险包括价格风险、竞争风险和需求风险。不同的项目面临的风险不一样(有些产品,如黄金、白银等,被认为只有价格风险而需求风险不予考虑,因为存在这些商品交易的标准市场,如伦敦有色金属市场。但对于多数产品来说,三种形式的市场风险并存),贷款银行在处理各种风险因素时侧重点也不一样。对于初级能源和资源性产品项目,如煤炭,石油、金属矿产等,需求风险和价格风险比较大,所以如果没有一方肯承担需求风险和市场风险,安排项目融资就非常困难;对于加工制造业,如机械制造,产品种类繁多,销售市场也很复杂,贷款银行更重视控制生产成本和现金流量,会要求项目投资者承担更多的成本风险;对于居于两者之间的项目,如纸浆、钢铁等,原材料成本和产品市场在项目中均处于重要地位,贷款银行可能要求两个方面都提供一定的项目担保。

6.3.2 政治风险

凡是投资者与所投资项目不在同一个国家或者贷款银行与所贷款项目不在同一个国家的都有可能面临由于项目所在国家的政治条件发生变化而导致项目失败、项目信用结构改变、项目债务偿还能力改变等方面的风险,这类风险统称为项目的政治风险。项目的政治风险可分为两大类:一类表现为国家风险,即项目所在国政府由于某种政治原因或外交政策上的原因,对项目实行征用、没收,或者对项目产品实行禁运、联合抵制,中止债务偿还的潜在可能性;另一类表现为国家政治、经济、法律稳定性风险,即项目所在国在外汇管理、法律制度、税收制度、劳资关系、环境保护、资源主权等项目有关的敏感性问题方面的立法是否健全,管理是否完善,是否经常变动。项目的政治风险可以涉及项目的各个方面和各个阶段。

项目政治风险的影响包括以下几个方面:

(1) 通常项目本身必须具有政府的批准、特许或同意,特别当项目是电站、交通基础设施和国家自然资源的开发项目时,一般都需要政府的经营特许,否则任何有关政策上的负面变化都有可能造成项目的损失。

(2) 所建项目本身可能对于国家的基础设施或安全有重要影响。例如,能源、机场、海港、公路、铁路、桥梁、隧道等方面的项目,这类项目出现政治风险的几率会比一般项目高。

(3) 由于项目所在国的原因,如所在国政府的经济政策,或者由于外部原因,如遵守石油输出国组织份额,所在国政府可能采取控制措施来限制生产速度或项目蕴藏量的消耗速度。

(4) 项目所在国有可能改变进出口政策,增加关税或限制项目设备、原材料的进口,增加关税或限制项目产品的出口。对于国外投资者利用该国优势从事来料加工一类的项目投资,这种变化将会造成较大的影响。

(5) 改变或增加对项目利润汇出或国外债务偿还的税收限制。

(6) 对项目生产可能增收附加税。典型的例子是英国政府对北海油田项目的收入增收附加税。

(7) 在项目经济生命期中引入更严厉的环境保护法,增加项目的生产成本或影响项目的生产计划。

在投资或安排项目融资时,尽力寻求项目所在国政府、中央银行、税收部门或其他有关政府机构的书面保证也是行之有效的办法，这里包括政府对一些特许项目权力或许可证的有效性及可转移性的保证，对外汇管制的承诺，对特殊税收结构的批准认可等一系列措施。另外，在一些外汇短缺或管制严格的国家，如果项目本身的收入是国际流通货币，贷款银行愿意通过项目融资结构在海外控制和保留相当部分的外汇，用以偿还债务，达到减少项目政治风险以及外汇管制风险的目的。

政治风险不同于商业风险，后者是可控的，一般项目投资者自身很难解决政治风险问题。因而需要第三方参与，为贷款银行提供政治风险担保。这种担保通常由项目所在国政府和中央银行提供，有时还需要世界银行、地区开发银行以及一些工业国家的出口信贷和海外投资机构等提供担保。

此外，商业担保公司逐渐参与到政治风险担保中是最近的发展趋势，因为有些项目不具备政府出口信贷或保险机构提供政治风险担保的条件，或者风险价值超过政府机构进行政治风险担保的限额，或者项目投资者不满意政治风险担保的条件。

6.3.3 金融风险

项目的金融风险表现在利率风险和外汇风险两个主要方面。

利率风险是指在经营过程中，由于利率变动直接或间接地造成项目价值降低或收益损失。实际利率是项目借贷款人的机会成本的参照系数。如果投资方利用浮动利率融资，一旦利率上升，项目的融资成本就上升；如果采用固定利率融资，一旦市场利率下降便会造成机会成本的提高。

外汇风险涉及东道国通货的自由兑换、经营收益的自由汇出以及汇率波动所造成的货币贬值问题。境外的项目发起人一般希望将项目产生的利润以本国货币或者硬通货汇往本国，以避免因为东道国的通货膨胀而蒙受损失。而资金投入与利润汇出两个时点上汇率的波动可能对项目发起方的投资收益产生较大的影响。

6.3.4 或有风险

或有风险，也称不可预见风险，主要是指地震、火灾等由不可抗力带来的不确定性。避免这类风险主要是采用商业保险。

不论项目担保的形式和性质如何，贷款银行总是坚持作为担保的第一受益人。而且，对于期限较长的项目融资，贷款银行会在基本的项目担保的基础上增加一些特殊规定，以避免自身利益因外部环境变化受到损害。

安排项目担保的步骤如下：

(1) 贷款银行向项目投资者或第三方担保人提出项目担保的要求。

(2) 投资者或第三方担保人考虑提供公司担保，如果公司不被接受，则要考虑提供银行担保。

(3) 在银行提供担保的情况下，项目担保成为担保银行与担保受益人之间的一种合约关系。

(4) 如果项目所在国与提供担保的银行不在同一国家，有时担保受益人会要求担保银行安排一个当地银行作为其代理人，承担担保义务，而担保银行则承诺偿付其代理人的全部费用。

6.4 项目融资的信用担保

项目融资中的信用担保，即我们通常所说的项目担保。项目担保（Project Guarantee）在项目融资结构中的基本表现形式是人的担保，即以法律协议方式向债权人作出的承诺。

项目担保是在贷款银行认为项目自身物的担保不够充分时而要求借款人（项目投资者）提供的一种人的担保。它为项目的正常运作提供了一种附加的保障，从而降低了贷款银行在项目融资中的风险。因此，项目担保成为项目融资过程中的一个重要组成部分，在一定程度上可以说是项目融资结构的生命线。

6.4.1 项目信用担保的种类

根据项目融资信用担保在项目融资中承担经济责任的不同，项目担保可以划分为四种基本类型：直接担保、间接担保、或有担保、意向性担保。

1）直接担保

直接担保（Direct Guarantee）是指担保人以直接的财务担保形式为项目公司（借款人）按期还本付息而向贷款银行提供的担保。它是项目担保中传统的担保方式，是担保人代替第三方向贷款人承担所有的义务，具有直接性和无条件性，但它在时间或数量上是有限的，是所融资项目必需的最低信用保证结构。如以完工担保和资金缺额担保提供的担保形式。

2）间接担保

间接担保（Indirect Guarantee）是指项目担保人不以直接的财务担保形式为项目提供的一种担保。间接担保多以商业合同或政府特许权协议的形式出现。如以无论提货与否均需付款协议和付款协议为基础的项目担保。

3）或有担保

或有担保是针对一些由于项目投资者不可抗拒或不可预测因素造成项目损失的风险所提供的担保。可分成三类：其一，由于不可抗拒因素造成的风险；其二，项目的政治风险；其三，与项目融资结构特性有关的并且一旦变化将会严重改变项目经济强度的一些项目环境风险。对于以上风险，一般通过保险加以转移。

4）意向性担保

从严格意义上讲，意向性担保（Implied Guarantee）或默示担保不是一种真正的担保，因为这种担保不具有法律上的约束力，仅仅表现出担保人有可能对项目提供一定支持的医院。意向性担保不需要在担保人公司的财务报告中显示出来，所以它受到了担保人的偏爱，在项目融资中应用得较为普遍。它表现为以下几种形式：

(1) 安慰信。在项目融资中，运用最多的意向性担保形式是所谓的安慰信或支持信（Letter of Comfort）。

安慰信一般是由项目发起人或政府写给贷款人的对发放给项目公司的贷款表示支持的信。对贷款人表示的支持一般体现在以下三个方面：

① 经营支持。担保人声明在他的权力范围内尽最大努力保证按照有关政策支

持项目公司的正常经营。

② 不剥夺项目资产。东道国政府保证不会没收项目资产或将项目国有化。

③ 提供资金。担保人同意向项目公司提供一切必要手段使其履行经济责任，如母公司愿意在其子公司遇到财务困难时提供帮助。

虽然安慰信一般不具有法律约束力，但是，由于关系到担保人自身的资信，违背安慰信中所作的承诺虽不引起法律责任，但会影响担保人今后的业务。因此，资信良好的担保人一般不会违背自己在安慰信中的诺言。所以，贷款人愿意接受担保人出具的安慰信作为一种担保形式。

我国的中央政府部门或地方政府部门往往为大型项目融资向贷款人出具安慰信，一方面是向贷款人提供信誉担保，另一方面可为项目的进展创造良好的支持环境。

(2) 东道国政府的支持。东道国政府在项目融资中扮演的角色虽然是间接的，但很重要。在许多情况下，东道国政府授予的开发、运营的特许权和颁发的执照是项目开发的前提。虽然东道国政府一般不以借款人或项目公司股东的身份直接参与项目融资，但仍可能通过以下方式对项目提供间接担保：

① 保证不对项目公司颁布不利的法律，坚持非歧视原则；

② 保证项目公司能够获得用以偿还对外债务的外汇，即担保外汇的可获得性；

③ 保证不对项目实施没收或国有化政策；

④ 保证不实施歧视性的外汇管制措施；

⑤ 保证项目公司能得到必要的特许经营协议和其他政府许可权，如公路收费权；

⑥ 在可能的情况下，通过政府代理机构对项目进行必要的权益投资；

⑦ 可能成为项目产品的最大买主或用户。

6.4.2 三种典型的担保合同

6.4.2.1 完工担保

一般情况下，贷款银行只愿意在建设成本和生产成本均已知的条件下，才安排有限追索的项目融资。为了防止出现因资金短缺而导致项目失败，需要有人承担建设成本和生产成本超支的风险，提供相应的担保。这就是完工担保。

1) 完工担保的含义

完工担保(A Completion Guarantee)是由项目发起人提供的一种在时间上有限制的直接担保方式，即只在项目的开发建设阶段承担担保责任。它所担保的对象主要是成本超支风险和工期延误风险，即项目发起人向贷款银行保证承担项目公司的完工风险。在项目的建设期和试生产期，贷款银行所承受的风险最大，项目能否按期建成并按照其设计指标进行生产经营，是以项目现金流量为融资基础的项目融资的核心，因此，完工担保就成为项目融资结构中一个最主要的担保种类。

2) 完工担保的内容及方式

完工担保的主要内容是：项目发起人向贷款人保证，除原计划内的融资外，在必要的时候发起人将进一步提供使项目能于预定日期完工的资金。如发起人不履行其提供资金的义务，或该项目不能完工，则发起人应代替项目公司偿还贷款人的贷款。因此，在项目完工担保期间，贷款人实际上拥有完全追索权。

根据完工担保协议，一旦出现成本超支现象，项目发起人应采取相应的行动履行其担保义务，一般有以下操作方式：一是向项目公司注入补充股本资金，直至项目能按期完工并达到商业经营状态。二是由项目发起人自己或通过其他金融机构向项目公司提供无担保贷款（初级债务），这种贷款必须在高级债务被偿还后才有权要求清偿。三是如果项目发起人不采取任何措施以致项目无法完工，则必须代替项目公司偿还银行债务。

为了监督项目发起人履行其完工担保的义务，国际上较为通行的做法是，要求项目发起人在指定银行的账户上存入一笔预定金额的担保存款，或者从指定的金融机构中开出一张以贷款银行为受益人的相当于上述金额的备用信用证，或者由项目发起人开出一张以贷款人为收款人的本票，以此作为贷款银行支付第一期贷款的先决条件。一旦出现需要运用项目完工担保资金的情况，贷款银行将直接从上述担保存款或备用信用证或本票中提取资金。如果项目发起人在建设期承担的是完全追索责任，则还会被要求随时将其担保金额补足到原定的金额。

6.4.2.2 资金缺额担保

1）资金缺额担保的含义

资金缺额担保（A Cash Deficiency Guarantee）是一种由项目发起人提供的在担保金额上有所限制的直接担保，主要是为项目完工后收益不足的风险提供担保。其主要目的是保证项目具有正常运行所必需的最低现金流量，即具有至少能支付生产成本和偿还债务能力。这种担保的担保人往往是由项目发起人担当。

从贷款人的角度看，为了保证项目不至于因资金短缺而造成停工和违约，往往要求项目发起人以某种形式承诺一定的资金责任，以保证项目的正常运转，从而使项目可以按照预先计划偿还全部银行贷款。

2）资金缺额担保方式

项目发起人在履行资金缺额担保义务时，一般有三种具体的操作方法：

(1) 通过担保存款或备用信用证来履行，即由项目发起人在指定银行存入一笔事先确定的资金（一般为该项目正常运行费用总额的25%～75%）作为担保存款，或者由指定银行以贷款银团为受益人开出一张备用信用证。这种方法与提供完工担保的方法类似。一般在为新建项目安排融资时常用此方法。因为新建项目没有经营历史，也没有相应的资金积累，抗意外风险的能力比经营多年的项目要脆弱得多，因而贷款银行多会要求由项目发起人提供一个固定金额的资金缺额担保作为提供有限追索项目融资的重要信用保证。当项目在某时期现金流量不足以支付生产成本、资本开支或者偿还到期债务时，贷款银团就可以从担保存款或备用信用证中提取相应资金。

(2) 通过建立留置基金（Retention Fund）的方法，即项目的年度收入在扣除全部的生产费用、资本开支以及到期债务本息和税收之后的净现金流量，存入留置基金账户，以备项目出现任何不可预见的问题时使用。同时，对项目投资者使用该基金加以严格的限制和规定。通常规定一个最小资金缺额担保，只有当项目实际可支配资金总额大于项目最小资金缺额担保额时，项目发起人才能够从项目中以分红或其他形式提走资金，取得利润。

(3) 由项目发起人提供项目最小净现金流量担保，即保证项目具有一个最低的净收益，作为对贷款银行在项目融资中可能承担风险的一种担保。这就涉及对项目总收入和总支出的合理预测问题，项目的总收入一般由项目产品的销售收入和其他收入构成；项目总支出的内容则较多，包括项目生产性费用、项目资本支出费用、项目管理费用和市场销售费用、到期债务偿还额及应缴税款等。这种方法的一个关键问题就是如何确定一个被项目发起人和贷款人都接受的最小项目净现金流量。一般是在可行性研究的基础上由借贷双方对未来现金流量作出预测来确定，并以协议的形式将其固定下来，这样，当实际项目净现金流量低于协议规定的最小净现金流量时，项目发起人就必须负责将其差额部分补上，以保证项目正常运行。

6.4.2.3 无论提货与否均需付款协议和提货与付款协议为基础的项目担保

1) 以无论提货与否均需付款协议提供的担保

无论提货与否均需付款协议，或照付不议协议，是指买方和卖方达成的一种销售合同，根据该合同，买方承担按期根据规定的价格向卖方支付最低数量项目产品销售金额的义务，而不问事实上买方是否收到合同项下的产品。这里的买方可以是项目发起人，也可以是其他与项目利益有关的第三方担保人，卖方则是项目公司。但是，在多数情况下，在项目产品的购买者中，应至少有一个是项目的发起人。从贷款人的角度看，由于项目发起人同时具有产品购买者和项目公司所有人的双重身份，所以在项目融资结构中通常设有受托管理人(Trustee)，由其代表银行独立监管项目公司的资金使用，以确保项目融资结构平稳运行。

按照国际通行的会计准则，无论提货与否均需付款销售合同带有商业买卖合同的性质，所以项目产品购买者不必将其所承担的产品购买义务作为一种财务担保列入其资产负债表中(有些国家可能要求在资产负债表的注释中加以说明)，因而这种合同被看成是一种间接有限责任担保形式。

(1) 无论提货与否均需付款协议的特点及担保性质。无论提货与否均需付款协议的特点可以归纳为以下几点：第一，它是一种长期销售合同，即该协议的期限应不短于项目融资的贷款期限(这个期限可以长达十几年)，因而这种协议的期限比一般的商业合同的期限要长得多。第二，买方在合同项下的支付义务是无条件的和不可撤销的，即使买方未收到合同项下的产品，仍须履行其支付义务(当然，通常是在项目公司生产出产品并愿意转让产品的情况下)。它是项目公司能按期偿还项目贷款的基础。第三，它的数量和价格具有特殊之处：该协议的价格虽然是以市场价格为基础的，但一般都规定了最低限价；同时，购买的数量以项目达到设计生产指标时的产量为基础，不能低于该最低产量。

因此，可以看出，无论提货与否均需付款销售合同的基本原则是项目产品的购买者所承诺支付的最低金额应不少于该项目生产经营费用和债务偿还费用的总和。

它实际上也就成为了项目产品买方为项目公司所提供的一种财务担保,项目公司便可以利用其担保的绝对性和无条件性进行项目融资。因为尽管这种协议是项目公司与项目产品购买方签订的产品出售协议,但项目公司一般都将该协议下无条件地取得货款的权利转让给贷款银行。

(2) 无论提货与否均需付款协议的种类。无论提货与否均需付款销售合同在不同的项目性质下有不同的特色和合同形式:

第一种,在生产型项目中,由于项目产品为有形产品,故签订的产品购买合同为"照付不议销售合同"(Take or Pay Sale Contract)。

第二种,在服务型项目中,如输油管道,则签订具有照付不议性质的吞吐量合同(Through-put Contracts),也称运输量协议,即不管这种服务设施是否被使用,使用这种服务设施的付款义务是无条件的,它同样被作为收入保证的一种方式而成为项目融资的担保。

不同性质的服务设施使用协议的表述也会不一样,在有些项目中,这种协议被称为收费协议(Tolling Agreement),有的则称为服务成本收费协议(Cost of Service Tariff Agreement)等。

(3) 无论提货与否均需付款销售合同的基本内容。

第一,合同期限的规定。合同期限要求与项目融资的贷款期限应大体一致。

第二,合同数量的规定、一般有两种方式规定合同中产品的数量:一是固定产品的购买数量,这部分固定数量的产品销售收入将足以支付生产成本和偿还债务,其余部分项目产品将允许项目公司按市场价格自由销售。二是包括全部项目公司实际生产的产品或实际需要的原料,即生产多少,购买多少;需要多少,供应多少。

第三,合同产品的质量规定。产品质量一般都采用工业部门通常使用的本国标准或国际标准,因为这些项目产品最终要在国内或国际市场上具有竞争力,才能收回足够的现金流量,否则项目开发就会失败。不过,贷款人和购买方对产品质量标准可能会有不同的要求,如贷款人一般希望能规定较低的质量标准,以使项目产品购买协议尽早启动,而从购买方得到销售收入;但产品购买方则可能会希望产品质量达到较高的标准。当然,这只是理论上的分析,因为这种或付或取销售合同是无条件的产品销售合同。

第四,价格的确定和调整的规定。价格的确定一般有三种可供选择的方法:一是公式定价法,即按照国际市场公认的价格确定产品价格,并随国际市场价格的变化而变化。这种定价方式只适用于具有统一国际市场定价标准的产品,如有色金属等产品。二是固定价格定价法,即根据项目公司必须支付的生产成本和偿还债务的要求规定一个固定价格,并根据通货膨胀率或工业部门生产指数进行调整。三是采用实际生产成本加上一个固定投资收益的定价方法,在这种情况下,变化的是实际生产成本,而投资收益不变,这种定价方法在发展中国家使用较多,它是被当做在市场经济不太发达的情况下吸引外资的一种优惠措施来使用的。

第五,合同权益的转让规定。该合同是项目融资担保结构中的一个重要种类,贷款银行对于合同权益的可转让性就有明确的要求,即合同权益必须可以以担保或抵押等方式转让给贷款人或贷款人指定的受益人。如果改变合同双方当事人,必须得到贷款人的事先批准,并且,合同双方发生变化后,贷款人对合同权益的优先请求权应不受到任何影响,具有有效连续性。

总之,在这种合同结构中,买方必须支付项目产品和设施的购买费或使用费,只要项目能生产出产品或设施来,即使他们并不需要这些产品或不使用这些设施,显然,这合同的一个主要特点是强制性。

这种合同中的义务有时被构造成“绝对责任”(Hell-or-high-water)条款的形式,即使项目公司没有生产出产品或设施,或者没有任何产品被生产出来或被使用,买方的付款义务仍然存在。即无论项目公司是否真正按照买方的要求生产出产品或设施,买方也必须履行其付款义务,这种付款义务的无条件性就更加明显了。因此,这种合同就更适合充当一种担保形式。

2) 以提货与付款销售合同提供的担保

提货与付款销售合同是指买方在取得货物后,即在项目产品交付或项目劳务实际提供给买方以后,买方才支付某一最低数量的产品或劳务的金额给卖方。所以,在这种合同结构中,货款的支付是有条件的,项目购买者承担取得货物并付款的义务,或者付款就好像其取得了项目产品一样。但是,只有当项目公司实际生产出产品并转移产品或服务时,买方才履行这种义务。倘若项目公司不能生产出合同规定的产品,购买方可以不必履行其义务。

这种合同与下面要讨论的长期销售合同没有多大区别。两者区别在于:在提货与付款合同中,购买方拥有一种期权,如果它支付生产者的固定成本部分,它就有权选择拒绝接受产品或服务。在长期销售合同中,卖方对买方的违约应该要求一定的赔偿。

但不管怎样,在担保作用上,提货与付款合同不如或付或取销售合同,如果产品或设施不符合合同规定的要求,项目买方可以不付款。因此,贷款银行一般也不愿意接受这种合同作为担保。但是,这种合同如果与强有力的项目投资者的其他保证加在一起,在一定情况下也可以被贷款银行接受。

在具体操作上,提货与付款合同与或付或取合同十分相似,其主要区别在于:在提货与付款合同中,项目产品购买者承担的不是无条件的、绝对的付款责任,而只有在取得产品的条件下才履行协议确定的付款义务。如煤矿项目融资的提货与付款协议,只有在煤炭被采掘出来并运到铁路终端时,产品购买者才付款。提货与付款协议的这个特点使其在性质上更接近于传统的长期销售合同,因而更容易被项目产品的购买者特别是那些对项目产品具有长期需求的购买者所接受,其在项目融资中也得到了广泛的应用。但是,对贷款银行来说,这种协议比或付或取合同所提供的担保的分量要轻得多,所以,在操作时,贷款银行一般会要求项目投资者提供一份资金缺额担保作为对提货与付款协议的一种补充。当然,如果是一个经济强度较高的项目且由具有良好管理能力的项目经理负责经营,则即使只有提货与付款协议作为担保,银行也愿意考虑为该项目进行融资。

在协议的具体内容上,提货与付款协议的期限和数量与或付或取合同相似,但在合同产品的价格规定上,提货与付款协议没有最低限价的规定,一旦出现产品价格长期过低的情况,就有造成现金流量不足以支付项目的生产费用和偿还到期债务的可能。此时，贷款银行就会利用项目投资者提供的资金缺额担保来偿还贷款。

6.5 项目融资的物权担保

物的担保比较直接。对于项目贷款人来说，在对项目资产设定担保物权之后，当借款人发生违约事件时，贷款人有权出售担保物及与之相关的权益，从出售所得中优先于其他债权人得到补偿。

项目融资中的物权担保按担保标的物的性质不同可分为动产物权担保和不动产物权担保，按担保方式可分为固定担保和浮动担保。

6.5.1 固定担保

固定担保是指指定具体担保物的一种担保方式，在此种担保形式下，担保人在没有解除担保责任或者得到担保受益人的同意之前不能出售或者以其他形式处置该项资产。如果置于固定设押下的资产属于生产性资产，则担保人只能根据担保协议的规定对该资产进行正常的生产性使用；如果设押资产是不动产或银行存款，则担保人原则上是无权使用该项资产的。前面涉及的动产物权担保和不动产物权担保都是固定的物权担保，即借款方作为还款保证的资产是确定的，如特定的土地、厂房或特定的股份、特许权、商品等。当借款方违约或项目失败时，贷款方一般只能从这些担保物中受偿。

固定担保分为不动产物权担保和动产物权担保。

6.5.1.1 不动产物权担保

不动产指土地、建筑物等难以移动的财产。在项目融资中，项目公司一般以项目资产作为不动产担保。但其不动产仅限于项目公司的不动产范围内，而不包括或仅包括很少部分项目发起人的不动产。一般情况下，如果借款人违约或者项目失败，贷款人往往接管项目公司，或者重新经营，或者拍卖项目资产，以弥补其贷款损失。但这种弥补对于大额的贷款金额来说往往是微不足道的。因为项目的失败往往已经导致项目资产特别是不动产本身价值的下降，难以弥补最初的贷款额。例如，在石油管道项目中，如果管道流量很少，那么管道设施本身只是废铁一堆。

6.5.1.2 动产物权担保

动产物权担保指借款人以自己或第三方的动产作为履约的保证。动产又可分为无形动产和有形动产两种，前者如合同、特许权、股份和其他证券、应收账款、保险单、银行账户等，后者如船舶、设备、商品等。由于动产物权担保在技术上比不动产物权担保方便，所以在项目融资中使用较多。

1）无形动产物权担保

（1）项目发起人取得的各种协议和合同（Project Agreements）。例如，经营和维护合同、购买合同、供应合同、运输合同和收费合同等都可以作为担保物权抵押给贷款人。

(2) 特许权协议(Concession Agreement or License),尤其在BOT项目融资模式中,项目公司得到的特许权协议对贷款人来说是一个非常关键的物权担保。如果没有特许权协议作为担保,则其他担保功能都是十分有限的。但有些国家不允许将本国企业拥有的特许权转让给外国投资者,此时,就不能将其视为关键的担保物了。

(3) 股份和其他保函(Equity and other Project Bonds)。项目发起人将其拥有的项目公司的股份作为担保资产抵押给贷款人,这也是一种项目担保的操作方法。项目承包商从其贷款银行处开出的各类保函如完工保函等,也可以作为对银行的担保资产。这种完工保函是由承包商的往来银行签发的一种即期付款凭证,其金额相当于承包价款的2%~20%,投资者将该种凭证的收款权利转让给贷款人,当贷款人出具票据要求银行付款时,无须提供承包商违约的任何证明。

(4) 保险单(Project Insurance)。即将项目保险单的受益权转让给贷款人,此时,贷款人一般要求保险的覆盖期限与项目贷款的有效生命期相吻合。

(5) 银行账户(Bank Accounts)。一般地,在项目融资中,至少应有两个银行账户,即支出账户(the Disbursement Account)和收入账户(the Proceeds Account),前者负责项目的支出费用,即项目经常性支出、资本性支出和银行利息支出等;后者负责管理项目的收入,如项目产品销售收入、保险费理赔等。项目融资必须使贷款人相信他们能完全控制项目公司的这些银行账户,以保证在任何时候贷款人都能控制项目的现金流出和现金流入。这样,项目公司从这些账户中提取资金将受到贷款人的监督和管理。

2) 有形动产权担保

(1) 项目生产中仪器、机械设备等动产。在不同的项目中,生产过程中使用的仪器,机械设备的数量和重要程度是不同的,如在电力项目中,一般有大量的固定资产如机械设备等,此时,贷款人常常会要求对这些资产拥有完全的处置权。但是,使用厂房、设备等动产作为担保资产会受到东道国法律的影响,如在法国,法律规定并不是在任何机器设备上都能设置担保权益的,只有该贷款人贷款购买的机器设备才能作为对该贷款人的权益担保,任何第三者提供的机器设备都不能充当担保资产抵押给贷款人支配。

(2) 项目产品。将项目产品作为担保资产操作起来比较复杂。项目的不同性质决定了公司对项目产品的支配权的大小。例如,许多国家规定,煤炭或矿产品只有在开采出来以后才能作为担保资产,任何未开采出来的煤炭和矿产资源都是国家的财产,不能抵押给任何企业和个人。如在英国北海油田项目中,任何位于地下的石油都不属于石油公司而属于政府,石油公司仅仅拥有石油开采权。

所以,在项目融资中,无形动产担保的意义更大些。一方面,有形动产的价值往往因为项目的失败而大大减少;另一方面,也因为无形动产涉及多个项目参与方,其权利具有可追溯性,而且这种追溯是有合同等文件作为书面保证的。所以说,项目融资中的许多信用担保最后都作为无形动产担保而成为对贷款人的一种可靠担保。

6.5.2 浮动担保

浮动担保或浮动设押,一般可不与担保人的某一项特定资产相关联。在正常情况下，浮动设押处于一种“沉睡”状态，直到违约事件发生促使担保受益人行使担保权时，担保才变得具体化，置于浮动设押下的资产才在担保受益人的控制之下。在担保变得具体化之前，担保人可以自主地运用该项资产，包括将其出售。

在项目融资中，浮动设押方式较受欢迎，原因在于：

(1) 借款方以充分的项目资产作为浮动设押担保物，可以增强其融资能力。项目公司可以以某以类资产作为抵押取得融资，这样，项目公司对外筹资的能力相应提高。

(2) 浮动担保给予借款方在正常情况下处置担保资产的便利，可以扩大借款人的活动空间。在正常情况下，借款人可以任意处置资产，包括对原材料、营业用具、现金和其他动产的处理等，而不必为新获得的资产签订担保合同，或为每次资产处置请求许可，由此扩大了借款人的活动空间。

(3) 浮动担保给予贷款方接管整个项目的权利。当借款方违约时，贷款方可以任命财产管理人和经理人接管整个项目，以保证自己的利益，这是其他担保方式所无法比拟的。

浮动设押产生于19世纪的英国，因此，我们在这里简单地介绍英国担保法和其他国家担保法有关项目担保的条款，以便对浮动设押和固定设押这两种担保方式进一步了解和掌握。

1985年3月签订的深圳特区沙角B电厂项目合同，提供贷款的银团就是对项目公司——合和电力(中国)有限公司的全资产设定浮动担保，使之能在出现违约事件时有权直接接管合和电力(中国)有限公司与深圳特区电力开发公司合作兴办的深圳沙角B电厂。同时，银团还获得了该电厂全部固定资产以固定抵押形式作为抵押的担保权益。

6.5.3 项目融资中物权担保的局限性

不管怎样，我们必须强调，在多数情况下，项目融资所设定的物权担保，其作用主要是消极的、防御性的，而不是积极的、进攻性的，即贷款人主要是用它来防止借款人的其他债权人在项目的资产上取得对自身不利的利益，使其处于不利的地位。但在实际操作中，物权担保在项目融资中存在诸多不足之处，往往使贷款人不能单纯地从物权担保中获得保障。这些不足之处表现在以下方面：

(1) 一般来说，项目资产很难出售，如很少有人愿意购买离岸石油管道设施。

(2) 强制执行的救济办法受到法律限制，尤其是在大陆法系国家，正如上面所述，法律要求必须以公开拍卖的方式强制执行担保物权，不像英美法那样允许由贷款人指定的接管人占有财产继续经营该项目。

(3) 即使在项目公司违约时，依照某些国家的法律，贷款人有继续经营该项目的权利，但项目发起人既已宣告失败，贷款人也很难取得成功。

(4) 有些国家的法律(如英国担保法)承认浮动设押，但有些国家不予承认，在后一类国家，贷款人就无法在项目公司的库存、设备及项目所必需的动产上设定担保物权。

(5) 由于政治上的原因，要强制执行坐落在东道国的项目资产或出售东道国政府的特许协议，一般都是很难办到的。

6.6 其他担保形式

6.6.1 准担保交易

在项目融资中除了上述各种担保形式外，还有许多类似担保的交易。这些交易一般在法律上被排除在物权担保范围之外，而被视为贸易交易。但由于这些交易的经济效果类似物权担保，而且在很大程度上是为了规避物权担保法的限制而进行的，故也应归入广义的担保范围内。

1）融资租赁

融资租赁是指卖方（名义上的出租人）将设备租给买方（名义上的承租人），卖方仍保留有对设备的所有权，买方则拥有设备的占有权；或者卖方将设备出售给一家金融公司或租赁公司并立即得到价款，然后该金融公司或租赁公司将设备租给买方。无论以何种形式出租，卖方都足以在租期内收回成本。这实际上是一种商业信用，买方以定期交租金的方式得到融资，而设备本身则起到担保物的作用。

2）出售和租回

出售和租回是指借款方将资产卖给金融公司，然后按与资产使用寿命相应的租期重新租回。在这种方式中，借款起了贷款的作用，租金交纳就是分期还款，而设备则成为“担保物”。

3）出售和购回

出售和购回是指借款方将资产卖给金融公司而获得借款，然后按事先约定的条件和时间购回。购回实际上就是还款，资产在此起到担保作用。

4）所有权保留

所有权保留也称有条件出售，是指卖方将资产卖给债务人，条件是债务人只有在偿付债务后才能获得资产所有权，在这里资产同样也成为“担保物”。

6.6.2 从属之债

从属之债是指一个债权人同意在另一债权人受偿之前不请求清偿自己的债务。前者称从债权人，其债权称为从债权，可由一切种类的债权构成；后者称为主债权人，即项目融资的贷款方。

从经济效果看，从债权对主债权的清偿提供一定程度的保证；从属之债也对主债务提供了一定的担保。

【案例】

ABC 贸易公司的项目融资担保

ABC 贸易公司是一家以经营原材料为主的国际性贸易公司，为了保证稳定的货源，该公司经过广泛的调查研究，决定对其煤产品的主要来源国家的一个煤矿项目进行投资，占有股本的20%，并取得20%的煤炭产品。该煤矿项目由两个矿体组成，采用的是非公司型合资结构。项目的建设及生产管理均由占股50% 的当地一家最大的矿业公司(WMC矿业公司)负责。ABC贸易公司考虑到项目投资额大，为了减少风险，决定采用有限追索的项目融资模式。

首先，ABC贸易公司在该国成立了一个项目子公司ABC煤矿公司，作为独立的经济法人负责项目的融资和管理。ABC贸易公司向ABC煤矿公司投入项目所需建设资金的20% 作为其股本资金，并组织国际银团贷款提供项目建设所需资金的剩余部分。

其次，由于ABC煤矿公司是一个新组建的单一目的的项目公司，没有资产和经营记录，因而ABC贸易公司根据贷款银团的要求，分别在项目的不同阶段向贷款银团提供项目完工担保和资金缺额担保，并与ABC煤矿公司签署了为期20年的"提货与付款"形式的长期购货协议，以此作为项目投资者对项目公司的信用支持。

项目的完工担保是通过ABC贸易公司在贷款银团指定的银行开出一张额度为3000万美元的多次提款备用信用证形式提供，贷款银团根据项目建设的实际需要，可以从信用证中提取资金支付项目成本超支以及其他未预见到的费用，来保证项目的按期完工。按照完工担保协议，ABC贸易公司必须随时将信用证额度维持在3000万美元的水平上。因此，在项目的建设期间，ABC贸易公司承担的是完全追索的财务责任。

"提货与付款"协议是项目生产阶段的主要现金流来源。ABC贸易公司按照国家市场价格从ABC煤矿公司购买全部项目产品。从贷款银团的角度，"提货与付款"协议保证了项目产品的销售市场，从而保证了项目的现金流量；从ABC贸易公司的角度，由于其投资的初始目的就是为了获得产品，因而采用这样的协议并没有增加更多的义务和责任。

但是，因为"提货与付款"协议没有规定产品的最低限价，一旦出现产品价格长期过低的情况就有造成现金流量不足以支付项目的生产费用和偿还到期债务的可能，所以在贷款银行的要求下，ABC贸易公司又向贷款银团提供了一项资金缺额担保，其形式依然是由指定的银行开出一张3000万美元的备用信用证(实际上是在项目达到"商业完工"要求时由项目完工担保的备用信用证直接转过来的)。信用证额度是贷款银团以项目最坏假设条件下的资金缺额为基础，由借贷双方谈判确定的，并且根据实际未偿还债务的递减加以调整。

案例思考：

(1) 本案例中签订的"提货与付款"协议，对借贷双方各有何利弊？

(2) ABC贸易公司向贷款银团提供资金缺额担保所增加的责任与风险是什么？

(3) 在本案例中，提供贷款银团的主要风险有哪些？

(4) 本案例中已经设置的担保是否足够？还有无必要进一步设置其他担保以规避贷款风险？

【复习思考题】

1. 什么是担保？担保的主要作用有哪些？
2. 简述担保的步骤。
3. 简述项目担保人的三种类型。
4. 简述项目信用担保的种类。
5. 项目融资中的物权担保包括哪些？
6. 比较分析“无货亦付款”合同和“提货与付款”合同。

第7章

项目融资风险

本章导读

本章对融资风险进行了概述，介绍了融资风险的识别与估计、评价方法，对融资的风险管理和基本工具进行了介绍，并对融资风险分担模型、融资风险管理措施进行了梳理。

本章涉及的主要概念包括：融资风险、信用风险、完工风险、生产风险、市场风险、金融风险、政治风险、环境保护风险、掉期、期权、风险转移。

引导案例

新西兰林地项目融资风险

1990年,新西兰政府为了削减政府的外债,决定将国有人工种植的一片松林地在国际上公开招标出售,一个由几家公司组成的投标财团准备投标购买这片林地。项目的可行性研究报告表明,从环太平洋经济发展战略的角度看,新西兰森林具有良好的发展前景。

随着环境保护要求的不断加强,北美原木以及东南亚热带森林的出口正在受到越来越多的限制,新西兰和智利人工种植林正好填补了这一空缺,市场潜力非常大。

从投资风险的角度看,新西兰在国家风险和政治风险等方面又较智利小,购买新西兰林地在战略上是一次很好的投资机会。

就具体的项目经济可行性分析来看,在一个大周期内(根据森林工业的特点,一个周期约为20～40年),项目的投资收益是很可观的。但是,由于该林地的平均树龄比较年轻,在未来8年内不可能有大量的成品材出售,这也就意味着在此期间,项目不可能产生可观的净现金流量,因此投标财团为此项目所安排的项目融资就没有成功。道理很简单,贷款银团认为该项目尽管在整个项目生命期投资收益率是很吸引人的,但是在银行能够承受的贷款期内(项目融资的期限一般为8～12年)没有足够的现金流量去偿还债务。

由此可以看出,为了安排项目融资,在项目技术、财务可行性研究的基础上,还必须对项目进行风险分析,根据一定的标准判定项目的经济强度和各种风险要素对什么经济强度的影响。这属于项目融资风险管理的内容。

(资料来源:齐中英,王晓巍.项目融资[M].北京:机械工业出版社,2008.)

7.1 项目融资风险概述

在项目融资中,风险的合理分配和严格管理是项目成功的关键,因此也是项目各参与方关注的核心问题。项目融资之所以受到项目发起方的重视,就在于贷款方对它们的追索权有限,这就大大降低了项目发起方或借款方的风险。然而,具体项目面临的各种风险客观存在,不会因采用项目融资而消除。因此,了解项目融资的风险及其分配和管理是项目融资活动最重要的方面之一。

7.1.1 项目管理及融资活动中的不确定性

在项目融资结构设计过程中,项目是否可行,能否取得项目所需的资金,在很大程度上也取决于在项目全过程中所存在的风险大小以及风险的分担形式。影响项目及融资活动的因素很多,其中许多是不确定的。因此,首先要对这些不确定因素进行分析,识别其中有哪些不确定因素会使工程项目发生风险,而分析潜在损失的类型或危险的类型至关重要。

7.1.1.1 风险的定义

风险(Risk)在项目管理中是一个重要的概念,在几十年风险管理研究的历史中,人们总是希望给其一个完备的定义,但到目前为止没有得到完全统一的定义。

美国风险管理专家 C. Arthur Williams 和 Jr. Richard M Heoms 将风险定义为:给定情况下的可能结果的差异性。国内一些风险管理学者认为:风险是给定条件下,特定时间内发生的不良后果的可能性。在一般的保险理论中,将风险定义为:风险是对被保险人的权益产生不利影响的意外事故发生的可能性。

上述几种风险的定义可以概括为以下两个方面:风险是活动或事件发生的潜在可能性;风险是一种消极的不良的后果。

7.1.1.2 风险的分类

对同一个事物采用不同的标准进行分类,会得到不同的结果。对于风险的认识,我们可以从不同角度、根据不同标准对其进行分类。

1) 按风险后果划分

(1) 纯粹风险(Pure Risk)。这类风险只会造成损失,而不会带来机会或收益。纯粹风险带来的是绝对损失,如自然灾害,一旦发生将会造成重大损失,甚至造成人员伤亡。而不会带来额外的收益。

(2) 投机风险(Speculative Risk)。这类风险可能带来机会,获得利益;但也可能隐含威胁,造成损失。

2) 按风险来源划分

(1) 自然风险(Natural Risk),由于自然力的作用,造成财产毁损或人员伤亡的风险属于自然风险。例如,水利工程施工过程中,因发生超标准洪水或地震,造成的工程破坏、材料及器材损失。

(2) 人为风险(Personal Risk)。由于人的活动而带来的风险是人为风险。人为风险又可以分为行为风险、经济风险、技术风险、政治风险和组织风险等。

3) 按事件主体的承受能力划分

(1) 可接受风险(Acceptable Risk)。这一般是指法人或自然人在分析自身承受能力和财产状况的基础上,确认能够接受最大损失的限度。风险低于这一限度的风险称为可接受风险。

(2) 不可接受风险(Unacceptable Risk)。这一般是指法人或自然人在分析自身承受能力和财务状况的基础上,确认已超过或大大超过所能承担的最大损失额,这种风险就称为不可接受风险。

4) 按风险的对象划分

(1) 财产风险(Property Risk)。这是指财产所遭受的损害、破坏或贬值的风险。例如,设备、正在建设中的工程等因自然灾害而遭到的损失。

(2) 人身风险(Life Risk)。这是指由于疾病、伤残、死亡所引起的风险。

(3) 责任风险(Liability Risk)。这是指由于法人或自然人的行为违背了法律、合同或道义上的规定，给他人造成财产损失或人身伤害。

5）按风险对工程项目目标的影响划分

(1) 工期风险，即造成工程的局部(工程的活动、分项工程)或整个工程的工期延长，不能按计划正常移交后续工程施工或按时交付使用。

(2) 费用风险。包括财务风险、成本超支、投资追加、报价风险、投资回收期延长或无法回收等。

(3) 质量风险，包括材料、工艺、工程不能通过验收，工程试生产不合格，工程质量经过评价未达到要求等。

7.1.2 项目融资风险的概念

项目融资风险就是为实现项目融资目标的活动或事件的不确定性和可能发生的危险。为消除或有效控制项目融资风险，必须对项目融资风险进行科学的认识和剖析。项目融资风险是一种不确定事件或状况，一旦发生，会对至少一个项目融资目标，如时间、范围或质量目标产生积极或消极影响。例如，风险起因之一可能是项目融资需要申请环境许可证，或者是分配给项目的设计人员有限。而风险事件则是许可证颁发机构颁发许可证需要的时间比原计划长，或者所分配的设计人员无法完成任务。这两个不确定事件无论哪一个发生都会对项目融资的进度或者绩效产生影响。

在项目融资管理中不应把风险视作烫手的山芋，应该既要认识风险可能带来损失，也要认识风险可能带来机遇及收益。因此，对于项目融资风险的管理，并非是要消除所有的风险(这也是不可能完成的任务)，而是要控制不利的风险所带来的危害和损失。因此项目融资风险管理的过程就可以相应地看作是在项目的整个生命周期内为了控制风险而采取的一系列行动，项目融资风险管理贯穿于项目管理的始终。

风险意味着一种不确定性，意味着可能给企业或项目带来的某种影响。这种影响可以从以下五个方面加以分析，它们便是风险的实质：

(1) 风险发生概率，即风险发生的可能性，如成本超支的可能性是否会高过50%。

(2) 风险发生频率，即这样的风险事件在项目中多长时间发生一次，如员工流失多久发生一次。

(3) 风险发生后果，即风险对项目产生的影响，如风险将会对项目实施的哪些领域产生影响。

(4) 风险重要程度，如一个估计不足的项目进度计划是否会对项目产生致命影响。

(5) 风险综合评价。有些风险影响比较大，而发生概率和频率很小；有些风险影响不大，但出现的可能性却很大。所以，需要对风险进行综合评价，将两种因素综合考虑，这就是风险综合评价最简单的风险综合评价方式是计算风险的重要程度与风险发生概率之积。

7.1.3 项目融资风险的种类与内容

在项目融资中，对风险的划分已经形成了一套较为完整的体系，然而，对于如何认识具体风险因素对项目融资的影响仍然缺乏统一的标准，大量的工作仍处于定性分析而不是定量分析的阶段。

7.1.3.1 按照项目风险的阶段性划分

根据项目发展的时间顺序，其风险可以划分为三个阶段：项目建设开发风险、项目试生产风险、项目生产经营风险。在每个阶段里项目的风险都有不同的特点，如图 7-1 所示。

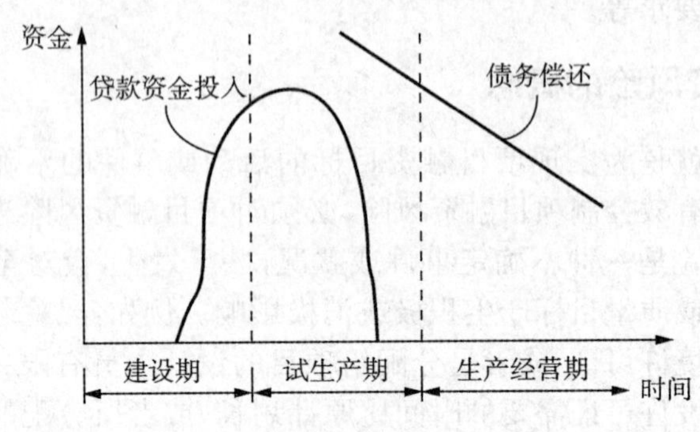

图 7-1 项目风险的三个阶段

项目在正式建设之前都会有一个较长的预开发阶段，包括项目的规划、可行性研究、工程设计，对于矿山项目还包括地质勘探、储量确定、矿石金属性试验等一系列工作。在这一时期，项目包含许多未知和不确定的因素，这个时期的投资也带有风险投资的性质。这一阶段的风险是由项目投资者来承担的，因此也就不包括在项目融资风险之中。

1) 项目建设开发阶段的风险

项目建设开发阶段的风险，是从项目正式动工建设开始计算的。项目动工建设之后，大量的资金投入到购买工程用地、购买工程设备、支付工程施工费用当中，贷款的利息也由于项目还未产生任何收入而计入资本成本。从贷款银行的角度，在这一阶段随着贷款资金的不断投入，项目的风险也就随之增加，在项目建设完工时项目的风险也就达到或接近了最高点。这一阶段，从贷款银行的角度，必须考虑以下因素可能造成的影响：

(1) 由于工程、技术或技术方面的缺陷，或不可预见的因素，而造成的生产能力不足或产量和效率低于计划指标。

(2) 能源、机器设备、原材料及承建商劳务支出超支等造成项目建设成本超支，不能按预定时间完工，甚至项目无法完成。

(3) 石油、天然气或矿源的储量达不到预计的开采数量。

(4) 由于各种因素造成的竣工延期而导致的附加利息支出。

(5) 土地、建设材料、燃料、原材料、运输、劳动和管理人员以及可靠的承包商的可获得性。

(6) 其他不可抗力因素引发的风险。

通常在这一阶段，项目融资需要投资者提供强有力的信用支持来保证项目的顺利完成。利用不同形式的工程建设合同,可以相应地影响项目的建设期风险,有可能将部分建设期风险转移给工程承包公司。这类合同的一个极端形式是固定工期的“交钥匙”合同,另一个极端形式是“实报实销”合同,在两者之间又有很多种中间类型的合同形式。在“交钥匙”合同中,项目建设的控制权和建设期风险全部由工程公司承担;而在“实报实销”合同中,项目建设期风险及控制权全部由项目投资者承担。图 7-2 说明了各种形式的工程建设合同对合同项目建设期风险的影响程度。

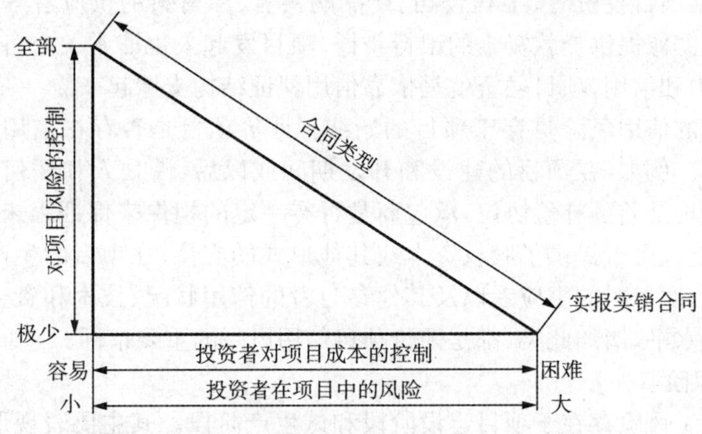

图 7-2　工程建设合同对合同项目建设期风险的影响程度

2) 项目试生产阶段风险

项目融资在试生产阶段的风险仍然是很高的。即使这时项目建设完工并投产了,但是,如果项目不能按照原定的成本计划产出符合质量的产品,也就意味着项目现金流量的分析和预测是不正确的,项目很有可能产生不了足够的现金流量来支付生产费用和偿还债务。

贷款银行一般不把项目的建设结束作为项目完工的标志。在项目融资中,引入了一个“商业完工”的概念。根据这一概念,在融资文件中具体规定出项目产品的产量和质量、原材料、能源消耗定额以及其他硬性技术指标作为完工指标,并且将项目达到这些指标的时间下限也作为一项指标,只有项目在规定的时间范围内满足这些指标时,才能被贷款银行认可为正式完工。

3) 项目生产经营阶段风险

项目达到“商业完工”标志后即进入项目的生产经营阶段。在这一阶段,项目开始正常运转,如果项目可行性研究报告中的假设条件符合实际情况的话,项目应该生产出足够的资金流量支付生产经营费用、偿还债务,并为投资者提供理想的收益。从这一阶段起,贷款银行的项目风险随着债务的偿还逐步降低,融资结构基本上依赖于项目自身的现金流量和资产,成为一种“无追索”的结构。这一阶段的项目风险主要表现在生产、市场、金融以及其他一些不可预见因素等方面。

7.1.3.2　按照项目风险的表现形式划分

按照项目风险在各个阶段的表现形式,可以将风险划分为以下 7 种基本类型:信用风险、完工风险、生产风险、市场风险、金融风险、政治风险、环境保护风险。

1）信用风险

项目融资的有限追索依赖于一种有效的信用保证结构。项目参与方是否能按照合同履行各自的职责及其承担的对项目的信用保证责任，构成了项目融资的信用风险。

在项目融资中，即使对借款人、项目发起人有一定的追索权，贷款人也将评估项目参与方（包括项目投资者、工程公司、产品购买者、原材料的供应者等）的信用、业绩和管理技术。像提供贷款资金的银行一样，项目发起人也非常关心各参与方的可靠性、专业能力和信用，项目融资就是依靠信用保证结构支撑起来的。

项目融资的信用风险贯穿于项目的始终。评价项目是否存在信用风险应综合考虑各种因素。例如，在项目的建设和开发期间或以后，借款人和任何担保人是否有担保或其他现金差额补偿协议，承包商是否有一定的担保来保证因未履约造成的损失，项目发起人是否提供了股权资本或其他形式的支持；在项目的生产经营阶段，产品的使用者、原材料的供应者以及其他参与者的信用状况、技术和资金能力、以往的表现和管理水平，诸如此类，都是评价项目信用风险的重要指标。

2）完工风险

项目的完工风险存在于项目建设阶段和试生产阶段。其主要表现形式为：项目建设延期；项目建设成本超支；由于种种原因，项目迟迟达不到"设计"规定的技术经济指标；在极端情况下，由于技术和其他方面的原因，项目完全停工放弃。

完工风险是项目融资的主要核心风险之一。完工风险对项目而言意味着项目建设成本资金和贷款利息负担增加、贷款偿还期限的延长和市场机会的错过。根据已有的统计资料，无论是在发展中国家还是在发达国家，项目建设期出现完工风险的概率都是比较高的。

项目的完工风险标准是贷款银行检验项目是否达到完工条件的方法。"商业完工"标准包括一系列经专家确定的技术经济指标。根据贷款银行对具体项目的完工风险的看法，实际采用的"商业完工"标准可以有很大的差别。总的原则是，对于完工风险越大的项目，贷款银行会要求项目投资者承担更大的"商业完工"责任。一些典型的"商业完工"标准包括：

（1）完工和运行标准，这是指要求项目在规定的时间内达到"商业完工"标准，并且在一定时期内（通常为3个月到半年）保持在这个水平上运行。

（2）技术完工标准。这一标准要求项目在规定的时间内达到商业完工标准所规定的各项技术经济指标，因此其约束性要比完工和运行标准差一些。采用这一标准，贷款银行实际上承担了一部分项目生产的技术风险。

（3）现金流量完工标准。在此标准下，贷款银行不考虑项目的完工和实际运行情况，只要求项目在一定时期内（一般为3个月至半年）达到预期的最低现金流量水平，即认为项目通过了完工检验。

（4）其他形式的完工标准。有些项目，由于时间关系在项目融资还没有完全安排好就需要进行提款。在这种情况下，贷款银行为了减少项目风险，往往会要求确定一些特殊的完工标准。例如，如果产品销售合同在提款前还未能最后确定下来，贷款银行就有可能规定以某种价格条件销售最低数量的产品作为项目完工标准的一部分；又如，如果在提款前矿山的最终储量还不能最后确定下来，则最小证实储量会被包括在项目的完工标准中。

为了限制及转移项目的完工风险，贷款银行通常要求投资者或工程公司等其他项目参与者提供相应的"完工担保"作为保证。常用的完工保证形式包括：

(1) 无条件完工保证。投资者提供无条件的资金支持，以确保项目可以达到项目融资规定的"商业完工"条件。

(2) 债务承购保证，如果项目的完工条件最终不能达到，则由投资者将项目债务收购下来或将其转化为公司债务，即由项目融资变为公司融资。

(3) 单纯的技术完工保证。按照这种形式，保证人(作为项目生产技术的提供者)只承诺实现项目的技术生产条件，但不承担项目的任何债务责任。

(4) 完工保证基金。即要求项目投资者提供一笔固定数额的资金作为保证基金，投资者不承担任何超出保证基金的项目建设费用。

(5) 最佳努力承诺。这种保证形式在法律观念上比较模糊，内涵上可以包括从单纯技术管理承诺到技术、技术管理和资金全面承诺等各种形式。

3) 生产风险

项目的生产风险是在项目试生产阶段和生产运行阶段存在的技术、资源储量、能源和原材料供应、生产经营、劳动力状况等风险因素的总称，是项目融资的另一个主要的核心风险。与完工风险不同，贷款银行愿意更多地依靠项目现金流量作为偿还债务的主要来源，即在项目风险分析的假设前提下与投资者共同分担一部分生产风险。项目生产风险的主要表现形式包括技术风险、资源风险、能源和原材料供应风险和经营管理风险。

(1) 技术风险。技术风险是指存在于项目生产技术及生产过程中的一些问题。例如，技术工艺是否在项目建设期结束后仍然能够保持先进，会不会被新技术所替代，厂址选择与配套建设是否合理，技术人员的专业水平与职业道德能否达到要求等。在项目融资中，通常贷款银行只为采用经市场证实的成熟生产技术的项目安排有限追索性质的融资。

(2) 资源风险。资源风险是指对于那些依赖于某种自然资源的生产项目(如石油、天然气、煤炭开采项目)，在项目的生产阶段有无足够的资源保证。对于这类项目的融资，一个先决条件是要求项目的可供开采的已证实资源总储量与项目融资期间内所计划采掘或消耗的资源量之比要保持在风险警戒线之下。资源风险评价的指标称为资源覆盖比率。即

$$资源覆盖比率=\frac{可供开采资源总储量}{项目融资期间计划开采资源量}$$

式中，可供开采资源总储量是指根据现有技术及现有生产计划可供开采的全部资源储量；项目融资期间计划开采量是指在项目融资期间计划开采的资源储量。

最低资源覆盖比率是根据具体的技术条件和贷款银行在这一工业部门的经验确定的，一般要求资源覆盖比率在 2 以上。如果资源覆盖比率小于 1.5，则贷款银行

就可能认为项目的资源风险过高，要求投资者相应地提供最低资源储量担保，或者要求在安排融资前做进一步的勘探工作，落实资源情况。

为了避免项目的资源风险，有时贷款银行可能向投资者推荐混合融资方案：A方案为较短期的有限追索项目融资，在资源不足的情况下，以投资者（借款人）的其他资产作为贷款的附加信用保证。A、B方案的划分点就设计在贷款银行可以获得满意的资源覆盖比率上。对于银行来说，获得合适的资源覆盖比率不仅仅是防止出现资源不足风险的一种手段，而且也可以有效地降低由于其他一些风险因素导致项目失败的概率。例如，生产成本的增加、产品价格的下跌（在周期性波动的世界能源和原材料市场上，这是经常发生的）等因素都会大大减少项目的现金流量，推迟债务偿还计划的执行，只有获得足够的资源储量保证才有可能在项目生命期内偿还全部的贷款。

(3) 能源和原材料供应风险。能源和原材料供应风险由两个因素构成：能源和原材料的价格及供应的可靠性。一些重工业部门（如电解铝厂和铜冶炼厂）和能源工业部门（如火力发电站）对能源的原材料的稳定供应依赖性很大，能源和原材料成本在整个生产成本中占有很大的比重，价格波动和供应可靠性成为影响项目经济强度的一个主要因素。对于这类项目，没有能源和原材料供应的恰当安排，项目融资是不可行的。

长期的能源和原材料供应协议是减少项目能源和原材料供应风险的一种有效方法。这种安排保证项目可以按照一定的价格稳定地取得重要能源和原材料供应，在一些特殊情况下甚至有可能进一步将供应协议设计成“供货或付款”类型的合同，这样项目的经济强度就能够得到更强有力的支持。在长期能源和原材料供应协议中，能源和原材料价格的确定是一个较复杂的问题。近些年来对于项目产出具有国际统一定价标准的大宗资源性产品的项目，在签订长期能源和原材料供应协议的时候往往将能源和原材料的价格与项目产品的国际市场价格直接联系起来，即能源和原材料价格指数化。这种做法事实上对项目融资各方面都有一定好处。作为项目投资者，可以降低项目风险，在国际市场不景气时降低项目的能源和原材料成本，在产出品国际市场价格上升时仍可获得较大的利润；作为能源和原材料供应商，既保证了稳定的市场，又可以享受到最终价格上涨的好处；作为贷款银行，这种做法增强了项目的经济强度，保证了项目的偿还能力。

(4) 经营管理风险这是指在项目经营和维护过程中，由于经营者的疏忽，发生重大经营问题（如设备安全、使用不合理、产品质量低劣、原材料供给中断、管理混乱等）的风险。这些风险因素都可能使项目无法按计划运营，最终将影响项目的盈利能力。

经营管理风险主要用来评价项目投资者对于所开发项目的经营管理能力，而这种能力是决定项目的质量控制、成本控制和生产系列的一个重要因素。

评价项目的经营管理风险主要从三个方面综合考虑：第一，项目经理在同一领域的工作经验和资信。第二，项目经理是否为投资者之一。第三，除项目经理的直接投资外，对项目经理是否有利润分成或成本控制奖励等鼓励机制。

4）市场风险

项目最终产品的市场风险也包含价格和市场销售量两个要素。除黄金、白银、石油等一些特殊商品被认为只有价格风险而没有市场销售量风险外，其他大多数产品都同时具备价格和市场销售量两个方面的风险。

降低项目市场风险的方法主要是签订长期的产品销售协议。这种协议的合同买方可以是项目投资者本身，也可以是对项目产品有兴趣的具有一定资信的第三方。通过这种协议安排，合同买方对项目融资承担了一种间接的财务保证义务。

长期销售协议的期限要求与融资期限一致。销售数量通常也被要求为这一时期项目所生产的全部产品或者大部分产品，在销售价格上则根据产品的性质分为浮动定价和固定定价两大类型。

浮动定价公式（亦称为公式定价）主要用于在国际市场上具有公认定价标准、价格透明度比较高的大宗商品。公式定价以国际市场的某种公认价格（例如伦敦有色金属交易所价格）作为基础，按照项目的具体情况加以调整，如加一定的贴水或打一定的折扣。价格公式已经确定在合同期内不变。采用这种定价公式的产品包括大部分有色金属，贵金属、石油、铁矿砂、煤炭等由于产品价格的透明度较高，可比性强，有历史资料可供参考，贷款银行对项目市场风险的估价相对比较清楚，因而愿意接受债务偿还主要依赖于项目产品未来市场状况的项目融资安排。作为投资者，这样的安排则将一部分风险转移到贷款银行身上。有些项目，贷款银行可能认为单纯按照定价公式执行合同自己承担的市场风险过大，这时会要求在定价公式中设定一个最低价格，当市场价格低于最低价格时合同买方被要求用最低价格购买产品。

固定定价公式是在谈判长期销售协议时确定下来的一个固定价格，并在整个协议期间按照某一预定的价格指数（或几个价格指数）加以调整的定价方式。这种定价方式主要用于国内市场为依托的项目，如发电站、以发电站为市场的煤矿、港口码头、石油天然气运输管道、公路、桥梁等。如何规定价格指数是固定定价公式的关键，习惯上价格指数的参照系包括国家或项目所在地区的通货膨胀指数、工业部门价格指数、劳动工资指数等。如果项目融资中采用了较大比重的美元贷款，美国的通货膨胀指数也有可能被要求包括在参照系中。

5）金融风险

在项目融资中，项目发起人与贷款人必须对自身难以控制的金融市场上可能出现的变化加以认真的分析和预测，如汇率波动、利率上涨、通货膨胀和国际贸易政策的趋向等，这些因素会引发项目的金融风险。项目的金融风险主要表现在利率风险和汇率风险两个方面。

（1）利率风险。利率风险是指项目在经营过程中，由于利率变动直接或间接地造成项目价格降低或收益受到损失。如果投资方利用浮动利率融资，一旦利率上升，项目生产成本就会提高；而如果采用固定利率融资，万一将来市场利率下降，就会造成项目机会成本的提高。

（2）外汇风险。项目外汇风险通常包括三个方面：东道国货币的自由兑换、经济收益的自由汇出以及汇率波动所造成的货币贬值问题。外汇风险是项目融资中各参与方都十分关心的问题。

6）政治风险

在任何国际项目融资中，借款人和贷款人都承担政治风险。项目政治风险可能表现为：项目所在国家的政治条件发生变化而导致项目失败、项目信用结构改变、项目债务偿还能力改变等。项目的政治风险可分为两大类：一类表现为国家风险，即项目所在国政府由于某种政治原因或外资政策的原因对项目实行征用、没收，或者对项目产品实行禁运、联合抵制，终止债务偿还的潜在可能性；另一类表现为国家政治法律稳定性风险，即项目所在国的外汇管理、法律制度、税收制度、外资关系、环境保护、资源主权等与项目有关的敏感性问题方面的立法是否健全，管理是否完善。项目的政治风险可以涉及项目的各个方面和各个阶段。项目政治风险的影响包括以下几个方面：

（1）通常项目本身必须具有和保持政府的批准、特许或同意，特别当项目是发电站、交通基础设施或开发所在国的自然资源时，一般都需要政府的经济特许，否则任何有关的政策上的幅面变化都有可能引发项目的政治风险。

（2）所建项目可能对所在国的基本建设或安全十分重要，因此更容易受到国有化或兼并的威胁，如电站、机场、港口、道路、铁路、桥梁和隧道等方面的项目。

（3）由于项目所在国的原因，如所在国政府的经济政策，或者由于外部原因，如遵守石油输出国组织份额，所在国政府可能采取控制措施来限制生产速度或项目蕴藏量的消耗速度。

（4）项目所在国有可能改变进出口政策，如增加关税或限制项目设备、原材料的进口，增加关税或限制项目产品的出口等。

（5）汇出利润和偿债可能被征税或有其他限制。

（6）对项目生产可能征收附加税，如英国政府对开采北海石油征收附加税的做法。

（7）在项目经济生命期中引入更严厉的环境保护立法，增加项目的生产成本或影响项目的生产计划。

降低政治风险的办法之一是政治风险保险，包括纯商业性质的保险和政府机构的保险，后者在几个主要工业国家政府为保护本国企业在海外的投资中较为常用。除此之外，在投资或安排项目融资时，尽量寻求项目所在国政府、中央银行、税收部门或其他有关的政府机构的书面保证也是有效的方法。政府的保证包括政府对一些特许项目权力或许可证的有效性或专一性的保证，对外汇的管制，对特殊税收结构的批准认可等一系列措施。另外，在一些外汇短缺或管制严格的国家，如果项目本身的收入是国际流通货币，贷款银行愿意通过项目融资结构在海外控制和保留相当部分的外汇，用以偿还债务，达到减少政治风险以及外汇管制风险的目的。

7）环境保护风险

随着生活水平的提高和人类环保意识的增强，世界上大多数国家对工业项目的排放标准、废物处理、噪声、能源使用效率、自然植被破坏等有关环境保护方面的立法变得越来越严格，环保立法的这种趋势在短期内会迫使项目投资者及经营者为适应环保要求而降低项目市场效率，增加项目生产成本，或者增加新的资产投入来改善项目的生产环境。对于项目融资的贷款银行，环境保护风险不仅表现在由于增加生产成本或资本投入而造成项目降低甚至丧失原有的经济强度，而且表现在一旦项目投资者无法偿还债务时，贷款银行取得项目的所有权和经营权后也必须承担同样的环境变化的压力和责任。同时，由于存在环境保护方面的问题，项目本身的价值也就降低了。

由于环境保护问题所造成的项目成本增加，主要有如下表现形式：①对所造成的环境污染的罚款以及整改所需要的资本投入。②还需要考虑到由于为了满足更严格的环境变化所增加的环境评估费用、保护费用以及其他的一些成本。在项目融资中，环境保护风险通常被要求由项目的投资者或借款人承担，因为投资者被认为对项目的技术条件和生产条件的了解比贷款银行要充分，并且，环境保护问题也通常被列为贷款银行对项目进行经常性监督的一项重要内容。

7.1.3.3 按照项目的投入要素划分

由于项目在开发和经营过程中所需要投入的要素可以划分为五大类：人员、时间、资金、技术和其他要素，因此从项目投入要素的角度，可以对上述项目风险作出另一种形式的划分：

1）人员方面的风险

由人员来源的可靠性、技术熟练程度、流动性；生产效率；工业关系、劳动保护立法及实施；管理素质、技术水平、市场销售能力；质量控制；对市场信息的敏感性及反应灵活程度；公司内部政策；工作关系协调等因素带来的风险都属于人员风险。

2）时间方面的风险

可能导致时间风险的主要因素有：生产计划及实行；决策程序及时间；原材料运输；原材料短缺的可能性；在建设期购买项目土地、设备延期的可能性；工程建设延期的可能性；达到设计生产水平的时间；单位生产效率等。

3）资金方面的风险

可能导致资金风险的主要因素有：产品销售价格及变化；汇率变化；通货膨胀因素；项目产品购买者和项目设备使用者的信用；年度项目资本开支预算；现金流量；原材料及人工成本；融资成本及变化；税收及可利用的税务优惠；管理费用和项目运行成本；土地价值；项目破产以及与破产有关的法律规定。

4）技术方面的风险

导致出现项目风险的技术要素包括：综合项目技术评价（选择成熟技术是减少项目融资风险的一个原则）；设备可靠性及生产效率；产品的设计或生产标准等。

5）其他风险

其他一些因素也可能给项目带来风险，如产品需求、产品替代可能性、市场竞争能力；投资环境（立法、外汇管制）；环境保护立法；项目的法律结构和融资结构；知识产权；自然环境；其他不可抗因素。

7.1.3.4 按项目风险的可控制性划分

从项目投资者是否能够直接控制的角度来划分，项目风险可以分为两类：项目的核心风险和项目的环境风险。

1）项目的核心风险

项目的核心风险也称可控制风险，是指与项目建设和生产经营管理直接有关的风险，包括完工风险、生产风险、技术风险和部分市场风险等。这类是项目投资者在项目建设或生产经营过程中无法避免而且必须承担的风险，同时也是投资者应该知道如何去管理和控制的风险。

2）项目的环境风险

项目的环境风险是指项目的生产经营由于受到超出企业控制范围的经济环境变化的影响而遭受到损失的风险。这类风险项目投资者和经营者无法控制，并在很大程度上也无法准确预测，因此又称为项目的不可控制风险。项目的环境风险包括：项目的金融风险（利率风险和汇率风险）；项目的市场风险；项目的政治风险。

项目的环境风险来源于项目的核心风险，但又有别于核心风险。作为项目融资的贷款银行，对于不同性质风险的处理方式是不一样的。对于项目的核心风险，贷款银行总是尽可能地以各种合同契约形式将其转移给项目的投资者或其他项目的参与者；对于项目的环境风险，贷款银行在一定程度上是可以接受的，并愿意和项目投资者一起去管理和控制这类风险。

7.1.3.5 按照风险的影响范围划分

项目风险可以按照其影响范围分为两类：系统风险和非系统风险。

项目的系统风险是指该项目的预期收益对整体资本市场要素变化的敏感程度。系统性风险不能通过增加不同类型的投资数目而排除，因为造成这种风险的要素将会影响到资本市场整体的运作。系统性风险的典型例子有政府经济政策（如税收、货币政策等）的调整、经济衰退、世界性能源危机、中长期资本市场利率激增等。

非系统性风险是指一个项目所特有的风险，如项目的关键技术人才去世或流失、项目所需的某种特殊原材料的供应中断等。非系统性风险一般可以通过多样化、分散化投资战略加以避免或减轻。对于非系统性风险，投资者只能作出定性的判断而不可能取得统一的定量分析标准。

以上所讨论的风险，是从一个项目整体角度出发而言的，对于项目融资的不同参与者，可能面临的风险种类及大小程度各不一样，通过项目融资的风险分担机制可以合理调整风险在各方之间的分配。

7.2 项目融资风险分析

7.2.1 项目融资风险的识别

项目融资的风险识别是项目融资风险管理的前提和基础，是正确进行风险管理决策的基本依据。根据项目发展的时间顺序，项目风险识别工作可以分阶段考虑，即项目建设开发阶段风险、项目试生产阶段风险和项目生产经营阶段风险。每个阶段的项目风险都有不同的特点。

7.2.1.1 项目建设开发阶段的风险

项目在正式建设之前一般都会有一个较长的预开发阶段，包括项目的规划、可行性研究、工程设计，对于矿山项目还会包括地质勘探、储量确定、矿石金属性试验等一系列工作。在这一时期，项目带有许多未知的和不确定的因素，这时期的投资也带有风险投资的性质。这一阶段的风险是由项目投资者来承担的，因此也就不包括在项目融资风险之中。

项目建设开发阶段的风险，是从项目正式动工建设开始计算的。项目动工建设之后，大量的资金投入到购买工程用地、购买工程设备、支付工程施工费用当中，贷款的利息也由于项目还未产生任何收入而计入资本成本。从贷款银行的角度，在这一阶段随着贷款资金的不断投入，项目的风险也随之增加，在项目建设完工时项目的风险也达到或接近了最高点。这时，如果因为任何不可控制或不可预见的因素造成项目建设成本超支，不能按预定时间完工甚至项目无法完成，贷款银行所承受的损失也是最大的。因此，项目融资在这一阶段要求投资者提供强有力的信用支持以保证项目的顺利完成。只有在对项目建设有百分之百把握的前提下，贷款银行才会取消对投资者提供附加信用支持的要求。

利用不同形式的工程建设合同可以相应影响项目建设期的风险变化，有可能将部分项目建设期的风险转移给工程承包公司。这类合同的一个极端是固定价格、固定工期的“交钥匙”合同，另一个极端是“实报实销”合同，在两者之间又有多种中间类型的合同形式。在“交钥匙”合同中，项目建设的控制权和建设期风险全部由工程公司承担；而在“实报实销”合同中，项目建设期风险及项目控制权全部由项目的投资者承担。

7.2.1.2 项目试生产阶段的风险

项目的试生产阶段是风险仍然很高的一个阶段，此时项目虽然建成投产了，但如果项目不能按照原定的成本计划生产出符合“商业完工”条件的产品和服务，就无法达到项目预期的现金流量目标，必然危及贷款的偿还，给项目投资者带来相应的风险。

项目融资中所谓的“商业完工”(Commercial Completion)是指在融资文件具体规定的项目产品的产品和质量、原材料、能源消耗定额以及其他一些技术经济指标作为完工指标，并且将项目达到此指标的时间下限也作为一项指标。只有项目在规定的时间范围内满足这些指标时，才被贷款银行接受为正式完工。

7.2.1.3 项目生产经营阶段的风险

项目生产经营阶段，是一个标志性的阶段。在这一阶段，项目进入正常的运转，如果项目可行性研究报告中的假设条件符合实际情况的话，项目应该生产出足够的现金流量支付生产经营费用，偿还债务，并为投资者提供理想的收益。项目的生产经营阶段是项目融资风险阶段的一个分水岭。从这一阶段起，贷款银行的项目风险随着债务的偿还逐步降低，融资结构基本上依赖于项目自身的现金流量和资产，成为一种“无追索”的结构。这一阶段的项目风险主要有:生产经管风险、市场风险、政治风险、法律风险以及其他一些不可预见因素方面。

7.2.2 项目融资风险识别的技术与方法

在项目风险识别过程中,借助一些技术和工具不但可以提高识别风险的效率,而且操作规范,不容易产生遗漏。在具体应用这些技术和工具时,要结合项目本身的特点。

7.2.2.1 检查表

人们考虑问题有联想的习惯,在过去经验的启示下,思维会变得活跃并浮想联翩。因此,如果把人们经历过的项目中的风险事件及其来源一一列出来,写成核对表,那么项目风险识别人员看了就会开阔思路,容易识别出本融资项目会存在哪些潜在的风险。

目前,国际上一些有项目融资经历的专家和金融机构从以往的这类业务活动中总结出了一些经验和教训,并把这些经验和教训写成核对表。通过翻阅检查表,提示人们对照分析项目融资风险的问题与状态,进而实现对于风险的监控与应对。表7-1是核对表的一个示例。

表7-1 项目失败原因核对表

项目失败的原因	本项目情况	项目对策	备注 (责任部门)
工期延迟,因而利息增加,收益推迟			
成本、费用超支			
技术失败			
承办商财务失败			
政府过多干涉			
未向保险公司投保人身伤害险			
原材料涨价或供应短缺、供应不及时			
项目技术陈旧			
项目产品或服务在市场上没有竞争力			
项目管理不善			
对于担保物,例如油、气储量和价值的估计过于乐观			
项目所在国政府无财务清偿力			

7.2.2.2 常识、经验和判断

以往经历过的项目融资活动所积累起来的数据、资料、经验和教训,以及项目融资人员和其他相关参与人员的常识、经验和判断,在进行项目风险识别时非常有用。

因此，把项目融资有关各方找来，同他们就项目融资所面临风险进行面对面讨论，就可能触及一些活动中未曾发现的项目融资风险。

7.2.2.3 头脑风暴法

头脑风暴法又叫集思广益法，由美国人奥斯本于1939年首创，从20世纪50年代起就得到了广泛应用。该方法是通过营造一个无批评的自由的会议环境，使与会者畅所欲言，充分交流、互相启迪，产生出大量创造性意见的过程。头脑风暴法是以共同目标为中心，参会人员在他人的看法上建立自己的意见。因此，可充分发挥集体的智慧，提高风险识别的正确性和效率。

应用头脑风暴法应该注意的是：在发言过程中没有讨论，不进行判断性评论。

7.2.2.4 德尔菲法

德尔菲法又叫专家调查法，是20世纪50年代初美国兰德公司研究美国受前苏联核袭击风险时提出来的，并很快就在世界上盛行起来。德尔菲法是依靠专家的直观能力对风险进行识别的方法，现在该方法的应用已经普及经济、社会、工程技术等许多领域。

德尔菲法的应用步骤如下：

(1) 挑选企业内部、外部的专家构成小组，专家们不见面，彼此之间互不了解；

(2) 要求每位专家对所研讨的问题进行匿名分析；

(3) 所有专家都会收到一份全组专家的集合分析答案，并要求所有专家在反馈的基础上重新分析。如有必要，该程序可反复进行，直到专家的意见趋向一致时，程序结束。

7.2.2.5 敏感性分析

敏感性分析是研究在项目生命周期内，当项目的变数(如销售量、单价、投资、成本、项目寿命、建设期等)在项目的各种前提假设发生变动时，项目的经济评价指标(比如现值、内部收益率等)会出现何种变化以及变化范围有多大。因此，通过敏感性分析就能够回答哪些项目变数或假设的变化对项目的性能影响最大。这样，项目管理人员就能识别出风险隐藏在哪些项目的变数或假设下。

7.2.2.6 故障树法

故障树是利用图解的方式将大的风险分解成各种小的风险，或对各种引起风险的原因进行分解的一种方法。使用该方法可以很容易地找出所有的风险因素。

7.2.3 项目融资的风险估计

7.2.3.1 项目风险估计表

项目风险估计表是一种最简单、最常用的分析方法，该方法适用于决策前期，得出的结论也不要求是资金方面的具体值，而是一种大致的程度值。首先，对于项目出现问题的可能性，以及带来的项目还款风险的可能性进行分析。分析的方法通常采用专家评价的方法。然后，建立风险指标和风险程度分析表，通过征询专家意见和统计分析得出对于项目能否正常运行的判断。项目风险估计表的形式见表7-2，其内容要根据项目的实际情况具体细化。

表7-2 项目风险估计表

序号	风险因素	风险程度				发生概率	备注
		轻微	较严重	严重	极其严重		
1	信用风险						
2	完工风险						
3	生产风险						
4	市场风险						
5	金融风险						
6	政治风险						
7	环保风险						
8	其他风险						

7.2.3.2 敏感性分析

项目敏感性分析有单因素敏感性分析和多因素敏感性分析两种。在单因素敏感性分析中，设定每次只有一个因素变化、而其他因素保持不变，这样就可以分析出这个因素的变化对指标的影响大小。如果一个因素在较大的范围内变化时，引起指标的变化幅度并不大，则称其为非敏感性因素；如果某因素在很小的范围内变化时，就引起指标很大的变化，则称为敏感性因素。对于敏感性因素，需要进一步研究这个变量取值的准确性，或者收集众多的相关数据以减小在预测中的误差。多因素敏感性分析是考察多个因素同时变化对项目的影响程度，从而对项目风险的大小进行估计，为投资决策提供依据。

此外，需要注意的是，有时在进行现金流量模型变量的敏感性分析时，需要对最差方案的现金流量(即所有变量的最坏可能性结合在一起作为现金流量模型的方案)和最佳方案下的现金流量进行比较，以此来了解在各种假设条件下的项目现金流量状况及债务承受能力。

7.2.4 项目融资风险的评价方法

风险评价是对项目融资整体风险的量化分析，注重的是整体风险程度的综合评价。下面介绍几种具有代表性的风险评价方法。

7.2.4.1 资产定价模型

资产定价模型(CAPM, Capital Asset Price Model)是项目融资中被广泛接受和使用的一种确定项目风险贴现率的方法。项目风险贴现率的含义是指项目的资本成本在公认的低风险的投资收益率的基础上，根据具体项目的风险因素加以调整的一种合理的项目投资收益率。

1）CAPM 模型的理论假设

(1) 资本市场是一个充分竞争的和有效的市场。投资者在资本市场上可以不考虑交易成本和其他制约因素的影响。

(2) 资本市场上，追求最大的投资收益是所有投资者的投资目的。高风险的投资有较高的收益预期，低风险的投资有较低的收益预期。

(3) 资本市场上，所有投资者均有机会运用多样化、分散化的方法来减少投资的非系统性风险。在投资决策中只需要考虑系统性风险的影响和相应的收益问题即可。

(4) 资本市场上，对某一特定资产，所有的投资者是在相同的时间区域做出投资决策的。

根据以上的假设，投资者做出决策时，只需考虑项目的系统风险（即与市场客观环境有关、超出项目自身范围的风险，如政治风险、经济衰退等），而无需考虑项目的非系统性风险（即可由项目实体自行控制管理的风险，如完工风险、经营险等）。

2）CAPM 模型的基本公式

$$R_i = R_f + \beta_i(R_m - R_f) = R_f + \text{风险收益率} \tag{7-1}$$

式中：R_i——在给定风险水平 β 条件下，项目 i 的合理预期投资收益率，项目 i 带有风险校正系数的贴现率（风险校正贴现率）；

R_f——无风险投资收益率；

β_i——项目 i 的风险校正系数，代表项目对资本市场系统风险变化的敏感程度；

R_m——资本市场的平均投资收益率。

项目现金净现值的计算公式：

$$NPV = \sum_{t=0}^{n}(CI - CO)_t(1+i)^{-t} \tag{7-2}$$

将风险校正贴现率代入项目现金流量净现值的计算公式中，就可以计算出考虑到项目具体风险因素之后的净现值：

$$NPV = \sum_{t=0}^{n}(CI - CO)_t[1 + R_f + \beta_i(R_m - R_f)]^{-t} \tag{7-3}$$

式中：NPV——项目的净现值；

$(CI - CO)_t$——第 t 年项目的净现金流量，其中 CI 为现金流入量，CO 为现金流出量；

n——计算期期数，一般为项目的寿命期；

i——折现率。

根据项目现金流量的净现值的计算，如果 $NPV \geqslant 0$，则表明项目投资者在预期的项目寿命期内，至少可以获得相当于项目贴现率的平均投资收益率，项目收益将大于或等于投资的机会成本，项目是可行的。如果 $NPV<0$，说明该项目的投资机会成本过高，项目不可行。需要注意的是，此处为简化分析做了一定的假设，即无风险投资收益率(R_f)、资本市场平均投资收益率(R_m)及风险校正系数在项目的寿命期内保持不变。

3) CAPM 模型参数的确定

CAPM 模型的参数主要有：无风险投资收益率(R_f)、风险校正系数(β)和资本市场平均投资收益率(R_m)。

(1) 无风险投资收益率(R_f)。

无风险投资收益率是指在资本市场上可以获得的风险极低的投资机会的收益率，一般认为各种类型的政府债券是这种投资机会的典型代表，然而，由于各种政府债券的利率随着发行当时的资本市场情况以从期限的长短而变化，因此，确定无风险投资收益率的通常做法是在资本市场上选择与项目预计寿命期接近的政府债券的利率作为 R_f 的参考值，通常 R_f 也被用来作为项目风险承受力底线的指标。

(2) 风险校正系数(β)。

风险校正系数是风险贴现率计算中最难确定的指标值，并且争议也比较大，在国际项目融资中，一般的方法是根据资本市场上已有的同一种工业部门内相似公司的系统性风险的 β 值作为将要投资项目的风险校正系数。β 值越高，表示该工业部门在经济发生波动时风险性越大。也就是说，当市场宏观环境发生变化时，那些 β 值高的公司对这些变化更加敏感；反之，公司的 β 值越低，市场和宏观环境的变化对其影响相对较小。

理论上，在资本市场上对某一公司的系统性风险进行估值，可以按照数理统计的原理对该公司股票价格与资本市场整体运动趋势之间的相对应关系的历史数据（需要至少 5 年以上的数据）加以统计回归作出相关曲线来完成，相关曲线的斜率就是该公司的风险校正系数 β。但是，在实践中除了专业化的证券公司外，一般的投资者很难获得完整的资料来进行计算，所以在资本市场相对发达的工业国家中，一些具有权威性的证券公司定期公布所有上市公司的 β 值以及各个工业部门的平均值，提供给投资者参考。在引用公布的 β 值时，需要注意区分该 β 值是某一工业部门（或公司）的资产 β 值还是其股本资金的 β 值。资产 β 值反映的是该工业部门（或公司）的生产经营风险；股本资金 β 值反映的是公司在不同股本 / 债务资金结构中的融资风险。一般来说，债务越高融资风险也就越高，股本资金 β 值也就越大。在 CAPM 中采用的是股本资金 β 值，因此，如果证券公司公布的数据是全行业的资产 β 值，就需要进行两者的换算，其换算公式为：

$$\beta_e=\beta_a\left[1+\frac{D}{E}(1-t)\right] \tag{7-4}$$

式中：β_e ——股本资金 β 值；

β_a ——资产 β 值；

D ——项目债务的市场价值；

E ——项目股本资金的市场价值；

t ——公司所得税。

(3) 资本市场平均投资收益率(R_m)。

依据现代西方经济理论，资本市场的充分竞争性和有效性以及投资者追求最大投资收益的动机决定了资本市场存在一个均衡的投资收益率，然而这一均衡的投资收益率在实际的风险分析工作中，却很难计算出来。在一些资本市场相对发达的国家，通常以股票价格指数来替代这一均衡投资收益率，来作为资本市场的平均投资收益率 R_m 的参考值。由于股票价格指数的收益率变动频繁、幅度较大，所以，在实际计算资本市场平均投资收益率时，一般是计算一个较长时间段(一般是10年)的平均股票价格指数收益率。这样做带来的一个问题是，在实际的风险分析计算时，可能会出现 $R_m - R_f < 0$ 的情况，这是因为 R_m 的估值是过去某一阶段的平均收益率，而 R_f 的估值是反映对未来收益的预期，两者不匹配。为了解决这一问题，可以采用计算一个较长时间段内的($R_m - R_f$)的平均值，以此来代替 R_m 的单独估值。

(4) 加权平均资本成本(WACC)。

由于项目资金包括债务资金和股本资金两部分，因此运用CAPM模型计算项目投资的合理资金成本时，需要计算加权平均资本成本，为项目投资决策提供依据。加权平均资本成本(WACC, Weighted Average Cost of Capital)是将债务资本成本和权益资本成本分别乘以两种资本在总资本中所占的比例，再把两个乘积相加所得到的资本成本。其计算公式如下：

$$WACC = R_e \times W_e + R_d \times (1-t) \times W_d = R_e \times \frac{E}{E+D} + R_d \times (1-t) \times \frac{D}{E+D} \tag{7-5}$$

式中：$WACC$ ——加权平均资本成本；

R_e——权益资本成本；

W_e——权益资本权重；

$R_d \times (1-t)$ ——债务资本成本；

R_d——债务利息率；

t ——税率，通常是公司所得税税率；

W_d——债务资本权重；

E ——权益资本；

D ——债务资本。

当项目投资者进行投资时，如果其资本成本不高于用这种方法所计算的加权平均资本成本，就说明投资者至少可以获得资本市场相同投资的平均投资收益率，即项目投资满足最低风险收益的要求。

7.2.4.2 项目融资中风险评价指标

对于项目所表现出来的融资风险，常用以下三个指标说明：项目债务覆盖率(包括单一年度债务覆盖率和累计债务覆盖率)、项目债务承受比率和资源收益覆盖率。

1）项目债务覆盖率

项目债务覆盖率是指项目可用于偿还债务的有效净现金流量与债务偿还责任的比值，可以通过现金流量模型计算得到。

(1) 单一年度债务覆盖率。

单一年度债务覆盖率的计算公式为：

$$DCR_t = \frac{[(CI - CO)_t + RP_t + IE_t + LE_t]}{RP_t + IE_t + LE_t} \tag{7-6}$$

式中：DCR_t ——债务覆盖率；

$(CI - CO)_t$ ——第 t 年项目净现金流量；

RP_t ——第 t 年到期债务资金；

IE_t ——第 t 年应付债务利息；

LE_t ——第 t 年应付项目租赁费用(存在租赁融资的情况下)。

一般项目融资中，贷款银行要求 $DCR_t \geqslant 1$，如果项目融资风险较高，贷款银行会要求相应增加 DCR_t 的值，因为 DCR_t 增大，就意味着有更多的有效净现金流可用于偿还债务。公认的 DCR_t 取值范围在 1.0～1.5 之间。

(2) 累计债务覆盖率。

累计债务覆盖率的计算公式为：

$$\sum DCR_t = \frac{\left[\sum_{i=1}^{t} (CI - CO)_i + RP_t + IE_t + LE_t\right]}{RP_t + IE_t + LE_t} \tag{7-7}$$

式中：$\sum_{i=1}^{t} (CI - CO)_i$ 表示自第 1 年开始到第 t 年项目未分配的净现金流量。

项目融资中应用累计债务覆盖率的作用在于它规定了项目一定比例的盈余金必须保留在项目公司中，只有满足累计债务覆盖率以上的资金部分才被允许作为利润返还给投资者，从而保证项目经常性地满足债务覆盖率的要求。通常情况下，$\sum DCR_t$ 取值范围在 1.5～2.0 之间。

2）项目债务承受比率

项目债务承受比率是项目现金流量的现值与预期贷款金额的比值，其计算公式为：

$$CR = \frac{PV}{D} \tag{7-8}$$

式中：CR ——项目债务承受比率；

PV ——项目在融资期间内采用风险校正贴现率为折现率计算的现金流量的现值；

D ——计算贷款的金额。

项目融资一般要求 CR 的取值在 1.3～1.5 之间。

3) 资源收益覆盖率

对于依赖某种自然资源(如煤矿、石油、天然气等)的生产型项目,项目融资的风险与资源储量有直接的关系。因此,除了以上两个指标外,这类项目还需要增加评价资源储量风险的指标。

资源收益覆盖率的计算公式为:

$$RCR_t = \frac{PVNP_t}{OD_t} \tag{7-9}$$

式中:RCR_t——第 t 年资源收益覆盖率;

OD_t——第 t 年未偿还的项目债务总额;

$PVNP_t$——第 t 年项目未开采的已证实资源储量的现值。

公式中 $PVNP_t$ 的计算公式为:

$$PVNP_t = \sum_{i=1}^{n} \frac{NP_t}{(1+R)^i} \tag{7-10}$$

式中:n——项目的经济寿命期;

R——贴现率,一般采用同等期限的银行贷款利率作为计算标准;

NP_t——项目第 t 年的毛利润,即销售收入与生产成本之差额。

对于这类项目的融资,一般要求任何年份的资源收益覆盖率都要大于 2,并且还要求已经证实的可供项目开采的资源总储量是项目融资期间计划开采资源量的 2 倍以上。

7.3 项目融资的风险管理

在前几节已经对项目风险的分类、识别和评价进行了论述,为如何围绕项目的风险因素来安排项目的融资结构提出了解决问题的基本思路。如果项目的融资结构设计合理,项目风险在项目各参与方之间进行了适当的分摊且分摊结果为各方所接受的话,项目融资就有可能成功。然而,项目投资者在完成项目融资谈判过程,取得融资成功后,还要在项目的建设和生产阶段,结合项目的经营管理实际,分析研究如何降低和减少各种风险对项目生产经营的影响,最大限度地保证项目的成功。这一问题不仅是项目投资者关心的问题,同时也是贷款银行需要面对和解决的问题,这就是项目融资中的风险管理问题。

7.3.1 项目风险管理的内容

从总体上讲,项目风险管理可以分为项目的核心风险管理和项目的环境风险管理。项目的核心风险管理,即对项目的完工风险、生产风险、技术风险等一系列与项目建设和生产经营有着直接关系的风险要素的管理,是项目投资者和经营者日常生产管理工作的一个重要组成部分。项目的核心风险大部分是项目的投资者和经营者可以控制的,因此贷款银行很少分担这类风险,且在项目融资安排过程中这类风险多数已经通过各种形式的协议或担保转移给了其他利益相关者。项目的环境风险管理主要包括项目的政治风险管理、法律风险管理和金融风险管理等。由于项目的环境风险通常较难预测,一般它都超出企业控制的范围,其风险管理的难度较大,这就需要有别于项目核心风险管理的方法和思路。

7.3.1.1 项目的政治风险管理

当项目融资在很大程度上依赖于政府的特许经营权和特定的税收、外汇、价格政策作为重要的信用支持来安排融资结构时,政治风险的管理就显得相对敏感和重要。目前,项目政治风险的管理主要采取以下措施:

(1) 通过政治风险投保来降低风险可能带来的损失、政治风险投保是项目投资者或项目公司、贷款银行和其他参与方向商业保险公司或官方机构(如出口信贷机构或多边发展机构)投保政治风险。

(2) 在项目融资中引入多边机构。多边机构(如政府出口信贷机构和多边金融机构等)书面保证也能为项目参与方提供一些政治上的保护。

(3) 尽量使项目有政府的直接参与。

(4) 在一些外汇短缺或管制严格的国家,如果项目有"硬通货"作为收入,通过销售合同合理安排,贷款人可以从海外接受、控制和保留部分现金流量,用以偿还债务,降低项目的政治风险和外汇管制风险。

(5) 如果有可能,应从项目所在国的中央银行得到可以获得外汇的长期保证。

(6) 与地区发展银行、世界银行或援助机构一同安排平行贷款。这种协调机制将减少所在国政府干预贷款人利益的风险。

7.3.1.2 项目的法律风险管理

对项目发起方来说,在项目设计过程中就需要聘请法律顾问参与,因为项目的设计和项目的融资及税务处理等都必须符合项目所在国的法律要求。在项目融资中,有时还需对可以预见的法律变动提前做好准备,使项目顺利度过法律上的转变阶段。项目的法律环境变化会给项目带来难以预料的风险,为了规避这类风险,项目公司与东道国政府之间可以签署一系列相互担保协议,双方在自己的权利范围内作出某种担保或让步,以达到互惠互利的目的,这些协议也在一定程度上为项目公司和贷款银团提供了法律上的保护。这类协议有:进口限制协议、劳务协议、诉讼豁免协议、公平仲裁协议和开发协议。在项目融资中根据项目的特点,不同的项目签署不同的相互担保协议。如有的项目在建设或生产经营中需要从国外进口设备或原材料,项目公司就应尽可能地与东道国政府签订进口限制协议,以达到放宽进口限制及减免关税的目的;有的项目需要外籍人员为其提供服务,项目公司就应力争与项目所在国政府签署劳务协议,要求对外籍人员的聘用不加以限制。需要说明的是,一般来说,项目公司应与所在国政府签署开发协议,以保证项目公司在协议执行期得到有效的服务,以合理的价格销售项目产品。项目公司要求所在国政府授予项目公司一些特许权限,从而在很大程度上转移项目的法律风险,这一点在 BOT 融资模式中显得尤为重要。

7.3.1.3 项目的金融风险管理

项目的金融风险分为利率风险和汇率风险。利率的波动风险存在于每一个项目。由于近些年来国际金融市场的利率波动幅度增加，在项目融资中，利率风险的管理变得非常重要。对于利率风险的管理，如果东道国货币不是国际“硬通货”，那么只能采取一些经营管理手段和通过适当的协议将风险分散给其他项目参与方。例如，预测利率的变化，在此基础上通过对不同假设条件下项目现金流量的预测、分析，确定项目的资金结构，利用提高股本资金在项目资金结构中的比例等方法来增加项目抗风险能力，以避免在项目出现最坏情况时可能发生的风险。但这种方法的成功与否直接取决于对利率的预测，而对利率走向的准确预测通常是比较困难的。过高地估计风险因素，过多地增加股本资金投入会导致项目投资者最终放弃项目的投资机会。相比之下，如果项目资产或负债使用的是“硬通货”，那么通过金融衍生工具减少融资风险比较有效。项目利率风险管理的基本工具有：利率期权、利率掉期、利率期货、远期利率协议等。随着国际金融市场的发展，这些金融衍生工具也被逐步地引入到项目市场和原材料、能源价格风险的管理中，为项目融资在各类项目中的普遍运用提供了保证。

对于汇率风险，如果东道国货币是国际“硬通货”，通过金融衍生工具（如汇率期权、掉期等）来对冲风险比较有效；如果东道国货币不是国际“硬通货”，则只能采取一些经营管理手段来降低汇率风险，其做法与利率风险管理方法大体一致。至于降低汇率风险中的汇兑风险，最有效的方法是从项目所在国的中央银行取得自由兑换“硬通货”的承诺协议。一般情况下，各国对外商投资项目的货币兑换及收益汇出都有明确的法律规定，如在我国，就有相关的法律保护外商的合理收入能顺利出境。

7.3.2 项目环境风险管理的基本工具

在当今的国际金融市场上，用于利率和汇率风险管理的金融衍生工具形形色色，多种多样，并且新产品层出不穷。投资者正确地使用这些工具，可以达到有效降低项目环境风险的目的。通过深入剖析，可以发现所有这些工具都是以掉期（Swaps）、期权（Options）、期货（Futures）和远期（Forwards）这四种基本风险管理工具为基础的。因此，下面将对这四种工具进行详细论述。

7.3.2.1 掉期

在项目融资中，掉期是指用项目的全部或部分现金流量交换与项目无关的另一组现金流量。经常使用的掉期有三种形式：利率掉期（Interest Rate Swaps）、货币掉期（Currency Swaps）和商品掉期（Commodity Swaps）。其中商品掉期是在 1986 年刚刚发展起来的，但是由于它可以锁定商品的市场价格（减少项目的产品市场价格风险或者原材料价格风险），目前已经成为项目融资中一种十分重要的风险管理工具。

1）利率掉期

利率掉期也称利率互换，在 20 世纪 80 年代早期，首次出现在欧洲证券市场上，当时主要是那些从事货币业务和国际资本业务的金融机构利用利率互换来减少利率变动的风险，此后，利率掉期交易发展迅速，已成为管理利率风险的主要工具之一。

利率掉期是交易双方将同种货币不同利率形式的资产或者债务相互交换。债务人根据国际资本市场利率走势，通过运用利率掉期，规避利率风险。最常见的利率掉期是用来改变利息支付的性质，即由固定利率转换为浮动利率或由浮动利率转换为固定利率，利率掉期不涉及债务本金的交换。一般的利率掉期是在同一种货币之间进行，从而不涉及汇率风险因素，几乎所有的利率掉期交易的定价都以伦敦同业银行拆放利率(LIBOR)为基准利率。利率掉期一般通过第三方作中介人安排，投资银行和大型商业银行都可以充当中介人的角色。

在项目融资中，由于大多数的项目长期贷款都采用的是浮动利率的贷款公式，使项目有关各方承担着较大的利率波动风险。这时，通过浮动利率与固定利率的掉期，将部分或全部的浮动利率贷款转换为固定利率贷款，在一定程度上可以起到项目风险管理的作用。

项目融资中的利率掉期结构基本框架如图 7-3 所示。

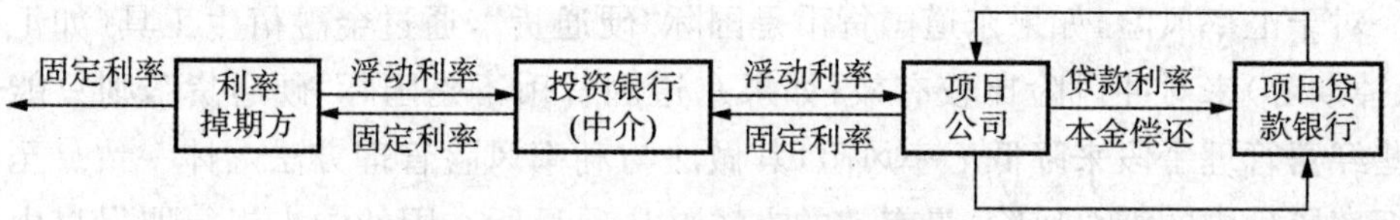

图 7-3　项目融资中的简单利率掉期结构

利率掉期的基本原理是：假设金融市场的两个借款人 A 和 B，借款人 A 能够在市场上以较好的条件借到浮动利率贷款，但是由于种种原因希望使用固定利率的资金；而借款人 B 在市场上可以较容易地借到固定利率的贷款，但是却希望使用低利息成本的浮动利率资金。通过这样的掉期安排，双方都可以获得相应的成本节约。

在项目融资中，利率掉期的作用可以归纳为以下两个方面：

第一，根据项目现金流量的特点安排利息偿还，减少因利率变化造成项目风险的增加。由于项目融资在贷款安排方面仍然存在一定的不灵活性，因而可能出现贷款利率结构不一定符合项目现金流量结构的情况。如果通过浮动利率与固定利率之间的掉期，不同基础的浮动利率之间的掉期，或者不同项目阶段的利率掉期，在一定程度上可以起到项目风险管理的作用。

第二，根据借款人在市场上的位置和金融市场的变化，抓住机会降低项目的利息成本。这方面的做法包括：

(1) 将固定利率转为浮动利率。

(2) 通过先安排浮动利率贷款，然后再将其转为固定利率的方法，降低直接安排固定利率贷款的成本。

(3) 同样，通过先安排固定利率贷款，然后再将其转为浮动利率的方法，降低直接安排浮动利率贷款的成本。

2）货币掉期

货币掉期是一种货币交易，又称货币互换，是指交易双方按照事先确定的汇率和时间相互交换两种货币。货币掉期的早期形式是由一个国家企业以本国货币贷款给在另一个国家的企业，同时又从该企业借回另一个国家的货币。企业之间利用这样的方式达到绕开某些外汇管制或者安排货币保值的目的。但是，在项目融资中这种最基本的货币掉期形式用处有限，较难发挥出风险管理的作用。

项目融资经常使用的货币掉期工具是交叉货币掉期，特别是对于采用类似出口信贷作为主要资金来源的项目融资结构，交叉货币掉期提供了一种灵活的机制，有效地将项目资产或项目债务的风险从一种货币转为另一种更为合理的货币。交叉货币掉期在市场上的出现，公认是以 1981 年世界银行和美国国际商业公司的交易作为标志的。交叉货币掉期的基本特点是在安排货币掉期的同时安排利率掉期，将两者的优点结合起来。图 7-4 是一种浮动利率/固定利率交叉货币掉期的简单说明。

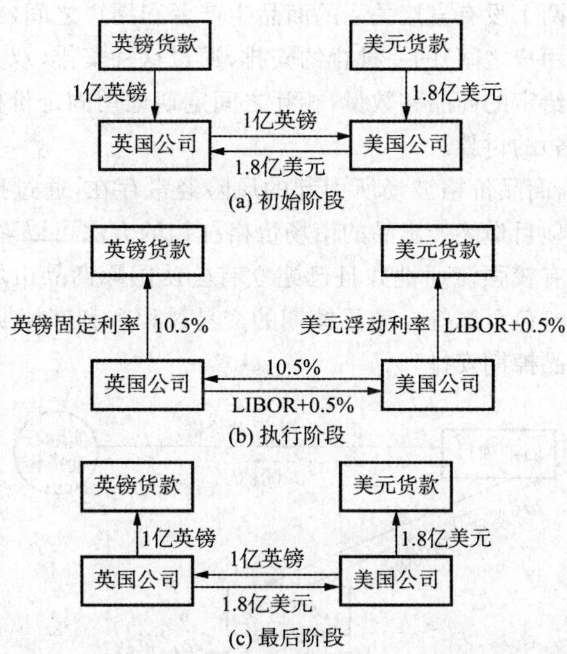

图 7-4　浮动利率/固定利率交叉货币掉期的简单结构

交叉货币掉期在项目融资风险管理中能够发挥的作用有以下几个方面：

第一，降低项目的汇率和利率风险。例如，在使用政府出口信贷作为资金来源的项目融资中，虽然一方面项目可以享受信贷的优惠政策，但是另一方面却有可能面临着较大的风险。假设某项目的收入都是美元，但是有一笔固定利率的德国马克优惠贷款。由于市场上马克利率上升，美元利率下降，美元相对马克的汇率也随之下跌。为了减少项目日益增加的汇率损失风险，该项目安排了一个交叉货币掉期，支付浮动的美元 LIBOR 利率而收取固定的马克利率。通过这一安排，该项目不仅降低了美元项目的汇率波动，而且也从不断降低的美元利率中获得了一定的好处。

第二，从事项目的资产/债务管理，对于现有项目的资产/债务结构，如果资产和债务分别涉及几种不同的货币和利率，交叉货币掉期同样是一种有用的工具。除此之外，在很多情况下，交叉货币掉期为融资提供了更为灵活的手段，对于分别在不同金融市场上具有优势的借款人来说，可以利用这些优势所带来的成本节约进入其他货币的融资安排。

经过十几年的发展，交叉货币掉期已经成为在国际金融市场上融资以及进行融资风险管理(汇率风险和利率风险管理)的主要工具。与单纯的外汇交易不同，交叉货币掉期的安排可以长达 10 年以上，同时，由于交叉货币掉期是参与掉期安排双方之间的一种特殊合约结构，因而交叉货币掉期成为投资银行根据客户要求专门设计的一种产品。交叉货币掉期的这些特点，使其在项目融资风险管理中发挥着重要作用。

3) 商品掉期

商品掉期是在两个没有直接关系的商品生产者和用户之间(或者生产者与生产者之间以及用户与用户之间)的一种合约安排，通过这种安排，双方在两个规定的时间范围内针对一种给定的商品和数量，相互之间定期地用固定价格的付款来交换浮动价格(或市场价格)的付款。

在项目融资中，商品价格波动所引起的风险经常存在，通过把项目原材料或者能源供应的成本与项目最终产出品的市场价格挂钩的方法可以降低这类风险，但商品掉期只适用于具有较强流通性并且已建立有公认国际商品市场的产品，例如，黄金、天然气、石油及有色金属等。商品掉期的交易过程和利率掉期相似，图 7-5 说明的是一种基本的商品掉期安排。

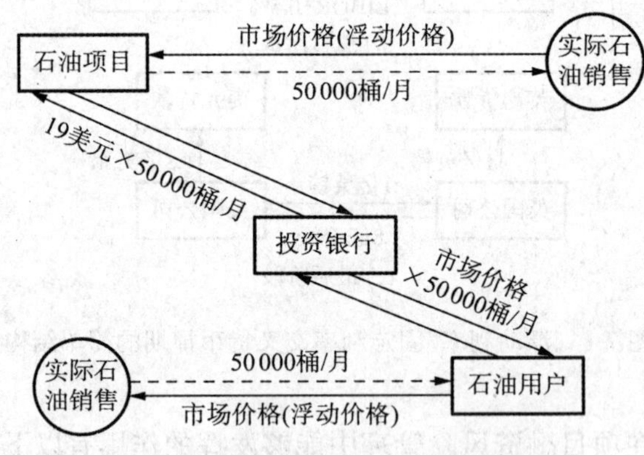

图 7-5 商品掉期安排的基本结构

图 7-5 中，假设一个石油项目每月生产 5 万桶石油，根据其生产成本和融资成本结构，希望在未来三年内将其所生产石油的价格固定在每桶 19 美元水平，以减少项目的价格波动风险。为此，该项目通过投资银行安排了一个商品掉期，每个季度

按照市场价格支付投资银行15万桶石油的销售收入(为简化问题,假设这就是该石油项目在市场上的实际销售收入),与此对应,投资银行同意在同一时间按每桶19美元的价格支付石油项目15万桶石油的收益。如果实际市场价格高于固定价格(即19美元/桶),石油项目就需要支付投资银行其差额;反之如果实际市场价格低于固定价格,则投资银行需要支付石油项目其差额。因此,在任何情况下,通过这个掉期,石油项目的石油销售价格均被固定在19美元/桶水平,排除了价格下跌的风险,但也不可能获得任何价格上升的好处。

作为石油用户,进入这一掉期安排的目的与石油项目是一样的,但是所期望的结果则是相反的。石油用户在掉期安排中根据自身的生产成本结构将石油成本同样固定在19美元/桶,因为如果石油价格上涨,则石油用户的生产成本同样也要上涨。

归纳起来,在图7-5的例子中商品掉期对于石油项目和用户都起到了降低风险的作用。在图7-5的上半部分,石油项目通过将石油销售价格固定在19美元/桶,防止了石油价格下跌从而导致项目现金流量恶化的风险;在图7-5的下半部,石油用户通过将石油购买价格固定在19美元/桶,防止了石油价格上涨造成项目现金流量恶化的风险。

但由于商品掉期的发展历史还不到10年,并且受到国际商品市场的流通性、价格机制等因素的制约,所以商品掉期没有像利率掉期那样得到广泛的应用。在商品掉期的期限安排上,一般的商品掉期期限基本上不能超过5年,只有极少数商品可以安排长期(最长期限为10年)的掉期。

7.3.2.2 期权

期权,又称选择权,是指在未来一定时期可以买卖的权力,是买方向卖方支付一定数量的金额(指权利金)后拥有的未来一段时间内(指美式期权)或未来某一特定日期(指欧式期权)以事先规定的价格(指履约价格)向卖方购买(指看涨期权)或出售(指看跌期权)一定数量的特定标的物的权力,但不负有必须买进或卖出的义务。期权交易事实上就是这种权力的交易。买方有执行的权利也有不执行的权利,完全可以灵活选择。期权交易可以包括利率、汇率、股票市场的股价指数和其他金融产品交易,也可以包括实际的商品的交易。在期权交易中,如果买方决定执行期权,期权的卖出者就必须履行合约,有卖出或者买入商品的义务。

期权按不同的标准可划分为不同的种类。按期权合约的性质可分为看涨期权、看跌期权和双期权;按执行方式,可分为美式期权和欧式期权;按期权的交割内容可分为指数期权、外币期权、利率期权和期货期权。在项目融资中,作为风险管理工具经常使用的期权有三种形式:利率期权、货币期权和商品期权。

(1) 利率期权。利率期权为项目公司提供了一种规避利率风险的金融工具。由于在项目融资中,很多国际融资项目所使用的债务资金的利率结构是以短期欧洲美元利率作基础的,所以这部分投资者经常会面临利率大幅度增长所带来的风险。虽然利率掉期也可以帮助投资者规避利率上涨的风险,但是利率掉期也损失了利率下降的好处。与利率掉期相比，利率期权的优点在于，如果期权所有人认为执行该项交易对他不利，可以不必履行期权合约。这样利率期权既帮助了投资者避免利率上涨的风险，又在合适的价格条件下帮助投资者获得利率下降的好处。由于项目融资长期性特点，在项目融资中使用的多数是较为复杂的中期利率期权形式，时间常为3～10年。

(2) 货币期权。货币期权又称为外汇期权，是近年来兴起的一种交易方式，权利的买方有权在未来的一定时间里按约定的汇率向权利的卖方（如银行）买进或卖出约定数额的外币，同时权利的买方有权不执行上述买卖合约。货币期权既为项目公司提供了套期保值的方法，又为项目公司提供了从汇率变动中获利的机会，在对汇率变化趋势预测不准的情况下，采用货币期权将为项目公司提供较大的风险管理灵活性。

(3) 商品期权。商品期权和利率期权、货币期权的概念极为相似，根据项目对某一种商品市场的不同需求和依赖程度，项目公司可以通过购买期权或者卖出期权进行分析管理。

对于项目投资者来说，期权交易具有投资少、收益大、降低风险、保护权利的作用。购买者只需支付一笔期权权利金，就可取得买入或卖出商品的权利。一旦投资者预期与市场变化相一致时，即可获得可观收益；如果与预期相反，又可放弃行使权利。在交易中，投资者的风险是固定的，却可能带来潜在收益。但需注意的是，购入期权需支付期权费，期权费通常较高，在项目融资中，需要对项目风险进行全面评价，在此基础上决定是否采用期权作为项目风险管理工具。

7.3.2.3 期货和远期

远期合约（Forward Contract）和期货合约（Futures Contract）与上述两种金融工具相比，历史悠久，形式也相对简单一些。这两种工具在本质上是一样的，即为合约的买卖双方在未来的某一个时间点上完成一项（或者若干项）其条件（如数量、质量、价格、交货地点等）预先确定好的交易。两者的区别在合约的形式上：远期合约是通过合约双方根据各自需求谈判确定的，因而是一种交换条件（如数量、质量、时间、交货地点等）可以变化的非标准合同形式；而期货合约则是一种标准的合同形式，无论买卖双方都需要按照这种标准合约的交易条件从事交易。由于远期合约和期货合约的期限均比较短（期限多数不超过2年，少数可以达到3年），而项目融资期限往往又以中长期为多，所以限制了远期合约和期货合约在项目融资风险管理中的应用范围。

1) 远期合约

商品的远期合约是由商品买卖双方签订的正式协议，协议中规定买方以某一约定价格从卖方那里购买一定数量的商品，买卖双方并不在签约日交割，而是在将来某一约定的日期交割，这种以签订远期合约来进行的商品买卖，叫做商品的远期交易。

远期合约的历史悠久，它的执行依赖于买卖双方履约的信用。理论上，远期合约适用于任何一种实物产品或金融产品的交易，实际上，最发达的远期合约市场有远期外汇合约和远期商品合约两大类。远期合约在形式上比较灵活，合约双方可以根据各自需要谈判确定，在签署合约时一般不需要合约方支付一定的费用。在项目融资中，项目公司可以通过使用远期市场以远期合约方式来保值或锁定一种商品的价格，有利于消除项目公司在建设和生产过程中价格变化的不确定因素，但是由于远期合约的期限比较短，所以限制了其在项目融资风险管理中的应用。另外，远期交易还有其他不易解决的问题，如交易的一方必须寻找合适的交易对象，交易的数量也要符合对方的要求等。

2）期货合约

期货合约是期货交易所为期货交易而制定发行的标准化合同，一切成交的合约要求购买者和出售者在合同规定的未来时间，按约定价格分别买入和卖出一定数量的某种资产。和远期合约相比，期货合约的流动性很好，期货合约的购买者可以根据市场变化，决定是否提前结束合约。由于期货市场上有大量的投机性买卖行为，所以大多数的期货合约在到期日之前已经卖掉或者是以现金做差额结算，很少实行真正实物交割，实际的产品销售协议和期货合约可以是完全分离的。

期货合约主要包括三种形式：商品期货合约、外汇期货合约和其他金融期货合约（如股指期货合约、定期债券或定期存款期货合约）。在项目融资中，项目经营者可以通过期货市场对其产品、货币、利率等进行保值和固定价格，避免其价格波动带来的影响。不过，使用期货合约进行风险管理会带来潜在利润损失，机会成本也比较大，而且期货合约只对特定的商品、货币和金融产品有效，合约条款和合约期限都有局限性，限制了期货合约的使用范围。

7.3.3 项目融资风险分担模型

在传统的公司融资方式中，项目的风险理所当然地全部由项目投资公司及有关担保方承担。项目投资公司（项目借款人）承担项目负债的完全追索责任，银行向项目发放的贷款仅从项目借款人和贷款担保人处得到还贷的担保保证。如果项目失败，项目投资公司自己承担项目全部损失并负责偿还银行贷款直至公司破产，银行面临的风险主要是项目借款人的资信状况以及担保人的担保能力。而在项目融资方式中，项目风险承担的主题与传统公司融资方式不同，风险并不集中在某一方。从前述规避风险的方法可见，项目融资的风险规避和控制其实质是将风险分摊到项目的各有关方面，避免集中在项目投资者或贷款人一方，这就是风险分担的出发点。

对于项目参与各方而言，它们各自所愿意承担的风险种类以及程度不一，风险分担不是将风险平均地分给参与各方，而是采用“将某类风险的全部都分配给最适合承担它的一方”的基本原则。例如，东道国政府不愿意承担商业风险而愿意承担政治风险；境外投资者则正好相反，它们有能力承担商业风险却对政治风险望而却步。项目融资的风险管理就是通过各种合同和信用担保协议，将项目风险在参与者之间进行合理分配。图 7-6 反映了项目融资各方之间的风险分担结构。

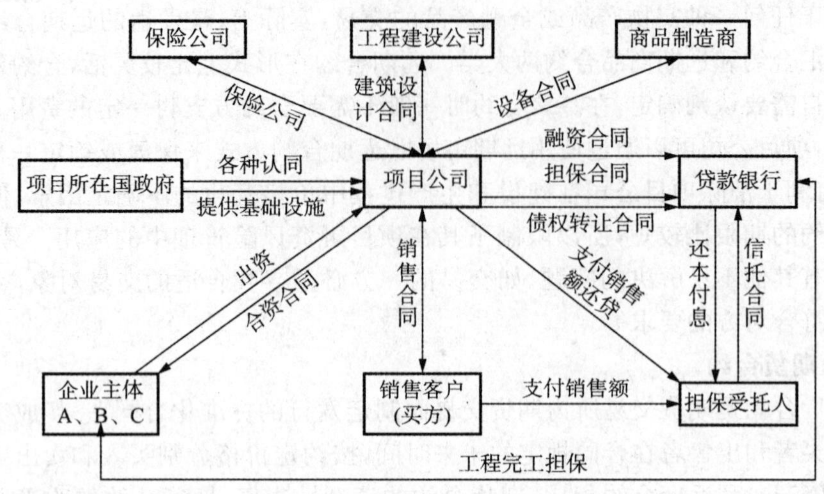

图 7-6　项目融资风险分担结构

总之，为了减轻项目融资的风险，项目投资方或主办者在项目运作过程中必须确定项目的关键风险，评价项目每个风险可接受的程度并将项目风险分配到有关各方，即风险分担；将项目风险与融资结构相结合，把项目风险分配给项目参与者，以高超的协商技巧、智慧和专业水平，完成这个巨大的利益分配过程。

7.3.3.1　项目融资风险的分担原则与方法

项目融资风险的分担的实质是在项目参与方中对避免、转移和控制风险后的残留风险进行分担，但同时也不是将残留风险对每个参与者平均分配，而是将某类风险都分配给最适合承担、最愿意承担该风险的那一方，即项目的任何一种风险都完全由对该风险偏好系数最大的项目参与方承担，使项目参与方的整体满意度最大。

风险分配的原则：第一，确定项目关键风险。第二，评价项目每一种风险的可接受程度。第三，确定最适合的承担方。

7.3.3.2　项目融资风险分担模型

这里主要是介绍项目融资风险分担模型的线性化假设模型。

假设某项目融资中一共有 n 个项目参与方，面临着 m 种风险($n,m\in Z$)，并且以 R_{ij} 表示第 i 个参与方所承担的第 j 种风险($1\leqslant i\leqslant n$，$1\leqslant j\leqslant m$)。由于对风险的偏好不同，对任何一方在获得风险收益的同时也必须付出风险成本。假定第 i 方的风险收益是 Y_i，同时它的风险成本是 C_i。在风险分担完毕后第 i 方的风险收益是：$Y_i = Y_i(R_{i1},R_{i2},\cdots,R_{im})$，第 i 方的风险成本是：$C_i = C_i(R_{i1},R_{i2},\cdots,R_{im})$。

显然只有在风险收益和风险成本相减后还有剩余的情况下，各个参与方才有承担该风险的积极性，我们把这个差额称为风险剩余，记作：$P_i = Y_i - C_i$。风险剩余的大小直接关系到参与方承担风险的积极性的大小。

项目融资风险分担的目标是在风险一定的前提下，使项目各参与方的风险剩余整体最大化，即

$$f(R_1,R_2,\cdots,R_m)=\max\sum_{i=1}^{n}p_i \tag{7-11}$$

为了简单起见,假定项目融资各参与方的风险收益和风险成本均为其承担的风险的线性函数,即

$$Y_{ij}=Y_{i1}R_{i1}+Y_{i2}R_{i2}+\cdots+Y_{im}R_{im} \tag{7-12}$$

$$C_{ij}=C_{i1}R_{i1}+C_{i2}R_{i2}+\cdots+C_{im}R_{im} \tag{7-13}$$

式中:Y_{ij} 表示第 i 方因承担第 j 种风险而应得到的收益权重;C_{ij} 表示第 i 方因承担第 j 种风险所付出的成本权重。

将 $P_i=Y_{ij}-C_{ij}$ 和式(7-12)、式(7-13)代入式(7-11)中,可以得到各个参与风险分配的目标函数

$$f(R_1,R_2,\cdots,R_m)=\max\Big[\sum_{i=1}^{n}\sum_{j=1}^{m}(Y_{ij}-C_{ij})R_{ij}\Big] \tag{7-14}$$

根据假设条件,项目融资风险保持一定,因此,存在约束条件

$$\sum_{i=1}^{n}R_{ij}=R_j \tag{7-15}$$

根据式(7-14)、式(7-15)可以得到线性规划模型

$$\begin{cases} f=\max\Big[\sum_{i=1}^{n}\sum_{j=1}^{m}(Y_{ij}-C_{ij})R_{ij}\Big], i=1,2,\cdots,n; j=1,2,\cdots,m \\ \text{s. t. } \sum_{i=1}^{n}R_{ij}=R_j \end{cases}$$

解出上述模型,得到目标函数的最优值

$$f=\max\sum_{i=1}^{n}\sum_{j=1}^{m}PR=\sum_{j=1}^{m}\Big[\Big(\max\sum_{i=1}^{n}P_{ij}\Big)R_j\Big] \tag{7-16}$$

最后的结论可以这样理解,项目的任一风险完全由对该风险偏好系数最大的项目参与方承担时,项目整体满意度最大。对某种风险的偏好系数最大,就意味着最适合承担该风险。于是,我们得到了风险分配的基本原则:将所有的风险都分配给最适合承担它的那一方。这个基本原则和我们在建立模型之前确定的原则相吻合。

7.3.4 项目融资风险管理措施

风险管理是项目融资最关键的一步在对项目融资风险进行管理时,可采取灵活多样的方式对项目融资风险进行规避与控制。对项目融资风险的管理,一般可以从以下几个方面进行:

7.3.4.1 项目融资风险的规避

风险规避是指由于考虑到风险损失的存在或可能发生，主动放弃或拒绝实施某项可能引起风险的方案。项目投资者在决策中对高风险的领域项目和方案进行回避，进行低风险选择。在进行风险规避时，有三个方面：一是回避高风险的项目投资领域；二是回避高风险的技术创新项目投资；三是回避高风险的技术创新方案。但是风险与收益共存，一味地回避风险是不合适的，它会导致企业争取获得高收益的进取精神不足。风险规避既然作为风险控制的一种方法，其使用的基本原则是：回避不必要的风险；回避那些远远超过企业承受能力的、可能对企业造成致命打击的风险；回避那些不可控制的、不可转移的、不可分散性较强的风险。在主观风险和客观风险并存的情况下，以回避客观风险为主。

风险回避能够在风险事件发生之前完全消除某一特定风险可能造成的种种损失，而其他任何方式只能减少损失发生的概率或损失的严重程度，或对损失发生后及时予以经济补偿，而这些工具都不如采用避免风险工具那样彻底。不论风险发生与否，都可能造成人员伤亡、物质损毁或人们精神上的忧虑，避免风险则可能消除这一切不利后果。避免风险是尽可能对所有会出现的风险的事件或活动避而远之，这不失为最简单易行、全面、彻底的处理方法，而且较为经济安全，保险系数很大，所以避免风险的主要优点是将损失出现的概率保持在零的水平，并消除以前曾经存在的损失出现的机会。

但另一方面，我们无法忽视规避风险的种种局限性：第一，避免风险只有人们对风险事件的存在与发生、对损失的严重性完全有把握的基础上才具有积极意义，如果对风险识别、风险估计尚无把握时，避免风险的方法就没有任何意义。但事实上，由于自然界和社会活动的极端复杂性和人们认识能力的局限性，人们无法对所有的风险都识别评价，因而发展中国家避免风险的方法存在很大的局限性。第二，避免风险是以放弃某项计划或事业为代价而消除可能由此产生的风险与损失。就经济活动而言，人们的计划或某项事业会面临种种风险、种种损失的可能，但与风险相对的则是收益，为了避免风险而放弃某项活动也必然要随之放弃这些计划，则是因噎废食，无法产生积极的作用，所以，避免风险带有消极防御的性质，只有在可以避免风险的情况下，方可采用。第三，避免风险的方法可能不太现实，因避免风险就是要人们停止或放弃某项计划，使正常的生产经营活动陷于停顿。因此，融资风险的回避是在融资项目之前所应做的决策。

7.3.4.2 项目融资风险的分散

项目融资的风险分散是指项目投资者通过科学的投资组合，如选择合适的项目组合、不同成长阶段的投资组合、投资主体的组合，使整体的项目融资风险得到分散或降低，从而达到控制的效果。据美国《风险资本》杂志的统计，1998 年美国全部风险投资中有 7%取得了 10 倍以上的回报，10% 取得了 5～9.9 倍的回报，20% 取得了 2～4.9 倍的回报，30%取得了 0～1.9 倍的回报，23% 部分失败，10% 完全失败。所以，投资组合的成功往往依赖一两个项目的巨大商业成功，故有必要进行不同项目的组合。可以近似地认为,一个项目或项目组合的成功概率超过投资的总体水平成功率,就是一项有效的组合投资决策。

马柯维茨组合理论是针对证券提出来的,是投资者可以利用的组合投资的分析工具,但这些方法主要是定性的分析,无法作出具体有效的定量分析,许多环节还有赖于项目投资家的主观判断。一般来说,投资者为了降低风险,总会尽量分散投资项目,这样,就产生了项目组合分散的范围问题。组合投资理论认为,各项投资的相关性越小,越能有效地分散风险,但是,由于投资是与管理密切相结合的投资方式,而且投资也不可能无限地细分,因此,项目组合也有一个可能和有效的数量范围。

风险分散时应注意以下两点:第一,高风险项目与低风险项目适当搭配,以便在高风险项目失败时,通过低风险项目的收益弥补部分损失。第二,项目组合的数量要适当。项目数量太少时,风险分散作用不明显;而项目数量过多时,会加大项目组织的难度,以及导致资源分散,影响项目组合的整体效果。

项目投资都有一个生命周期,从项目启动阶段到中间阶段再到项目结束阶段。每个阶段都会面临着不同的机会与风险,为了使收益最大,尽可能地降低风险,最好采用不同阶段的投资组合。

集合多个投资者,联手进行投资活动,分担投资的风险,这已经被其他领域的实践证明是一种有效的推动发展、分摊风险的方法。在项目融资中,可通过金融市场上的银行财团贷款、政府和多家公司联合对大型项目进行投资,特别是对基础设施和基础产业等项目进行投资,这样可以有效地分散风险。

7.3.4.3 项目融资风险的转移

风险转移是指项目投资者也是风险承担者有意识地将损失或与损失有关的财务后果转嫁给他人的方式。尽管风险转移者的原因和手段各异,但都试图达到同一目的,即将可能由自己承担的风险损失,转由其他人来承担。

转移风险一般采用三种形式:一种是转移会引起风险及损失的活动,即将可能遭受损失的财产及有关活动转移出去。这种随所有权转移而实现的转嫁属于风险控制型转移,是转移风险的一种重要形式。另外两种风险转移的形式同属于风险管理的财务工具,即将风险及损失的有关后果转嫁出去而不转移财产本身。如通过变更合同的某些条款或巧妙运用合同语言、谈判技巧将某些潜在损失后果转移给合同另一方。一种形式是保险转嫁,即将标的物面临的财务损失转嫁给保险人承担。保险是财务型转移的重要形式;另一种形式的转移称为非保险转移,即除保险转移外,旨在转移财务后果的方式。

项目融资的风险转移,是指项目融资过程中的部分风险或全部风险由一个承担主体向另一个承担主体转移。这种风险转移也分为三种形式:

(1) 转移风险或损失大的投资。如项目投资者一旦发现所投资的项目或企业成功的可能性较小,就及时退出。其余两种形式是指财务转移,即承担主体不变,只是风险损失的承担主体发生了变化。

(2) 联合投资。这是指在投资中吸收多种来源的投资,此时项目的承担主体仍是企业,而各风险投资公司主要参与风险损失的分摊和风险收益的分摊。在联合投资中,风险的分摊意味着风险的一种转移,而风险转移又必然伴随着收益的分摊与转移。

(3) 参与项目保险。保险是一种补偿措施,旨在使被保险人能以确定的小额成本(保险费)来补偿大额不确定的损失,最高补偿金额以保险金额为限。通过保险的安排,少数发生损失者得以借大多数未发生损失者的帮助得到补偿。项目的承担主体不发生变化,仍是原来的企业,但风险损失的承担主体发生了变化。当融资项目失败时,保险公司将承担部分损失,即保险公司成为项目财务风险的承担主体之一。在项目融资中,企业为了转移财务风险,则必须付出一定的风险成本。在这里,风险成本是付给保险公司的保险费,即企业以确定性的保险费来买得一种不确定性的减少。

在项目融资过程中,投资主体是否转移风险以及采用何种方式转移风险,需要进行仔细权衡和决策。一般情况下,当技术风险、生产风险不大而财务风险大时,可采用财务转移的风险转移方式;当技术风险或生产风险较大时,可以采用客体转移的风险转移方式。

转移风险作为一种处置风险的方法,有别于避免风险、损失控制和保险。当转移风险(是指将产生风险的活动转移出去)时,它与避免风险密切相关,或者说,它是避免风险的一种特殊形式。对于风险转移者来说,将潜在的产生风险的种种活动转移出去,在事实上就能够避免由此活动带来的种种风险损失。因而也可以说这种风险转移是损失控制的组成部分。转移风险之后,风险以及有关引起损失的活动仍然存在,只是转移给另一些人承担。对全社会而言,损失后果仍存在,只不过承担的主体不同而已。

7.3.4.4 项目融资风险的损失控制

损失控制是指在损失发生前全面地消除损失发生的根源,并竭力减少事故发生的概率,在损失发生后减少损失的严重程度。所以损失控制的基本点是预防损失发生和减少损失的严重程度。

损失控制既包含预防损失与减少损失,又包含对事件以外的原因进行分析。通过分析原因,有助于发现损失发生的直接原因与间接原因;通过对偶然事件发生的地理条件的分析,判断能否通过改变某一地点而消除导致损失的根源;通过对风险事件发生时间等因素的分析,作好防范和应急的准备。

融资风险的损失控制是指在对项目融资的风险因素进行分析和辨识的情况下,事前对风险进行预测和预控,降低风险发生的可能性或风险发生后的损失程度。项目融资的风险因素包括可控制的风险因素和不可控制的风险因素。对于可控制的风险因素,可以通过计划、组织、协调等方式对其加以预防和控制;而对于一些不可控制的风险因素,如宏观政策环境、市场需求等所导致的风险因素,可采用风险回避、风险转移、风险分散等方式。

损失控制是风险管理中最积极主动的处置风险的工具。相对于其他工具和方法,损失控制更积极、合理、有效。主动地预防与积极地实施抢救比单纯避免风险、转嫁风险和自己承担风险更具有积极的意义。从全面的角度看,损失控制要优于转嫁风险。就转嫁风险而言，只是使风险从某些个人或单位转嫁给他人承担，并未能在全社会减少或消除风险损失。保险与自担风险立足于损失后的财务补偿，相对于损失控制而言是一种被动地承受风险及其后果的方法。损失控制虽然不可能完全消除损失，但仍不失为一种积极主动地预防与减少损失的工具。

以上几种融资风险控制方式并不是孤立的，它们是相互联系在一起的，有时是一种方式的运用，有时是几种方式的联合运用，但不管是哪种风险控制方式，都是为了实现风险最小化和利益最大化。对不同的项目风险，在项目融资中应当采取不同的规避措施和控制方法，这样才能达到预期效果。作为贷款银行，在考虑项目融资结构时，就要依项目不同阶段确认融资贷款的方式和结构，通常在项目建设期这个高风险阶段宜采取有完全追索权形式，并有项目主办人的法律担保；也可以提高利率作为风险补偿。在经营阶段则可依据风险的降低而改变追索权为无追索或有限追索，较高的利率也可以调至较低水平。国际上参与项目融资的主要贷款银行在实践中逐渐建立了一系列方法和技巧，其核心就是通过各种类型的法律契约和合同，将与项目有关的几个方面的利益结合起来，共同承担风险。对于项目发起人和投资方，在设计融资方案时则应更详细周到地考虑到各种风险的存在以及规避和控制的措施。

【案例】

期权在项目融资中的应用

1992年下半年，澳大利亚一家著名大矿业公司出于经营战略合理化方面的考虑，准备出售其所属的一个小型铜矿。由于该铜矿已经开采了20多年，只剩下7年的生产寿命，而且规模很小，因此尽管项目本身经营一直比较好，但是无法吸引有实力的公司前来谈判收购，有兴趣收购该项目的公司都是一些规模较小财务实力较弱的小公司，而这种公司为项目收购安排资金是比较困难的。

在有兴趣收购该铜矿项目的小公司中，有一家公司具有收购的诚意，并且报价也为卖方所能接受。但是，该公司提出的是一个带有附加条件的收购建议，附加条件是该公司需要组织一个优先追索的项目融资贷款以筹集资金支付收购价格的大部分和生产用流动资金。贷款银行对铜矿进行了详细的风险分析，结论是项目的生产风险比较低，但是项目的利润以及现金流量对铜价变化非常敏感，如果铜价低于每磅90美分，项目偿还贷款就有可能出现问题。买方公司本身规模较小，资信不够，银行不能接受项目的铜价风险。为了促成项目成交，贷款银行向卖方提出建议，由卖方出面帮助安排两个期权作为对项目融资的信用支持。

期权一：由卖方在铜矿项目资产有条件收购协议签字日购买一个允许卖方（或卖方指定公司）在三个月内以事先确定的条款购买第二个期权的期权。期权费：1美分/磅铜（按在两年时间可生产的铜数量计算）。

期权二：一个标准铜价期权。期权费：5美分/磅铜（按在2年时间可生产的铜数量计算）；期权价格：1美元/磅铜；期权到期日：每季度一次，共八次（总计24个月）；交割：现金交割（非实物交割）。

图 7-7 是有关铜价期权在项目融资结构中应用的示意图。期权一的设计目的是为了给买方公司一段比较充裕的时间来进行项目的最后评价和组织融资，以及完成全部法律文件和有关政府部门的批准。由于国际市场的铜价波动是难以预测的，为了防止铜价在三个月时间内发生任何戏剧性的变化而造成融资计划流产，所以需要购买期权以保证一旦全部工作按计划完成，买方公司在完成项目融资和项目收购时（即在签署有条件收购协议后的三个月内），可以按照有条件收购的协议进入国际市场购买一个 2 年期的最低铜价期权，以满足贷款银行对项目价格风险的管理要求。

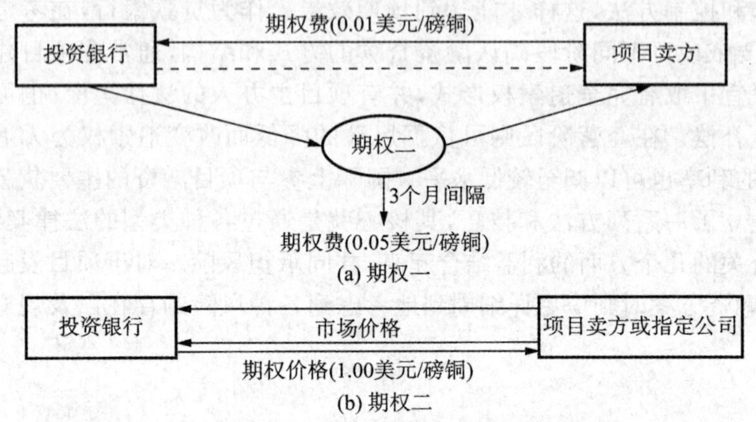

图 7-7 铜价期权在项目融资结构中的应用

为了尽快地将项目出手，卖方公司接受了贷款银行的这一建议。第一个期权的期权费是由卖方公司承担的，作为卖方公司的风险资金投入，即一旦三个月之后买方公司决定不进行收购了，卖方公司就可能白白支付了这笔费用。第二个期权的期权费由买方公司支付，作为项目融资信用保证的一个组成部分。由于在这个结构下贷款银行的风险得到了有效的控制，买方公司顺利安排了贷款，完成了项目的收购工作。以后的事实证明，贷款银行的担心是正确的。在项目收购完成以后的几个月里，国际市场铜价大幅滑落，在 1993 年 10 月曾经跌到 74 美分/磅，远远低过了项目的现金流量平衡点。如果当时没有采取对铜价的风险管理，无论是对贷款银行还是对买方公司而言，结果都是不堪设想的。这个例子说明，正确的风险管理决策对于项目融资结构中的借贷双方都是十分重要的。

案例思考：

（1）本案例中，期权一和期权二对借贷双方各有什么利与弊？

（2）本案例中，贷款银行提供贷款所面临的环境风险有哪些？

（3）本案例中，贷款银行是如何规避环境风险的？

【复习思考题】

1. 简述项目融资风险的概念。
2. 简述项目融资风险的种类与内容。

3. 常用的项目融资风险识别技术与方法有哪些?
4. 项目融资风险的评价方法有哪些?
5. 简述项目风险管理的内容。
6. 项目融资风险管理的基本工具有哪些?
7. 项目融资风险的分担的实质是什么,有何区别?
8. 项目融资风险管理的措施有哪些?

第 8 章

项目融资的外部环境

本章导读

项目融资外部环境分析是一项有机而繁杂的系统工程，各国评价项目融资环境的标准也不尽相同，但主要考虑的内容为：法律环境、金融环境、政治和社会经济环境等。本章重点对上述几种融资环境以及融资环境的整体评价方法进行了介绍。

本章涉及的主要概念包括：金融市场、政治环境、法律环境、金融环境和环境的评价方法。

引导案例

山东中华发电项目融资环境分析

山东中华发电项目总投资168亿元人民币，总装机规模300万kW。项目由山东省电力公司、山东国际信托投资公司、香港中华电力投资有限公司以及法国电力公司共同发起的中华发电有限公司承担。工程项目公司于1997年成立，1998年开始运营，2004年最终建成。公司合作经营期为20年，经营期结束后，电厂资产全部归中方所有。

(1) 项目融资经济环境分析影响价格的最重要因素就是市场的供求状况。20世纪90年代前半期，我国经济发展经历了一个过热的高速发展阶段，电力供求矛盾在当时十分尖锐，资金短缺情况也较严重。中华发电项目正是在这样的背景下开始发起运作的。以发电企业为主导的卖方市场环境为中华发电公司在谈判中赋予了较强的议价能力，一个有利于项目公司的还本付息加分红的指导性电价协议得以达成。

1998年，根据原国家计委曾经签署的关于电价问题的谅解备忘录，经多方协商，项目公司在已建成的石横一期、二期电厂的电价问题上取得了突破，获准了0.41元/(kW·h)这一较高的上网电价。

然而，随着山东电力集团对电厂、电网建设力度的加大，山东省电力市场的供求关系发生了巨大的变化。至2002年9月，全省电力装机容量突破了2200万kW，达到2265万kW，居全国第二位。2002年全省电力建设总投资额约为96亿元，计划投产装机容量213万kW。随着一批中型火电项目的投入建设，山东电力市场的供求将再次发生变化。在这样的市场条件中，中华发电项目新上网的菏泽电厂以及于2004年上网的聊城电厂要想继续保持获得较高的电价面临着较大的困难。

(2) 项目融资政策环境分析。电力体制改革之后，形成一分为七的重组框架，即国家电力公司将被拆为大唐电力、山东国电、国电电力、中电国际、华能集团五大发电集团公司，改革即意味着一分为二。电厂方面，山东将组建山东国电集团公司，而山东电网则会归并到华北电网公司，隶属于国家电网。中华发电第一大股东的地位使山东电力“厂网分家、竞价上网”的体制改革不可避免地影响到中华发电项目今后的运行。其中最显著的特点是，随着电力市场改革的进一步深化，发电企业之间的竞争逐渐加剧，这就使得电站项目的融资加剧，融资难度增加。另外，因为电力项目的用途更加单一，所以融资规模减小，而且融资的监管程度提高，手续更加严格，这些都使得电力项目融资的政策环境更加复杂。

(资料来源：齐中英，王晓巍.项目融资[M].北京：机械工业出版社，2008.)

8.1 法律环境

国际投资主体十分重视东道国的法律环境，以保证其对外国投资的利用、管理和保护都有法可依。对东道国法律环境认定的原则有两个：一是要公开，即要把本国的外资政策通过法律的形式固定下来后公布于众；二是要公正，即对外资要实行与国内企业平等的待遇。另外，东道国与投资国之间有无双边投资保护协定及条约，以及东道国的国际化程度等都属于法律环境的内容。

东道国由于国情不同，其所制定的有关外国投资的法律内容的繁简、宽严也有所不同。法律对外国投资的保护性管理的内容概括起来有 3 个方面。

(1) 根据东道国的法律规定，发起人能否有效地组织项目融资的结构并进行项目的经营。

(2) 出现纠纷时，是否有一个完善的商业法律体系来提供仲裁，解决纠纷。

(3) 是否有一个独立的司法制度和一套严格的法律执行体系来执行法院的仲裁结果。

8.1.1 项目融资的法律特征

从法律上讲，项目融资具有以下一些特征：

1) 受多个法律调整

项目融资过程涉及本国法和外国法、实体法和程序法。项目所在国的法律具有各自的特点，许多法律关系是国内经济法律关系，受国内法律的调整，如项目的立项和审批、项目公司的组建、建设用地的批准、担保和抵押的设定、外汇的汇兑、税款的征收等。但项目融资安排中有大量的涉外因素。例如，项目贷款可能是中外银团贷款，设备租赁厂家可能是外商，融资企业可能是外资企业债券投资者可能是外商等。总之，有多少国家的银行或外商参与，就涉及多少国家的法律。因此在项目融资中，不仅涉及国内法的应用，也涉及外国法的应用，在纠纷发生时，也可能要遵循国际法的规则。

2) 以合同法为基础

项目融资中有多个当事人和参与方，存在复杂的法律关系，而基本的法律关系则是合同（或协议）关系，即通过一系列的合同（或协议）安排，明确各当事人间的权利、义务关系，合同法是调整项目融资的基本法。

(1) 当事人涉及国家主体和国际机构。我国政府以对项目融资提供各种支持、授予特许权等形式参与到项目融资中。一些国际机构，如世界银行、亚洲开发银行等，也常作为项目融资的资金提供方参与到项目融资中来。当主体是国家政府和国际机构时，会产生复杂的法律适用问题。

(2) 合同可以调整各方的利益关系并有效分担项目风险。项目融资中各方主体的利益是相互冲突的，但各方利益的实现又依赖于对方，各方只有通过相互合作，才能彼此获取应得利益。因此，这一活动之所以有复杂的合同安排，也正是出于各方分担风险和调整各方利益的需要。

(3) 经常出现法律创新。项目融资中的一系列契约、协议、合同安排可以弥补法律的不足。例如，“无论提货与否均需付款”合同，突破了传统买卖合同的内容，一系列的合同安排和合同权益转让形成了担保法律制度。

8.1.2 项目融资的法律结构

项目融资的成功与否在很大程度上取决于国家是否有足够完备的法律结构。大多数投资者或借贷银行习惯于在较复杂的法律环境中工作,它们认为一个全面的法律结构对它们的利益是至关重要的。一套明确而又有效的法规会有利于项目融资的开展,而不合理的规章和法律结构会破坏有关各方所签合同的威信和有效性。融资过程涉及的法津结构。从大的类别来说,主要包括有关政府管制的规定、促进外国投资的立法、担保立法、特别立法、商业立法和产业法等,每一类法律所要解决的法律问题是不同的。

(1) 有关政府管制的规定,主要是关于资源开发利用的政策、税收、外汇管制、利润汇出等方面的规定。这些都是项目融资中的基本问题,也是国内外投资者最为关心的问题,其法律框架决定着国家政治风险的程度。政府管制还包括对因政策原因造成损失的补偿以及必要的规定和公共立法。

(2) 促进有关外国投资的立法、这方面的立法明确规定了将本国货币兑换成外国货币的权利,外汇以合理汇率的可兑换性,外汇的自由汇出;简化进口许可手续和海关手续,以及外籍人员入境手续;外国投资者在我国建立项目公司的权利;外国投资的纳税办法;政府对项目国有化、征收和收购的规定及赔偿等。

(3) 担保法。担保对项目融资的进行有着至关重要的影响,法律制度如果缺乏担保安排的必要规定,会影响银行进行融资的参与程度。在项目融资中,常见的担保安排主要包括:财产抵押;政府的承诺和支持;发起人支持;权益的转让,如建筑合同、产品销售协定及其他合同规定的权益的转让;当事人履行各种义务的履约保证书;保险及保险权益的转让等。

(4) 证券法。证券法对证券市场依法治市、规范市场、保障投资者利益和促进证券市场稳健地发展方面发挥着重大作用,为证券市场的发展奠定了基础。

(5) 特别立法。对项目融资进行特别立法有诸多的好处:它会给潜在的投资者和政府有关部门一个强烈的积极信号,即政府会支持这些项目;它会帮助外国投资者相对容易地在一部法律中找到相关的法律规定;它可使有关的申请、操作程序等得到澄清,使投资者和借贷人的权利得以明确,使政府提供的支持和鼓励措施具有法律效力;它可减少谈判项目合同的费用和时间,并确保国家获得最起码的利益。

(6) 合同法。项目依赖于一整套复杂的基本合同安排,而这些合同又受制于合同法。因此,合同法必须确保项目融资中各方当事人之间的合同(或协议)在法律上具有约束力并得到执行。合同法主要解决的法律问题是:如何建立合同、如何中止合同、违约如何赔偿、合同各方在什么情况下可以免除责任等。

(7) 公司法。公司法主要解决的法律问题有:如何对待内外资项目公司、如何对项目公司进行控制等。

(8) 劳动法。劳动法主要解决的法律问题是:如何雇佣项目所需的劳工;因该项目而使第三方蒙受损害和损失的非合同性责任如何承担,是否包括中断服务所承担的责任等;如何确定劳工因工作疏忽所应承担的责任;保险以及强制规定,如对第三方的责任和对工人的赔偿。

(9) 社会责任法。社会责任法主要针对环境和安全等方面作出一系列规定，这些规定直接影响到目的设计和成本。项目发起人和贷款人要了解环境法律的标准和要求，以及违反此种规定的后果，如环境法变化而增加的费用由哪方承担等。

(10) 其他方面的规定。这包括保护财产权的法律；保护知识产权的法律；破产立法；租赁立法；商业银行和保险法；政府采购手续和规定；税法；对外国投资的鼓励措施；承认和执行外国裁决的有关规定等。

8.2 金融环境

项目融资是一种金融行为，因此金融环境的优劣、金融效率的高低，直接影响项目融资活动。金融环境主要包括金融市场体系和金融体制。

8.2.1 金融市场体系

金融市场是实现项目融通资金的场所，它是由无数子市场组成的市场体系。为了保证项目融资的顺畅进行，并取得较好的经济效益，必须要有完善的金融市场体系作为保障、金融市场体系的完备程度、金融产品的规模与多样性直接影响项目融资的开展。

1) 金融市场体系运行的模式

通观世界各国的金融市场格局，金融市场体系运行模式大体分为三种。

(1) 建立在发达的商品经济基础上的“完善型”的金融市场：借入资金和提供资金的融资双方，通过金融市场的交易，灵活融通资金，资金的供给与需求较易得到满足。

(2) 市场调节资金运行机制与宏观调控资金流向机制结合的“兼容型”金融市场：资金的供给与需求受到一定的宏观调控政策的影响。

(3) 与不发达的商品经济状况相适应的“抑制型”金融市场：经济高度集权，利率受到限制，市场机制在有限的范围内发挥作用，缺乏内在活力。

很显然，“完善型”的金融市场可以最大限度地、高效率地筹集和使用资源，有利于项目融资的开展。

2) 健全的金融市场体系在项目融资中的作用

(1) 健全的金融市场体系为项目融资提供足够的融资市场。功能齐备、体系完善的金融市场，可以通过众多的子市场和多种多样的工具，为项目融资双方提供多渠道、多形式的选择机会，提供足够大的融资平台。资金提供者可以提供各种资金来源，最大限度地运用资金；融资者可以根据利率、期限和流动性等条件，最广泛地筹集资金，使资金需求最大限度地得到满足。完善的金融市场体系保障了项目融资的顺畅开展，相反，不健全的金融市场体系使得项目融资捉襟见肘。

(2) 健全的金融市场为融资者提供多样化的融资工具。1980 年以前，国际金融市场上的融资工具十分单一，仅限于债券、股票等，且种类很少。1980 年以后，西方国家金融市场上的融资手段出现了全球性创新，金融工具种类逐渐增加，复合式金融工具相继出现。当今，东京、纽约等金融市场上的融资工具已达上百种。恰当地运用衍生工具进行交易，往往可以降低融资风险，使项目融资顺利开展。

(3) 健全的金融市场为融资者提供足够的融资规模。金融市场提供的金融产品的规模直接影响项目融资的额度。利用项目融资模式开发的项目，融资额度一般都相当大，随着国际经济和贸易的发展，为了满足国内外市场的需求，一些项目必然发展成为巨型项目以满足规模效益。发达的金融市场，可以提供多种多样的信用方式和交易工具，扩大融资额度，提高资金运转效率，为贷款人提供足够的资金规模。

(4) 发达的金融市场，为贷款人提供有效规避风险的途径，在发达的金融市场上。金融产品多种多样，具有高度的可选择性。项目贷款人可以通过各种金融商品的买卖，恰当地运用多种金融工具，通过衍生交易、传统交易与衍生交易的组合，或者若干衍生交易的组合，处理项目融资需要承担的风险，实现套期保值和规避风险的目的。如贷款人可以通过外汇掉期交易、利率期货交易规避汇率和利率风险。反之，金融市场如果没有提供合适的金融产品，贷款人只能接受汇率或利率风险，这样会影响贷款人的投资兴趣，使项目融资难以进行。

3) 健全的金融市场体系目标

(1) 完善的结构。健全完善的金融市场必须具有完善的市场结构，就是要使金融市场的各个构成部分(即各种市场形式)，实现合理配置和协调发展。因此既要完善国内金融市场，又要发展国际金融市场，加强对外经济技术交流，利用国内和国际两种资源加速我国经济建设。

(2) 健全的机制。金融市场的机制主要是利率机制。利率机制健全，首先要求作为金融市场价格的利率水平要合理，要能够反映市场资金供求状况；其次，这种价格要由市场供求来决定，而不能是强制的计划价格。

(3) 高效率的金融机构体系和发达的信用关系。高效率的金融机构体系和发达的信用关系是金融市场形成发展的前提。发展多种经济形式的金融机构，可以提高金融业效率，从而繁荣和活跃金融市场。扩大深化信用关系，全面发展各种信用工具，能够为金融市场提供灵活多样的交易工具。

(4) 有效的管理。加强对金融市场的管理，并不是以直接控制为主，而是以间接调控为主，例如实行自由外汇制度、放松利率管制、非居民与居民待遇相同等。

(5) 先进的操作手段和具有较高管理水平的管理人员。操作手段和管理人员的素质，决定着金融市场的营运效率及其发展趋势。电子计算机技术的发展和广泛应用，以及具有专门知识的高级管理人才，能够为较高水平的金融业务与服务提供保证。

8.2.2 金融体制

金融体制是指金融体系内部之间，中央银行、各专业银行，以及其他各类金融机构之间的权限划分和组织形式。金融体制的状况，是金融市场体系能否发挥应有效用的关键。

(1) 金融体制宽松或严格直接影响项目融资活动。金融体制是封闭还是开放，以及开放的程度；市场是萎缩还是发达，都对项目融资产生直接影响。

在高度集中的金融管理体制下，资金运用的规模和方向都听从上级指令，不能自主决策，限制了项目的融资。在宽松的金融体制下。各微观金融组织作为真正的经济主体，在市场机制的引导和调节下，独立地追求自身的经济利益，不受强制性行政干预，可以充分地发挥其积极性、主动性，增强其活力。

贷款人需要选择一个开放程度高、体制宽松的发达市场，这影响到项目融资的使用和效率。在开放的金融市场上，项目融资者可以通过多形式和多样化的金融工具方便地筹措资金，使项目融资得以灵活有效地进行。相反，在严格管制的金融体制下，有效项目融资所需的政策、手段和途径都不具备，项目融资很难进行。

在东道国金融体制中，对经济的限制和干预程度，直接影响项目融资。一般的东道国都要采取必要的干预措施来对项目融资活动进行监督和管理，如限定资金的入境条件，控制资金的规模和流向，对贷款利润汇回限制等。贷款人很关心东道国对外资贷款的限制和干预程度，如果东道国对项目融资活动限制过于严格，就会影响贷款人投资的积极性，限制项目融资的发展。

(2) 金融体制的组织形式也是影响项目融资的因素。金融市场在组织上，如果能够按照市场运行机制的内在要求，对进入市场的条件、市场主体的行为方式、市场参数的选择和运用等提供规范性的行为准则，就可以为项目融资提供良好的资金来源和筹资形式，有效地扩大市场规模，增加金融市场的广度和深度，细化市场结构，建立多层次提供融资工具的金融市场，保证项目融资高效而有序地进行。

8.3 政治与经济运行环境

8.3.1 政治环境

政治环境是指一个国家的政治状态与政治因素对项目融资活动产生的外部影响。在国际项目融资中最基本的影响因素就是一国政治体制、政治稳定性的程度、政策的连续性、政府的信用等级以及政府对待外国投资者的态度等。

1) 政治体制

东道国的政治、经济、文化等方面的制度，特别是国家政权的组织形式及其有关的制度，是项目融资政治环境的基础因素。不同的国家与其根本的性质和社会经济基础相适应，有着不同的国家管理形式、结构形式以及选举制度、人民行使政治权力的制度等。在不同的政治制度下，政府指导经济的方针不同，对外资的立场和态度也不同。政治体制对于东道国项目融资环境的重要性，不仅在于它构成了政治环境，而且还因为它与经济制度密不可分，它们的健全程度、稳定状况，以及融资双方在这些方面所存在的一致性和差异性，往往会直接表现在政府对项目融资活动的管理方式以及干预和控制的程度上，从而对项目融资产生影响。如果政府遵循客观经济规律，积极调节和干预经济生活，贷款人可以得到一个稳定的项目融资环境，正常的融资行为也不会受到无端的干预。而在一个民主制度不健全的专制独裁的政权下，政府的经济行为往往不受制度约束，不仅贷款人正常的投资活动会受到过多的干预和控制，而且还会因为潜在的政治动荡给贷款人带来风险。所以，贷款人在考察东道国社会制度及政治体制时，不仅要着眼于社会制度的性质本身，更重要的是要看东道国政治体制的健全和完善程度以及政体的形式如何。

2）政治局势的稳定性

政治稳定是贷款人首先考虑的项目融资环境因素。东道国的政治稳定性直接影响着贷款人的贷款效益。一个采用项目融资模式的建设项目，其建设、运营的周期少则8～10年，多则40～50年，这样一个时间跨度，贷款人在对项目进行大量的资金投入之前，必须有理由相信东道国政治环境的稳定性。只有政局稳定、社会安定、讲求效益、致力于和平建设的国家，才能确保贷款的安全，并为经营获利创造必要的前提。

政局的稳定是一国经济正常发展的基本条件，也是外国投资者能否正常活动的关键因素。一般认为，衡量政局稳定与否主要看以下几个方面：第一，有无战争和内乱；第二，恐怖活动与社会秩序；第三，政权的更替是否频繁，其交接过程是否民主公开。一国政局动荡，民变纷起，恐怖活动频生，不仅正常的投资收益没有保障，甚至其雇员的人身安全也受到威胁，这样的投资环境是投资者很难接受的。例如，政权更迭引起外资国有化，可能导致外国贷款人的资产被冻结和没收，这将对外国贷款人产生巨大的负面影响。

3）政策的连续性

贷款人希望东道国的政策具有连续性，因为这关系到其长期投资收益的稳定。贷款人在贷款时要对东道国政策的合理性、完备性及稳定性进行分析考察。政策的连续性与政权的更替和当政者的执政原则有着密切的联系。一般而言，政权的稳定性越高，政策的连续性就越强；当政者的执政原则受外界的干预越少，政策的连续性就越强。一定时期内政策的连续性如何，将直接影响到项目贷款人投资决策的态度。如果政府政策的稳定程度不够，政策的连续性就难以保证，考虑到政策的变更很有可能增加项目的融资成本与项目未来收益的不确定性，贷款人的投资态度就会非常谨慎。

一些工业国家税收制度变动频繁，无论税率、税种还是对不同结构的经济实体的征税方法都经常发生变化，有时由于竞选的政治需要甚至可以一年变动一次。这些变化对项目融资会带来许多不确定因素，直接影响到项目的偿债能力或投资收益率。

一个典型的例子可以说明这一问题。

在澳大利亚，1988年7月以前如果采用信托结构进行投资，可以享受与公司结构不同的一些在利润分配和资本金分配等方面的税收优惠，因而当时有许多项目的开发采用这种结构集资和融资。但是，1988年7月税法修订之后，这些优惠政策全部取消，造成在澳大利亚证券交易所上市的几个信托基金的股东收益大减，股票市场价格一直上不去。

4）政府信用等级

从政治稳定性与政策的连续性可以引申出政府的信用等级，在很大程度上，后者与前两者存在着某种相关性。对于采用项目融资建设的项目，其可行性往往需要东道国政府的支持和担保，当这种支持与担保足够多或者显得较为重要时，贷款人就会越发关心东道国的信用。就商业贷款人及其各自的出口担保机构而言，对于一个特定国家的一个项目的贷款，其所承受风险的极限可算作是对该国的贷款额。就有些国家而言，如果一个特定的贷款人或机构承受的风险已达到其所能承受的极限，那么它们将不会愿意再为该国以后的项目筹资或担保，而不管是否使用项目融资方式。

5）政府的对外关系

当一国受到外部威胁时，它的各项国内外政策都将会发生变化，财政经济状况也有可能变得严峻起来。如果发生战争，巨大的开支和严重的破坏。则会使该国的项目融资环境在一定时期内变得对贷款人完全不适宜。可见，保持良好的国际关系，对于东道国项目融资环境的稳定是相当重要的。东道国与国外的政治关系因素主要包括：遭受他国侵略、发生边境冲突、出现由境外势力操纵的暴乱、直接卷入地区冲突、与主要贸易伙伴发生贸易摩擦和经济战等。它们可能直接源于本国政府与外国政府的关系过于紧张，也可能间接源于本国政府与某一国政府关系过于密切，而受到他国政府政治冲突的株连，东道国政府应保持良好的对外关系，为项目融资创造条件。

8.3.2 经济运行环境

项目融资的“项目导向”使得项目融资与项目所在国的经济运行环境之间具有相当密切的关系。经济运行环境主要包括：经济周期、国家的经济政策、经济发展水平以及通货膨胀情况等。

1）经济周期的影响

一般而言，当经济处于高速发展时期，资金的需求量大，投资需求旺盛，发展前景好的项目多，这时运用项目融资方式筹集建设资金的风险相对小得多，成功率也会提高，项目融资活动增加。如东南亚金融危机前，即20世纪90年代初，东南亚诸国正处于经济高速发展时期，其项目融资活动相当活跃。正是这一时期，泰国运用BOT方式兴建了曼谷二期高速公路。马来西亚兴建了南北高速公路，巴基斯坦兴建了HAB RIVER电厂。其中，运用项目融资最多的是菲律宾，该国于1990年制定了BOT法，于1994年进行修订，把此投资方式引入非常广泛的领域，包括公路项目、铁路项目、非铁路大众交通设施、岛际航道设施等，吸引了一大批国内外私营投资商参与基础设施建设。

当经济不景气时，资金需求量大幅度降低，投资需求不旺盛，进行项目融资的风险相当大，项目融资活动相应减少。东南亚金融危机使得东南亚各国的经济遭受沉重打击，一些项目被推迟或被取消。如投资总额约250亿港元的曼谷高架铁路，由于当时的泰国经济疲软，曼谷当局要求其投资方合和实业有限公司在1997年7月底前提交新的财务安排方案，否则将取消有关工程合约。在印度尼西亚，直到经济复苏后才动工的项目有两座炼油厂和14个发电项目，总额达58亿美元。

2）国家的经济政策

国家的宏观经济政策是影响项目融资活动的另一个重要因素，这主要表现在宏观经济政策对项目融资活动的引导作用。政府对待境外投资商的态度很自然地要反映在外资政策与法规中。如果政府鼓励境外融资，法规会宽松，优惠政策也会较多，并为贷款人提供投资便利，使项目融资容易开展。

政府可以采用几种经济政策来支持项目融资活动。

(1) 给予发起人与项目有关的经济、商业因素的一定的灵活性，因为这能增强他们的信心。例如，在英吉利海峡隧道项目中，项目发起人欧洲隧道公司具有完全的商业自由，包括决定海底隧道的使用费。

(2) 备用的融资和支持。提供从属贷款来保证主要债务的偿还，或者提供用于支持项目的某一阶段的贷款。例如，在沙角B电站项目中，中国政府帮助筹措紧急贷款资金，用于解决不能保险的不可抗力发生时所产生的索赔等问题。在悉尼港口隧道工程项目中，政府提供支持性贷款用于支付最初的建造成本等。

(3) 最小营业收入或需求量。在许多特许权项目尤其是基础设施建设项目中，现金流量的保证水平是很低的：项目所在国应能以保证最小营业收入或最小需要量的方式对项目提供支持。例如，在广东省的电站项目中，中国政府同意在特许期间购买最低量的电，按固定电价支付发起人电费。

(4) 设立保管账户。在项目所在国的合作下开立离岸账户可以减少对项目现金流量的波动，该账户的程序和规则应该有助于在特许期内实现稳定的现金流量和收入。

(5) 利率政策。利率是资金的价格。因此，利率水平是否合理，对项目融资具有直接影响。在利率水平较为合理的情况下，贷款人或投资者通过运用闲置资金获得一定收益，融资单位通过运用借入资金创造利润，项目融资对参与双方都有好处，从而保证项目融资的顺利进行。例如，政府对利率上涨超过规定的百分比而造成的支付成本的差异给发起人提供一定的补偿，或将通货膨胀因素包括在决定项目收费的费率公式中也不失为一种利于项目融资的政策。

(6) 财税政策。一般而言，东道国的财税政策宽松，税率低，或采取税收优惠措施，将会增加贷款人的收益。在其他因素类似的情况下，贷款人往往倾向于在财税政策宽松、税收负担较轻的国家投资，因而这些国家项目融资相对容易。例如，免除发起人公司税和那些涉及进口资本性设备方面的税费和额外费用，这正是巴基斯坦政府为了吸引私有部门以BOT方式投资建设能源生产项目时采用的一项措施。

(7) 外汇管制与放松。外汇管制是指一国政府通过法律、法令和条例等形式对外汇资金的收入和支出、输入和输出、存款和放款、货币兑换及汇率进行的限制性干预或直接控制。根据各国外汇管制的内容和程度的差异，可将实行外汇管制的国家和地区大致分为两大类。

① 实行外汇管制的国家和地区。多数发展中国家实行严格的外汇管制，如印度、马来西亚、赞比亚、秘鲁，巴西等国。印度对跨国公司在其国家投资所得利润及资本的汇回数额有限制性的规定。跨国公司在巴西投资的资本只有在中央银行注册后，才能确保利润和本金的汇回权利，并对超出汇款水平的额度要征收40%～60%的附加税。对跨国公司而言，由于外汇管制而不能及时抽回资本和及时汇回收益，跨国公司就会减少对该国的投资。

② 放松外汇管制的国家和地区。这是指对经常项目的收付原则上不进行直接

管制，但实施一些间接的或变相的限制性措施。工业发达国家和部分中东产油国，如英国、德国、美国和沙特阿拉伯等国家便属于这种类型。它们对外国投资者的收益汇回本国没有任何限制，对经营方式与出资比例也没有限制，并对某些领域和地区的投资给予政策性优惠。

3）经济发展水平

经济发展水平的差别决定了不同国家项目融资运用的差异性和融资模式的多样性。一般而言，国际资本主要流向那些经济发展速度快、国内市场容量大的国家和地区。因为一个国家或地区的经济发展水平高、速度快，表明这一国家或地区的收入多、资金需求量大、市场规模大、盈利机会多，因而能吸引到较多的投资。工业发达国家相对于发展中国家而言，项目融资要容易得多。

4）通货膨胀与汇率变动

在当今世界，几乎每个国家都存在着不同程度的通货膨胀。通货膨胀对社会经济生活的各个领域都会产生深刻的影响。通货膨胀对国外贷款人的影响主要表现为两个方面：一方面，使得融资成本上升，实际收益下降；另一方面，使贷款人所面临的外部环境动荡不安，增加了贷款人的风险。因此，贷款人特别看重币值稳定，因为币值稳定与否，直接影响到贷款的风险和收益。对于国际项目融资来讲，大多数项目运营后将取得项目所在国（本国）的货币收益，本国货币必须被用来为进口的原料或燃料付款，以及为偿债和偿还股本付款。如果一国经济没有过度的通货膨胀或过快的汇率变动，在这种经济环境下较容易开发项目。如果东道国的币值经常浮动，贬值幅度过大，通货膨胀率过高，则会造成货币实际价值与名义价值的差距扩大，使投资者的投资贬值，给投资者带来损失。即使东道国政府愿意保护项目的投资者免受通货膨胀风险和汇率风险，在一个比较稳定的经济环境中也比在高度不稳定的环境中开发项目融资要容易得多。一般情况下，投资者都把年通货膨胀率是否超过两位数看作币值是否稳定的一个界限。

8.4 融资环境的整体评价方法

对融资环境各构成要素进行的分析，从各个侧面反映了一国的融资环境，但难以总体上把握，因此还必须从总体的角度对融资环境作出评价和分析，以便于投资者制定特定的融资战略。融资环境的要素繁杂，因而整体评价是一项涉及面广泛、内容庞杂的工作。要全面评价融资环境，必须做到一般与特殊相结合、全面和重点相结合、定性和定量相结合，即不仅要对整个环境作出评价，还要考虑不同行业、项目和企业的特殊要求，既要区分融资环境的优劣，又要从融资环境要素的不同类别和层次具体衡量其优劣程度的大小。在分析中，静态分析要和动态分析相结合，不仅要分析融资环境的现状，还要分析融资环境的变化趋势，从而为融资的正确决策提供可靠的依据。

从 20 世纪 60 年代来，随着融资活动的迅速发展，形成了多种有关融资环境的评价方法，以下介绍几种常用的融资环境整体评价方法。

8.4.1 闵氏评价法

此评价方法是由香港中文大学的闵建蜀教授于1987年在我国召开的“中国融资环境比较研究”研讨会上提出的。闵氏评价法是在斯托伯等级评分法的基础上发展起来的，它包括两个前后密切关联，但又有一定区别的融资环境评价方法。即闵氏多因素评价法和闵氏关键因素评价法。

1）闵氏多因素评价法

此方法选择影响环境的因素共11类，每一类因素下又由2～4个子因素构成。具体内容见表8-1。

表8-1　融资环境的影响因素及其子因素

融资环境的影响因素	子因素
(1) 政治因素	政治稳定性，国有化可能性，当地政府外资政策
(2) 经济环境	经济增长速度，物价水平
(3) 财务环境	资本和利润汇出，汇率，集资和借款的可能性
(4) 市场环境	市场规模，分销网点，营销辅助机构，地理位置
(5) 基础设施	国际通信设备，交通与运输，外部经济
(6) 技术条件	科技水平，合适的劳动力，辅助工业的配套情况
(7) 辅助工业	辅助工业的发展水平，辅助工业的配套情况
(8) 法律制度	各项法律是否健全，是否得到很好的执行
(9) 政府机构	政府机构的设置，办事效率，工作人员的素质
(10) 文化环境	当地社会是否接纳外资公司，对其信任和合作程度，外资公司是否适应当地社会风俗
(11) 竞争环境	当地竞争对手的强弱，同类产品进口额在当地市场所占的份额

运用此法评价某一东道国融资环境的具体方法是：首先，对影响因素的各子因素作出综合评价；然后，对该因素提出优、良、中、可、差的评价；最后，计算该东道国融资环境的总分数。其计算公式为

融资环境总分数的取值在11～55之间，越接近55，表明融资环境越佳；越接近11，则表明融资环境越差。

闵氏多因素评价法弥补了斯托伯等级评分法的缺陷，具有几个显著的优点：第一，所选择的融资环境因素较全面，减少了片面性。第二，明确地区分了融资环境中各个子因素的优劣状况，提高了评价因素的客观性，将使最后的结果更有可比性。第三，不仅全面考虑了各种融资环境中的各因素在整个融资环境中的地位和作用，还结合融资项目的性质及融资者自身的实际情况，灵活确定各环境因素的权数，从而实用性更强。当然这种方法仍与斯托伯等级评分法一样，只是对融资环境作一般性的评价，没有涉及融资者的特定目标和要求. 而闵建蜀教授的另一种方法——关

键因素评价法在一定程度上解决了这一问题。

2）关键因素评价法

关键因素评价法从融资者具体融资项目的融资动机出发，从影响融资环境的众多因素中找出影响具体项目融资动机实现的关键因素，分别给予判分。融资者可根据表 8-2 中所列各项，经过对自身融资动机的研究，再找出相应的影响融资环境的关键因素，按照多因素评价法的评分方法进行评分。

表 8-2 关键因素评价法

融资动机	影响融资的关键因素
降低成本	①适合当地工资水平的劳动生产率；②土地费用；③原材料与元件价格；④运输成本
发展当地市场	①市场规模；②营销辅助机构；③文化环境；④地理位置；⑤运输条件；⑥通信条件
材料和元件供应	①资源；②当地货币汇率的变化；③当地的通货膨胀等；④运输条件
风险分散	①政治稳定性；②国有化可能性；③货币汇率；④通货膨胀等
追随竞争者	①市场规模；②地理位置；③营销的辅助机构；④法律制度等
获得当地生产和管理技术	①科技发展水平；②劳动生产率

例如，假设一位国外融资者到国外融资的动机是为了发展外国市场，那么在关键因素评分表中，与该目标密切相关的关键因素主要有：第一，市场规模。第二，营销辅助机构。第三，文化环境。第四，地理位置。第五，运输条件。第六，通信条件。如果其权重分别为 0.4、0.2、0.1、0.1、0.1、0.1，初步选择三个国家或地区作为可能的融资地点，它们的得分如表 8-3 所示。从表中可看出，C 的融资环境最优。

表 8-3 关键因素评分表

	市场规模(0.4)	营销辅助机构(0.2)	文化环境(0.1)	地理位置(0.1)	运输条件(0.1)	通信条件(0.1)	评分
A	8	5	6	4	4	5	6.1
B	7	6	5	4	6	4	5.9
C	9	6	6	5	3	4	6.6

闵氏的两种融资环境的评价方法各具特点，具体应用时应相互结合，先用多因素评价法对融资环境进行一般性总体评价，然后再根据特定的融资目标和要求对融资环境进行评价，最后得到一般与特殊相结合的结论。

8.4.2 动态分析法

动态分析法是美国经济学家 S·T·施文蒂曼于 1985 年 8 月在我国杭州召开的“外资在发展中国家的作用”研讨会上提交的《多国公司与东道国环境》论文中介绍

的美国道氏化学公司(Dow Chemical)根据其对外融资的实践而总结的一套融资环境评价方法。该方法认为,融资环境不仅因国别而异,而且即使在同一国家也会因不同的时期而发生变化。因此,在融资者评价融资环境时,不仅要看其过去和现在,而且还要评估今后可能发生的变化,以便确定这些变化在一定时期对融资活动的影响。由于该方法是从动态的发展变化的角度来考察、分析和评价东道国的融资环境的,故得其名。

该法认为,跨国公司在东道国融资所面临的风险主要有两类:一类是正常企业风险(亦称竞争风险),即跨国公司融资和生产经营过程中所遇到的正常风险,如竞争对手可能生产出性能更优越、质量更好或价格更低廉的产品。这类风险存在于任何正常稳定的社会经济环境中,是市场经济运行的必然结果,是企业必然会遇到的不确定因素;另一类是环境风险,即某些可以使企业融资和生产经营环境发生变化的政治、经济和社会因素等。这类因素对外国融资者的影响是不确定的,既可能是有利的,也可能是不利的。

基于这种认识,道氏化学公司把影响融资环境的诸因素按其形成的原因和作用范围也分为两大类:一是企业从事生产经营管理的业务条件,其中包括实际经济增长率、能否获得当地资产等40项;二是可能引起这些条件变化的主要压力,其中包括了国际收支结构及趋势,被外界冲击时易受损害的程度等等,具体内容如表8-4所示。

表8-4　道氏公司融资环境评估分析法

企业业务条件	引起变化的主要压力	有利因素和假设的汇总	预测方案
估计以下因素: (1)实际经济增长率 (2)能否获得当地资产 (3)价格控制 (4)基础设施 (5)利润汇出规定 (6)再融资自由 (7)劳动力稳定性 (8)融资刺激 (9)对外人的态度	估计以下因素: (1)国际收支结构及趋势 (2)被外界冲击时易受损害的程度 (3)经济增长相对于预期 (4)舆论界领袖观点的变化趋势 (5)领导层的稳定性 (6)与邻国的关系 (7)恐怖主义和骚乱 (8)经济和社会进步的平衡 (9)人口构成和人口趋势 (10)对外国人和外国融资的态度	对前两项进行评价后,从中挑出8～10个在某个国家的某个项目能获得成功的关键因素(这些关键因素将成为不断查核的指数或继续作为国家评估的基础)	提出4套国家/项目预测方案: (1)未来7年中关键因素造成的"最可能"方案 (2)如果情况比预期的好,会好多少 (3)如果情况比预期的糟,会如何糟 (4)会使公司"遭难"的方案

表8-4中的第一栏是现有情况,第二栏是评价社会政治、经济条件对今后的融资环境可能产生的变化(有利、不利、中性)。融资者先对这两部分的因素作出评价后,从中挑选在某个国家的某个融资项目获得成功的8～10个关键因素作为这一步评价的基础。最后该公司认为盈利高峰一般为项目决策后的7年,因而要对未来7年的

环境变化作出评估并提出4套方案："未来7年中关键因素造成的最可能"的方案；"如果情况比预测的好，会好多少"的方案；"如果情况比预测的糟，会糟多少"的方案；"使公司遭难"的方案又是什么。最后再请有关方面的专家对这些结果可能出现的概率进行预测，以供决策时参考。

道氏公司的动态预测法是根据自身融资经验总结出来的，较为详尽地列出了影响跨国公司的各种环境因素，对融资有很重要的参考价值。当然，在我们具体使用此法时，可依据不同情况，不同的影响因素和不同的预测时期而改变内容，以便得到更符合实际的评价结果。

8.4.3 冷热比较法

冷热比较法是由美国经济学家艾西·伊利特法克(Isiah A. Litvak)和彼得·班(Peter M. Barting)于1968年提出的。他们对美国、加拿大等国融资者选择融资场所时考虑的主要因素进行了调查，以此为基础发表了《国际商业安排的概念框架》论文。在论文中详细介绍了这种方法。该方法别出心裁地以热冷表示环境的优劣，并归纳出了东道国融资环境"冷热"优劣的七大因素。这七大因素的内容及解释如下：

(1) 政治稳定性。它是指东道国有一个由社会各阶层组成的为广大群众所拥护的政府。该政府能够鼓励和促进企业发展，创造出良好的适应企业长期经营的环境。当一国政治稳定性高时为"热"因素，相反为"冷"因素。

(2) 市场机会。当对外国融资生产的产品或提供的劳务在东道国市场需求尚未满足时，表明东道国具有实际购买力，市场较大，为"热"因素，相反为"冷"因素。

(3) 经济发展和成就。东道国实际国民经济增长率高，经济运行良好。经济成就大为"热"因素，相反为"冷"因素。

(4) 文化一体化。东道国国内各阶层民众的相互关系、社会心理和社会习惯、宗教等方面的差异程度越小，其文化一体化程度就越高，即为"热"因素，相反为"冷"因素。

(5) 法律阻碍。东道国法律体系的完善和简繁程度都可能影响外国企业的经营，若法律对外国企业经营的阻碍小为"热"因素，相反为"冷"因素。

(6) 实质障碍。实质障碍是指东道国的自然条件，如地理位置等，对外国企业的有效经营产生的阻碍。实质阻碍大的为"冷"因素，实质阻碍小为"热"因素。

(7) 距离及文化差距。距离及文化差距是指融资国与东道国之间的距离远近，文化、社会观念、风俗习惯和语言上的差别。地理文化差距大为"冷"因素，地理文化差距小为"热"因素。

综合这7种因素，可评价出东道国的融资环境属于"热"还是"冷"，东道国的融资环境越热，外国融资者越倾向于选择到该国融资。表8-5是从美国融资者的角度出发，对加拿大、英国、希腊、埃及等10个东道国的融资环境进行的评价。

从表中可以看出，加拿大、英国到埃及的顺序反映了这10个国家的融资环境在美国融资者心目中的由"热"到"冷"的顺序。

表 8-5　10 国融资环境冷热比较分析

国别		政治稳定性	市场机会	经济发展与成就	文化一体化	法令障碍	实质障碍	地理文化差距
加拿大	热	大	大	大	中	小	中	小
英国	↓	大	中	中	大	小	小	小
德国		大	大	大	大	中	小	中
日本		大	大	大	大	大	中	大
希腊		小	中	中	中	小	中	大
西班牙		小	中	中	中	中	大	大
巴西		小	中	小	中	大	大	大
南非		小	中	中	小	中	大	大
印度		中	中	小	中	大	大	大
埃及	冷	小	小	小	中	大	大	大

冷热对比法是一种最早提出的较为系统的融资国环境评价的方法，其分析的方法和结论，为外国融资者制定融资战略、选择东道国别提供了重要的依据。但冷热对比法比较侧重于融资东道国客观因素的考察，而缺乏对一些微观因素，如东道国的基础设施、资金情况、劳动力的技术水平、价格等因素的评估与分析，而且冷热法对 10 国的评价是站在美国融资者的角度确定的，不同的比较角度会得出不同的结论。例如，美国融资者对印度的评价会与中国融资者对印度的评价大相径庭。

8.4.4　抽样评价法

抽样评价法是对融资企业进行抽样调查，进而了解融资环境的一种评估方法。融资者常常采用这种方法考察投资所在地的融资环境，以作出融资与否的决策或制定灵活的融资策略。

抽样评价法一般的步骤为：首先随机选定不同类型的融资企业若干个，同时列出影响融资的要素。再由所选择的融资企业的高级企业人员，通过填写调查表的形式对这些要素进行评估，最后由组织者收回调查表汇总统计得出最终有关融资环境的评价结论。

表 8-6 是 1986 年 7 月美国科世国际咨询公司与中国国际贸易研究所运用抽样检查法对中国的国际融资环境进行的评估，当时选择了已在中国融资的各类外国企业 36 家。

由表 8-6 可以看出，组织融资者所选的 36 家外国融资企业普遍认为当时(1986 年)中国的政策、法律环境较好，劳动力成本低，但劳动生产率不高，特别是动力供应和运输、通信条件比较差。最后的结论是中国的融资环境中等偏上。

抽样评价法是在融资企业的实际经营中得出的评价，其评估有一定的可信度，对潜在融资者有重要的参考价值。但这种方法由于列出的评价要素往往不能太多，

表 8-6　抽样评估汇总表(1986)

评估要素	评估标准			
	非常好	良好	一般	不佳
政策	8家	14家	14家	0
法律	10家	11家	12家	3家
税收/制度措施	7家	17家	9家	3家
利息	8家	10家	16家	2家
劳资关系	11家	18家	7家	0家
劳动生产率	0家	13家	19家	4家
动力/水供应	0家	7家	20家	9家
运输/通信	0家	3家	9家	21家
劳动成本	13家	15家	5家	3家
市场发展/销售	7家	11家	12家	6家
融资环境结论	17.9%	32.8%	34.1%	15.2%

而且也只能对所列要素进行概略性的评估。再加上调查表也可能带着被调查者强烈的个人主观性,而使其常常不能全面而准确地反映东道国的融资环境。因此,其评估结果只具有一定的参考价值,而不能对具体的融资决策起决定性的作用。

上述几种融资环境评价方法评价的角度不同,侧重点各异。我们在具体评价融资环境时,应根据自身的实际情况,如融资的直接目标和动机、实力及优势、融资的方式及投资所在地的具体情况等,对所采用的融资环境评价方法加以调整、增删,发挥它们各自的长处,在充分掌握信息资料的基础上,尽量多采用几种方法进行评估,以便获得一个更科学、公正、针对性强的评价结论,来指导融资决策。

【案例】

河北唐山赛德燃煤热电项目融资

(1) 项目概况。河北唐山赛德 2×5 万 kW 燃煤热电厂项目(以下简称"唐山赛德项目")是我国在有限追索权融资项目中第一个没有依靠我国金融机构提供担保和没有出口信贷机构或多边融资机构参与的电力工程项目。它被《项目及贸易融资》杂志评选为 1996 年度杰出项目,同时被《基本建设融资》杂志评选为一个具有创作力的项目。

该项目位于人口约 600 万、拥有丰富资源的唐山市,主要是为唐山市提供电力及热水。项目利用国产机组,所提供的电力售给华北电力集团。合资项目公司负责电厂营运,并由赛德中国公司提供技术协助,项目的燃煤由地方提供。

(2) 时间安排。唐山赛德项目的时间安排如表 8-7 所示。

表 8-7 唐山赛德项目的时间安排

签署购电合约	1995-03	每一次贷款提取	1997-01-27
签署交钥匙建筑合约	1995-08	开始对唐山市民供热	1997-11-15
初步接触商业银行市场	1995-10	第一机组建设完工	1997-11
签署贷款包销协议	1996-09-26	最后贷款提取	1998-01
完成银团贷款组合	1996-10-25	第二机组建设完工	1998-07

(3) 交钥匙建筑合同。该项目融资到位之前完工部分已达25%～30%;其中包括工地准备和地基结构工程。美国雷神公司为国产设备提供交钥匙承包责任,建筑合同确定了电力售价及完工日期。在延误工期及表现不佳时的财务赔偿有:延工赔偿为合约价的13.3%;表现不佳赔偿为合约价的12.5%;总赔偿为合约价的20%。合同亦包括已承诺的900万美元备用融资(用作超支预算),按原来债务对股权比例提供。

(4) 营运与维修安排。营运将由项目公司负责,并与赛德中国营运公司签定监督和技术服务合约。在表现欠佳的情况下,营运公司会作出财务赔偿。唐山项目利用已证实可靠的科学技术,并由独立顾问——美国Sargent & Lundy项目贷款银行进行技术审核。

(5) 燃煤安排。燃煤的供应商为唐山市政府所管辖的唐山市煤炭公司,燃煤合约为期20年,并明确规定如供应商没有按合约要求供应燃煤,所应承担的赔偿责任。燃煤将由唐山市的开滦煤矿提供,并以货车运送至电厂,全程在30*km*之内。美国Black and Ve-atch煤炭顾问对燃煤安排的研究指出,唐山市有相当的煤炭储备,而且质量好,因此项目的燃煤费用可转嫁在电价中。如果燃煤供应中断时间超越界限,将会被视为终止项目的行为,以致唐山市政府有责任收购电厂,而收购价格足够保障债权人的权益。

(6) 购电合约。项目公司与华北电力集团订下为期20年的购电合约。最低购电量大概为电厂产量的64%。华北电力集团是中国当时5个主要的跨省电力集团之一,直接受原国家电力部管辖,装机容量为2600万kW。确定的电价包括发电成本(可因煤价、营运、保养成本和人民币汇价波动调整)和指定的股东回报。

(7) 电价及终止合约。项目公司与唐山市政府管辖下的唐山新区电厂签定电价及终止合约协议。协议包括电价方程式和唐山新区电厂在电价未获审批的情况下需要负补贴差价的责任。协议亦包括唐山新区电厂在不可抗力事件所引致终止项目情况下所负的收购电厂责任。不可抗力事件包括政治上的不可抗力、法规改变、电厂被政府充公和燃煤供应中断。而收购价将足够偿还项目所欠债务。唐山新区电厂的责任受唐山市政府支持,并由中国人民保险公司提供特别风险保险。

(8) 其他。外汇兑换由北京中信实业银行提供"尽力支持",是中国人民保险公司提供的特别风险所保障的一种事项。

利率风险利用利率掉期保值。

批文是以原国家计委确定的方式,确定此项目为地方项目。

(9) 融资计划。该项目的融资来源,如表8-8所示。

表 8-8 唐山赛德项目融资来源一览表

资金来源	金额(万美元)	比例(%)
股本	5530	30
债务	12210	70
小计	17740	100
备用股本金	270	
备用贷款额度	630	
小计	900	

(《工程项目融资》,人民邮电出版社,264 页,案例 6:河北唐山赛德燃煤热电项目融资。)

案例思考:

结合本章内容,对河北唐山赛德燃煤热电项目当时的外部融资环境进行分析。

【复习思考题】

1. 与项目融资相关的法律有哪些?
2. 金融环境对项目融资有何影响?
3. 如何判断适合于项目融资的政治环境?
4. 项目融资的经济环境中应考虑到哪些因素?
5. 项目融资的评价方法有哪些?

第9章

工程项目融资的绩效评价

本章导读

本章介绍了工程项目融资的绩效评价的含义、目的与原则。重点介绍了绩效评价的种类和程序，也对相应的具体方法进行了说明。

本章涉及的主要概念包括：项目融资绩效评价、事前评价、中期评价、终期评价、项目融资绩效评价指标体系、定性评估法、成功度评价。

引导案例

从欧盟融资建议书看工程项目融资的绩效评价

融资是出资人在项目评估完成后的一项主要管理工作,其主要文件是项目的《融资建议书》。融资建议书应有统一的格式。融资主管部门通过对融资建议书的审查,最终决策是否为该项目融资,签订项目融资协议或备忘录。融资建议书的最终稿应涵盖项目逻辑框架中的全部内容,包括适合项目实施的特定办法和手段。融资建议书的质量标准基本与评估相同。

下面是欧盟融资建议书内容摘要:

1) 合理性(针对性)

(1) 与全球目标相一致:重大欧盟援助政策目标及其优先顺序;有关的指标性规划(国家的、区域的)的目标;与国家的评审相结合。

(2) 进行行业分析:有关行业的特点;国家/地区的政策的地位。

(3) 情况分析:利益相关者分析(包括目标人群、受益人和其他的利益相关者);目标人群/受益人的问题的论述。

(4) 项目初始状况和准备情况。

2) 可行性

(1) 项目概述:总体目标中包含了指标及验证依据;项目目的包括了指标及验证依据;结果中包括了指标、验证依据及相关活动。

(2) 项目分析与环境:过去的经验教训;与其他完成项目的互补性,以及行业内不同投资主体之间的协调;经济评价和跨行业的评价结果;风险和(与执行过程有关的)假定条件。

(3) 项目实施:实体的和非实体的手段;组织机构和执行程序;所使用的技术;进程表、成本以及融资计划;特殊的条件以及由该政府采取的相应的措施;监督安排;评价/审计。

3) 可持续性/质量

确保可持续性/质量的措施:受益人分享以及所有权权益;政策支持;合理的技术;社会文化方面;性别平等;环境保护;组织机构的和管理的能力;经济的和财务上的持续能力。

4) 附件

逻辑框架(强制性的);利益相关者分析,问题和目标分析(强制性的);执行以及全部活动的进度安排(强制性的);环境整体框架(强制性的);性别整体框架(强制性的);经济及财务分析(强制性的);同其他的出资人特别是伙伴国家(可选择的)举行协调会议的详细说明;其他(需要详细加以说明)。

(资料来源:刘亚臣,常春光.工程项目融资[M].大连:大连理工大学出版社,2008.)

9.1 工程项目融资绩效评价的含义、目的与原则

工程项目融资是筹措工程项目所需资金来源的主要方式。为了保证融资达到预定的效果，就必须对融资的绩效进行评价。工程项目融资绩效评价是工程项目融资周期管理的最后一个环节，是对正在实施或已完成的工程项目融资活动的效果进行的尽可能系统和客观的评价。

作为项目绩效评价的重要组成部分，工程项目融资绩效评价目标、原则、内容必然继承项目评价的内在规律，并与项目绩效评价的各个方面具有相似之处。同时，工程项目融资绩效评价又有其内在的个性问题。

9.1.1 项目融资绩效评价的含义

所谓工程项目融资绩效评价，是指基于评价理论，以数理统计、运筹学等学科知识为手段，建立特定的指标体系。对照统一的标准，按照一定程序通过定量定性对比分析，对工程项目融资的效果作出客观、公正和准确的综合评判。

工程项目融资的绩效评价是提升工程项目融资水平的关键一环。工程项目的出资人、项目业主等各个主体的目标、利益、责任的明确和分离，是提出工程项目融资绩效评价的根本原因。

9.1.2 工程项目融资绩效评价的目的

作为工程项目融资活动的不同主体，工程项目融资绩效评价的目的具有不同的角度：

(1) 工程项目融资绩效评价为项目业主(法人)提供了生动的工程项目融资管理成功与失败的教材，通过对工作的阶段性总结和对经验教训的学习，得到启示，改进工作，完善工程项目融资。

(2) 经理人员为提高投资决策和管理能力，达到提高和改进融资效益的目的。

(3) 供应商要通过分析，看是否值得合作，了解销售(或盈利)水平，决定是否应延长商业信用期限。

(4) 政府通过分析了解项目的情况，从宏观角度进行监控，为宏观发展规划、融资项目的立项审批提供决策依据。特别对于关系国计民生的工程项目，了解工程项目是否符合国家和社会的利益，是否能较好实现宏观经济的要求和计划。也就是说，要达到工程项目融资的社会、环境效益目标，包括工程项目融资对国民经济、金融环境、社会发展所可能、正在或期望产生的宏观或长远影响。

(5) 员工和工会要通过分析判断工程项目的盈利情况和员工收入、保险、福利之间是否相适应。

(6) 受托进行项目审计的会计师事务所关注工程项目的财务状况、经营成果以及现金流量。

(7) 咨询机构则考虑为工程项目提供建议。

9.1.3 工程项目融资绩效评价的基本原则

为了达到工程项目融资绩效评价的目的，工程项目融资绩效评价必须坚持如下原则：

(1) 独立性原则。工程项目融资绩效评价通常应由独立的第三方完成，评价过程和结论不受项目决策者、管理者、执行者的干扰，这是评价的公正性和客观性的重要保障。独立性是工程咨询合法性的基础，没有独立性，或独立性不完全，评价工作就难以做到公正。

(2) 透明性原则。工程项目融资绩效评价方法、程序、指标等应公开，提高工程项目融资绩效评价的透明度。

(3) 客观性原则。工程项目融资绩效评价应注重客观依据，尽量排除人为因素干扰。

(4) 可操作性原则。工程项目融资绩效评价方法应便于应用、流程应便于运作、评价指标数值便于计算、评价数据便于收集。

(5) 反馈性原则。工程项目融资绩效评价的目的是为改进和完善工程项目融资管理提供建议，为筹资决策部门提供参考和借鉴。要实现这个目的，就必须将评价成果和结论实行有效反馈。通过反馈机制，使项目各个阶段的绩效评价及时反馈到决策部门，使总结出来的经验得到推广，教训得以吸取，防止错误重演，使合理建议得到采纳和应用，最终使工程项目融资绩效评价成果变为社会财富，产生社会效益，实现评价的目的。

9.2 工程项目融资绩效评价的种类

工程项目融资绩效评价按照项目周期划分，可以是在执行前(事前评价)、执行过程中(中期评价)、实施结束时(终期评价)或事后(事后评价)等几个时点进行。

9.2.1 事前评价

事前评价是工程项目融资前期决策的总结评价，包括对工程项目融资方案的可行性研究与评价，验证工程项目融资的方案是否妥当；工程项目融资评估(前期绩效评价)的总结评价；工程项目融资决策的总结评价；工程项目融资整体设计的总结评价；工程项目融资准备的评价等。事前评价结果作为工程项目融资项目立项的依据。

9.2.2 中期评价

中期评价是在工程项目融资实施的中间阶段进行的评价，包括工程项目融资合同执行管理的分析评价；工程项目融资实施和管理的分析评价；工程项目融资资金使用和管理的分析评价等。中期验证工程项目融资是否按计划得以顺利实施。其评价结果用于调整、改善工程项目融资方案，提出下一步实施的措施建议，同时，用于为类似工程项目融资提供可借鉴的经验教训。

9.2.3 终期评价

终期评价是项目完工时关于工程项目融资的评价，在项目结束时，验证工程项目融资是否顺利取得预期效果。终期评价结果用于决定当项目正式结束时，是否需要实施后续关注和措施，同时，用于为类似工程项目融资提供可借鉴的经验教训。

9.2.4 事后评价

在项目结束并经过一定时间运营后进行的关于工程项目融资方面的评价，即对项目预期的效果和影响是否持续显现进行验证。包括项目运营状况对工程项目融资效果的分析评价；工程项目融资财务经济效益的分析评价；工程项目融资发展的预测分析等。事后评价结果除用于向项目业主和主管部门提出建议外。还应用于未来有效实施类似工程项目融资以及同类行业的宏观决策(发展规划、投资计划、政策调整等)。

9.3 工程项目融资绩效评价的程序

1）确定工程项目资绩效评价目标

工程项目融资绩效评价目标的定位不同，后续的工程项目融资绩效评价组织的工作内容、评价指标体系与评价方法将随之改变。

2）建立工程项目融资绩效评价组织

工程项目融资绩效评价组织将重点关注的内容和工作有：工程项目融资合理性论证、初步性研究相关问题与建议、需重点研究的内容；确认工程项目融资目标执行计划；仔细分析评价工程项目融资可行性的各个方面；通过质量因素的分析，评价工程项目融资是否具有可持续能力；进行专门设计；准备《项目融资建议书(草案)》；对下一步工作提出建议。

3）制定工程项目融资绩效评价指标体系

工程项目融资绩效评价一般包含融资合理度、融资持续性、融资效率、融资效果、融资管理效能、融资成本、融资风险、融资的社会影响等几个方面。

(1) 融资合理度。

融资合理性主要考虑国家或地区宏观目标和产业政策的客观要求，工程项目融资预期效果是否与需求相吻合；作为解决问题的措施是否恰当；政策是否一致；工程项目融资的战略与合作方式是否妥当；工程项目融资确定目标是否合理、准确，是否可能、正在或已经解决工程项目融资策划时所确定的核心问题；是否需要或可能修改和调整。

(2) 融资持续性。

工程项目融资持续性主要指相关的主管行政部门在工程项目融资实施后，是否会给工程项目融资支持性政策；工程项目融资自身的继续能力，即在项目的建设资金投入完成之后工程项目融资的既定目标是否还能继续发展下去；项目法人是否愿意并可能依靠自己的力量继续去实现既定目标；工程项目融资的实施单位是否有能力进行运行;工程项目融资持续性分析要素:市场、资源、财务、技术、环保、管理、政策等。

(3) 融资效率。

主要包括工程项目融资的资金到位时间进度及其控制,研究工程项目融资的成本和效果之间的关系,验证资源是否得到了有效的利用。是否满足了工程的资金需求,即通过工程项目融资所筹集的资金能否按时按量满足项目建设的资金需求。

(4) 融资效果。

在工程项目融资实施后,所有的受益人是否可充分接受所带来的利益,验证工程项目融资的实施是否切实给受益群体或社会带来了(或者将要带来)方便和利益。其中,最为主要的是工程项目融资的经济性分析,工程项目融资运营后的市场竞争力,经济效益,偿还银行贷款的情况,可能、正在或已经实现预期的各项财务和经济指标,包括生产运营(销售)收入、成本、利税、财务内部收益率(FIRR)、贷款偿还期等。具体包括财务效益和经济效益的盈利性分析、清偿能力分析和外汇平衡分析;工程项目融资的经济内部收益率和经济净现值、经济换汇成本、经济节汇成本等。

(5) 融资管理效能。

工程项目融资的渠道来源与模式实施的技术水平是否适合当地的金融环境条件。包括工程项目融资采用的融资渠道、模式与管理水平的分析与评价,主要关注工程项目融资的先进性、适用性、安全性。重点是工程项目融资的组织结构及能力,应对工程项目融资组织机构所具备的能力进行适时监测和评价。工程项目融资管理效果评价包括:组织结构形式和适应能力的评价;对组织中人员结构和能力的评价;组织内部工作制度、工作程序及沟通、运行机制的评价;管理者意识与水平的评价等。

(6) 融资成本。

工程项目融资的融资成本包括融资的各种费用开销与资金的占用成本两个主要方面内容。

(7) 融资风险。

工程项目融资的风险主要包括政治风险、自然力风险、经营风险、技术风险和财务风险等。

(8) 融资的社会影响。

工程项目融资后,要验证包括没有预料的正负面效果,影响工程项目融资实施所带来的更长期、间接的效果以及辐射效果。

对当地公众的影响,一般包括工程项目融资对当地就业的影响,对当地收入分配的影响,对居民的生活条件和生活质量的影响,受益者范围及其反应,各方面的参与状况,地区的发展,是否会对特定目标做出贡献,如对妇女、民族宗教信仰、扶贫、三农等影响。另外还需考虑对金融环境的影响,金融生态是否可以得到保护。需要重新审查工程项目融资的金融环境影响的实际结果。金融环境影响的评价一般包括:金融市场的影响、区域资金供求的均衡、闲置资金的利用、区域金融平衡和环境管理能力。

4) 确定工程项目融资绩效评价指标权重

工程项目融资绩效评价指标权重的确定可以采用定性的德尔菲法、定量的拉开档次法、排序关系分析法等来确定。

5) 工程项目融资实绩信息收集

工程项目融资实绩信息收集的最主要工作是调查工程项目融资的实际绩效。工程项目融资绩效评价的实际绩效调查,即验证工程项目融资实现的实际情况。

6) 工程项目融资绩效评价值计算与集成

将得到的工程项目融资实绩信息输入到工程项目融资绩效评价的指标体系中,运用工程项目融资绩效评价的特定方法,计算评价值,将各个评价值进行集成,得出最终的评价结果。

7) 工程项目融资绩效评价结果分析、结论与建议

工程项目融资绩效评价结果分析,需验证工程项目融资的实施过程,分析绩效与实施之间的因果关系。工程项目融资绩效评价包括工程项目融资成功度分析评价、经验教训和对策建议。

(1) 成功度评价。

项目前期称为"可行性"分析评价,中后期称为"成功度"分析评价。项目成功度评价一般采用专家打分法来得出项目绩效评价的结论。具体操作步骤见后文。

(2) 主要经验教训。

经验教训一般应是在工程项目融资实践中总结分析出来的、有借鉴意义的意见。因此,需要对评价调查中得到的成果和问题进行分析研究,找出在工程项目融资实施的哪个阶段什么方面是值得重视的,又是哪个管理或实施部门的功过。

(3) 对策建议。

工程项目融资绩效评价的最主要任务之一就是要提出对策建议,用以完善工程项目融资,指导工程项目融资,审批拟进行的工程项目融资。绩效评价的对策建议应是在工程项目融资经验教训得到的启示基础上,由评价者所归纳提出的,以引起出资人和项目法人重视的意见。这就要求工程项目融资绩效评价报告的对策建议必须针对性和适用性强、容易理解、便于操作。因此,工程项目融资绩效评价报告必须文字简洁,语言畅通,逻辑性强,尽量少用特别专业的词汇。通常提供一份不超过2 000字的报告摘要,便于决策,对策建议还要针对不同对象、不同层次提出意见。

9.4 工程项目融资绩效评价的具体方法

上述各个评价内容评价值的得出需要由具体的工程项目融资绩效评价方法来支持。考虑到上述各个评价内容既包括定性的指标,同时也包括定量的评价指标,在此,分别加以介绍。

9.4.1 定性评价法

定性评价法适于对一些诸如工程项目融资合理性、效果、效率、影响和持续能力等定性指标的评价。其评价方法除了常见的德尔菲法、专家意见法、问卷调查法外,

还包括：

1）工程项目融资绩效评价的比较分析法

比较分析就是对两个或两个以上有关的可比数据进行对比，揭示差异和矛盾。比较是分析的最基本方法，没有比较，分析就无法开始。

比较分析通常包括两种情况，一种是可与本项目融资历史绩效比较，另一种是与同行项目融资绩效比较。

比较分析的核心问题在于解释原因并不断深化，寻找最直接的原因。比较分析是个研究过程，分析得越具体、越深入，则水平越高。如果仅仅是计算出相关比率而不进行分析，什么问题也说明不了。

2）成功度评价

成功度评价可以采用表 9-1 的形式，其中："评价指标"因项目特点而异；"相关重要性"是指指标在总体评价中的重要程度，一般分为重要、次重要和不重要三个层次；"评定等级"一般分为五个档次，即 A—成功、B—基本成功、C—部分成功、D—不成功、E—失败。

表 9-1　成功度评价表

评价指标	相关重要性	评定等级
融资合理性		
融资持续性		
融资效率		
融资效果		
融资社会影响		
融资管理效能		
融资成本		
融资风险		

9.4.2　定量评价法

定量评价法适于对一些诸如工程项目融资成本、融资风险、融资金额、资金到位率、融资报酬率等定量指标的评价。

1）工程项目融资绩效的比率分析法

比率分析法是指把某些彼此存在关联的项目加以对比，计算出比率，据以确定工程项目融资活动变动程度的分析方法。比率是相对数，采用这种方法，能够把某些条件下的不可直接对比的量进行可比化处理。比率指标主要有以下三类：

(1) 构成比率。

构成比率又称结构比率，它是某项经济指标的各个组成部分与总体的比率，反映部分与总体的关系。其计算公式为

构成比率＝某个组成部分数值/总体数值

利用构成比率，可以考察，总体中某个部分的形成和安排是否合理，以便协调各项工程项目融资活动

(2) 效率比率。

它是工程项目融资中所费与所得的比率，反映投入与产出的关系。利用效率比率指标，可以进行得失比较，考察经营成果，评价工程项目融资效益。

(3) 相关比率。

它是以某个项目和与其相关但又不同的项目加以对比所得的比率，反映工程项目融资活动的相互关系。利用相关比率指标，可以考察有联系的相关业务安排得是否合理，是否科学。运用比率分析，需要选出一定的标准与之对比，以便对工程项目融资状况作出评价。通常而言，科学合理的对比标准有：预定目标，如预算指标、设计指标、定额指标、理论指标等；历史标准，如上期实际、上年同期实际、历史先进水平以及有典型意义的时期实际水平等；行业标准，如主管部门或行业协会颁布的技术标准、国内外同类企业的先进水平、国内外同类企业的平均水平等；公认标准等。

2）工程项目融资绩效评价的因素分析法

工程项目融资绩效评价因素分析，是根据分析指标和影响因素之间的关系，从数量上确定各因素对指标的影响程度。

工程项目融资活动是一个有机的整体，每个指标的高低，都受若干因素的影响。从数量上测定各因素的影响程度，可以帮助人们抓住主要矛盾，更有说服力地评价项目融资效果状况。工程项目融资绩效评价因素分析法首先构建分析指标与影响因素之间的数量关系，通过分析可知影响因素变动对指标因素变动的影响程度。

值得指出的是，因素分析法的计算结果，与各影响因素的替代顺序有关，改变某一因素替代顺序，所计算的各因素对指标变动影响程度随之发生变化。但各因素对指标变动影响程度的总和不变。因素替代顺序通常由各因素对指标影响的性质所决定。

3）工程项目融资绩效定量评价的其他方法

工程项目融资绩效定量评价方法还有层次分析法、模糊综合评价法、灰色理论评价法、多属性综合评价法、人工神经网络等方法。特别是在对工程项目融资风险的评价中，模糊综合评价法应用的较为广泛。

上述不同的方法根据实际工程项目融资绩效评价的目的与精度要求而选取，不同的评价方法具有各自不同的优缺点，有时需要几种方法同时使用，再综合结果得出最终的评价结果。由于各评价方法具有较强的针对性，在此不再赘述。

【复习思考题】

1. 如何理解工程项目融资绩效评价的原则？
2. 工程项目融资绩效评价的种类有哪些？
3. 工程项目融资绩效评价的程序包括哪些？
4. 工程项目融资绩效评价的指标体系包括哪些？
5. 工程项目融资绩效评价的方法有哪些？

第10章

项目融资典型案例

本章导读

本章通过阳光集团、长远股份、蒙牛、上海银行、英法海底隧道工程等融资案例，对项目融资各个环节进行实际解读，从中总结项目融资的成功经验。

10.1 阳光集团债券融资模式

2002年4月12日，江苏阳光集团在上海举行可转换公司债券发行推广会。2002年4月18日，阳光可转债正式发行。

- **公司背景**

江苏阳光是中国最大的高支薄型面料生产基地，拥有外贸生产自营进出口权。

江苏阳光拥有的“阳光”牌商标是目前中国精纺产业中唯一被国家工商局认定的“中国驰名商标”。

江苏阳光被国家科技部认定为“国家毛纺织染整工程研究中心工程化基地”。

江苏阳光的主导产品“阳光牌”精纺呢绒是国家经济贸易委员会支持的“以产代进”的主要产品之一，连续4年获得原国家内贸部、国家技术监督局等部委联合授予的国家最畅销商品“金桥奖”第一名，并成为江苏省免检产品。

江苏阳光位于我国经济最发达地区之一的长江三角洲江阴市东郊，公司主营高档精毛纺呢绒的开发、生产和销售，总资产14.4亿元，固定资产8亿元，拥有精纺纱锭2.5万锭，进口织机150台及高档服装生产线，90%以上的设备系目前国际最先进设备，具有年产精毛纺呢绒900万米的生产能力，是我国精毛纺行业的龙头企业。

资料显示，江苏阳光集团的股票从1998年至2001年，4年间平均的每股收益在0.4元以上，特别是1999年公司实现每10股送2股转增5股的分配方案后，公司的每股收益水平并未被摊薄，公司具有很好的发展前景。

公司自1998年以来，主营业务收入从5.4亿元稳步增长到2001年的8亿元，年均增长率为11%。

江苏阳光是获得发行可转债资格的上市公司，其中最重要的便是它的资本结构与偿债能力。

从公司的偿债能力来看，公司在发行新股后偿债能力有了大大的提高。截至2001年12月31日，公司资产负债率为6.24%(母公司报表数)，流动比率为3.94，速动比率为3.17，在同行业中名列前茅，显示公司有充足的偿债能力。而且在江苏阳光8.3亿元可转债发行后，公司的负债率也不超过45%，这说明公司的结构是相当适合选择发行可转债的。

江苏阳光的现实条件让我们看到了一个理想的发行可转债的公司应该具备的基本条件。而对于公司未来的前景，特别是募集资金后的发展前景也是其进行债券融资必不可少的条件。因为发行可转债的一个重要目的就是利用可转债延迟股权融资的特点，等到投资项目产生效益时计入股本，减缓对每股收益的摊薄压力。如果投资项目选择不当，到期未能产生收益，势必导致股价和可转债价格的下降。相反，投资项目的成功，将对可转债二级市场价格和顺利转股产生根本的支撑作用。

在江苏阳光进行债券融资的计划中，募集资金主要投向技术改造和一些收购项目，其中技改项目主要包括利用特种纤维加工技术改造项目税后内部收益率均在

20% 以上，投产后公司的整体盈利能力将进一步提高。

收购项目包括收购江阴施威特毛纺织有限公司、江阴东升毛纺织有限公司纺织生产线等项目，可充分利用公司现有设备的生产能力，扩大公司的生产规模，增强公司的竞争能力。并且在收购后，这些融资项目可以迅速投产，其资本运营周期就会大大缩短。

成立江苏阳光进出口有限公司拓宽了公司在海外的国际营销网络。在扩大出口创汇的同时，代理或进口国内市场急需的技术和产品，在原自营出口的基础上提高外贸量，增加投资收益。

在巩固、扩大主营业务的基础上，这些项目有的将有助于利用原有公司的技术优势、技术能力扩大生产，提高公司产品性能、质量和竞争力；有的将有利于拓展公司营销渠道和加强营销能力，对于公司的长远发展有重要的促进作用。

• 债券发行过程

江苏阳光发行 8.3 亿元可转债，转债期限 3 年，利率为 1% ，利息每年一付，高于目前活期存款年利率 0.72% 的水平，尤其是投资者如果通过一级市场申购，其持有成本是每单位 1000 元。

阳光转债发行一年后即进入转股期，投资者可以自由选择将持有的阳光转债换为公司股票，此时公司募集资金投资项目业已基本开始产生效益，完全建成后，每年可为公司贡献 1.3 亿元净利润，保证公司每股收益和净资产收益的稳定增长。

由中国银行无锡分行承担全额不可撤销担保，投资者每年都有固定的收益，对到期未转股的阳光转债，公司偿还本息，而且阳光转债由中国银行提供全额担保，确保投资者没有本金损失的风险。

阳光转债的溢价比率为 7%，保证阳光转债投资者有充足的获利空间。

阳光转债条款规定：阳光转债转股期第 1 年内，如公司 A 股股票连续 20 个交易日的收盘价高于当期转股价格的 140%，公司有权赎回未转股的阳光转债。

条款还规定，当赎回条件首次满足时，若公司不赎回，当年将不再行使赎回权。

如果在江苏阳光转债到期日 1 年内，公司股票收盘价持续 20 个交易日低于当期转股价格的 70% 时，转债持有人有权将持有的全部或者部分转债以面值的 102% 的价格回售给江苏阳光。

• 经验启示

1) 巧妙的融资模式设计

阳光在利用债券融资的计划中，对未来债券持有人的利益给予了充分的重视，公司希望通过有效的资本运营发挥资本的最大投资价值。

(1) 阳光转债发行的条件适当。

江苏阳光 2001 年末其资产负债率仅为 6.24% ，公司发行 8.3 亿元可转债后，资产负债率预计约 42% ，一方面公司保持了足够的偿债能力，另一方面公司的财务杠杆运用比较充分，每股收益和净资产收益率都将有较大幅度的上升。

江苏阳光募集资金的投资项目大都是投入期短、见效快、回报高的项目，几个项目平均内部收益率都在20%以上。新投项目在3年内即可产生5.12亿元的营业现金流量，从而使得公司在资金运用上游刃有余。同时，阳光转债期限3年，投资者如果不选择转股，就可以较快地收回本金，避免因投资期长而承担较高的风险。

阳光转债利率为1%，利息每年一付，高于目前活期存款年利率0.72%的水平，尤其是投资者如果通过一级市场申购，其持有成本是每单位1000元，投资者的风险得到了很好的锁定，就算是投资者将来选择不转股，其投资风险也相当低，且投资者可享受公司股价上涨带来的收益，考虑到银行3年期定期存款利率仅为2.52%，3年后才偿还本息，阳光转债1%的利率是充分和恰当的。

(2) 转股期安排的时间恰当。

阳光转债发行1年后进入转股期，投资者可以自由选择将持有的阳光转债换为公司股票，此时公司募集的资金投资项目也已基本开始产生效益，完全建成后，每年可为公司贡献1.3亿元净利润，保证公司每股收益和净资产收益稳定增长。

(3) 没有本金损失的风险。

阳光转债年利率1%，由中国银行无锡分行承担全额不可撤销担保，投资者每年都有固定的收益，对到期未转股的阳光转债，公司偿还本息，而且阳光转债由中国银行提供全额担保，确保投资者没有本金损失的风险，非常适合投资者保值增值的投资要求。

(4) 转股溢价比例适度，转股价格调整方式对投资者有利。

阳光转债的溢价比率为7%，在公司股价已经处于历史最低位的情况下，公司设置的溢价比例并不高，保证阳光转债投资者有充足的获利空间。

(5) 有效降低阳光转债风险。

阳光转债条款规定：阳光转债转股期第1年内，如公司A股股票连续20个交易日的收盘价高于当期转股价格的140%，公司有权赎回未转股的阳光转债。

(6) 有利于投资者的回售条款。

如果在江苏阳光转债到期日1年内，公司股票收盘价持续20个交易日低于当期转股价格的70%时，转债持有人有权将持有的全部或者部分转债以面值的102%的价格回售给江苏阳光。

2) 风险因素不容忽视

虽然可转换债券与其他融资方式相比具有很大的优势，但这并不代表这种金融工具是完美无缺的。事实上，任何理论上无懈可击、设计精巧的金融工具都会有它的不足，都有一定的风险。

虽然可转换债券的收益率比国债要高，但它在转换之前仍是企业债券，风险自然比国债要大。尽管上市公司为了消除投资者心存的担忧，可以采取很多规避风险的措施，比如在转换比例方面定价更为合理，寻求提供部分或全额担保(江苏阳光选择的就是中国银行长达5年的全额担保)。但是，可转换债券仍然存在一定的风险。

阳光转债发行上市的第一天就跌破了名义发行价。当天，阳光转债以全日最高价101.40元开盘后，转债价格一直降低到98.00元，最终收在98.58元，与面值申购相比下跌了1.5％。

企业债券的发行情况主要受两方面的影响，即基准股票未来价格的上涨和转债价格的设置。虽然当转债未进入转股期时，股价与转债价不是同步涨跌，但股价的下跌必然连带转债价格的下降。由此可见，无论何种金融工具，都具有一定的风险性。

在阳光转债发行的当天，基准股票江苏阳光的股价已经跌至10.25元，阳光转债的转换价值应降为89.44元，根据阳光转债收盘价98.58元计算，可以得出转债换溢价为10.2％，高于发行价格的转换溢价。同样投资一家相同的上市公司的可转换债券的价格相对基准股票价格是上涨的。然而，从绝对意义上来说，无论基准股票还是可转债的价格都下降了。形成这种评价的原因大致有两个：

(1) 虽然可转换债券在理论上已经为很多人所熟知，但是实践中一般的投资者对这种金融工具还很不了解。这就造成投资者对其产生怀疑和担心。

(2) 阳光可转换债券上市当天大盘出现较大下跌，下跌近50点，跌幅超过3％，阳光转债也和大盘一样，走出一个高开低走行情，虽然跌幅不如大盘，这在一定程度上也给可转换债券的发行蒙上了阴影。

10.2 长运股份租赁“融”入20条船

从重庆市三峡宾馆的窗口向下俯瞰，浩浩荡荡的厂家和嘉陵江交汇成一个巨大的“丁”字，在这里，重庆长江水运股份有限公司(以下简称“长运股份”，股票代码600369)总经理李立随时都可以看到自己公司的船队往来穿梭。

2003年，长运股份的船队中将再增加20条船，总价值1亿元人民币。但是，这1亿元却不是长运股份以自由资金购买支付的，此次置入设备既未经证券市场筹资，也没申请贷款，更不是供应商信用，而是通过创新租赁的方式从租赁公司那里“融”来的。使用的是融资租赁这一融资手段，买单者则是千里之外的上海金海岸企业发展股份有限公司。

我国上市公司运用创新租赁进行大规模经营性融资的首个案例在此诞生。

• 企业背景

位于重庆市涪陵区中山东路2号、重庆市渝中区陕西路1号的重庆长江水运股份有限公司成立于1993年12月30日。主营水上客、货运和旅游运输及相关服务，兼营船用辅机制造、物资存储、纺织品、百货、五金、餐饮等业务。公司原名长江天府旅游轮船股份有限公司，是在对国营四川涪陵轮船整体改制的基础上由国营涪陵轮船公司、四川蜀海交通公司、四川省轮船公司三家企业共同发起设立的股份制公司。涪陵轮船以净资产投入折成5263.7449万股，其他股东以现金方式认购1336.2551万股。1996年4月蜀海交通公司注销全部债权债务与原有职能转移到四川高速。1998年公司以盈余公积金按每10股转增5.5的比例向全体股东转增3630万股，由此注册资本变为1.023亿股。公司7000万A股于2001年1月9日上市流通。

2002 年前后，长运股份 90% 以上的收入来自于客运，但随着重庆及川东地区近年来交通局面大为改观，公路交通迅速发展，加上三峡大坝截流的影响，客运市场的发展空间已经越来越小。因此，公司迫切需要迅速扩大货运装载量，以谋求新的利润增长点。

但令公司烦恼的是，根据原有建设沿长江大物流体系的规划，今后几年公司还有大量项目需要投资，如旧船舶的技术改造和更新换代项目，重庆北部仓储基地物流中心的建设项目，涪陵铁、公、水枢纽码头建设项目，以及在上海的物流基地建设项目等，这些项目都正需要资金。如果以自有资金购买 20 条船的话，必然会对其他项目产生资金压力。长运股份总经理李立在仔细衡量估算之后，选择了以租赁扩大经营规模的方式。通过租赁，仅以约 3000 万元的当前支出就获得了价值 1 亿元的设备使用权，公司可以把资金节省下来，用在效益更好的地方。而这 20 条船全部是货运船，将主要用于扩大货运能力，提高公司盈利水平。

- **租赁过程**

2002 年四五月间，长运股份开始与上海金海岸企业发展股份有限公司接洽融资租赁事宜。7 月 11 日下午，一个简短的签约仪式在重庆三峡宾馆举行。在经过三个多月接触之后，上海金海岸企业发展股份有限公司（以下简称金海岸公司）与长运股份的创新租赁合同终于尘埃落定。

闷热的天气难掩双方兴奋的心情。对于金海岸公司来说，这意味着它们数年来苦心探索的创新租赁模式终于有了实质性成果；而对于长运股份而言，公司探索出了一条资金运作的新路子。

此份合同规定，金海岸公司根据长运股份用船要求，以租赁为目的，购买 20 艘船舶租赁给长运股份，并在合同履行完毕日将租赁船舶所有权转让给长运股份。租赁期限为 5 年，起租日初定为 2003 年 1 月 20 日，具体每艘船以国家船检部门验收合格之日为起租日，每艘船的租赁期仍为 5 年。以概算成本计算的租金总额为 116 729 167元。

经过计算，采用租赁方式来取得 20 条船的经营权，利率比银行同期贷款高了两个多百分点，李立觉得划算。

更具有吸引力的是，通过租赁方式，长运股份还可以降低经营风险。因为根据租赁合同，这 20 条船在租赁期间虽然所有权并不归长运股份，但运营权却在长运手中，长运可以一边运营产生收入，一边用赚来的钱支付租金。如果经营效果不尽如人意，船舶可以由出租方——金海岸公司收回，避免了资产积压。

据专家介绍，这 20 条船大约可以提供 2500 个标准集装箱位，目前整个重庆地区的集装箱运力不过 6000～7000 箱，每年的需求增长在 30% 以上，如果这 20 条船全部投入运输，每年产生的效益可以达 3000 万元以上，而平均每年的租金只有 2000 万元出头。租期满了之后，公司只需支付象征性的费用就可以获得船只的所有权。在此之前，上市公司中还从未出现过如此巨额的租赁项目，许多习惯了从资本市场直接融资或者从银行贷款的上市公司似乎从未体会到“缺钱”的难处，租赁被他们认为是费时费力的“下策”。

但李立认为，租赁是一种间接融资，上市公司虽然具有直接融资的天然优势，但也应该善于使用间接融资。特别是像船只这样适合租赁的设备，租赁的风险小，资金占用少，比起其他融资方式来更具优势。尤其在增发新股门槛提高、上市公司再融资难度加大的背景下，租赁不失为上市公司融资的一条好渠道。

- **经验启示：解决信用“瓶颈”**

事实上，此前并不是没有公司考虑过以租赁方式融资，但都因为实际操作中遇到了种种困难而最终未能成功，此次能够成功，金海岸公司设计的创新租赁模式起到了关键性作用。

金海岸公司总裁俞开琪介绍说，租赁业务原先之所以难以开展，主要是由于信用“瓶颈”。一方面，承租方如果不能及时交付租金，租赁公司将面临巨大的风险。另一方面，租赁公司购买设备的资金主要靠银行贷款，银行对于租赁公司的信用也心存怀疑。

在创新租赁模式中，这些难题得到了比较好的解决。金海岸公司设计了一系列担保与反担保协议，充分利用银行和出租物品的自身价值，使各方形成了风险共担、利益共享的价值链。

首先，为了降低承租方违约的风险，金海岸要求，承租方提供一定比例的保证金，并通过当地一家有一定实力的银行为其出具保函，保证在承租人违约时，由银行对其租金余额进行担保，这样就保证了租赁公司不会受到损失。

其次，为使确保安全，特别采取另外两项措施。一是由制造厂商对设备进行回购担保，即在承租人不能履约的情况下，制造商对租赁物件进行回购；二是租赁公司将租赁物件所有权抵押在开具保函银行为承租人进行反担保。

通过以上运作方式，使租赁公司、承租人、银行、制造商一起承担风险，从而为开具保函的银行和整个项目的安全提供了实实在在的保障。“将政府、银行、承租人、制造商、租赁公司的信誉叠加起来，将租赁业务可能产生的风险分散到相关单位，形成新的价值和风险锁定的链条。”

在金海岸公司与长运股份签订的价值1亿元的20条轮船的租赁合同中，就动用了上海光大银行、重庆光大银行、重庆市政府、上海金海岸公司、上海造船厂多家单位。最近金海岸公司和中国经济技术投资担保有限公司上海分公司、上海浦发银行联合推出对中小企业的融资担保租赁业务，也构成了一个资金的“安全平台”。

金海岸公司的创新租赁模式得到了各界的高度评价。重庆市副市长赵公卿说，金海岸公司与长运股份的创新租赁合同时继浦东开发银行在重庆开设分行后沪渝两地金融领域的又一次重要合作。而重庆市经委副主任肖健康指出，重庆市目前正进行着工业结构的重大调整，创新租赁将面临广阔的市场空间。他还透露，重庆市政府正在为此制定优惠政策，鼓励企业运用创新租赁模式融资。

长运股份总经理李立对于此次融资非常满意，并认为这“标志着公司在融资渠道上的又一重大拓展”。融资租赁对于上市公司有着尤其特殊的意义，那就是可以实现公司的表外融资，而这一点正是李立所不愿正面提及的。既能解决资金短缺又不增加资产负债率，融资租赁对于长运股份正得其所。

长运股份只是融资租赁的一个受益者，市场推动者正在力图把融资租赁推向更大的层面，其中起着重大作用的是政府机构的价值链联动。一个颇具说服力的说法是，国内东部资金充裕，设备过剩而西部两者都缺，如果能把东西部连接起来，那么将是共赢的局面。

如俞开琪所言，上海拥有强大的生产能力和租赁潜力，光是生产各种设备的大型企业集团上海电气集团，可供租赁的设备总金额为370亿元。而且，与国外略作比较就能感受到融资租赁业务的巨大增长空间，国外设备流通的主渠道在租赁，如美国最大的设备制造商卡特彼勒公司租赁额占其营业额的70%以上，而上海电气集团2001年319亿元的销售额中租赁业务一笔都没有。

目前，中西部的经济发展急需各种设备投入。据俞开琪估算，仅重庆地区的企业结构调整中的“退二进三”项目、农副产品加工和农业产业化项目、城市综合开发项目、生态环境保护和建设项目等急需资金就达1000多亿元。显然，基于融资租赁方式的“东资西调”策略可实现互补效应和联动局面。

在融资租赁尝试中，一条多方参与的价值链正在逐渐成型。上海市政府曾做出3次批示鼓励融资租赁，重庆市政府办公厅、市经委为创新融资租赁先后发了3份红头文件。得此东风，金海岸公司依靠上海制造厂商、上海金融系统，将政府信用、银行信用、商业信用实行有效叠加，以共担风险、共享利益为轴心，连接了西部承租人、西部银行、金海岸、东部制造商及东部银行的超大价值链。如长运股份的融资租赁就是民生银行上海分行在东部放款，而重庆分行负责监督租金回收和控制风险。

除长运股份之外，重庆的人人乳业公司则是这一价值链的另一位受益者。2001年，基于对重庆乳业市场的良好预期，重庆双陵工贸有限公司与境外资金合作，拟筹建一座现代化乳品生产企业。然而，较大的资金缺口使项目启动受阻。其时恰逢上海和重庆通过融资租赁合作的脚步加快，正在组建中的人人乳业公司得以从金海岸公司租赁价值3000万元的奶制品成套生产设备，一个年产乳制品7万吨、产值5亿元、利润5000万元的企业就这样新鲜出炉。

对于融资租赁，人人乳业董事长邱廷国颇多赞许，他说：“此次‘融物’为公司项目的启动和快速发展赢得了时间。原来公司打算先期建好厂房，再用厂房抵押贷款，逐步建设到位。现在不仅节约了时间，使企业一开始就站在了发展的高起点上，同时极大地减轻了企业的资金压力，降低了市场风险。”

租赁价值链在政府力促之下迅速发展，仅2001年11月，金海岸公司就与包括人人乳业在内的三家公司（另有重庆嘉化厂和长松国际产业集团）签订了总金额2.1亿元的租赁合同。

作为价值链的扩展，融资租赁也已更为灵活的方式开始关注中小企业的融资。在2002年一年中，重庆的一些金融机构、中小企业服务中心与上海金海岸公司组成重庆中小企业投融资服务联合体。他们采用“优化项目、财务监管、全程监控、分散风险、专项授信前置”等办法改变了以往传统的中小企业融资租赁模式。这种新的模式根据中小企业特点，实现了融资租赁金额的低起点（将1000万元降低至100万元)，免去担保和银行保函，从而解决了他们的设备租赁，同时以银行“票据”解决了企业的短期流动资金。

10.3 摩根士丹利入股蒙牛

- **背景介绍**

1999年1月，蒙牛乳业有限公司创立，8月，内蒙古蒙牛乳业股份有限公司(以下简称“蒙牛”)宣告成立。当蒙牛小有成就、呈现良好成长势头的时候，自由资金的短缺却使其面临坐失崛起良机的局面。企业得不到银行贷款，也得不到批准上市。

2001年，摩根士丹利入股蒙牛，使蒙牛乳业走上了一条迥异于同行的发展道路。

- **融资过程**

摩根士丹利在投资蒙牛之前对其进行了详尽的研究，还请了可口可乐的专家给蒙牛进行了快速消费品的营销战略策划与培训。

2002年6月，摩根士丹利在开曼岛注册了China Dairy。2002年9月，蒙牛的发起人在英属维尔京群岛注册成立了金牛(BVI)。同日，蒙牛的投资人、业务联系人和雇员注册成立了银牛(BVI)。金牛和银牛各以1美元的价格收购了开曼群岛公司50%的股权，而作为开曼公司全资子公司的毛里求斯公司，也随即设立。同年10月，摩根士丹利等三家国际投资机构以认股方式向开曼公司注入约2597万美元(折合人民币约2.1亿元)，取得了该公司90.6%的股权和49%的投票权。该笔资金经毛里求斯公司最终换取了大陆蒙牛乳业66.7%的股权。“内蒙古蒙牛乳业股份有限公司”得到境外投资后改制为合资企业，而开曼公司也从一个空壳演变为在中国内地有实体业务的控股公司。企业重组后，蒙牛乳业的创始人对蒙牛的控股方式由境内自然人身份直接持股转变为通过境外法人间接持股。这种安排为开曼公司以“红筹”方式在海外上市铺平了道路。

获得第一轮投资后，蒙牛乳业的业绩增长速度令人惊讶。2003年，蒙牛乳业实现净利润2.3亿元。而迅速成长中的蒙牛对资金的需求仍然十分巨大，三家机构再次通过“可换股文据”为日后摩根士丹利等大幅度套利埋下了伏笔，因为约定的未来换股价格仅为0.74港元/股。不但如此，摩根士丹利更与蒙牛管理层签署了“业绩对赌协议”，双方约定，2003～2006年，蒙牛乳业的业绩复合年增长率不低于50%，否则公司管理层将输给摩根士丹利等一笔巨额(6000万～7000万股左右)上市公司股份，而如果能够连续3年增长50%，摩根士丹利等就拿出一笔自己的股份奖励给蒙牛管理层。

2004年6月，蒙牛乳业在香港上市，共发售3.5亿股，获得206倍的超额认购，这给蒙牛的融资故事画上了一个完美的句号。上市后，蒙牛管理团队最终持股54%，国际投资机构持股11%，公众持股35%。

• 后续事项

2004 年 12 月，摩根士丹利等国际投资者行使第一轮“可换股文据”，增持股份 1.105亿股。增持成功后，国际投资者立即以 6.06 港元的价格抛售了 1.68 亿股，套现 10.2 以港元。

2005 年 3 月，鉴于蒙牛业绩迅猛增长，摩根士丹利决定提前终止对赌协议，兑现奖励给蒙牛管理层的 6000 多万股股份。

这样的变化调整，无疑大大减轻了蒙牛发展速度的压力，使其管理层能够根据市场实际情况作出发展决策，而不必为了实现超速增长，仓促打响收购其他竞争对手的并购战。

2005 年 6 月 15 日，摩根士丹利等国际投资者行使全部的剩余“可换股文据”，共计换得股份 2.58 亿股，并将其中的 6261 万股奖励给管理层的代表——金牛(BVI)。同时，摩根士丹利等跨国机构把手中的股票几乎全部抛出变现，共抛出 3.16 亿股(包括奖给金牛的 6262 万股)，价格是 4.95 港元，共变现 15.62 亿港元。而蒙牛的管理层也获得了 3.1 亿港元的私人财富。

盘点这其中的整个过程可以发现，在蒙牛的融资过程中，摩根士丹利等国际投资机构两轮共投入了 6120 万美元，折合 4.77 亿港元。上市时共出售了 1 亿股蒙牛的股票，套现 3.925 亿港元；2004 年 12 月，出售 1.68 亿股，套现 10.2 亿港元；2005 年 6 月，最后出售 2.5 亿股(未计入其帮助金牛出售的 6261 万股)，套现 12 亿港元。3 次套现总金额高达 26.125 亿港元，摩根士丹利等国际投资机构的投入产出比近 550% 。

• 案例点评

投资银行为所投资的企业提供的是融资、顾问、包装上市等一条龙服务，对企业的发展至关重要。以蒙牛的案例为例，金牛的第一次套现成功，使得其拥有了 3 亿多港元的现金，而作为控制金牛至少 27.97% 的股份的牛根生本人，也因此分得了 1 亿港元的现金。其他 9 个蒙牛创始高管，分享了另外 2 亿港元的现金。可以说，蒙牛的管理层确实诞生了 1 个货真价实的亿万富翁和 9 个货真价实的千万富翁。

值得广大民营企业借鉴的是，蒙牛上市前的融资，是其整个资本运作链条中不可或缺的重要一环。可以说，上市前融得的两笔合计 4.77 亿港元的资金，对于蒙牛事业起飞的助推效果，甚至要超过上市融资得到的 10 亿港元(13.925 亿港元首次上市融资中的 3.925 亿港元被摩根士丹利等分走了)。可以说，这两笔上市前融资，使蒙牛后来的上市融资水到渠成。

而蒙牛模式值得广大民营企业深思的是，相对弱势的中国民营企业，在与国际第一流的投资银行合作时，如何在保持自身独立性与获得投资之间，寻找一个平衡点。

毫无疑问，国际一流的投资银行可以为企业提供大笔的上市前融资资金和顺利的上市发行“一条龙”服务。但是与这种服务对应的，必然是苛刻的合作条件。摩根士丹利等三家国际投资者，在蒙牛案例上获得了550%的巨大投资回报，而为其巨额投资回报保驾护航的，是两次与蒙牛管理层签署的对赌协议。在外人看来，这些对赌协议是过于苛刻的，但是，或许在对乳业行业形势持乐观态度的蒙牛管理层看来，这种所谓的“苛刻”，正是体现其创新能力远优于同业竞争对手的试金石。

可是，既然蒙牛的管理层具备如此强的创新拓展能力，如果当初这4.77亿港元的融资是依靠银行贷款等较为廉价的方式取得的，蒙牛今天依靠自己的力量再去香港上市，又何止诞生1个亿万富翁呢？这笔学费，无疑是昂贵的。

10.4 IFC注资上海银行

经中国人民银行批准，上海银行与国际金融公司（以下简称IFC）于1999年9月9日签署了《上海银行和国际金融公司签订之认购协议》（以下简称《认购协议》），接受IFC参股投资1亿股，占该行增资扩股后资本金的5%。上海银行看中了IFC的注资，更看中中外接轨所带来的开放意义；IFC不仅仅看中上海银行的非国有性质，更看中了上海银行接受新观念的勇气。

• IFC参股上海银行项目概况

上海银行成立于1995年12月29日，是一家由上海市国有股份、中资法人股份、外资股份及众多个人共同组成的新型的股份制商业银行，实行“一级法人、两级经营”的管理体制。全行注册资本为26亿元人民币。

上海银行成立以来，充分发挥地方股份制商业银行的特点和优势，稳健经营，规范管理，获得了良好的社会效益和经济效益，并引起了国内外金融业的广泛关注。为实现银行“立足上海、辐射全国、接轨国际”发展战略目标，1999年9月和2001年12月，上海银行分别吸收了世界银行集团成员国际金融公司和香港上海汇丰银行、上海商业银行等外资银行的参股投资，从而在国际现代商业银行发展道路上迈出了坚实的步伐。至2002年年末，上海银行存贷款余额分别达到1444.81亿元和752.79亿元；外汇存贷款余额分别达4.13亿美元和1.47亿美元；全年实现利润总额达8.87亿元；总资产达1685.64亿元人民币。

IFC成立于1956年，是世界银行的附属机构，股本金来自包括中国在内的156个成员国，其宗旨是对成员国，特别是对不发达的会员国，通过私人资本共同投资以及提供管理与技术力量的方式，鼓励发展生产性的私人企业。IFC对项目的资金支持包括提供贷款和参股投资，而在参股业务中，IFC从不做最大股东，从不控股，一般情况下仅以参加董事会为条件而并不参与企业的日常经营管理。IFC始终关注中国金融改革进程，希望以技术援助和少量参股投资的方式，选择一家业绩良好的城市商业银行作为试点，帮助其建设成符合国际惯例的真正的现代股份制商业银行，并以此促进中国的金融改革进程。

1995年，中国人民银行在政策上有了变化，同时中国的许多城市信用社正在通过兼并重组为城市商业银行，这一所有制混合性质符合 IFC 的合作前提和政策。IFC 开始了一系列调查，最后选择上海银行。当时，上海银行实际上还没有成立，只是一个组建办公室，组建的对象是 99 个独立的、分散的法人，有集体性质的，也有合作性质的。当 IFC 的项目官王建盛找到办公室寻求合作意向时，上海银行的负责人表示出了浓厚的兴趣。

- **IFC 对上海银行的技术援助及参股过程**

1）技术援助

国外机构参股银行，当时国内并没有先例。而且，此时的上海银行还没有正式成立，还是分散的 99 家城市信用社，这个时候参股时机还不成熟。于是，IFC 向中国人民银行提出先给上海银行提供技术援助，中国人民银行表示同意。1995 年 IFC 开始给上海银行提供全面的技术援助。

技术援助虽然是 IFC 的项目，但并没有这笔预算。一般情况下，需要发达国家的赠与。IFC 项目官王建盛找到了欧盟有关方面（当时为欧共体）、日本政府有关方面，提出了技术援助的理由。对方认为上海银行是以各非国有化的多元化所有制的银行，支持这家银行改革，就是支持中国银行业改革，是一个具有突破性的步骤。很快，前后约 100 多万美元的经费顺利到位，这是 IFC 在金融项目上提供的最大的一笔技术援助。接着，IFC 又请来了爱尔兰一家著名银行的专家，他们曾做过相同的兼并组建工作，特别是对于发展中国家的银行兼并组建业务来说，有着丰富的经验。这样，IFC、上海银行组建办公室、爱尔兰银行专家反复论证，终于拿出了一个方案。

这套方案最终的步骤就是做资产评估。为此，上海方面动员了十几家会计师事务所，对 99 家信用社，一家一家详细评估，看评估的数字是不是账面上显示的数字。有的信用社贷款长期未得到偿还，甚至贷款企业已经倒闭，还款无望，将这笔钱从账面上销掉。只有这样，才能知道净资产是多少，最后得出每股价值。一家接一家地评估之后，经营好的，每股价值就高一些，经营不好的，每股价值就低一些。作为新的法人，上海银行成立，99 家信用社折股，一股一元钱，经营好的，一股能得到几股的钱，经营不好的，几股才能得到一股的钱。这是一个完全市场化的运作。由于 IFC 提供的技术援助，以及上海银行对市场方式的接受，上海银行的组建终于完成了。这套运作被来自各方面的专家所称道，称为“上海银行模式”。

2）IFC 参股

1995 年上海银行组建成立，3 年后，IFC 参股提上议事日程。参股首先要接受资产评估，评估将参照国际会计准则。

IFG 项目官王建盛请来了普华永道会计师事务所进行资产评估。对上海银行来说，这不仅意味着要接受国际标准，而且要接受该所的评估程序。与国内财务检查相比，国外事务所的评估花费的时间要长得多，也严格得多，他们进行抽样评估，重点放在了信贷上。查信贷档案，找信贷员，一一核对，详细询问：贷款给准？贷款了多长时间，能不能还？如果现在不还，将来能不能还？如果不能还，要说明为什么不能还？评估是透彻的，几个月下来，上海银行的家底有了结果。评估显示的问题是应计而未付的利息作为已付收入处理、有呆账、死账、坏账，特别是资本充足率按照国内标准在两位数以上，但按照国际标准，不足8％。

按照巴塞尔协议，资本充足率必须在8％以上。以往IFC极少参股低于8％的银行，上海银行的资产状况，便不完全符合IFC的投资标准。王建盛凭着对中国的了解认为，中国有中国的情况，上海银行和国外的银行相比，资本充足率虽然不高，但在中国还是较高的。

3）谈判成功

资产评估，说到底属于技术层面，相对简单得多。而进入最后阶段的有关参股谈判，属于商业行为，要讨价还价。谈判从一开始就不顺利，双方认定的每股价格相差太远。

王建盛作为IFC的项目官员，熟悉金融业务，作为中国人，了解中国人的思想感情，他穿梭于双方之间，说服双方做出让步。他对自己的上司说：上海银行的评估结果不尽理想，但资产质量在中国的银行中算是好的，他们不是缺钱，不是资不抵债，是寻求国外的合作伙伴，我们不能把价格定得太低。同时，又劝说上海银行不能要求太高。

经过一次次的谈判，双方间的距离越来越小。当时肯出资参股上海银行的机构很多，有的出价高于IFC，但是，上海银行还是选择了IFC，只因他们更看重参股之外的意义，这就是接轨之后所能带来的先进的管理和国际化的运作标准。

经过多方面的沟通，以及都具有的诚意，谈判终于达成一致意见，IFC参股5％，2600万美元。

• IFC发挥作用的渠道

IFC参股以来主要通过以下4个途径对上海银行的经营管理产生影响。

1）《认购协议》条款具有法律约束力

《认购协议》作为正式的法律文本，对双方终有强制约束力，也是IFC对上海银行提出建议和要求的主要依据，尤其是为了增强约束力，协议中特别设立了退出机制。协议规定：上海银行必须于2001年年底前申请上市；2007年前公开上市；每个会计年度后120天内向IFC递交经审计的按国际会计准则编制的财务报表；红利分配不得超出上一年会计年度的净收入；资本充足率在1999年年底不得低于7％，2000年年底不得低于8％，否则不得分红；对关系人的贷款和政府背景贷款分别不得超过净资本的10％和40亿元人民币等。如果上述任一项未能满足，则IFC可行使"转让选择权"，即要求上海银行在规定时间内向IFC买进其资本。

这些协议条款符合国际惯例和现代商业银行的经营理念，必将对该银行的健康发展产生长期而深远的有利影响。

2）通过向上海银行董事会派驻一名董事，进入该行决策机构

作为投资入股的条件，IFC派出董事蓝德彰进入上海银行董事会。蓝董事精通中文和中国文化，又是具有丰富经验的金融专家，进入董事会后，一方面促进该银行董事会的功能完善，改变了原来董事会组织松散、董事会议缺少实质性内容的状况；

另一方面代表投资方IFC的利益，在董事会上充分行使其职权，督促上海银行履行《认购协议》规定的义务，并作为国际金融专家，就上海银行的经营政策和方针提出建设性意见。

目前，IFC参股该行后，促进了董事素质的提高，其他董事也开始认真思索上海银行的发展问题，并逐步接受外商业银行先进的经营理念。

3）通过技术援助项目介绍国外先进经验

IFC凭借其多边国际金融组织的特殊地位，向投资对象提供技术支持是其特色之一。从谈判初期至今，IFC已对上海银行实施了下列技术援助：第一，谈判初期委托荷兰银行和爱尔兰银行对上海银行的经营状况和管理机制进行全面的评估，事后向上海银行提供全面的咨询报告，提出建议；第二，委派美国财政部货币监理署信贷专家比尔·欧百乐同上海银行信贷管理部员工一起工作4个月，全面了解上海银行的信贷风险管理体系，推动该行完成贷款五级分类，并向上海银行管理层提交《关于改善上海银行信贷风险管理的建议》的报告。第三，邀请IFC以及著名跨国银行的金融专家向该行的董事、行长和高级管理人员授课，内容涉及信贷管理、市场营销、人力资源管理等方面，中心话题是风险防范。

这些技术援助项目取得良好效果。一方面，上海银行有机会全面、深入地查找自身管理机制和经营方针方面的不足和弊端，并根据国外专家的建议修正和完善；另一方面，上海银行的管理层和全体员工在与外国专家一起工作和接受培训的过程中接受国外商业银行先进的经营理念和管理方法，培养其按国际惯例规范经营行为的意识。

4）IFC高级官员定期致函上海银行，提出建议

IFC东业局局长等高级官员在听取蓝董事和其他金融专家的情况汇报后，定期以正式信函方式就风险防范、经营管理等方面向上海银行提出建议，并由蓝董事等人检查建议执行情况。上海银行领导班子对此十分重视，特别成立"落实国际金融公司建议工作组"，并回复建议的落实情况。因此，IFC的建议书虽不具法律效力，但对上海银行管理层仍具有相当的约束力和指导作用。

• IFC参股投资的积极作用的具体表现

IFC参股以来，按照国际通行惯例，抓住法人治理结构和资本充足率两个关键环节，对上海银行的管理机制、风险校制体系以及资产负债管理各方面产生影响。目前，上海银行已在完善董事会功能、提高资本充足率、加强信贷风险管理等方面发生了积极的变化。

1）规范董事会行为和职责，健全法人治理结构

以前上海银行的董事会一年只召开一到两次，内容也较程式化，各位董事关心的焦点主要是分红方案，对银行的经营方针和状况没有较深层的介入。IFC进入该行董事会后，首先制定《董事会议事规则》，对董事会的议事范围、会议时间、召集方法、审议与表决的规程等做了明确规定。目前董事会都严格依照该规则进行。

在IFC的建议和推动下，上海银行在健全法人治理结构方面采取下列举措：第一，审议并通过《上海银行董事会秘书工作条例》，确定董事会秘书人选。第二，审议并原则通过《上海银行董事会审计委员会条例》，确定第一届董事会审计委员会成员。审计委员会为董事会下属的专门委员会，对董事会负责，其主要作用是为董事会与外部审计机构和内部审计部门提供通畅的沟通渠道，监督外部审计机构和内部审计部门工作的客观性和审计覆盖面的完整性。第三，除审计委员会外，董事会决定设立风险管理和薪酬两个专门委员会，并作为下次董事会会议审议的议题。这些措施符合现代企业制度的要求和国际商业银行的通行惯例，有助于该行法人治理结构的进一步完善，也有助于提高董事会决策的科学性和准确性。

2) 围绕资本充足率这一核心，提高资产负债管理水平

《认购协议》中要求上海银行在2000年年底前按国际会计准则计算的资本充足率必须达到8%，否则IFC可能启动退出机制。该行按国内会计准则计算的资本充足率一向保持在10%以上，在中资银行中处于较高水平，但根据国际会计准则调整后，1999年年底的资本充足率只有7.2%，2000年预测为7.14%。该行将提高资本充足率提到全行核心工作的高度，并纳入董事会、资产负债管理委员会及高级管理层议事日程。

在提高资本充足率的过程中，该行经营理念的更新和思路的转换，可以从其制定和实施的措施中体现出来：第一，优化资产结构，通过挑选优质客户、增加贷款抵押担保等措施，降低资产的风险权重，压缩风险资产总量。第二，提高贷款质量、控制风险资产，全力以赴压缩不良贷款。该行2000年年初专门成立资产保全部，负责全行大额不良贷款的清收工作。第三，加强费用、成本控制与核算，增加盈利能力，通过提高效益来相应增加净收入。第四，适当控制股东现金分红的比例。第五，深入分析资本构成，探索增资扩股以外扩大资本的途径。上海银行在继续增资扩股难度较大的情况下，采纳IFC的建议，正式向中国人民银行申请发行长期金融债券，这在国内城市商业银行中尚属首例。

3) 推行贷款五级分类管理，加强信贷风险控制

在IFC的指导下，上海银行综合中国人民银行《贷款风险分类指导原则》(试行)和国际信贷资产分类标准，制定《贷款五级分类操作指南》，该分类标准较中国人民银行的指导原则更为严格，并已得到IFC的认可。该行从2000年7月份开始全面试行贷款五级分类管理，至9月底全部贷款分类完毕，以后每季度对贷款进行一次重新分类和认定。

该行采纳IFC专家的建议，对贷款审查程序和标准进行修改，增加对企业未来发展趋势的预测，把企业的现金流量表作为评估借款人和担保人偿还能力的重要依据，在贷款调查中至少预测半年的现金流量状况。该行信贷管理部制定了《流动资金贷款业务操作试行规则》和《贷款岗位责任制》，进一步规范信贷规程和贷款审批程序，并着手完善信贷管理系统。该系统可以提供有关贷款组合的所有信息，可以进行交互式的数据更新，有助于随时监测借款人的风险状况。

IFC建议尽量减少贷款风险的集中程度，按照国际银行业的标准，要求对单一借款人的贷款控制在净资本的15%之内，有政府背景的贷款控制在40亿元之内，并将之写进《认购协议》条款。但当时上海银行的单一贷款已超过比例，政府背景贷款也即将突破限额。在 IFC 的督促下,上海银行的管理层通过扩大资本金等措施分散单一贷款风险,本着“总量控制、存量调整”的原则,对有政府背景的贷款进行分析,逐步压缩。

4) 按国际会计准则评价经营业绩,接受稳健经营的理念

IFC 要求上海银行每年向 IFC 递交根据国际会计准则编制的经审计的财务报表。2001 年起,每季度向 IFC 递交一份按国际会计准则编制的财务报表、一份按中国会计准则和国际会计准则分别计算的净收入和净资本的调整表以及一份根据国际资产分类标准认定的所有贷款资产分类报告。上海银行在 IFC 的推荐下,聘请普华永道会计师事务所为其财务报表进行审计。在 IFC 的推动下,上海银行在会计制度同国际管理接轨方面比其他中资银行先行了一步。

5) 建立环保管理系统,履行社会责任

IFC 在《认购协议》中要求上海银行建立一套环保管理系统,确保所有的融资活动都符合中国有关的环保、职业健康、安全等方面的法律规定。上海银行派有关人员参加 IFC 举办的环保培训班,将有关环保条款列入贷款合同,作为借款人声明的条款之一,并对贷款企业实行全面的环保检查,将跟踪客户的环保情况列为贷后检查的重要内容。

综上,IFC 参股上海银行后,给该行带来了国际商业银行先进的经营理念和管理方法,使该行经营者开阔了视野,更新了观念,有效地提高了经营管理水平。IFC 对上海银行的积极影响是长期的、持续的,在法人治理结构、资本充足率和信贷风险管理等方面取得显著进展后,IFC 又将注意力转向内控制度建设、加强对支行的管理力度以及提高一线员工素质等方面。

10.5 英法海底隧道工程项目融资

- **项目背景**

建立一条穿越英吉利海峡,连接英国和法国的隧道计划最早是在 1753 年提出的,之后从 19 世纪起,各种类似的计划不断提出并被束之高阁。20 世纪 80 年代,人们开始研究依法靠私人投资来修建英吉利海峡隧道或桥梁的可能性。1984 年 5 月,Banque Lndosuez Banqu Nationale de Paris, Credit Lyonnais, Midland Bank 和 National Westminster Bank 组成的银行团向英法两国政府提交了一份关于可以完全通过私人投资来建立双孔海底铁路隧道的报告。牵头的银行团后来很快与英法两国的大建筑公司联合,分别在两国成立了海峡隧道工程集团(Channel Tunnel Group Limited,CTG)和法兰西—曼彻公司(France Manceh S. A, FM),CTG-FM 以合伙形式组成英法海底隧道公司。

1985 年 5 月,英法两国政府发出了无政府出资和担保情况下英吉利海峡连接项目的融资、修建及运营的联合招标。1986 年 1 月,GTG-FM 的 26 亿英镑的双孔铁路隧道提案中标。同年 2 月,两国政府签署协议授权建立海底隧道系统,并且给予中标者 GTG-FM 在协议通过之日起 55 年(到 2042 年)内运营隧道系统的权利。GTG-FM 公司将有权征税并且决定自己的运营政策。英法两国政府许诺,若没有 GTG-FM 的同意,在 2020 年之前不会建立竞争性的海峡连接项目。协议期满后(2042 年),海底隧道系统将会转让给英国和法国政府。

海底隧道系统项目包括:

(1) 在英吉利海峡下面建立两条铁路隧道和一条服务隧道;

(2) 在英国的 Dover 和法国的 Coquelles 分别建立一个铁路站;

(3) 在两站之间建立往返列车以运送乘客和货物;

(4) 在法国的终点站和英国的终点站分别建立一个地面货物仓库;

(5) 建立与附近公路及铁路系统的转接。

隧道起自法国北部的加来(Calais),穿越多佛海峡(Dover Str.),至英国东南部的福克斯顿(Folkstone),全长 50 公里,其中海底部分 38 公里。每一个主隧道的内径有 7.6 米,并且还有一条内径 4.8 米的服务隧道,用于主隧道的通风、日常的安全维修工作及在紧急情况下提供安全避难。项目建成后,从英国到法国的时间可以缩短到 35 分钟。

英法海底隧道工程特许经营权协议在 1987 年由英法两国政府签订;在特许权协议中,政府对项目公司提出三项要求:第一,政府不对贷款做担保;第二,本项目由私人投资,用项目建成后的收入来支付项目公司的费用和债务;第三,项目公司必须持有 20% 的股票。项目资金来源依靠股票和贷款筹集。在 1986~1989 年间分四次发行,贷款由 209 家国际商业银行提供。

英法海底隧道工程的特别之处在于:首先,它是至今为止由私人机构筹资兴建的规模最大的基础建设工程;其次,它是 BOT 项目融资方式中特许期最长的工程,特许期长达 55 年(其中包括计划为 7 年的施工期),跨越半个世纪。最后,它是政府提供的担保较少的工程。英法两国政府并没有像其他项目融资中承担诸如外汇风险、通货膨胀风险等,而只是提供了"无二次设施"担保和给予项目公司商务自主权等。前者是许诺没有 CTG-FM 的同意,在 2020 年之前不会建立竞争性的海峡连接项目。后者是给予 CTG-FM 自主决定税率及运营决策等的商务自主权。

隧道自 1987 年 12 月开始正式动工,于 1991 年 6 月凿通,1994 年 5 月 6 日通车,为 20 世纪最伟大的工程之一。

• 项目公司所有权结构

项目公司所有权结构如图 10-1 所示。英法海底隧道项目所有权结构是一个双重跨国连体结构,两家公司是分别独立注册的。Eurotunnel PLC 注册地在英国,而 Eurotunnel S. A 注册地在法国,它们联合起来成立了一个合伙制公司 Eurotunnel General Limited (本文按习惯称英法海底隧道公司),所有收益或损失由 CTG-FM 两家公司平均分担。

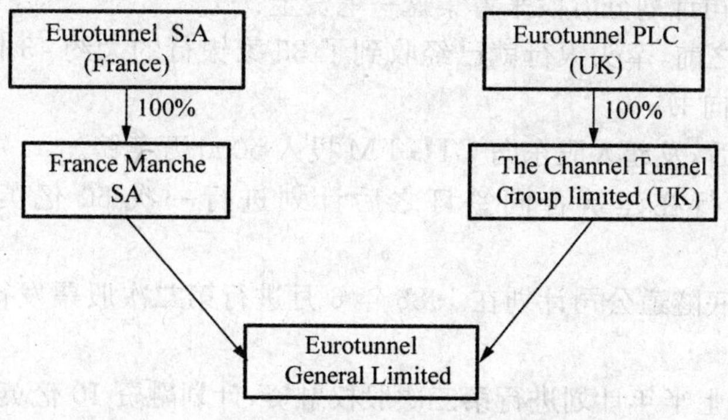

图 10-1　英法海底隧道项目所有权结构

项目的建设由一个建筑公司团体 Tansmanch Link 承担，Tansmanch Link 是一家由 5 家主要的英国建筑公司组成的 Tanslink 公司和 5 家主要的法国建筑公司组成的 Transmanche 公司成立的合资公司。1986 年 9 月，Tansmanch Link 与 CTG-FM 签订了一个全面责任合同，负责工程的设计、施工、测试，计划施工期为 7 年，即建设公司保证在签订合同的 7 年之内将一个可以完全运营的铁路系统交付使用。

如果海底隧道工程在最后期限之后完工，Tansmanch Link 将承担每天 50 万英镑的损失。由偶然事件或者是洪水带来的推迟或成本增加都由 Tansmanch Link 来承担。但是以下事件带来的损失 Tansmanch Link 不负责：一是海底隧道更改系统设计；二是英国或法国政府的行为；三是隧道岩床条件与海底隧道公司所预计的不符。

• 项目融资方案

海底隧道公司估计要 48 亿英镑来建立这一隧道系统。

- ➢ 建筑成本：28 亿英镑；
- ➢ 公司和其他成本：5 亿英镑；
- ➢ 通货膨胀：5 亿英镑；
- ➢ 净融资成本：10 亿英镑；
- ➢ 总成本：48 亿英镑。

为了满足这些成本及可能的成本超支，海底隧道公司计划融资 60 亿英镑，计划融资结构为：

- ➢ 股权：10 亿英镑；
- ➢ 债务：50 亿英镑；
- ➢ 总额：60 亿英镑。

由于在英国国内的资本市场上，存在发达的股本市场和债券市场，依靠项目公司在股市发行股票、或者筹集私营投资者的资金的办法，就可以从投资者手中为 BOT 项目筹集到足够的资金。因此，该项目就地融资、英法两国政府不提供任何外汇风险担保。

海底隧道公司计划分阶段来筹集这一笔资金：

(1) 在中标之前，牵头银行就已经收到了 33 家银行的大约 43 亿英镑的措辞坚定的债务承销意向书。

(2) 中标之后，发起人股东向 CTG-FM 投入 5000 万英镑。

(3) 牵头银行在建筑合同签订之后计划进行一次 50 亿英镑的联合贷款（syndicated loan）。

(4) 英法海底隧道公司计划在 1986 年 6 月进行第二次股票发行，计划融资 1.5 亿到 2.5 亿英镑。

(5) 1987 年上半年计划进行第三次股权融资，计划融资 10 亿英镑。

(6) 1988 年、1989 年计划进行两次股票融资。

项目债务融资主要由银行集团提供。

1986 年 2 月，牵头银行组织了一个由 40 个二级银行组成的价值为 50 亿英镑的联合贷款承销团，但是，在承销协议签订之前，银行要求借款人必须保证达到以下条件：

(1) 英法政府给予英法海底隧道公司自主经营权。

(2) 英法两国议会必须通过有关协议来保证项目合同的合法性。

(3) 完成 1.5 亿英镑的二期股权融资。

按照贷款协议，项目公司的债务责任是：

(1) 英法海底隧道公司通过将来的现金流来偿还贷款，签订合同之后 18 年内完全还清。

(2) 费用条款：英法海底隧道公司给予牵头银行总费用的 12.5% 作为牵头费用。

(3) 安全条款：英法海底隧道公司的所有资产用来作为还款的抵押。

(4) 英法海底隧道公司保证未经贷款银行允许不进行海底隧道系统之外的其他工程。

(5) 违约事件：如果以下任一事件发生，英法海底隧道公司将被视为违约：一是海底隧道运营时间推迟一年以上；二是英法海底隧道公司违反责任造成无法补偿的后果；三是未按合同按时还款。

(6) 币种选择权：贷款货币包括英镑、法国法郎、美元，但是贷款银行团同意英法海底隧道公司有权选择其他的币种。

(7) 建筑合同必须签订。

- **项目风险分析**

政府允许项目公司自主确定通行费。由于隧道把伦敦与欧洲的高速铁路网相连接，其收入的一半是通过与国家铁路部门签订的铁路协议产生；其他收入来自通过隧道运载商业机动车的高速火车收费。项目公司承担隧道建设的全部风险，并且为造价超支设置了 18 亿美元的备用金。在岸上施工的部分，工程量按一个固定价格合同，隧道则以目标费用为基础。项目公司按实际费用加上目标价值 12.36% 的固定费用向承包商支付，该费用估计为2.5亿美元。如果隧道在目标价格以下建成，承包商将得到所节约资金的一半；如果实际费用或进度超过目标值，承包商将支付特定数量的损失费用给项目公司。另外，由于不可预见的地质条件或通货膨胀，合同要服从于价格调整。

英法海底隧道工程是历史上由私营团体筹款的最大的基础设施，它将面临极大的经济风险和市场风险，为此，投资方进行了周密的经济可行性研究。他们预测了以下数据：

(1) 英吉利海峡的客运和货运额的增长趋势。

(2) 1993年以后的运输量(因为预计项目将在1993年5月份运营)。

(3) 英法海底隧道公司在将来的市场份额。

(4) 海底隧道公司能会带来的运输量的增量。

(5) 海底隧道提供运输服务和相关的辅助服务所带来的收入。

市场研究的结果是海底隧道在经济上是可行的。研究估计跨海峡的营运额会从1985年的4810万客运人次和604万吨货运量增加到2003年的8810万客运人次和1221万吨货运量，其中海底隧道将占这个增长的市场的相当份额。它将比轮渡更快、更方便和更安全，比航空在时间和成本上有优势。该研究报告认为，在1993年，海底隧道将占有英吉利海峡间客运市场的42% 和货运的17%，由于海底隧道会降低运输成本，所以将会创造一部分运输需求。根据市场调查，在第一年完全经营时，客运量将达到3000万人次，货运量将达到1500万吨，收入预计从1993年的48800万英镑增加到2003年的158600万英镑再增加到2013年的323600万英镑。英法海底隧道公司对收入和利润的预测如表10-1所示。

表10-1　英法海底隧道公司利润预测表　　单位:百万英镑

年份	1993	1996	2000	2003	2013	2023	2033	2041
收入	488	908	1254	1586	3236	6184	11356	17824
运营成本	86	168	235	304	631	1207	2246	3604
折旧	103	160	171	184	234	271	328	383
利息	229	307	234	171	(39)	(172)	(370)	(606)
利润	63	217	365	566	1476	2986	5605	8880

- **实际进展**

海底隧道系统最初计划在1993年5月运营，由于成本问题、设备的运输拖后以及测试问题，直到1994年3月6日才开始货物运营。客运服务到1994年11月4日才开始，起初计划成本是48亿英傍，可是最后实际约为105亿英镑。成本的超支引起了Transman Link和英法海底隧道公司的纠纷，前者因此推迟项目的建设。这使得英法海底隧道公司在1990年不得不通过配股融资5.32亿英镑。

同时，轮渡运营商为提高其竞争力降低了票价，这吸引了大量的运输量，导致英法海底隧道公司的预期收入大大降低，现金缺口增大。随着完工日期的接近，所需追加的现金额不断上升，达到了18亿英镑。英法海底隧道公司在1994年不得不进行了两次配股，总额是8.16亿英镑，同时，又筹集了6.47亿英镑的信用便利。到1994年，又一场价格大战爆发，轮渡公司再次大幅度削减票价，迫使英法海底隧道公司跟着降低。同时，不断推迟的客运服务意味着它将不能实现其在1994年发行股票时作的盈利预测。利润的缺口也使英法海底隧道公司违反了它在银行贷款协议中的一些条款，导致其不能继续使用剩余的信用额度，更加恶化了项目公司的现金危机。

1995年，英法海底隧道公司的形势更糟，伦敦—巴黎航线的航空公司开始了一轮广告攻势以提高竞争力，并且英国轮渡公司进行同归于尽的削价，这对英法海底隧道公司的财务危机更是雪上加霜。最后，1995年9月，英法海底隧道公司单方面推迟了超过80亿英镑的银行贷款利息偿还。它计划在1996年跟银行谈判安排一次债务重组。该公司联席主席 Alastazir Morton 曾提醒公司股东：除非该公司表现特别出色，否则，最早要到2004年才能开始派发股息。

2006年7月13日，经营英国和法国海底铁路的英法海底隧道公司(Eurotunnel S. A)表示，其与包括德意志银行在内的债权人谈判破裂，将在法国寻求破产保护。英法海底隧道公司背负62亿英镑的巨额贷款，近20年来一直为降低利息支出而努力。如果无法实现债务重组，该公司2007年2月起将无力支付利息。

(1) 收入抵不上巨额利息隧道公司接近破产。

海底隧道运行以来，通过隧道的乘客达到1.77亿人，货物运输量达到1.326亿吨。2005年平均每天通过隧道旅行的人数达到4.7万人。

尽管如此，乘客和货物的流量从未达到预计的水平。此外，英法之间的低价航空线也抢了不少隧道铁路的生意。

除了经营方面的问题，让英法海底隧道公司陷入财务危机的一个重要原因是，时任英国首相的撒切尔夫人当年坚持，该项目应当完全由民营投资者建造。2005年，英法海底隧道公司的营业收入为5.41亿英镑，剔除运营成本、折旧后的实际利润达到1.53亿英镑，比2004年增长19%。尽管收入不菲，但仍无法满足该公司承担的巨额利息。该公司背负62亿英镑的巨额贷款，2004年净利息支出达到2.98亿英镑，2005年的水平与此相当。

而且，该公司面临的情况可能变得更糟。由于主要贷款的偿还期限即将来临，这可能增加额外的利息支出(2007年3700万英镑，2008年7000万英镑，2009年1.63亿英镑)。

英法海底隧道公司在其网站上宣称，该公司正在接近破产，唯一的解决方法是债务重组。

(2) 债主抛出各自方案重组之路困难重重。

由于债务负担沉重，自从1994年运营以来，英法海底隧道公司经历了股价暴跌、1997年债务重组和2004年高层管理变动等多重"磨难"。该公司在法国交易的股票在2006年5月12日以来被停牌。

(3) 海底隧道的建造成本达到95亿英镑，是最初预计的两倍。

由于建造成本大大超预期，公司被迫多借了很多钱。为了转嫁风险，一些银行在提供贷款的时候提出附加条件：该公司上市发行股票。为此，英法海底隧道公司于1990年和1994年两次发售股票。

1995年，由于隧道延迟了1年才正式开通，加上公司现金流出现短缺，公司股价出现大崩盘。1995年底，该公司的股价从两年前的546.98便士跌至84.74便士。1995年以来，股价又跌了70%。

英法海底隧道公司的总裁古农表示，如果无法达成债务重组，2007年将无力支付利息。因为从2006年11月份开始，该公司将停止向隧道使用者收取最低使用费。目前，法国的国营铁路公司Societe Nationale、英国最大的铁路货物公司EWS、欧洲之星集团等公司每年支付7000万英镑的隧道使用费。

(4) 英法海底隧道公司的重组之路并不平坦。

英法海底隧道公司的发言人表示，以德意志银行为首的债券持有人，反对为达成共识所做的努力。

该公司重组的主要困难在于债主成分复杂，且各自的利益不一样。其中既包括优先等级较低债权人，如德意志银行，也有高优先权的债权人，如高盛、麦格理银行等。

此前，各方债主都曾抛出各自版本的重组方案。不过，这些方案不是对方看不上眼，就是被该公司拒绝。

深受债务危机困扰的英法海底隧道公司宣称，希望通过重组实现一个简单明了的债务结构。同时，该公司希望结束"项目融资"的模式。该模式使公司管理完全落入债权人之手。

• 启发

通过对海底隧道工程的分析，可以得到以下几点启发：

第一，对于大规模的交通设施建设项目而言，采取项目融资方式融资，能将各个投资者以合同的形式捆绑在一起降低项目风险。但是，这并不意味着投资者就可以放松对项目的管理和监督。在海底隧道工程项目中，由于成本预算与实际误差差距过大，引起Transmanch Link与英法海底隧道公司发生纠纷，前者因此推迟了项目的建设，使项目必须面对巨大的成本超支风险和市场风险。因此，如何合理地预算成本和估计项目风险对项目的成败成为重要问题。

第二，应客观评价政府对项目的支持，以确定项目是否在市场需求量及需求持久力方面存在着竞争优势。一般而言，项目融资所涉及的项目应具有垄断经营、收入稳定的市场优势，在本例中，尽管英法两国政府提供了"无二次设施"担保，使项目公司在55年中垄断经营连接英法大陆的隧道工程。但是，这并不等于项目就具有了绝对垄断的市场优势。本例中的轮渡、航空都是隧道工程的竞争对手，而隧道项目公司在事先并未对这一行业背景进行恰当分析的情况下做出了过于乐观的预测：大大高估了市场前景，低估了市场的竞争风险、价格风险和需求风险。由于项目融资方式对项目未来现金流量的依赖性一般很大，市场前景低于预测使得实际现金流入不能满足其需求，将导致偿还贷款困难。这说明项目的市场前景评估非常重要，通过充分的可行性评估可以大大减少项目的盲目性，控制项目的风险。

第三，从海底隧道项目的实施过程来看，严格且谨慎的财务预算对项目的进行至关重要。英法海底隧道公司起初预算成本 48 亿英镑，可是最后大约是 105 亿英镑，成本的超支带来了项目公司和建设公司的纠纷，增加了项目的完工风险，若非由强大的国际银团在背后支持，使得资金缺口得以通过不断融资来补足，项目很可能由于后续资金不够而搁浅。因此，在项目融资中引入资金雄厚的贷款人非常重要。

第四，海底隧道工程也表明高杠杆融资很可能会带来财务危机。当预期的现金流不能实现时，连偿还债务的利息都会困难。当然，由于英法两国政府和一些银行已经在项目上下了很大的赌注，这时的海底隧道工程因为“太大”并且“太显眼”而不允许失败。这也说明了在项目中，东道国政府参与的重要性。虽然英法两国政府没有直接参与海底隧道系统，既无资金投入，又没进行担保，但是由于此项目具有政治上的重要意义，贷款人相信政府不会让这个项目失败，使得政府在无形中为项目做了担保。

【复习思考题】

1. 结合案例内容，对阳光集团债权融资的条件进行分析。
2. 结合长远股份租赁融资的案例，对如何解决企业信用“瓶颈”进行分析。
3. 结合蒙牛的融资过程，对中国民企与国际投资银行合作情况进行分析。
4. 结合案例内容，对 IFC 参股投资的积极作用进行分析。
5. 试分析英法海底隧道工程项目中，投资方对项目风险分析的成功和不足之处。

参考文献

一、中文部分

[1] 张极井.项目融资[M].北京:中信出版社,2003.
[2] 陈健,陶萍.项目融资[M].北京:中国建筑工业出版社,2008.
[3] 齐中英,王晓巍.项目融资[M].北京:机械工业出版社,2008.
[4] 郑立群.工程项目投资与融资[M].上海:复旦大学出版社,2007.
[5] 汤伟刚,李丽红.工程项目投资与融资[M].北京:人民交通出版社,2008.
[6] 刘亚臣,常春光.工程项目融资[M].大连:大连理工大学出版社,2008.
[7] 王铁军,胡坚.中国中小企业融资28种模式成功案例[M].北京:中国金融出版社,2006.
[8] 蒋先玲.项目融资[M].北京:中国金融出版社,2008.
[9] 刘立群,田淑芬.工程项目投资分析[M].北京:化学工业出版社,2005.
[10] 王虹,徐玖平.项目融资管理[M].北京:经济管理出版社,2007.
[11] 王卓甫.风险及其应对[M].中国水利水电出版社,2005.
[12] 李春好,曲久龙.项目融资[M].北京:科学出版社,2004.
[13] 徐劲.项目融资过程中的风险管理研究[J].商场现代化,2007(3).
[14] 范小军.基础项目融资风险的分担比例研究[J].管理工程学报,2007(1).
[15] 罗斌.项目融资的风险管理研究[J].山东纺织经济,2006(6).
[16] 中国设备监理协会.设备工程监理技术与方法[M].北京:中国人事出版社,2007.
[17] 郑立群.设备工程监理——投资控制[M].天津:天津大学出版社,2006.
[18] 徐莉.项目融资[M].武汉:武汉大学出版社,2006.
[19] 简迎辉.工程项目管理融资理论与方法[M].北京:中国水利出版社,2006.
[20] 张朝兵.项目融资理论与实务[M].北京:经济管理出版社,2006.
[21] 戴大双.项目融资[M].北京:机械工业出版社,2005.
[22] 任淮秀.项目融资[M].北京:中国人民大学出版社,2004.
[23] 周活球,胡长明,张回家.BOT模式在工程项目管理中的应用[J].广东科技,2006(12).
[24] 纪彦军,雷飞伦.我国PPP模式及其运作研究[J].产业与科技论坛.2007,(6):8.
[25] 季敏波.中国产业投资基金研究[M].上海:上海财经大学出版社,2000.
[26] 钟及灵.论BOT的核心法律问题[J].现代法学,2204,(1).
[27] 国家发展与改革委员会,建设部.建设项目经济评价方法与参数[M].北京:中国计划出版社,2006.
[28] 投资项目可行性研究指南编写组.投资项目可行性研究指南[M].北京:中国电力出版社,2002.
[29] 张元萍.创业融资与风险投资[M].北京:中国金融出版社,2006.
[30] 杨芳.项目融资的优势和风险分析[J].科技资讯,2006(32).

二、英文部分

[1] Peter K. Nevitt, Frank Fabozzi. Project Finance[M]. Seventh Edition, Euromoney Publications PLC, 2000.

[2] Finnerty J. D. Project Financing: Asset-Based Financial Engineering[M]. New York, John Wiley, Inc., 1996.

[3] Richard Tinsley. Project Finance in Asia Pacific—Practical Case Studies[J]. Euromoney Institutional Investor PLC, 2002.

[4] Scott L. Hoffman. The Law and Business of International Project Finance[M]. Euromoney Publications PLC, 1998.

[5] Graham Vinter. Project Finance: A Legal Guide[M]. Second Edition, London, Sweet and Maxwell, 1998.

[6] Esteban C. Buljevich, Yoon S. Park. Project Financing and the International Financial Markets[J]. Boston: Klwuer Academic, 1999.

[7] K. T. Yeoa, Robert L. K. Tiong. Positive management of differences for risk reduction in BOT projects[J]. International Journal of Project Management, 2000,18.

[8] Y. Y. Ling, B. S. Y. Lau. A Case study on the management of the development of a large-scale power plant project in East Asia based on design-build arrangement[J]. International of Project Management, 2002, 20.

[9] Henry A. Davis. Project Finance: Practical Case Studies[M]. Second Edition, Euromoney Institutional Investor PLC, 2003.

[10] Simister S J. Usage and Benefits of Project Risk Analysis and Management[J]. Int. Journal of Project Management. 1994, 12(1).